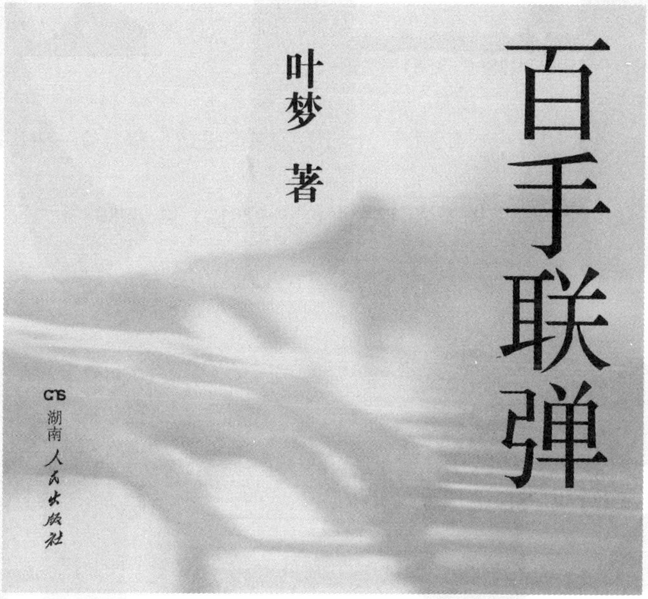

百手联弹

叶梦 著

湖南人民出版社

图书在版编目（CIP）数据

百手联弹 / 叶梦著. —长沙：湖南人民出版社，2017.10
ISBN 978-7-5561-1758-1

I. ①百… II. ①叶… III. ①新闻采访—作品集—中国—当代 IV. ①I253

中国版本图书馆CIP数据核字（2017）第189898号

BAISHOU LIANTAN
百手联弹

著　　者　叶　梦
责任编辑　吴向红
装帧设计　杨发凯

出版发行　湖南人民出版社［http://www.hnppp.com］
地　　址　长沙市营盘东路3号
邮　　编　410005

印　　刷　长沙鸿发印务实业有限公司
版　　次　2017年10月第1版
　　　　　2017年10月第1次印刷
开　　本　710 mm × 1000 mm　1/16
印　　张　35.75
字　　数　480千字
书　　号　ISBN 978-7-5561-1758-1
定　　价　98.00元

营销电话：0731-82683348　（如发现印装质量问题请与出版社调换）

自序

PREFACE

一切都是随缘，一切都是偶遇；没有精心策划，结果成了《百手联弹》这样一本厚厚的书。

1998年元月15日，我到湖南美术出版社与李路明、邹建平谈《女画家散文》的出版选题。谈毕，到出版社隔壁的人民路某餐馆用餐。点菜的时候，我从包里拿出一本空白速写本递给邹建平，请他在我的速写本上画自画像，老邹接过速写本，二话不说就开画。开张大吉，画得不错！当年老邹留的是平头，一脸匪气。老邹画完随手就转给李路明，路明接到手上唰唰几笔就成了，气质神态都出来了。菜还没上桌，精彩的自画像已经完成两幅。

这便是《百手联弹》的缘起。

只要翻开速写本，我就会想起当时的场景。

记得2002年在蓉园宾馆召开湖南省文代会，作家代表与戏剧家代表被安排在一组讨论。正当某戏剧家代表慷慨陈词之际，我的“地下活动”悄然开始。我把速写本首先交给德高望重的彭燕郊老师。彭老师以七月派诗歌名世，其实他还是一位造诣很高的美术史论家。彭老师从未画过画，没想到，他拿到速写本即刻开画，毫不怯场，线条画得真不错，题款也幽默风趣。大家争相传看，搞得大家一时技痒，速写本像击鼓传花里的那个道具，遂有数人纸上献技。

有些年，我经常去钟增亚老师在湖南画院的画室与他聊天，但偏偏都不记得带那个速写本。当我有一天捧着速写本专程为此事去时，却遇钟老师画室转移至九所园林深处，他刚好要出门，让我在九所大门外等他。他把速写本放进提包，让我过几天去取。几天之后，我去取速写本，看到钟老师自画像上那潇洒的线条与豪气的题款，真是佩服得不得了。当时怎么也没想到，画此自画像 9 个月之后，钟老师就撒手人寰。

书中的每一幅自画像，都有温馨的场景记忆，都有一份深厚的友情积淀，这些都是可遇不可求的。

2009 年 8 月，上海巨鹿路贺友直先生的寓所，我们在他那间狭小的画室喝茶聊天，度过了一个愉快的下午。欲告辞之际，我奉上速写本。贺友直老师提起毛笔就画，还题写了自嘲幽默的款。米寿老人的机智幽默，让我终生难忘。

2005 年 8 月，北京金台西路方成先生寓所，我请 88 岁的方成先生绘自画像。片刻之间，自画像已成，到底是漫画家，对自己的形象烂熟于心。

每一幅画像的绘画场景历历在目，太多的温暖记忆铭记在心。

最让人暖心的是《百手联弹》正式在互联网上转载之后，艺术家画像成为读者关注的焦点。多位朋友极为重视，非常隆重地再次专门重画自画像，有色彩，有水墨，把自画像作为艺术作品一样来创作。中国画家梁占岩、纪京宁，雕塑家姜杰，油画家陈曦、夏俊娜、玲子，工笔画家刘彦、唐秀玲、潘樱、吴湘云等都专为《百手联弹》创作了自画像，湖南画家姜坤、郑小娟也重画了自画像。油画家陈和西还画了多稿。于是，《百手联弹》渐渐由在纸媒体演出过的部分折子戏成为一部完整大戏，百人的智慧皆凝结于此书中。

请一百名艺术家作自画像固然不是一件容易的事，然之后由我一人来解读百人同样不容易。面对100位艺术家，我要用不长的文字来完成对他们的速写，这是一个不小的考验。

现在回过头去看，20年的岁月已经不经意地融入了这些文字。阅人之乐，乐此不疲。文与画互动联弹就像一支交响曲，很自然地融合在一起了。

早在2003年，《三湘都市报》邀我开《百美图》专栏，由2003年延至2004年。读者反响不错。自2009年《长沙晚报》为我开辟《百漫图》专栏后，时隔6年，《百漫图》在《长沙晚报》再续前缘，实属副刊专栏史罕见。如果上溯到更远，1998年，湖南的《今日女报》就曾为我开辟过《女作家写女画家》的专栏，配图就是女画家的自画像。这些都是《百手联弹》的前世。

诸多过往早已被纸媒时代尘封，及至2015年10月，新媒体横空出世，新湖南客户端策划的《百手联弹》，重启了这一时断时续的选题。于是折子戏演绎为整本大戏，《百手联弹》以崭新面貌在新媒体时代重新诞生。

因为有了新湖南客户端的传播互动，与广大读者有了交流互动的平台。一篇联弹出来，甚至单篇就有十多万的阅读量。传播的快速蔓延，让《百手联弹》甚至在美国、新西兰、日本、澳大利亚都有了固定的粉丝阅读群。

作为传统作家的我一下子被卷入新媒体传播大潮之中，很是惶惑。因为这是百人共同创作的作品，互联网让传播插上翅膀，互动让文字影响力进一步提升。一人主笔，百人作画；千人评点，千万人热读。著名媒体人陈晓丹女士说："《百手联弹》就是互联网时代关于文字的一场行为艺术，开风气之先。"

百手联弹，千口唱和！《百手联弹》在新湖南客户端历经一年，创造了客户端艺术栏目千万阅读量的奇迹，新媒体与大众共同营造了《百手联弹》的互动交流的盛况。本书保留了新媒体时代的特色，网友留言互动入书。

虽然互联网的大戏已经落幕，文字的温润仍然在纸上流芳。

2017 年 6 月 30 日于长沙尖山之北

目录

CONTENTS

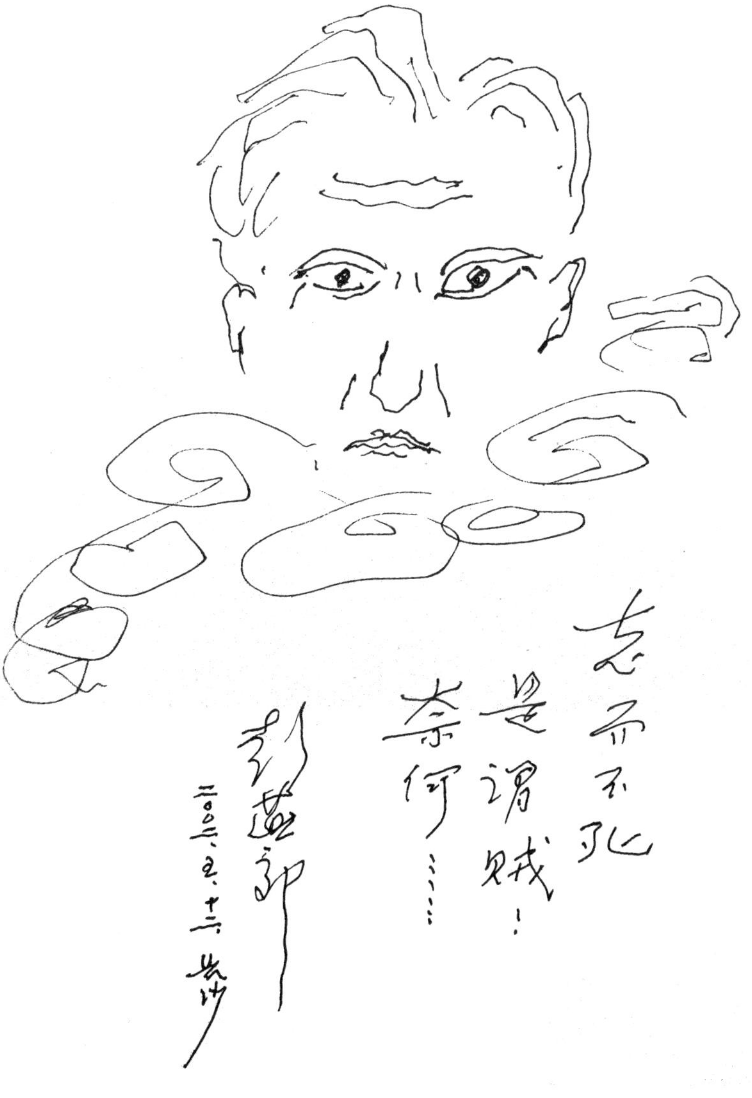

彭燕郊（1920—2008），原名陈德矩，福建莆田人。著名诗人、学者、编辑家，在诗歌创作和研究、编辑出版、民间文学、教育等诸多方面取得了杰出的成绩。著有诗集《彭燕郊诗选》《高原行脚》，评论集《和亮亮谈诗》，主编《诗苑译林》《现代散文诗名著译丛》等。

第1弹

彭燕郊

玫瑰和钻石

在我的眼里，身居陋室的彭燕郊是最富有的人。

金钱与权力，对一个艺术家来说，都比不上在自己所追求的领域达到一个自己满意也被世人认可的高度那么有吸引力。

2003年3月25日，我们全家到博物馆看展览，照例先去看看彭燕郊和夫人兰欣。没想到，被书柜包围的小小客厅里，摆满了开得热热闹闹的玫瑰。大红、大朵的玫瑰，清代的粉彩白菜瓶里插了一大束，珐琅蓝花瓷瓶里也插了一大束……所有的花瓶都被火红的玫瑰所占领。我带来的细如蔷薇的粉色康乃馨已经没有地方可插了。

我有点奇怪：怎么这么多的玫瑰？是不是学生表达的心意？可是，那也不至于要送玫瑰呀！

还是兰欣老师说出了原委。原来，这天是两位老师结婚60年纪念日。60年，是钻石婚呀！我惊讶！

玫瑰是远在广州的女儿丹丹送的，60朵，很大一朵的，都在争相开放。天鹅绒似的花瓣，每一朵玫瑰都喻示着彭燕郊、张兰欣携手走过的60年或艰难或平静的21900个日子，60朵玫瑰显示出一种生命的灿烂和精神的华贵。

我无意中撞见了这个庄严的时刻，看到了这开得如火如荼的玫瑰，见证了钻石婚的幸福。

因为历史的原因，彭燕郊直到晚年才真正进入创作的高峰，并且是高峰迭起。他的长篇散文诗《混沌初开》，是中国现当代无人可以企及的颠峰之作。进入八十高龄之后，他的创造力日见旺盛，这在中国文坛，实在是一个奇迹。2000 年的时候，一教授曾著文称，若是中国诗歌提名诺贝尔文学奖，应该首提彭燕郊。这个评价不可谓不高。

生命之花越老开得越灿烂，真是令人不可思议。

彭燕郊拥有了“钻石”，拥有了在诗歌界的一座座丰碑。诗名掩盖之下的，是他在民间文学和美术史研究方面也十分了得的成就。

我买花的时候，根本不知道今天是他们的钻石婚纪念日。我买花，是因为兰欣老师是一个爱花的人。前几年，我住在河东，离彭燕郊老师家近，常常去他们家聊天。他们家种的花开了，兰欣老师总为我剪来插瓶。

我喜欢看兰欣老师画的油画静物花卉，所以特意买了好作画的细如蔷薇的粉色康乃馨，希望可以让兰欣老师做写生用。兰欣老师的陶也做得好。前几天，我听一个朋友说，有一画家收藏了一个长沙窑的陶瓶，极为珍贵，被多个收藏者看好。这个藏品是个复制品，为兰欣老师早年为博物馆复制。我没有忘记把这事告诉兰欣老师，她想了想，竟不记得了。

2012 年 5 月，我陪北京来的李辉拜访彭燕郊，当时彭老师正准备去省文代会报到。会见之后，我和彭燕郊坐李辉同学曾果伟派的车到了蓉园。在文联讨论会上，有人在激动地发言，我就悄悄地搞“地下活动”——请艺术家在我的速写本上画自画像。我把本子递给彭燕郊，他毫不迟疑地画了一幅。

这是我在此次省文代会上的重要收获。彭燕郊说他从来没有画过自画像，这是第一幅。我把画像拿给兰欣老师看，她笑眯眯地对彭燕郊说：“你把你自己的眼睛画这么大哦！”74岁的兰欣老师说这句话的时候，我感觉她又回到了50多年前那个温柔又带点调皮的少女。当年，16岁的兰欣老师因为崇拜革命者，与在新四军中的彭燕郊结为伉俪。

被玫瑰和“钻石”环绕的彭燕郊，是一个老革命者，也是诗坛泰斗。他和他的作品，是我们社会的宝贵财富。他的作品和人格精神，是我们永远的精神食粮。

2003年3月26日于岳麓山下

发表于2003年4月27日《三湘都市报》

网友微评

孟泽（教授，居长沙）：彭燕郊是一个至今没有被讲清楚的诗人，是20世纪中国诗坛的奇迹之一，真正理解并且拥戴他的人很少，叶梦是其中之一。

肖欣（记者、作家，居长沙）：“你把你自己的眼睛画得这么大哦！”仿佛可以想见白发的她与他，一同笑眯眯的样子。《玫瑰与钻石》以点滴细节淬取柔与刚，是百花炼蜜，也是星火聚光，令人想起彭先生常说的那句话：美是他的宗教。

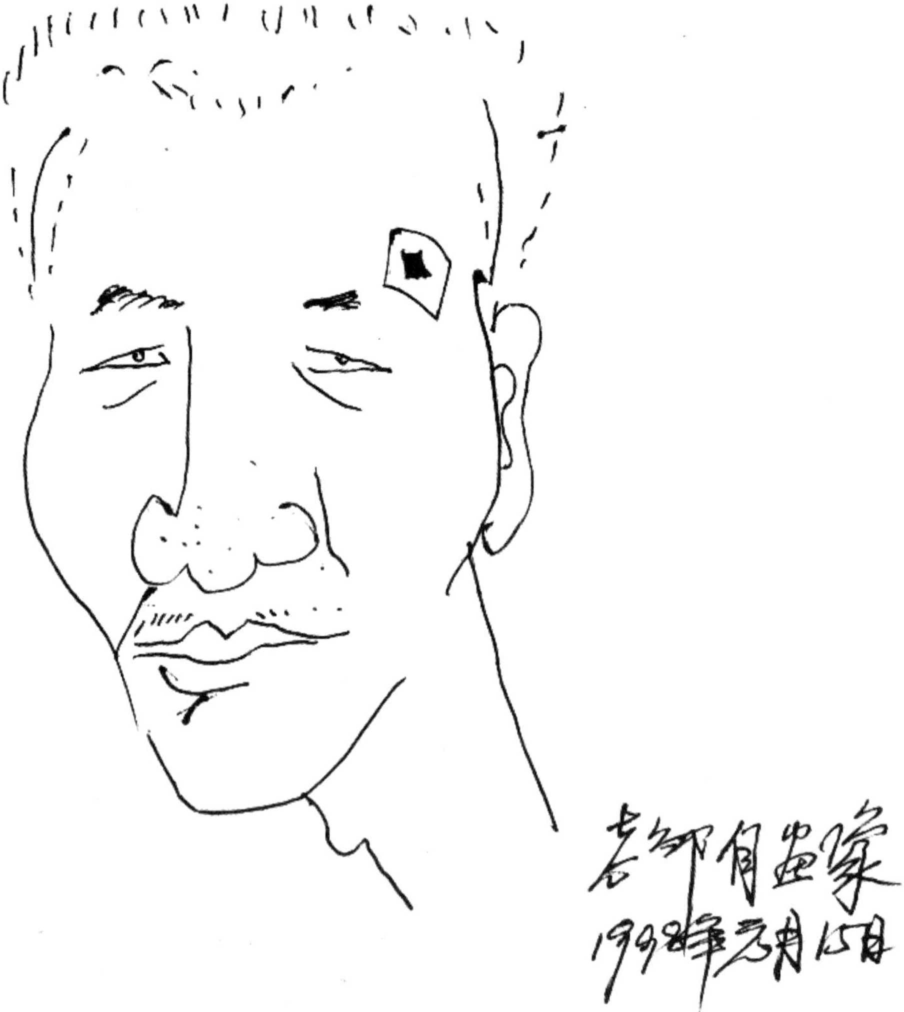

邹建平，毕业于湖南师范大学，修业于广州美术学院油画系，湖南美术出版社原副社长，曾任湖南美术家协会副主席、中国美术家协会会员、北京当代艺术馆艺术总监，现居长沙与北京。

可爱的老邹

第2弹 邹建平

你看画上这个家伙像不像一个坏人？阴沉着三角眼，就那么逼视着你。嚯！还有一块太阳膏药！呵呵！有点……

他就是湖南美术出版社原副社长、画家兼理论家、艺术活动家，也是第一个走进《百手联弹》视野的画家邹建平。1998年1月15日，我因为主编《女画家散文》到湖南美术出版社谈选题，顺便请老邹画一幅自画像。老邹对于自己的形象好像烂熟于心，拿起笔来几下就画好了。很好的一幅自画像。不提防被调皮的何唯娜抢过去，在老邹的脸上加“贴”了一张太阳膏药。于是，老邹就成了现在这个样子。这是老邹夫人的美意，我也奈何不得。

那只硕大的鼻子，还有突出的喉结……老邹是不是把自己画得很酷、很阳刚？只可惜当年老邹留的是平头，要是换上现在的光头，更酷！

我认识老邹是因为主编《画家散文》，当时约了老邹的文章。老邹毕业于湖南师范大学中文系，后修业于广州美术学院油画系，是一个两栖艺术家。他的文章有激情，文字功底上乘，为我的《画家散文》增色不少。

老邹看上去凶巴巴的，其实，他的骨子里是很文人气的。

我原来给其夫人何唯娜的画写过几篇文字，顺便也谈了一些与老邹观念相左的意见，大有扬“何”贬“邹”之势。对此，老邹并不介意。在当前艺术评论领域一片叫好声的当下，老邹能“不计前嫌”，还让我来“胡说八道”，实属难得。这正是老邹的可爱之处。

我后来主编《女画家散文》，责任编辑是老邹，因此和老邹有了更多的来往。我发现，在中国的艺术界，老邹算得上是一个有影响力的理论家、活动家。他编的“当代美术观念丛书”，精美的装帧，囊括的流派，都体现出他超强的策划意识和对于选题的把握能力。我曾经看过老邹的一篇关于女性主义的文章，妈呀！他竟然也头头是道，俨然一个专业的女性主义研究专家。老邹，厉害！

2002 年，老邹出了一本很厚的个人画册。我看了以后，有很多的感想，于是就写了一篇《生命力的宣泄与张扬》。这是我认识老邹 8 年来，第一次对老邹的画发表自己的“感觉”。

当了副社长的老邹，不管什么时候，都能在办公室找到他。他认真地听我谈选题，认真地处理日常事务。我感觉他变了，以前那个有点放浪形骸的艺术家老邹，渐渐被敬业的出版社副社长老邹所取代。

发表于 2003 年 6 月 3 日《三湘都市报》

网友微评

左汉中（出版家、画家，居长沙）：在我交往的朋友中，建平最愿意袒露心扉而不设防，最愿意帮人而不求回报。在我交往的画友中，建平最发狠。到他的画室做客，你坐着喝茶，他照样挥笔作画，你挥霍了时光，他完成了作品。在我见到的能人中，建平也许是最能的一枚，没有之一。画画、写文章、策划艺术活动、发言致贺词，样样出类拔萃，才华满溢，掷地叮当有声。在我接触的男人中，建平最具男子汉之所能，飙车、放歌、饮酒、打牌……潇洒人生，无拘无束，活得通透见底、明明白白。总之，建平不愧为“邹铁汉”！他是我学习的好榜样，可惜我永远学不像……

陈晓丹（资深媒体人，居长沙）：一个历时18年的大创展，令人拍案叫绝。叶梦老师重磅推出的《百手联弹》人物专栏，与百余名艺术家的联合“演出”，叶梦文与艺术家自画像交相生趣，可读耐读，怎一个“妙”字了得！

夏俊娜，毕业于中央美术学院，现为中国油画院专职画家。2005年，在中国美术馆举办『生命的丰年』油画展。2014年，在岭南美术馆举办『意图与模式——夏俊娜油画展』。

第3弹

夏俊娜之酷

夏俊娜

读夏俊娜的画，马上就会想到张爱玲的小说以及张爱玲小说的场景。不同的是建构这些场景时，张爱玲用的是文字，夏俊娜用的是色彩。

也许你们都看过张爱玲的一张照片，那种睥睨一切的酷，确实是很难模仿的。

夏俊娜也是一个典型的酷儿，和年少成名的张爱玲有着异曲同工之妙。

夏俊娜的画高贵、典雅、绚烂，感觉像是一道道色彩的盛宴。那种高贵、典雅，那种繁花似锦的丰富，那种古典的、梦境般的绚烂后面，有一种云母似的熠熠发光的东西，把你紧紧地吸住。看到这样的画面，我就像一只面对满桌子美味的饕餮，被诱惑得跃跃欲试。在这种美味的享受中，我会忘却传统强加给我的审美负担。

夏俊娜所营造的梦幻美与传统的写实美有所不同，那是用色彩自由抒写的一种理想，用色彩制作的一种游戏。

夏俊娜的画作，多以女孩与花为题。她笔下的女孩，外表都比较模糊。她说：“跟写实派不同的是，我的画没有主题性。我整个是烘托一种气氛、一种幻觉、一种遐思、一种飞驰天外的飘忽不定的思绪，你说这人怎么跟那人一样？但她们又不一样。你再对比她们，会发现气氛还是比较一致的：潮潮的、湿湿的、暖暖的，忧郁，模糊，似梦似幻。”

听说，夏俊娜从来不写生。这是一个画家说的吗？开始我还以为自己听错了。读她的文章才知道，那是真的，而且她画画从来都不要照片，也不打草图。

作为一个有创造力的艺术家，是不需要刻意地去深入生活的。就像才华横溢的青年雕塑家向京，她做雕塑从来就不要模特。还有一个熟悉的朋友——小说家残雪，她写作从来都足不出户，但她的创造力却是惊人的。

深入生活，有的时候是一个冠冕堂皇的借口，是创造力不够的人需要及时补充的营养。当然，这对于一个仰仗写实的艺术家又是一种需要。其实，人人都在生活之中。

我收到夏俊娜的一组照片后，看到的是一个那么年轻、时尚的一个女孩：染烫过的短发像金色的玉米穗子一样蓬松着，牵着一只名叫“一只耳”的小狗，手上戴着自己做的银饰（她的首饰都是自己手工做的），是那样自信而精神地站在阳光里。

夏俊娜是一个被美术界、传媒和画商共同看好的青年艺术家。她作的画，市场号召力已可与当代大师比肩。在20世纪70年代出生的艺术家里面，她是唯一的、也是最幸运的一位。也许是她太夺目了，无法逃避各种传媒的追逐和盯梢。在网上，我们可以搜索到关于夏俊娜的很多条目，服饰、家居、读书等栏目的策划，都会想到去找夏俊娜谈点什么。只是很少见到夏俊娜的文字，好像文字不是她所长。可是，当我收到夏俊娜寄给我的文稿时，却按捺不住地大笑起来。我已经好久没有这样笑过了。我的家人亦被我的笑声所感染，纷纷抢着看夏俊娜的文章——《神雕侠侣》，她把我们一家都逗乐了。

让我们来看看夏俊娜的《神雕侠侣》吧：“我们家基本上没有什么男女差异，最不喜欢煎炒烹炸的我只爱肩挑手提，他生活细腻，擅长炒小龙虾。我也习惯了休息时吞云吐雾，吃饭时来一杯扎啤。但这并不是我们生活的全部，关键时还是他来出力。一次，我走穴做讲座骗俩零花钱，有听众不买账专出难题，手忙脚乱头出汗眼发花我讲不出所以然，丢个眼色给丈夫，他挺身而出。从古希腊文明一直讲到后现代主义，侃晕了提问者，赢得掌声四起。珠联璧合闯江湖，我们是‘神雕侠侣’。”

夏俊娜的文字是泼辣的、凌厉的、幽默的、毫不矫情的。她的文字很随意，句式有点像说唱，铿锵有力。夏俊娜的随笔像她的画一样，没有拿架式。她笔下的花可以毫无章法地开，人可以歪着脸。这种随意，并不是人人都可以做到的。

夏俊娜在谈她的绘画体会时，却是一本正经的样子。她谈到在灵感奔腾汹涌的时候，觉得自己的笔已经不受大脑控制，她的身体她的手仅是某一种意念的载体，而意识已经游离其外，好似被一种超自然的神秘力量所控制。艺术的神秘色彩，有时的确是难以用语言来澄清的。

我以为，这种状态是达到了自由的一种状态。

私下以为，夏俊娜的几篇谈艺术经验的随笔是值得画家们借鉴的。我在编夏俊娜的随笔稿时，仔细阅读了那几篇文章，发现她的路子是对的，她从一开始就走对了。尽管我从事的艺术门类与夏俊娜不同，但道理是一样的。她表现的是自己内心一种不可言说的感觉，一种婉转流动的气韵，一种勃发的生命律动，一种女性的心思……

她的画，正如她自己说的：“流畅、顺畅、生动、贯气，它具有中国画的品性。我与其他画油画的人不同的可能就是这一点。”

夏俊娜的随笔和她的画一样，给我们带来一种新鲜的活力。我们从她的文字里看到：她是那样毫无文化负担地活着，那样的状态真好！我似乎也受到了感染。她居然还写词！我最近才知道。夏俊娜是一个心灵手巧的艺术家，她自己动手做首饰，曾经给陈逸飞的品牌服饰设计过首饰。这使我更加佩服了：一个能做手工活的艺术家，更加了不起。

夏俊娜是我认识的最年轻的一个女画家，她的观念和行动是我欣赏的。

她的幽默、她的自信、她的才气、她的勤奋和她的创造能力，是她成功的元素。当然，也要感谢市场，感谢这个使个性飞扬的年代。夏俊娜在市场和艺术之间找到了一个最好的，也是属于自己乐意为之的最好的位置。

夏俊娜说："我很庆幸，绘画给了我言说的方式，成为我感知生活的触角和实现梦想的最佳途径。"

夏俊娜尽管很年轻，但是她在艺术上已经相当成熟。她能够在各种眩目的热闹之中保持自己的艺术个性，关键是有自己的艺术主张和生活方式。

我期待着她用色彩写出更多更好的像张爱玲的小说一样的画。

2006 年 1 月于长沙

网友微评

林建春（画家，居上海）：张爱玲善用鲜明而又参差的色彩对照文句来营造强烈的感官刺激，而夏俊娜在铅灰的调子中却跳跃着绚烂而奇异的色彩，有着不可抗拒的视觉冲击力。叶梦将这两位不同时代、不同职业，然而同为巾帼的色彩制作大师双双引到我们面前，实乃一大发现。

丹凤朝阳（资深媒体人，居长沙）：“夏俊娜从来不写生，她画画不要照片也不打草图。”叶老师这个观察冷静，以白描手法，以一句话，即点中一个好画家最核心的竞争力——创造力！如屠呦呦的获奖是诺贝尔奖对独创性的认同一样，创造性是非凡与平凡的分界线。

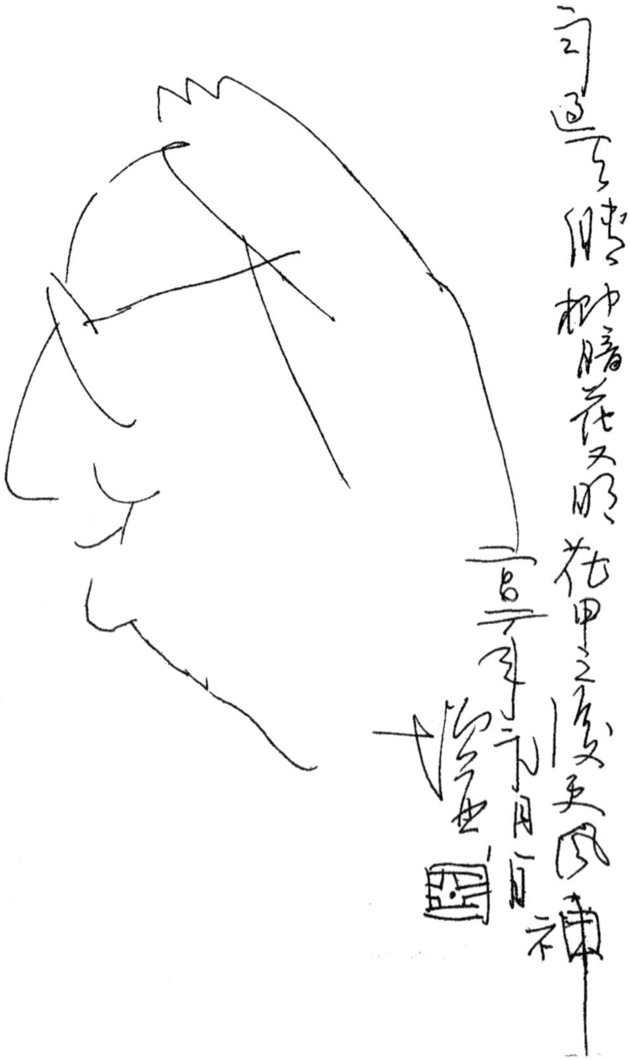

钟增亚（1940—2002），1958年考入广美附中，1966年毕业。擅长写意人物画和书法，兼攻山水、花鸟和连环画。作品曾入选全国第四、六、七、八、九届美术展览，并两次荣获银奖、铜奖；《楚人》入选百年中国画画展。出版有大型画册《钟增亚中国画作品集》《钟增亚速写集》，生前任湖南书画研究院院长、湖南省书法家协会主席，国家一级美术师，享受国务院特殊津贴专家。

第4弹 钟增亚

花甲之后更风神

我住在长沙河东的时候，常去湖南画院聊天。

1997年的一天，我到画院慧龄那儿玩，看到大画桌上铺着一张宣纸，一时起了玩心，遂拿起笔饱蘸了淡墨，又用一枝小毛笔蘸了浓墨涂在那一管淡墨笔的一边。我握着画笔，不假思索地在纸上斜斜地画了几枝竹干。我本来想画叶子的，但突然想到在画院这个地方玩这个那是班门弄斧，故放下了笔。

没想到，过了一会儿，钟增亚走了进来，他径直走到画桌前，说："这是谁画的？画得不错呀！"

慧龄说："是叶梦画的。"钟增亚说："画得不错！我来给你补叶吧！"他拿起笔，唰唰唰地画了起来。

钟增亚补画了枝和叶，一幅完整的风竹图就出来了。他还在画上题了字："战风图　叶梦画干，增亚补叶。"后来还找人托裱了给我。

又有一次，钟增亚为我画了毛笔写生画像。没有想到，第二天，他在写生画的基础上为我创作了一幅斗方漫画像，还在空白处洋洋洒洒题满了字，全是溢美之词，弄得我很不好意思。

这幅作品，我感觉钟增亚花了很多工夫。他自己也很满意，认为画出了我的特点和神气。

从 1998 年开始，我的速写本《百美图》上开始有了一些画家的自画像。前些年，我常去画院玩，却老是不记得带着那本速写本。直到 2001 年底，我突然想起速写本上还没有钟增亚的自画像。其时，钟增亚的画室已由画院移至九所，因为不认识路，我在大门口给他打电话。钟增亚说：“我正要出去，你就在大门口等着。”不一会儿，钟增亚出来了。他说：“展览馆路改建，画院部分的拆迁等着我去签字。你把本子放在我这儿，过几日来拿吧！”

过了几日，我去拿速写本的时候，看到画室里来了一拨又一拨的商人和记者。钟增亚一边应付着来人，一边忙着整理行装，他下午还要乘飞机到山东去卖画。要过春节了，那边的画商催得紧，买钟增亚的画的人已经在那边排队了。

我拿到速写本，打开一看，一幅精彩的线描自画像，旁边题了一句话：“雨过天晴柳暗花又明，花甲之后更风神。二〇〇二年元月一日增亚。”

看到钟增亚充满自信、精力充沛、健健康康的样子，看到他繁多的应酬，我心里特为他高兴。

当时，钟增亚的状态如此好，谁又能想到，9 个月以后他却永远地离开了人世呢？

我得知钟增亚住院的消息，已经很迟了。2002 年 9 月 5 日上午，我到湘雅二医院 14 病室去探望他，他已经进入了病危期。他病室的门关着，里面正在换药。我向护士打听钟增亚的病情，护士心情沉重地说：“怎么会好得了呢？一天比一天差！”看来，钟增亚的日子不多了，我得陪他说说话。自我迁居河西这几年，难得去画院聊天，也听说这几年钟增亚常常出去旅行写生，还要应付诸多笔会，不常在家。

我走进病房，强掩了沉重的心情，和钟增亚聊了起来。没想到，濒危的钟增亚一开口，声气依然清澈爽朗，中气依然很足，一如既往地保持着他豪放的气概，保留着一般人没有的乐观积极的人生态度。不过，说着说着，他冷不丁就睡了。呼呼大睡了一会儿，又开口说话了。一开口，还把刚才的话题继续着。他的眼角一如既往地带着那种在骨子里睥睨一切的自信。从他的眼神里，我看不到痛苦。一个走向生命末途的英雄，仍然有着属于他的英雄帅气。他那个目标突出的鼻子，仍然张扬着一种使人望而生畏的余威。

我心里暗暗吃惊。是他不知实情，还是误以为还会有“柳暗花又明”的一天？或许，他还在坚守着“花甲之后更风神”的自信吧。

“莫按哒，有点痛！”钟增亚轻声说。他的脚水肿得厉害，他的夫人崔医生在轻轻帮他做按摩。

当我听到这几个字的时候，我感觉他轻轻说出的那个“痛”字，用的是淡化了的、好似与自己不相关的口气。探望病危的钟增亚，他居然没有把一点点濒死的悲凉气氛泄露出来，仍然保持着一种健康的平常心态。钟增亚真是一条硬汉！

钟增亚追悼会那天，悼念大厅里人山人海，来自社会各界的人士都在怀念他。作为一个人民艺术家，他的艺术受到了人民的认同和尊重；作为一个朋友，他的坦率热情、才气和豪气，值得我们永远怀念。

发表于2003年5月20日《三湘都市报》

网友微评

江水波（注册会计师，居长沙）：钟增亚是为艺术而生的，也是为艺术而献身的。如果他不坚持参加那次非常折腾身体的三峡创作之行，也许癌症不会复发，至少不会走得这样快。但一切没有如果。2002 年 9 月 19 日上午，我追随我的第六感，去医院看了增亚兄。下午三时，增亚兄逝世，我是他意识尚清醒时见的最后一个朋友。对于我来说，这是个既欣慰又痛楚的记忆。

毛国保（画家，居长沙）：1979 年，省美协在株洲举办庆祝新中国成立 30 周年美展创作学习班，我画国画《生龙活虎》。起炭稿后，钟增亚老师非常耐心地从用笔、用墨、着色及造型结构等方面边示范边讲解，直至一张 6 尺画稿完成，然后题字落款并赠送给我。36 年过去了，我一直珍藏着先生的墨宝，铭记着先生的教诲。

林春（画家，居上海）：对于钟增亚来说，62 年的人生，其创作源泉还远没有枯竭。他的逝世，对于他自己以及“国画湘军”都是巨大的损失。

刘晨（画廊老板，居长沙）：钟增亚先生是当之无愧的当代中国人物画大家。他的英年早逝，不仅是中国美术界的一大损失，而且让湖南的艺术品市场落后了其他地区整整 10 年。如果钟先生健在，湖南的美术界必将因他这面大旗而令人刮目相看！可惜天妒英才！钟先生的人物画成就，在北京、山东、广东等地美术界和收藏界的认知度要高于湖南本土。

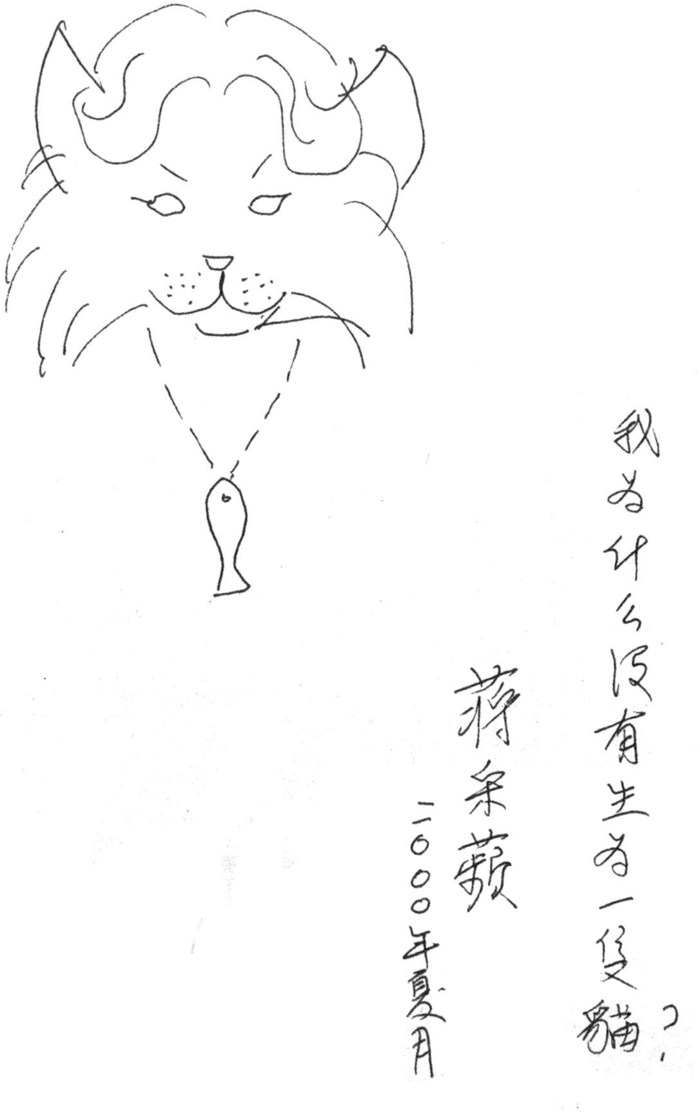

蒋采苹，1958年毕业于中央美术学院中国画系，历任中央美术学院中国画系教授、工笔画教研室主任、中国艺术研究院研究生院博士生导师、中国美术家协会会员、中国工笔画学会副会长、中国重彩画研究会会长，卓有成就的中国工笔重彩画的代表画家，著名的美术教育家。

第5弹 蒋采苹

我为什么不生为一只猫呢？

蒋采苹喜欢猫，我从她的《老咪的故事》中读到老咪的一生，非常感动。活了11岁半的老咪，由蒋采苹写来，完全就像一个人一生的故事。读蒋采苹的其他文章，感觉她像一个做学问的男人。但读到她写的关于猫的文章，我又感觉她还是一个女人。蒋采苹从11岁就开始养猫，至今养猫无数。她欣赏猫的傲骨，对猫的感情很深。“丹青之外最爱猫。”这是蒋采苹的丈夫、油画家潘世勋教授对蒋采苹的评价。

2000年8月的一天，我们全家到王府井的帅府园拜访蒋采苹。首先出来迎接我们的是两只体格健壮的猫，一只白猫，一只黑猫，不知道它们是不是老咪的后代？

那天和蒋采苹的谈话，我们一家三口都是愉快的。儿子陈墨喜欢猫。丈夫老陈喜欢蒋采苹的工笔画，也崇拜她。我和蒋采苹交往几年，在电话中早已熟悉她的声音，在文字里了解了她的为人，这次见面，是把我心目中早已具有的蒋采苹的神与形进行整合。

蒋采苹的家在一楼，门前有棵石榴树，门常常是开着的，猫出出进进。客厅里挂着蒋采苹的多幅工笔重彩画。平时我们只从各种画册上读到蒋采苹的代表作，现在可以看到原作了。印刷品和原作的距离毕竟还是很大的。客厅里光线不太好，但是，那些工笔画上少数民族女子头上的银饰熠熠发光，就像真的一样。这些工笔画上的颜料是我从前没有见过的。

蒋采苹是中国一位重要的工笔人物画家，她毕业于中央美术学院，后来一直任教于该院的工笔画教研室。已经桃李满天下的蒋采苹，对工笔画的重要贡献之一，就是发明了特殊的荧光颜料。这种颜料，据说是从矿物中提取出来的。近年来，她创办的工笔画研修班培养了不少工笔画的中青年画家，也推广了她研究出来的新的颜料系列，为中国的工笔画提供了更大的表现空间。

蒋采苹是属于学者型的画家，也曾经作为中国女画家参与国际交流。她对于历史、女权等问题，都有自己独到的见解。但是，作为一个艺术家，我就觉得她是一个女人中难得见到的偏于理性思维的人。

我请蒋采苹在我的速写本上画一自画像，她很爽快地答应了。很快，一幅线描自画像就画成了。因为是线描漫画，她没有像画水墨画一样盖印章。我想，如果画的是水墨画，她肯定会叫上白猫或者黑猫来画押的。我曾经看过蒋采苹的一幅自画像，自画像旁边画了一只猫，上面盖了蒋采苹的印，还摁了一个猫爪画的押。想不到，平日不苟言笑的蒋采苹也是蛮幽默的。

与以前那幅不同的是，蒋采苹为我而作的自画像把猫和人合为一体，把自己画成了一只猫，脖子上挂着一条鱼的项链，旁边还题了一句：“我为什么没有生为一只猫呢？”

我们在和蒋采苹谈话的时候，猫常常来屋子里巡视，不时在沙发背后窥视我。我忍不住回过头，对猫报以一个友善的微笑之后，就缩着鼻子扮一个猫脸。但愿这只北方的猫，读懂了一个南方人向它抛出的橄榄枝。

发表于 2003 年《三湘都市报》

网友微评

徐天舒（某设计机构董事长，居长沙）： 跟着叶老师每天看各种样范，有些是熟悉的，有些是陌生的，但是在叶老师笔下都是有真情的。笔墨有多种，难得真性情。我为什么不生为一只猫呢？天啊，我也想啊！

潘缨（画家，居北京）： 哈哈！蒋老师其实就是一只猫啊！只是她不自知。

易海波（教师，居长沙）： 叶梦女士识人常常从声音、从爱好、再从职业等多方面的外围进入一个人的内在，又时与被写者有着惊人的暗合，轻轻朝内的一笔折出外向的光芒，比如同猫的柔和对视，是不是融合了蒋采苹的心愿之光？是不是延宕着人猫善性的馨香？

陈巽如，擅长水粉画、连环画，1969年毕业于湖南省戏剧学校。作品曾获全国科普美展一等奖，全国第二届青年美展三等奖，全国第六届美展银奖，日本野间国际儿童读物插图展三等奖，全国第四、五届书籍装帧展二等奖，也曾在美国、意大利、日本、捷克、韩国等国展览。

陈巽如的霸脑壳

她的眼神是迷离的，有时候像通灵的巫女。她的触角是敏锐的，有时候像大仙附体的神婆。她的心有七窍，每一窍皆有通道连接外部世界。她养的宠物鸭子，聪明过人，一天到晚跟着她转，她公然带着鸭子去江边散步。她酷爱钓鱼，周末总会出现在长沙市周边的郊区鱼塘。她还养猫，估计与猫的故事又有一大堆。看了她最近涂鸦的水墨，依然是灵性十足。

——2015 年 10 月 10 日题记

陈巽如的样子很特别。可能是小时候米袋子没睡好（为了让刚出生的孩子头形长得周正，长沙有枕米袋子的风俗），后脑壳有点“霸”（凸的意思）。于是，她的外号之一是“陈霸脑壳”，外号之二是“陈某”。

陈某喜欢把眼睛瞪得溜圆看人。不过细去看，会觉得这个堂客有点“哈”（傻的意思）。其实你大错特错了。陈某一开口说话，就生动起来，连说带比画，就像在用长沙话说相声，生动极了，幽默极了，常常叫人笑断肠。是不是学过表演哦？我怀疑。尽管她是湖南省戏剧学校出来的，可她的专业却是舞台美术啊。

长沙人都说“霸脑壳聪明”，果然不错。

陈巽如是湖南文艺出版社的美术编辑，有名的女画家。但是，她不像画家的样子，穿着很马虎，像一个“垮四大娘”。因为她曾经得过一些奖，在美术界颇有名声，每年电视台在三八节搞女界专题节目，她就会像应节的糕点那样出现在电视上，一如八月十五的月饼、五月初五的粽子。遗憾的是，陈巽如的幽默在摄像机前消失殆尽。她和丈夫贺旭在湘江岸边，记者让他们做指点江山状，那个画面把我笑得肚子疼。不懂构图的记者还把正襟危坐的夫妇俩拍成了土地庙里的土地公和土地婆，把一个活生生、有味的陈巽如给糟蹋了，遗憾呀！

陈巽如在长沙的一个文明小区住了很多年，有人介绍寻访陈某家的秘诀：只要看见哪家阳台上衣服没有晒抻的那家就是。小区每年都评选“五好家庭”，红色的牌牌钉在门楣上。但我去陈巽如家的时候，却看见他们家挂的是一块不同于别人家的牌牌，是比“五好家庭”大很多的“六好家庭”，怎么多一好？陈巽如掩口悄悄地告诉我：“是我自己做的！”我又忍不住笑了。

她设计的书籍装帧得过不少奖。我的散文集《遍地巫风》是陈巽如做的装帧，得到各方好评。做这种封面，是陈巽如饭碗里的事。她对作品风格把握得很到位，她的霸脑壳里有的是鬼点子。

有一次，我和《遍地巫风》的编辑谢不周、装帧设计陈巽如、版式设计罗丹一起吃饭。当时我正在策划编辑一本《画家散文》，我们都怂恿陈巽如也来客串一把。可陈巽如说她怕，因为她从来没写过散文。我听过关于陈巽如的一个流传甚广的《尼龙袜子炖海带》的故事，蛮有味的，就鼓励陈巽如：怕什么，你只管乱写一顿，就从尼龙袜子炖海带写起。这个故事说来话长。话说陈巽如当年把还是男朋友的贺旭带来家里认门。吃饭时，当教授的陈父从海带汤里夹起一个可疑物，当着未来女婿的面不好鉴定，只好与老伴到厨房仔细辨认。原来是一只鞋垫。哇！呕吧？当然，那是一只被用来做洗碗布的新鞋垫。这个故事首先由陈巽如自己口头发表，慢慢地在朋友间流传，后来演变成各种不同的版本，在书籍装帧界蔓延。《尼龙袜子炖海带》，成了陈巽如的散文处女作。

没有想到，陈巽如写散文极其投入，文笔也比我们预想的要好得多。到我编《女画家散文》的时候，这个家伙已经写得很好，而且一不小心就写了几万字，颇有现代派小说家的况味。我吓一跳：怎么有残雪的味道？原来，陈巽如为残雪小说集做装帧，一不留神就学了一招，聪明哇！

要不是工作忙，她完全可以成为一个高水平的专业写手。

我编的《女画家散文》准备用画家的自画像，陈巽如给我的那一幅极有趣。她把自己设计成一个高脚酒杯，丑得耐人寻味，丑得令人忍俊不禁。见我这么开心，陈巽如得意地打开一个眼镜盒，哇！盒子的内盖上还画有好几个“陈巽如”，个个生动无比。

好个大胆的女人，竟敢把自己丑化成这个样子。

相比于前面提到的种种版本，陈巽如在《百手联弹》中画的这一幅，算是一个洁本了。

发表于 2003 年 7 月 29 日《三湘都市报》

网友微评

谢丽芳（画家，居长沙）：陈巽如是我一起长大的朋友，也是一位少有的集才气、灵气、巫气于一身的楚地奇女子。她的柔韧、坚强、信念都体现在她有些纠结的画作中，因为她比一般人更在乎自己的内心。

毛国保（画家，居长沙）：老同学陈霸脑壳巽如那眼神，神了。叶梦的文章把陈某也写神了。

林建春（画家，居上海）：读完此文，觉得一个活生生的陈巽如就站在我面前，滑稽、幽默，字画皆如其人。

陈晓丹（资深媒体人，居长沙）：20世纪住望月湖，与陈巽如老师打隔壁，她做美术编辑，行为举止不同常人，如是男人可称狂浪不羁，是女子就变成“垮四大娘”了。

毛国保，出版有连环画作品《三国演义》《倚天屠龙记》《牡丹亭》《桃花源的传说》等。湖南少年儿童出版社美术编辑，已退休。

毛哥的幸福生活

第7弹 毛国保

2000年3月24日，几位画家邀我在长沙松桂园的一家餐馆吃饭。席间，我拿出速写本《百美图》，请在座的各位一一画自画像。

毛哥的自画像最简单，我数了一下，只有3笔多，可谓惜线如金。翻过《百美图》的，都说毛哥这幅好。

用三笔画像一个人，不容易！毛哥的自画像不只形似，还特别传神，毛哥的味道全部都出来了：鼻子还算周正吧！最有特色的是嘴巴。你看，那毫无章法的翻起的上唇下边，探头探脑地伸出两粒兔子般的门牙。那是毛哥"形象工程"的标志。眼睛虽然没有画，但是，在那一根极为吝惜的作为眼镜的线条后面，我分明就看见了毛哥的眼神。我想，熟悉毛哥的人应该都会有我这种感觉。根本就没有画眼，可分明就读出了眼神，真是奇怪！

毛哥名叫毛国保，湖南少年儿童出版社美术编辑、连环画家，现任《少年作文辅导》杂志的主编，不！是副的。我常常看见毛哥坐在那里编刊物、做版式、画插图。整个就是一个不爱张扬的埋头做事的美术编辑。因为他们杂志邀我客串了两年多的专栏，并且把专栏做了一本书，慢慢地我就和毛哥熟悉了起来。

有一回，毛哥给我看他画的连环画稿，我吓了一跳：呵！毛哥有打不显形（长沙话，深藏不露的意思）呀！毛哥说他最不爱“显”了。毛哥文雅，把显diǎo的diǎo字省略了。湖南少年儿童出版社出的那一套《三国演义》就是以毛哥为首画的。

毛哥曾经在常德文化馆工作过数年，当年政治运动比较多，上级宣传部门常常要从文化馆抽人写横幅或标语。有一次，上级又要抽人写标语，常写的那位却不在，馆长派毛哥应差。一脸老实的毛哥就去了，装模作样很努力地写。领导看了毛哥的美术字，却摇了摇脑壳。后来，再也没有人叫毛哥写美术字了。当毛哥看着别人趴在地上很辛苦地写标语的时候，他一定在偷着乐。直到毛哥调离文化馆，馆长还一直以为毛哥的美术字不行。毛哥呀，狡猾狡猾的。有一次，主编安排毛哥为我的书设计版式，毛哥说他没有搞过版式，于是，我就以狐疑的眼光看着他。

我开始借机“审查”毛哥。下面是我和毛哥的一段对话。

叶：你是哪里人呀？

毛：我是长沙人！

叶：哎呀！你也是长沙人？（我这样问人有点不礼貌，长沙人俗称里手，因为毛哥的不爱“显”，我怀疑他不是长沙人。）

毛：我是长沙犁头街的，喋，就是五一路省供销社后头的那条街哒。

叶：犁头街？我冇去过。那是一条么子街罗？是不是打铁的？

毛：犁头街原先是篾匠一条街，又叫趴胯（音：咖）子巷，因为篾匠破篾是分开双腿的，所以……

我对毛哥的“审查”就这样结束了：犁头街的毛哥，正宗长沙人，一个不称里手的长沙人。

长沙人爱热闹，喜欢赶时髦。而犁头街长大的毛哥则喜欢过一种简单的生活。他的生活就像他的自画像那么简单。毛哥除了上班，就是画画。你看简单吧？戴着近视眼镜的毛哥，用他的眼睛盯着长沙市区的很多角落，毛哥的眼睛定格之处便成了油画、日记。我看了毛哥很多的纪实油画写生，感觉很惊讶。毛哥笔下的场景是我们非常熟悉的。例如那一幅《2003 年元月 1 日的岳麓书院》，阴沉沉的天空，树枝间的雾气，连红墙黄瓦都没有了往日的鲜丽。还有《大雾天的芙蓉路清晨》，把高楼间漫天的白雾表现得很到位。还有秋天的烈士公园某个角落、金灿灿的法国梧桐、湘江边的某一条趸船、小街的一角……这些小幅油画，由毛哥一幅幅道来，如数家珍。读了毛哥的系列画，感觉毛哥的视角，为我们留下了永远不会再现的当下生活场景，甚是亲切。

为了看画，曾去毛哥家两次。我看了墙上挂的毛嫂摄影作品，惊叹不已！她的摄影作品感受好，有不少是精品。

毛嫂是一个气质优雅的漂亮女人，她的工作与艺术无关。在儿子大学毕业后，爱好摄影的她就拍片子玩，享受着一种艺术人生。毛哥画画，毛嫂也画；毛哥画油画，毛嫂就画丙烯。最近，毛哥又画起水粉来了，于是毛嫂也画水粉。不大的书房摆一个青花瓷坛，插上一束花，夫妻双双画那些坛坛罐罐，用水粉把那些静物画得像油画的写实画一样逼真。

我看了他们俩同题的水粉作品，毛嫂的色彩更明亮。我吓唬毛哥：你看，毛嫂都要赶上你了。

毛哥画画，一不是为了出名（比如参加展览），二不是为了生存（比如卖画）。毛哥伉俪的艺术人生，其实是一种被很多人忽略了的幸福生活模式。

发表于 2003 年 7 月 10 日《三湘都市报》

网友微评

晓丹（资深媒体人，居长沙）：一个画绝，一个文绝，看似都是简单勾勒，其实有大匠心！文画互生谐趣。一般画得有味，人就有味，自然文更出味。

希子（从事艺术管理工作，居长沙）：好有味！快出书咯，想看。

曾力真（自由职业，居长沙）：大姐的神弹真是神了，我这个圈外人都看得有味，真的！看似平淡如水的简单文字，竟能如此传神地勾勒出一个人的神采，工科生小弟终于理解了什么叫“神来之笔”。

成佩（美术史博士，现居东京）：一早读到这位毛哥，表面看不爱显，低调。但明眼人一看，就知他是一个隐忍的里手，骨子里傲着，特立独行。叶梦老师一写起老朋友来，就特别特别特别的传神。尤其是她对长沙方言信手拈来、诙谐慧黠的运用，怕是和《马桥字典》有得一比了。

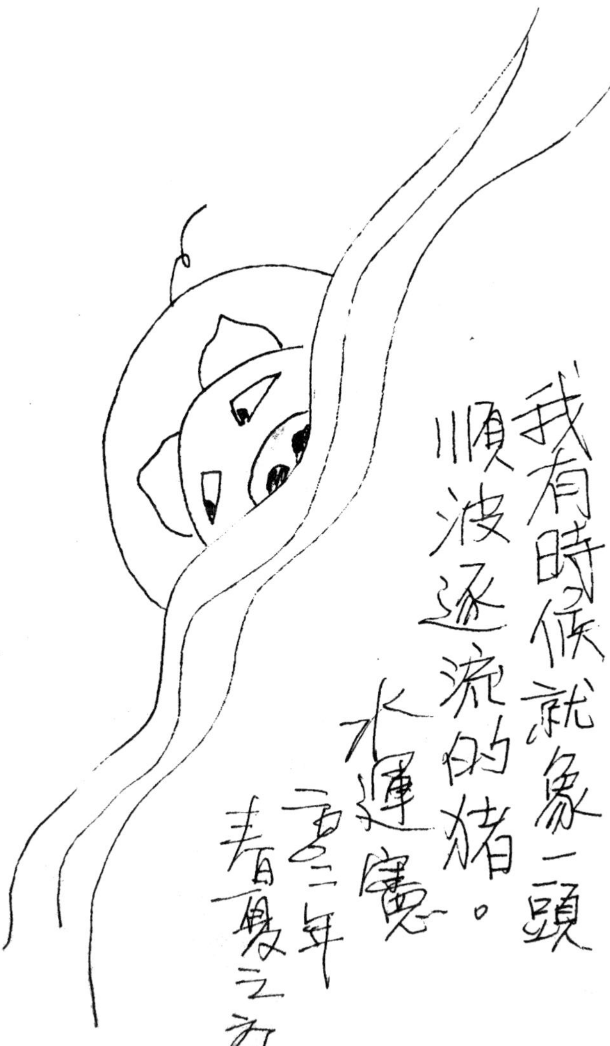

水运宪，湖南省作家协会名誉主席，中国作协第七届全委会委员，有特殊贡献的中青年专家，享受政府特殊津贴。著有长篇小说9部，中篇小说21部，散文、报告文学、电影文学剧本、电视剧剧本等400余万字。话剧剧本《为了幸福，干杯》获文化部、中国剧协全国第二届优秀剧作奖，《祸起萧墙》获全国优秀中篇小说奖，中篇小说《雷暴》获全国当代文学奖，电视连续剧剧本《乌龙山剿匪记》获全国电视金鹰奖。

水哥的酷

在我的印象中，水哥（水运宪）永远是西装笔挺、不苟言笑、腰板挺直的，举手投足，比外交部礼宾司的官员还要中规中矩。

在20世纪80年代，这样子是“酷”。

20多年后，水哥还是那样。好像时光在他的身上没有流动，没有中年以后常见的富态，他还是那样年轻、那样精神，不过是西装的质地更加考究。他常常开一辆白色的进口宝马轿车，风驰电掣般地来去。

帅哥加名车，水哥还是一如既往地的“酷”。

水哥年纪稍长于我，在文学圈里的辈份也要长我一辈，该是我的师傅辈罢。在我心里，水哥一直是我敬重的人。水哥成名早，当年因《为了幸福，干杯》《祸起萧墙》等作品而名满天下。可是，后来的电视剧《乌龙山剿匪记》，却淹没了水哥在新时期其他颇有影响的剧本和小说。乌龙山甚至成了水运宪的代名词。不久前，我看到一处酒楼叫乌龙山某某，还以为是水哥开的呢！

前不久在作协开会，才知道水哥正埋头创作，手上有两个长篇作品马上就要问世了。我正准备调侃水哥的西装，可那天却破天荒见他穿了一件夹克衫。我一直盼着看见水哥邋遢时的样子(像很多艺术家一样)，却一直没有如愿。

同在作协多年，我和水哥来往不多。湖南文代会上，我请他在《百美图》上画自画像，没想到，他接过笔来“唰唰唰”三下两下就画好了。

我看了以后，着实吓了一跳：极为简练、流畅似水的线条里，浮着一头长着三角眼的猪，构图也特别简练、生动，那猪还一脸的无奈。图中的题款也写得好，与画面极为协调。

“嚯！水哥真是不显形，看不出哦！这样的功夫！”

我发现，水哥自画像的题款最有味：“我有时候就像一头顺（随）波逐流的猪。”

说实在话，我觉得水哥的“酷”，在这幅画里得到了真正的体现。在西装革履的水哥背后，竟然还会来一点纸上“摇滚”式的幽默。

敢于拿自己开涮，这是水哥真正“酷”的一面。

发表于2003年5月27日《三湘都市报》

网友微评

苏秀英（工程师，作家，现居新西兰）：无论画家、作家、名人，大腕们在叶哥谐趣的笔下，神气活现，灵光四溢，都似曾相识，在身边，住邻家。

光华（某设计机构董事长，居长沙）：我原来看过叶梦老师零零碎碎发的艺术家自画像，这幅给我印象最深。因为水波的线条很像一个窈窕的身材，而猪眼的睥睨，无疑与我们印象中作家的自信与光鲜形成对比。自画像，这才是作家内心真实的自己。通过叶老师的《百手联弹》，我们看见了艺术家的多维度。

蔡皋，画家。目前对于自己的作品，最喜欢的系列是《人与花》《时间》《百子纳福》《你我他，你们我们他们》，绘本则偏爱《宝儿》《六月六》《桃花源》《花木兰》《孟姜女》《海的女儿》；喜欢又成习惯的别种事是种植；一天之中最爱清晨……

第9弹 蔡皋

圣徒·花农·画家

从蔡皋自画像的题款看，她是对儿童而言的；从她的神态来看，模仿的是一个受惊吓的孩子模样。蔡皋住的院子里有一个叫毛滴佗的小小孩，刚刚学会说一个字。毛滴佗看见大胡子颜新元，就会头一扭、小手一指：“怕！”这个动作被蔡皋捕捉到了，蔡皋在模仿的时候，简直是惟妙惟肖。只有热爱儿童的人才会有这样发自内心的感动。

蔡皋首次来我家，我儿子还在上幼儿园，怕生人，远远地看着蔡皋，但是不多久，两人就玩到一起去了，并打得火热。儿子说，只有蔡皋伯伯看懂了他的画。后来我们去蔡皋家，蔡皋把我儿子抱在怀里，和他一起看图画书，为我做出了亲子阅读的榜样。

蔡皋的心常常是面对儿童敞开的。说起儿童绘本，她就像一个圣徒，甚至有点像盗天火的普罗米修斯。

如果你想让温和的蔡皋激动，你就跟她说绘本说儿童图画书的事。这时，她的脸就会红起来，说话的频率就会快起来。她对绘本图书的创作和推广，有一种虔诚的近乎宗教的热情，好像她就是为了绘本而生的。蔡皋是中国有名的儿童绘本画家之一，她的作品获过国际国内的多项大奖。她有很多机会参与国际交流，早在20世纪80年代初就开始引进国外的优秀绘本，为能让中国的儿童享有高级的精神食粮，她情愿像蜡烛那样燃烧自己。多少年了，她的对于绘本的拳拳之心，我是能够体察的。看到这个时候的蔡皋，我就会笑她：报国无门哦！

多年来，蔡皋把全部精力都放到了绘本上。1989年，黄永玉来湖南，姜坤等一批湖南画家到九所宾馆拜访，把蔡皋画的绘本《六月六》给黄先生看。黄先生吓了一跳，就在画册上题了："画得真好！"黄先生觉得还不够表达自己对蔡皋画作激赏的心情，又接着写下"湖南有福了！"

黄老先生的眼睛是有毒的。他评价蔡皋的9个字是有根据的。他看见了蔡皋潜在的灵气和创造力，鼓励她画大画、画国画和别的画种……黄永玉还不失时机地向蔡皋要了一幅画。老同志的眼光厉害呀！下手好快的呀！他要是看到蔡皋近年画的《荒原狐精》和《桃花源》，还不知道会怎么表扬她呢！

遗憾的是，蔡皋的绘本是墙内开花墙外香。《桃花源》画稿被日本收藏，绘本书在国内没有版本。2003年8月初，蔡皋获得日本方面的通知：《桃花源》中有两幅作为插图选入日本的国文教科书（六年级语文）。这是中国画家的插图第一次进入日本教科书。

黄永玉对于蔡皋的题字，我是最近才看到的。但是，我和他可以说是英雄所见略同。我曾经在蔡皋面前无数次游说，劝她转向——从绘本转入纯绘画创作。我这样做，有点像星探又有点像极具眼光的画商。对于蔡皋，我有一种发现的喜悦。

蔡皋的家和她的屋顶花园是我最愿意去的。去年秋天，我看到她家花园的花架上吊满了很多金色的葫芦，真正把我迷死了。"拍照了没有？要留住这个秋天呀！"蔡皋家的昙花要开了，我会在天黑前由河西赶到河东蔡皋家，专程朝拜昙花盛开。

蔡皋住到哪里，哪里就有繁茂的绿色植物和四季开不败的花朵。今年春天，蔡皋的花园真正是繁花似锦，怒放的各色月季、争奇斗艳的一丈红、饱满的绣球、次第开放的蔷薇、花池里的睡莲和菖蒲……这样的图景给人一种心灵的滋润和抚慰。

四年前，蔡皋送我两盆绿色植物，我一直在养着，它们是我眼睛的营养剂，常常为我消解视觉的疲劳。

只要有土地，蔡皋就下意识地要考虑种上一点什么。她看到湖南美术出版社办公大楼瓷砖的墙面，手又痒痒了。她种了多处绿色的爬墙虎，很快，那些绿色就欢快地往大楼上面爬去。

蔡皋有一个育苗的大木桶。她常常把从世界各地收集的种子小心地播种在那里面，等待它们冒出芽来。蔡皋在拆朋友的信的时候常常会有惊喜：信笺里附的小纸包，包的是花的种子。

蔡皋还是一个环保主义者，连吃过的香蕉皮，她都会拾起来制作花肥。

蔡皋的家处处是绿，是那种生命力旺盛的干干净净的绿，是深深浅浅的绿。这种绿色就是一种氛围，一种生命的状态，一种接近自然的人性的状态。这种种状态使我得到了释放。我平时不善言辞，一到蔡皋家的画室和花园，就像变成了另外一个人，开始了充满激情的艺术侃谈。我甚至都奇怪，这是我说的吗？蔡皋家是一个诱发能量的“场”，最能诱发我的灵感和激情。

蔡皋家最吸引我的还是她的画。有一次，我看到大客厅里有一批她新画的水粉画，我一幅幅地看不够。又有一次，我见到多幅用作美术教科书封面的水粉画，叫人爱不释手。

蔡皋是一个具有泛爱众生秉性的画家，她对于生命（包括植物）的爱，对于儿童的爱，使我很容易就走近了她。我们常常在一起谈论艺术，很激动、很狂妄地谈各自的见解。蔡皋也是我作品的真诚读者，我的《遍地巫风》《创造系列》曾经得到过她的深入解读。我谈她的画，她就谈我的文（我们是不是在互相吹捧呀），我们就有了永远也说不完的话题。

发表于 2003 年 8 月 19 日《三湘都市报》

网友微评

陈巽如（画家，居长沙）：我很早就喜欢蔡皋老师的画，如天脚下的画语，是她的独特。她的造型如同山上滚下的石头，抱成团，摔不烂。她拿一根别人不要的秃笔，去戳那些精细的物像。即算是两寸见方的画稿，都一笔一笔戳，几十百多幅的连环画，每一幅都一丝不苟，艺术感觉巴黏巴黏的，百看不厌，她的精神影响了一代绘本画家。

陈晓丹（资深媒体人，居长沙）：从儿童的视角和位势画儿童，怎不天然拙朴惹人爱？每个成年人心中都困（睡）着一个不愿长大的小孩子，蔡皋老师唤醒了他，真好！

徐天舒（设计机构董事长，居长沙）：叶梦老师今天写的是蔡皋老师。她们两位长辈，就如这湖南的深山厚水，瑰丽夺目之下是蕴涵深长，我无法用言语表达仰止之情。唯有一点，她们知道我对她们的爱，而我也知道，她们如对自己孩子一般地爱我们，这是我们今生之福。

成佩（美术史博士，居东京）：蔡皋老师的《桃花源记》是我在居所附近的市立图书馆所看到的第一本由中国画家创作、由日本绘本界泰斗级领袖松居直先生亲自编辑撰文而成的绘本。尽管多年前造访萧沛苍社长与蔡皋老师的家时，我已有幸同时拜读了萧社长新编的《钟叔河文集》以及蔡老师的《桃花源记》原作。当时，蔡皋老师原作中用类似手卷的形式渲染出桃花源那种落英缤纷的迷离古雅，给了我极深的印象，也是我第一次感受到一个中国的绘本作家在用极其平等、理解、尊重、深爱的态度和绘画手法为孩子们创作，那里面没有一丝丝一般儿童书插画所刻意营造的幼稚感和程式化——我由此感受到蔡皋老师那颗清澈的艺术的本真童心是如何地把她和周边的世界融合在一起，感受到她的哲学境界。

陈墨（教师，居深圳）：蔡皋伯伯是从小关注着我长大的慈爱长辈，也是中国最伟大的插画家。小时候她送我的两本画册《宝儿》和《桃花源》一直置于案头，每晚必读。漂亮和舒适的色彩及无穷无尽的想象力，再搭配上一颗童真的心，无论何时看伯伯的画都令人拍案叫绝。

石纲，湖南省画院副院长，湖南省美术家协会副主席，湖南省中国画学会主席，中国美术家协会会员，文化部中国画学会理事，国家一级美术师。

第10弹

石纲

抚慰灵魂的精神山水

我不是搞艺术评论的。我看画，只凭直觉，与理论无关。

今年初夏，我在长沙四维商城看“无感觉艺术展”，虽只是匆匆浏览，但我还是在石纲的作品前停住了步子。我以前没有看过石纲的作品，我感觉石纲那一组山水画像一袭清凉的风，阻断了我心中的浮躁。我感觉到，一种力量，一种遏制浮躁生长的力量，就这样从石纲的画中浸漫出来。它是那样毫不经意地拽住了我的视线，给我一种灵魂的抚慰和镇定。

石纲的画使我想起了东山魁夷。可东山先生过于素，是那种素净的寂静；而石纲则是厚重的寂静，使人想起马王堆汉墓。

石纲的画好像在宇宙中存在了几千年。

那天的画展，先锋的“声色犬马”仿佛使我更加火毛火躁，心里的火气与夏日的气温同时在升腾。

其实，我骨子里是喜欢先锋的。先锋常常给我带来一种冲动和刺激，一种反传统的快乐，一种想象力的飞扬。然而，伪先锋的乱玩一气，却让人感觉不到任何灵魂的悸动，只是徒升了虚火而已。

我们看腻了传统的山水，面对那些山、泉、林、石，那些皴、擦、点、染，那些玩到了极致的老套路，会感叹：真是玩来玩去玩不过古人啊！面对博大精深的传统，我们常常会有一种无奈。

石纲的画不属于那种没有边的先锋，更不是对传统的稍加变法。

石纲似乎是站在先锋和传统之间？不！我觉得石纲是独立地站在自己精神的立场上，因为这样，才有了石纲独具个性的山水画。

我为什么喜欢石纲的山水画？这实在是难以说清楚的事情。是画面流泻出来的静寂悠远还是那幽暗与灵动的点染？是湘云的幽蓝之雾还是楚水的些许红岚？是洞窟还是墓穴？也许，这些都不是。

我看到的只是一种氛围、一种意境、一种心气相通的艺术感动。我看到的石纲的山水不是客观的，是主观的；不是物质的，是精神的。石纲的山水，亦可以看成一种色彩的精神游戏。

中央美术学院的邹跃进教授论说过“石纲的山水精神”，而我则以为石纲的画属于“精神的山水系列”。石纲的山水画是他的精神衍化而成的，与具象无关。

在石纲的画里，山水是一种象征，是一种用以表达精神的符号，是一种表演的道具，是一种用色彩和线条来铺陈点染的精神游戏。

我自以为精神的游戏是我对艺术的至高境界的理解。我以为一个艺术家能走入游戏是不容易的。石纲的游戏便是他潜心营造的属于个人的山水。他的人格精神通过这些画来传达给我们。

通常人们评画，喜欢把创造者放到一个大的文化背景之下来观照，动辄贴上一些大得吓人的文化图标，用来误导读者。也许，对于作品不坚实的人来说，是需要这样的炒作形式，但我以为石纲似乎没有这个必要。

我在读到石纲的简历的时候，才发现石纲没有上过美院，完全是自学的。

哦！原来石纲是冇得师父的！我不禁笑了！

2001年初冬于岳麓山下

网友微评

建春（画家，居上海）：没有师承，一样可以扬起艺术的风帆。

陈稳（画家、教师，居湘阴）：石纲先生笔下描绘的是远离城市喧嚣的一方净土！小画幅中的大宇宙！璀璨的色彩背后是艺术家一颗高洁素雅的心！

叶梦：《百手联弹》第十弹来了！石纲携作品隆重登场！14年前，我在四维商城楼上的画展中，看石纲的作品只是惊鸿一瞥，竟然匆匆写下这段文字。其时，我并不认识石纲，今天再读，也为自己的感觉醉了。

尘衣（编辑，居长沙）：“石纲的画好像已经在宇宙中存在了几千年。”勾勒人物相关的话，有时候只需一句，甚或是几字。看了内中几幅相关的，确实符合这句评价。至于其人，因画有好奇，但确实尚未识。

张建明（职业艺术家，居长沙）：气，质也；形，文也。文质彬彬，陈翁风度。兄的画神亦有同处，假以时日，必须彬彬然也。保持低调的高人，敬佩。

陈淑霞，1987年毕业于中央美术学院，现任中央美术学院艺术管理与教育学院教授。

第11弹

陈淑霞

在灰色中寻找生机

灰色是我的最爱。

我第一次遭遇陈淑霞的作品，看到的是一幅灰调子的人物《亲临日光》。是时，心里有一份欣喜和感动。

画面上是一个安详地坐在靠椅上的现代女性。那种安详和灰调子的画面浑然一体，像盛夏幽谷里沁出的一股习习的凉风，抚平了你心里的焦虑和浮躁。对于我来说，它就像一粒镇静的精神类药丸，起了精神安慰剂的作用。

《樱子》这样的少女图使我想起了女雕塑家向京雕塑刀下的少女，那种恬淡，那种宁静，那种生命的芳香，都给我带来一种莫名的感动。她使我被都市生活弄得疲惫和麻木的感官得以松驰，给我的视觉和精神带来了意想不到的慰藉。

陈淑霞很善于运用色彩语言。她的画是那么简洁、平和，看似平平常常的静物：墙的一角、单调的小木桌、一个花瓶、一两枝植物，陈淑霞都会画出意想不到的效果来；即便再单调的毫无诗意的场景，她都会用她独有的色彩语言来给我们讲述一首无言的诗。平淡、单调的后面却有撼动人心的莫名感动，简洁的画面蕴藏着对于生活的独到发现和心灵的感悟，简单的图景却给人带来可以长久回味的意境，这样的功夫确实难得。她笔下的人物也是这样，不是浓墨重彩的美女，不是艳丽的性感女郎，她们是清水涤荡过的纯洁的邻家少女，浅灰色的调子里透着生命的活力和生机。这种生机就凸现在灰色的调子里。在我的眼里，这样的灰色就是一种照耀着生命的灿烂阳光。

我很喜欢陈淑霞的作品，每一幅都很有些心得。

“在绚丽的色彩中寻找灰色，在灰色中寻找生机，这生机是我在经历了生活的具体之后得到的。平常得无法惊天动地，解释起来难以深刻。但我却自信地认为生活的真实和艺术的享受已被我随手拈来。”我琢磨陈淑霞的话，认同她的观念。我认为随手拈来的这些，是那么放松和随意，不是刻意地图解观念和演绎概点，是陈淑霞为了表达心灵的图景所借用的符号。我认为，不在于画家画什么，任何平淡的没有生命的东西都可以作为画家表达心灵的一种载体，随手拈来是艺术创作逃离了浮躁和火气后修炼得来的功夫。

现在的绘画比较讲究视觉冲击力，给观众一种视觉的震撼。陈淑霞以为：“绘画作为视觉艺术应具有冲击力。冲击什么，是眼睛，还是心灵？是创作者自己，还是观众？在所有人都比着冲击的时候，争先恐后冲在最前面就成了艺术创作的唯一目的了。所以，不管是场内、场外都是些冲锋陷阵的人们。就我目前的创作状态来看，冲击力很弱。多少年来仍在迈着四方步，慢条斯理地讲述着自己的故事，这让关注我的人有所失望。然而，冲击毕竟是做给别人看的，能否感染别人，甚至感染自己就不得而知了。在我羡慕别人的同时，也不得不考虑到自身的心理素质和身体素质。也许我太固执，在先天不足、缺少爆发力的前提下，索性增加耐力，把手中的事情做得更纯粹些、更符合自身些。在这漫长的、少有积极教育意义的劳动中，完善自身性格，进而对我的工作产生有利影响。”不刻意追求视觉冲击力的陈淑霞注重着自己的感受，沉静地做着自己认为纯粹的艺术。她的作品就像酒性后发作的酒，看似平淡，却更醉人。

陈淑霞的文字和她的画一样，是敏感的、细腻的。作品背后的她，素面朝天，通达，直率，沉浸于一个和谐、美满的三口之家中。

2005 年于长沙

网友微评

张娜（版画家，居北京）：陈淑霞在美术馆搞过画展，她的作品个性、简洁、大气，但绘画语言上又有处理得特别细腻的地方，所以画面耐看，特别有语言，色彩用得大胆但又特别合理、巧妙，这充分说明了作者绘画的深厚功底。《在灰色中寻找生机》这个题目用得特别准确，她的作品不论是冷灰和暖灰都用得精彩。祝福她在更多的作品中大放异彩。

鑫一（教师，居长沙）：一直认为灰色是沉沦的颜色，因而不太喜欢；但叶梦女士和陈淑霞画家居然说灰色带有太阳的光泽和生命的闪亮。尽管一时还改变不了固见，也许会让我接受生命的多色，欣赏生命的多色，至少，“灰不溜秋”就不那么令人厌了。

魏慧玲（编辑、摄影家，居北京）：叶梦的文字如同陈酒，历久弥香。

方力钧，1989年毕业于中央美术学院版画系。现居北京，职业画家。有作品在第六届全国美展、中国现代艺术展、中国新艺术展、中国前卫艺术展、后八九中国新艺术展、东方之路、第四届亚洲艺术展、透视：中国新艺术、是我、开启通道、开放的边界、新世纪的新现代主义等画展上展出。

解读『光头泼皮』

2002年的某天，我到湖南美术出版社李路明的办公室小坐，他送我一本厚如城墙砖的大部头画册——《方力钧》。我很惊讶："这么年轻就出了这么厚的一本画册，真是很少见哦！"

据说方力钧在美术界已经很有名气了，但因为我没有机缘见识，故不知道其人其画。

按说，像我这样一个在传统文化环境下生存的人，应该还不习惯于一些前卫的表达形式。

真是奇怪哦！那些油画、铅笔画、版画在我眼里怎么都像雕塑呢，又都像电脑生成的东西。那些表面上冷冰冰的"人"，更确切地说，他们不是人，是一种符号。

那么厚一本画册，实际上是在反复演示一种或者一类符号，就像数学算式中反复出现的X和Y。

按说，这样枯燥的演示，是无法打动我的。但当我抱着拒绝的态度去浏览《方力钧》的时候，我的拒绝很快就被溶解了。

那些浮在水面上的"光头泼皮"，那些有点像美国的"蓬客"派生出来的X代，那些打着◇◇眼睛的光头形象符号，让我们领略到了那些符号的妙处……

这让我想起了青年女雕塑家向京的雕塑，方力钧的画与向京的雕塑有异曲同工之妙。

我对方力钧的“光头泼皮”形象有了不同的看法。我以为，方力钧笔下的光头，其实是很严肃的，既不泼皮也不“蓬客”。他在“无赖”和“泼皮”的表层之下反复演算的“光头”符号，是他的独特视角。原来，这样更容易抵达生命的本质。

我幡然醒悟。原来，那些现实主义和理想主义艺术家思考并苦苦寻找解决之道的问题，在方力钧的画面中有了答案。看见方力钧的画，我不禁想起了作家王朔，他曾经被别人骂作痞子和流氓。其实，在我的印象中，王朔在痞子的表层之下，是一个很严肃的作家。

我寻思：方力钧究竟告诉了我一些什么？那些在水里潜泳的“光头”？那些在俗艳的色彩包围中的庸常之辈？还是那些庸常之辈在笑的时候露出来的刺目的牙齿……

这里面的微妙是无法言说的。

我感觉那些在水里游泳的人儿，他们各自不同的姿势都是我们熟悉的。仿佛我们自己就在水里泡着，那种肢体放松的感觉就这样莫名其妙地感染了我。

那些单纯的、带有一点儿傻笑的人物群像，他们笑的时候露出东方人特有的铲形门齿，散发着一种熟悉而亲切的芳香。

那些别人从来都不表现的一些人物的形体和角度，比如，一个作出恭状的全裸的光头，他的表情是人们所熟悉的。当然，那种姿态，在传统的中国人的审美习惯中，是不会在艺术品和文字中表现的。然而，方力钧使我们经历了这样一个视觉的革命。

我从方力钧的画里还看到了一种自在。“自在”是佛学里一种较高的境界，一般艺术家无法抵达。因为他们老是在跟风，不是跟传统的风就是跟艺术时尚的风，这样就没有了自己。我不知道有没有人在模仿方力钧，要是“方力钧”这个符号也被别人模仿，那就糟了。

看方力钧的画，对于视觉是一次冲击，我在受到冲击的过程中完成了一次审美的跨越。

发表于 2002 年《三湘都市报》

网友微评

夏国安（收藏家，居长沙）：向叶梦致敬：摘下传统的有色眼镜，亲近多元艺术。

李小波（记者，居秦皇岛）：不能不佩服叶梦老师，你的笔触竟可以解读各种风格的艺术家，对于方力钧这样的大跨度审美，不是谁都可以完成的。你的解读让我有兴趣去搜他更多的画看看。

易海波（教师，居长沙）：艺术需放松，为文更需放松。从叶梦女士解读方力钧的画里，我意识到了这一点。阅读时我是放松的，因而有收获，其他方面的不放松反而构成了阻隔：要突破，就要先放松！

郑小娟，中国美术家协会会员，湖南美术出版社编审，曾任湖南美术家协会副主席、中国美协理事，学术代表作有《历代工笔人物画析览》《工笔人物画技法》《山外山的世界：姜坤郑小娟的绘画》。

母性的芬芳

第13弹

郑小娟

郑小娟先生曾经作为特型演员在电影里扮演了邓颖超，这是一个画家在演艺界的一次偶然客串。然而，郑小娟先生在生活中扮演的却是多重角色。

她首先是画家，然后是画家的妻子、两位画家的母亲，再就是编辑、出版社的社长、美协副主席……现在，郑小娟的角色成分发生了变化，从卸任社长到退休，社会的角色慢慢地淡化，剩下的就是前面三个永远不变的角色。前些天，郑小娟先生的丈夫、著名水墨画家姜坤先生的大型画集出版以及个人展览开幕。据我所知，关于画册出版以及展览的诸多事宜皆是郑小娟先生在张罗操办。这么多的事情，我还担心她是不是太累了？

郑小娟先生作为湖南美术界的一位知名画家，一个令人尊敬的长者，我和她的交往，有一种受到她关怀的感觉。她有点像知心姐姐、辅导员的味道，她的体谅他人、善解人意使她有一种领导者的亲和力。

有一次，我和郑小娟先生在颜新元家吃饭，一不小心，她被鱼刺卡了喉咙，我当时极力主张她去医院。和她坐在社里派的车上，我感觉她的身上飘散着一种温暖的气息，这样的气息唤起了我对外婆、母亲的记忆。我是一个对气息很敏感的人。我想：她的身上散发着的是一种母性的芬芳吧。

有一次，郑小娟先生在电话里很遗憾地告诉我，她给在美国的女儿寄去的邮包弄丢了，那里有她为女儿准备的多套毛线编织的衣裙。每一套衣裙的颜色都是她精心搭配的，可惜丢了。

姜坤先生体质偏弱，郑小娟先生对于丈夫的照顾，让我们都很感动。在同是艺术家的夫妻之间，郑小娟先生既像一个外交部长，又像一个内务部长。我读姜坤先生的大画册以及看他的个人展览，感觉“军功章”里有郑小娟先生的一半。

很多年以前，还是郑小娟当湖南美术出版社社长的时候，我就听艺术圈内的很多朋友说湖南美术出版社有很民主的艺术氛围，社里领导鼓励编辑们搞创作，这使不少搞业余创作的人都很羡慕。听说在湖南美术出版社，这样的传统一直延续到今天。我不知道，这些是不是与郑小娟先生这位首任社长有关?

一年多前，我请郑小娟先生为我画了她的自画像。当时，好像她正在办理退休手续。她把自己画在一朵云上面，摇晃着一支毛笔：“晴空万里知多少，一片闲云足卷舒。”对于她来说，静心画画的日子就要来了。一个多月前，我在她的家里看到了她的不少新作。

阳光下的一片闲云表达了她当时的心境。前不久，我给姜坤先生写了一篇《风中的草》，今天，我写郑小娟先生，忍不住就写下这样的标题：《阳光下的云》。

发表于 2003 年 12 月 9 日《三湘都市报》

补　记

2015年9月，郑小娟老师重新画了她的自画像，非常好！她和肩膀上的鸟儿对话，很有诗意哦！在她的微信里，我还看见了她那有着唯美诗意的《月亮·女人》系列。郑小娟，宝刀不老！

2016年6月15日

网友微评

丹凤朝阳（资深媒体人，居长沙）：郑阿姨当时最轰动宿舍的事件是演邓颖超，我们都笑她女儿姜陶：“你姆妈当明星哒咧！”她家住一楼，里面暗暗的，桌上零碎有一些素描作品。那是个大家先生虚怀若谷的年代，知识界谦逊又有作为。

三三（某设计机构董事长，居长沙）：湖南美术出版社是一个很特别的地方，这样整齐的群体，这么多风格各异、个性鲜明而又卓有成就的先生们在此相聚相安。

郑小娟：大家这样关爱我，我一定要努力活着、用心画画。我希望我的绘画作品像一杯清茶，给朋友们送去淡淡的茶香。

杨凌志：在大学期间就听读过叶梦的《羞女山》，欣赏过郑小娟的《春风柳絮》，因未曾会面，那时两位芬芳四溢的湖南女先生在我脑海里的形象老是往邓颖超的模样靠。如今与两位先生都成了忘年之交，真是有幸……

郭天民（1940—2015），出生于湖南长沙，1965 年毕业于湖北艺术学院美术系油画专业，中国美术家协会会员、编审，享受政府特殊津贴专家，湖南美术出版社副社长。曾策划主编《中国高等美术作品全集》《齐白石全集》《九年义务教育中小学美术教材》《中国油画文献》等。在巴黎举办《郭天民油画展》，出版了《文心雕虫·郭天民书籍设计作品集》，油画《清白传家》等由中国美术馆收藏，2006 年起任《湖湘文库》设计总监。

第14弹　郭天民

把生命交给一个加法

郭天民虽然年逾花甲，满头白发，但精神矍铄，没有一点暮气。我感觉他就像一个纯真而有点腼腆的少年。和他说话，就必须把在人前有意或者无意中戴着的面具卸掉，以纯粹的态度和他对话。

其实，我过去几乎没有和郭天民打过交道，唯一的一次是我在主编《画家散文》的时候，封面设计者罗丹邀我一起去当时长沙市人民路的湖南美术出版社听郭天民谈对设计的意见。当时，郭天民穿着黑色的棉T恤，早白的头发，浓密的眉下有锐利的目光。他给我的印象是黑白对比强烈，我感觉他是一个精神很纯洁的人。透过他锐利而又单纯的目光，我看到的是一个纯粹的艺术家的睿智。

前天，我因偶然的机会到了湖南美术出版社郭天民的办公室。在这里，我看到一些画，这是我第一次看到郭天民的画，竟意外地被感动了！我不由得发出深深的叹息：一个曾经想把自己交给缪斯的艺术家，竟然把自己交给了一个加法：剪刀+糨糊+鼠标+光盘，真是太可惜了！

办公室的画是他在“非典”时期和国庆长假中画的。多么好的画！我看了以后，对每一幅都爱不释手。他的画，逃离了传统油画的语言，汲取了中国画的意境，表现了各种不同的材质。有的有唐三彩的立体效果，却要比唐三彩脱俗；有的有水墨写意的意境，却又脱离了水墨的单薄。他就这样依靠他所创造的形象，来显示他精神世界的冰山一角。

他的新作画的是各种各样的花，既有装饰的美感，又有高格调的心灵抒发。依我看，他的尝试是非常成功的。若是他有更多的时间画画就好了。郭天民见我这么喜欢他的画，就跟我说了他很久以前就有的一个心愿：他一直想做一批作品，主题好像是关于人类生存环境的，作品好像不全是架上绘画。他翻开一幅未完成的作品，那是一个粗犷的老农的形象，是关于沙尘暴的……

尽管我没有机会听他长谈，但是，我已经感觉到了作为一个视野开阔的、有良心的艺术家的思想一角。

因为工作的缘故，我常去湖南美术出版社。我发现，湖南美术出版社的建筑和色调都特别有档次。我对郭天民说起自己的感觉时，才知道，出版社的标志也是出自郭天民之手，就连贴外墙的文化砖都是郭天民自己多次跑出产地确认的结果。对于一个单位来说，建筑物的格调是企业文化的象征，也是百年大计。但是，这些跑材料的琐事也让郭天民来做，对于他的艺术生命来说，是一种昂贵的支出。后来，我到湖南省出版局，发现豪华的大厅里那个精美绝伦的壁饰也是郭天民的设计。郭天民什么时候成了一个环境艺术家了？

郭天民是一个不会说“不”的人，对任何人包括对他的孙儿。我读他送我的《文心雕虫》一书，才知道郭天民灿烂的生命年轮，是由一本一本的书堆砌起来的。光《齐白石全集》就耗费了他整整五年的光阴，这个巨大的文化工程，如果当代没有人来做，以后就没有机会了。

我过去不知道书籍装帧设计的具体和琐碎，但看到郭天民案头一个能够开合自如的硬纸盒，才知道，那是他为《中华姓氏源流史》做的装帧。纸盒上系的绳子，是那种棉麻交织的毛茸茸的绳子，还要靠自己去找。

作为一个著名的出版家、装帧设计大家，得过很多图书大奖的郭天民，多少年来，一直像一头老黄牛一样地工作。最近，因为编辑一本450万字的《中国油画文献》，把眼睛也弄坏了。他把自己的生命交给了一个加法（编辑工作），对于一个艺术家来说是一种牺牲。然而，我更愿意看到的是作为油画家的郭天民在生命的灿烂年华里，走出“加法”的惯性，告别或者部分地告别“剪刀 + 糨糊 + 鼠标 + 光盘”的生活，拿起他的画笔。我希望看到在他心中酝酿了多年的一个大型的系列作品，希望看到他画的更多的画。

发表于 2003 年 10 月 21 日《三湘都市报》

补　录

郭天民老师因病于 2015 年 6 月 24 日辞世，引起美术界无限哀痛！怀念郭天民老师！翻出 12 年前郭老师给我设计的《乡土的背景》的封面，这书是有温度的。以我十多年前为郭老师写的短文，表达我的怀念与敬重。

2015 年 7 月 10 日

网友微评

徐天舒（某设计机构董事长，居长沙）：前天和晓蓉在一起还听她谈起郭先生，那样的性情，那样的才情，今天就看见叶老师写郭先生，好像这样一位人物从来不曾远离。能够在故世之后还让朋友们这样常常提及，是多大的成功。

左汉中（湖南美术出版社编审，居长沙）：郭天民老师鹤发童颜，精力充沛。平生爱书、爱做书、爱做书的设计，爱穿牛仔裤和运动鞋，不爱午睡，不爱赴宴，不爱烟、酒、麻将……他生动而智慧，内心充满情趣，我特别爱与他聊天。郭天民离开我们快三年了，我一直还有个感觉，郭老师没有走，我到《湖湘文库》拐角那间小办公室，也许还能遇见他，在我们出版社小院里，说不准他会从对面朝我走来。这么一个好人，本不应该早逝！这么一个才情满怀的智者，走了又是何其可惜！他点子特别多，不论画画还是做书，他的创意随时迸发，又常常让人叫绝！他讲一个生平小事，听似平平常常，但又趣味横生。在当下出版社，再也找不到像郭老师这样心地纯正、忠心耿耿为出版事业献身而又不计较个人得失的人；再也找不到像郭老师这样德艺双修、满腹才情而又从不吝啬时时刻刻像老牛挤奶那样一滴滴贡献的人。总之，郭天民老师那个时代似乎已成追忆，他那样的品德与灵魂恐怕再也难以呼唤回来。这，正是常常叫人揪心的事。

瞿美云（法官、歌词作家，居安化）：读联弹，可以让灵魂清爽高贵，叶梦的每一篇艺评散文都源于心灵深处，都是与艺术家的心灵对话。且每个艺术人物的性格有别，艺术特色各有千秋，每读一篇，都让人长知识，让灵魂过滤一遍，从而清爽起来。

阮国新，毕业于湖南师范大学，结业于中国艺术研究院。现为湖南大学建筑学院副教授、湖南油画院常务副院长、中国美术家协会会员，作品多次入选全国美展。

第15弹 阮国新

『坐井观天』的阮国新

阮国新是湖南安化人。安化地处湘中雪峰山腹地，山民的坚韧和执着，都能够从他的身上看到。

阮国新个子不高，黑黑的，和安化山里的山民毫无二致。但因阮国新腰板挺，也就不显得矮。阮国新和人说话的时候，眼睛很专注地注视着对方，让人感觉他是一个有力量的人。多年前，我第一次看到阮国新的画时，心里咯噔了一下：不管是人物还是山水，他都把那种山的厚实、嶙峋、突兀融入他的画面，这样的中国画看起来才气逼人。他的画脱去了传统的软壳，一开笔就是气势，就是没有见过的形象和笔墨。我当时就这么想：此人功夫非常了得！将来一定会是湖南画界最有创作实力的画家之一。这样的人偏居益阳一隅，毕竟可惜了。

阮国新的画很大气，笔墨放肆，人物独特，没有前人和今人的影子，人物和山水，样样都来得，是属于那种才气喷发的人。

原先阮国新笔下的人物，大都取材于安化的大山，山民的坚韧和执着透过他的笔墨，向我们走来。现在有的画家，为了变形而变形，以为单单把人物画得很丑很怪就是现代，就以为有了个性，殊不知，那种所谓的变形人物里面却缺乏了一个灵魂。阮国新的人物既是变形的又是具有灵魂内质的人，于是人物就显得厚重。他的形象来自生活，来自自己熟悉的人物和他对于那块土地的特殊情感，是一种即兴的心灵表达。如果单单只求变形，只是在形式上求变，那是没有效果的。

阮国新还是一个快手。听说阮国新准备参加各种美展的作品，都是一幅幅很大的画，往往是在交稿的前两天一气呵成。拿到评选会上，陌生的、巨大的视觉冲击力一下就把大家给镇住了，作品清新和个性化的表达，往往能够获得评委的一致好评。

阮国新这样的人，搞起创作来，就跟玩儿似的，一不小心，就抱回了一个金娃娃。他入选第八届全国美展的《山月朦胧》、在第三届“枫叶杯”国际水墨画展上获银奖的《邕沙印象》以及在“纪念毛主席延安文艺座谈会上讲话发表五十周年全国美展”上获银奖的《曾经辉煌的老街》等作品，都曾经给人留下很深的印象……

最近，在《美术》杂志上发表的《船祭》、《江苏画刊》上发表的《水墨四幅》以及《中国当代线描艺术》上发表的诸幅作品等，都表现出他永远在追求和创新。

“坐井观天”是他为自画像所题的边款。我以为，这也有准确的一面，对生活的某一点开掘得深，对生活的理解就有自己独特的心得。但是，诸位不要误会，阮国新不是一只井底之蛙，他的视野之开阔，艺术通感之丰沛，常常就隐蔽在他那店小二一样谦恭的外表下面。

我看了他在西藏写生回来后创作的一大批作品，表现手法之多变、创造力之旺盛，使我感到惊讶。还令我感到惊讶的是他的文字，他写西藏和洞庭湖的一组散文，令我这个玩了多年散文的人也刮目相看。感觉表达的细腻和语言的完美与准确，几乎可以进入教科书作为范本。

平生最喜欢结交有才气的朋友，看他们的文章或者画，能够给人一种心灵的欢娱。阮国新的作品给我带来的就是这种愉快的感觉。

发表于 2003 年 9 月 23 日《三湘都市报》

网友微评

林建春（画家，居上海）：谦虚的人永远不会满足于自己现有的知识。我理解阮国新的“井”是一种自认的知识局限，所以总是在踏踏实实地追求他的目标，不炫技、不炒作，只认得好好耕耘。

三三（某设计机构董事长，居长沙）：我常常觉得益阳是湖南很特别的一个地方，我认识的绝大多数益阳人都既有湘人勇往直前的内劲，又普遍很文气，真是神奇。我第一次见阮老师是好友小聚时，阮老师正如叶梦老师所言，就是安化山人一枚，座中言语也不多。但到饭后颜老师宴客的保留节目时间，从颜老师与雪纯大姐对唱的花鼓戏开始，来宾逐个唱来。到阮老师开口，我才一惊，呀！原来此人是如此！后来在“八面来风”看到阮老师画作，想起那天那一嗓子，哦嗬，借用杨福音老师语，还真是“开口见喉咙咧”！

何启明（从事金融业，居长沙）：我习惯了叫阮老师，跟他在一起，倍感亲切、温暖、惬意、踏实。国画，油画，书法，他都出手不凡。他对艺术的理解和表达源于深厚的文化底蕴和独特的审美视角，令我特别喜欢和敬仰。

陈墨（教师，居深圳）：阮老师是真正才气横溢的艺术家，充满激情和创造力，有着扎实全面的手头功夫、渊博深厚的学识底蕴。当然还有一手霸道的祖传八极拳。

唐风（画家，居长沙）：“诸位不要误会了，阮国新不是一只井底之蛙，他视野之开阔、艺术通感之丰沛，常常就隐蔽他那店小二一样谦恭的外表下面……”好个“店小二一样谦恭的外表”……绝了！活了！活脱脱的阮国新先生呀！

左汉中，民艺爱好者，编辑。1972年开始从事美术创作，现为中国美术家协会会员。1984年调入湖南美术出版社，主编《湖南民间美术全集》，专著有《中国民间美术造型》等。

第16弹 左汉中

走在乡间的小路上

背着行囊，一路鸟语花香地“走在乡间的小路上”。画上这个人，其实是一个高大的汉子。他长得仪表堂堂，只可惜嘴唇有点“樱桃”。

他在乡间的小路上，干吗呢？他是搞民间美术研究整理出版的专家左汉中，自然是去乡间收集作品的。

中国民间美术界两个知名的人物是“南北二中”：北有吕胜中，南有左汉中。吕胜中是中央美术学院的教授，左汉中是湖南美术出版社的民间美术编辑室主任。

左汉中的面相生得特别好。你看他：天庭饱满地阁方圆，很像无锡泥人大阿福。这样的人研究民间美术，好像是天生的。

第六感告诉我，这样的人好打交道，有人缘。如果左汉中是做生意的人，那么，他的这番形象是帮助他成功的元素。可惜，左汉中不做生意。但是，一个高高大大的汉子，却能够常年去挖掘隐藏于民间旮旮旯旯之中的艺术，这不是一般人能够做到的。他和陕西剪纸艺人库淑兰的故事简直可以写成一部长篇报告文学，而这样的故事还有很多。

老左有一颗灼热的心，有很好的与人沟通的能力以及亲和力。我听左汉中谈过到各地采风的故事，每一次都被他感动。因为认识左汉中，我也就对民间美术有了一点认识。

有一天，左汉中在湖南大学设计系讲“民间美术与设计”。我得到信息，带着上初一的儿子陈墨去旁听。没想到还差40分钟上课，教室就已经没有座位了。听完课出来，陈墨有很多体会，左汉中所讲的很多内容引起了这个孩子极大的兴趣，特别是那些图片，使他大开眼界。

还有一次，我在电视里看见左汉中在黄兴路步行街画人体彩绘。我认为左汉中的作品最为成功。他把民间美术的图案“鱼戏莲”运用到人体，女模特的内衣被他的图案巧妙地掩盖，画与人体形成一个整体，整个画面就像长在女模特的身体上。那样的人体绘画，就是一件很好的艺术品。我以未能到现场亲眼得见为憾。

左汉中还有一本待出的画册《借景漫画》。一个报纸的副刊编辑发现后，连忙拿去做版面的美术作品了。

哦！关于左汉中，我们向不认识他的人介绍他的时候，还必须加上这样一句话：“他就是影视演员左小青的父亲。”这时候，作为电影电视明星父亲的左汉中，在女儿的光芒照耀下，差点要失去自己的光彩了。

发表于2003年6月24日《三湘都市报》

网友微评

徐天舒（某设计机构董事长，居长沙）：叶梦老师在文中，写到了她读初一的儿子听了左老师的讲座后大受触动。是的，民间艺术的种子，就是这样在看似不经意的精心播种后遍地生根、发芽的。这就是我们的民间艺术，赖以生生不息的秘籍所在。

丹凤朝阳（资深媒体人，居长沙）：左老师，我心中的重量级前辈。敬重他，因他植根民间美术，向960万平方公里土地、5000年文化寻找力量来源，毕生求索。在艺术界功利主义的包围圈中，他怡然于圈外，走出了一条独特的审美道路。这条路，才是人民艺术家的本源。

瞿美云（法官、歌词作家，居安化）：艺术家与艺术家碰撞，艺术与艺术相融。喜欢左汉中老师的画，民间的，清新的，如山泉沁人心脾；喜欢叶梦的散文，不紧不慢，如清风拂面，却篇篇“击中艺术家的要害”！

朱辉，曾任湖南师范大学艺术学院院长，湖南师范大学美术系教授、中国美术家协会会员，著有《水彩画技法举要》等。1965年，水彩画《晒棉场上》《老船长》入选全国第四届美展并为中国美术馆收藏。1985年，《侗家小庭院》入选全国第六届美展；《红辣椒·黄辣椒》《卖鸡蛋的老大爷》入选全国水彩画展。1989年，《一篮苹果》入选全国第七届美展。1994年，《桃》入选全国第八届美展。

第17弹

朱辉

摄取花魂果魄的人

第一次见到朱辉教授，是在1996年12月去北京开全国文代会、作代会的火车上。朱辉教授个子不高，说话不多，声音不大，神态总是那样平和，宛若20世纪50年代的大学生。这样的神态，在当今已经很难见到。到老照片里去找，兴许还见得着。看见这样的朱辉教授，就好像在环境污染厉害的今天，突然发现了一颗20世纪遗留的孑遗树种。朱辉教授像凝固在纸上的静物，也像一张老照片，我看他的时候，总有恍若隔世的怀旧感觉。

好一个宁静的朱辉教授！要修炼到他这样一种状态，很不容易哦！

见到朱辉教授的水彩画原作，是在蔡皋家的小书房。在一大堆画中，一幅橘子的水彩画让我眼前一亮。画面上一个有柄的玻璃瓶里插着一大束金黄色的野菊花，花朵被虚化了，褐色的花台布上随便堆放着一大堆刚刚采回来的带叶的橘子。那是湖南的南橘，南橘的颜色红得特别艳丽，是很有激情的那种颜色。南橘个子不大，但是作为橘子的形状，它的脐处凹进去，很好看。这样的橘子，是我童年印象里一种难忘的图式。在我的记忆里，只有它才叫橘子，后来的蜜橘和橙子在形状上没有多大的差别。认识多年的朱辉教授，就在这样一刻，以橘子的图象在蔡皋家的书房把我打动了。现实中的橘子已经被朱辉教授艺术化了，南橘的那种鲜活、那种作为橘子生命中最为灿烂的魂魄已经长久地留在了人间。

我认识朱辉教授的艺术太迟了。我住河西麓山路多年，常常在路上遇到朱辉教授，也多次相约去他画室看画。但是，拖了这么多年，竟然没有践约。

我后来去朱辉教授家看他的水彩画原作的时候，着实感受很多。他的水彩画让人感受到了一种宁静的气场。

看上去年轻活泼的朱辉夫人，其实已经从医学院退休了。活跃的朱辉夫人选学了医学，沉静的朱辉教授却选择了艺术。

朱辉夫人把家布置得很艺术，一颗洋葱都成为一个漂亮的水培盆景。最重要的是，他们家有一种宁静祥和的宗教气氛。原来，朱辉夫人是一个虔诚的基督教教徒。她热心帮助过很多很多的人，她的善良和纯粹让我感动。她的信仰常常影响到丈夫，两人常常一起去接受基督教的布道，朱辉老师很多精彩的水彩画就是在这样的气场里画出来的。看来营造这样的宗教气氛，对于艺术家的创作是特别有益处的。

朱辉教授的水彩画分为人物与静物。我特别喜欢朱辉教授画的静物。有一次，我与湖南美术出版社的编辑许涌同桌吃饭。说到朱辉教授的水彩静物，许涌感慨地说他认为朱辉的水彩静物画特别的好，在中国也是最好的之一。原来他也那么喜欢朱辉的水彩静物画啊！他说正在争取申报选题，很想为朱辉教授出一本水彩静物画集。我尽管不是美术圈内人，但是，凭我的直觉，朱辉教授的水彩静物画是非常高级的艺术品。

朱辉教授是摄取花魂果魄的高手，他总是能够借花卉与水果之形，植入自己心中的理想境界。朱辉教授已经进入了这样的境界：随便什么东西，都可以成为他笔下具有灵性之物；被凡夫俗子忽略的华丽，可以在他的彩笔下焕发出奇异的神韵。我想，这些偶然来到这个世界的蔬果和花卉，如果与朱辉教授有缘，那它们将被永远地记录在朱辉教授的艺术日志上了。这个时候，你发现朱辉教授有一种神奇的功力，他随手就把一个庸常的植物或者器皿仙化，通过微妙的色彩关系，重新构建它们的灵魂。

这就是不动声色的朱辉教授特别厉害的地方。

我匆匆去过一次朱辉教授家以后，就想着要把我家的水培植物送一些给他做模特。但是，我总是在犹豫。半年过去，我还没有去朱辉家。我发现自己浮躁、气场不纯粹的时候，就避免去朱辉教授家。我担心我这样的俗人会影响到他们家的气氛，那是一种我无法说出来的奇妙的纯粹的艺术氛围。

入选全国美展的《红辣椒·黄辣椒》，是朱辉教授的经典作品之一。辣椒是湖南最为常见的蔬菜，也是湖南人特别喜欢的蔬菜，不可一日无此君。但是，我最喜欢的还不是这幅。

《桃李季节》是朱辉教授的代表作，我也很喜欢。沉着的厚绒布背景，绿中带红的鲜桃以及打开的纸折扇，厚重的颜色衬托出桃李的艳丽。那种雍容华贵和典雅，就像旧中国十里洋场上的贵妇，而它的色彩节奏，又像京剧里九曲回肠的曲牌《夜深沉》。尽管是西洋画法的水彩，但突出了中国文化骨子里的写意与从容。

朱辉教授的水彩静物，是我见到的最为打动人心的作品。我最喜欢《狗尾巴草》，作品的画面采用竖构图，白色的锥形瓷瓶里，插着一束包括狗尾巴草在内的干花。在紫灰色背景里的一束狗尾巴草好像一片深紫色的轻云，几点黄色的小菊花点缀其中。瓷瓶是白色的，用写实的色彩表现，瓶花是虚幻的，像花的灵魂在空气中游荡。毛绒织物的厚衬布的颜色，和这个画面的色调是那样协调。衬布上，放着两只红色橘子、五只紫色山竹。这幅作品的脱俗与高贵，在我看到的那一刻，就在我心中打下了深深的烙印。

朱辉教授已经走出了完全写实的路子，他能够借瓶花的由头来营造一个意境，一个人间没有的主观世界图式，一个让常人无法企及的意境。

朱辉教授的水彩静物画已经到了一种境界，它们是完全脱俗了的高级艺术形式。这是一个画家追求的最高境界。

朱辉教授是个沉静不张扬的人，他默默地画画，默默地教书，他的人格与艺术已经融为一体。尽管他没有借助任何媒体的力量来让自己的艺术走向大众，但是，凡是好的艺术品总会有发光的时候。我喜欢朱辉教授目前的状态。

发表于 2009 年 3 月 14 日《湖南日报》

网友微评

谢伦和（画家，居广州）：文采瑰丽而又雅致，笔调朴实而有真情。题目尤为精妙，“摄魂取魄”体现出画家创作的才情和艺术的高超水准。朱先生是一位极具人格魅力、品范极高的老师。读他的作品，“尽管是西洋画法的水彩，但突出了中国文化骨子里的写意与诗情”（叶梦语）。先生的静物作品所描绘的虽是极寻常的花草水果，但格调清新、意趣高古，自然地暗示了一种素朴寂静的情怀，平添了许多引人怀思的远韵。先生的作品，呈现在观者面前是一个我们只有在古人诗词里才能体验到的花轻似梦、雨细如愁的芬芳世界。画中那些皎洁高远的形象、优雅恬淡的意境，正是我们这个崇尚新奇、日趋浮躁的时代所欠缺的。

左汉中（画家，居长沙）：朱辉老师一生勤劳创作、诲人不倦，却又低调做人。

林建春（画家，居上海）：正像文中所描绘的，朱辉老师给人的感觉是宁静的。同样，他的作品具有深度宁静的美感。我做过朱老师的学生，虽只三天却受用一生。他的静物画虽然很静很静，却有动人心魄的力量。

陈和西（画家，居长沙）：朱辉是最受人尊敬的老师。

周思聪（1939—1996），北京画院一级美术师、中国美术家协会常务理事、中国美术家协会副主席，代表作有《矿工图》组画、《高原风情画》组画、《荷之系列》等。代表作品中国画《万寿山一角》1959 年获第七届世界青年联欢节银质奖章，《人民和总理》获 1979 年建国 30 周年全国美展一等奖，1985 年创作的《正午》获第六届全国美展铜质奖。

阅读周思聪

1996年2月的一天，我到省作协开会。会议室里正好有一张《文艺报》，我随手拿来一看，读到周思聪逝世的消息，当即惊呆，心里一阵一阵地发痛，口里喃喃地念：多么可惜啊！

我不知道，为什么周思聪的死令我那样伤感和悲痛，我和她从未谋面，对她可谓知之甚少。我只是喜欢读《美术》杂志，在20世纪70年代的《美术》杂志上曾读到过她的《人民和总理》《矿工图》等作品。20世纪80年代初，又从老作家雷加送给我的《雷加短篇小说集》上看到过她的插图，还有不知道从什么报刊上看到过她的儿童题材的画。就这样不知不觉地，我记住了周思聪这个名字，也喜欢上了她的画，如此而已。

1988年春天，我到北京中央工艺美院肖惠祥先生寓所欣赏她的“中国当代艺术家名人线描肖像”系列作品。线描肖像是肖惠祥的一手绝活，我一边看一边赞不绝口。肖惠祥指着一幅线描像对我说：“这是周思聪。”我一看，立即呆住了，她竟然会长得这么美啊！然而，我脱口而出的竟然是这样一句：“她怎么这样忧郁咧？”

读肖惠祥画的周思聪像，我没有想到几笔简洁的线条勾勒出的那位女子，竟然那么长久地打动我的心。说实在的，读这幅像比读周思聪的作品更为打动人心，不知这是为什么。这当然要感谢肖惠祥只用几笔就勾勒出了人物精神气质的非凡本领，肖惠祥的肖像画表达了周思聪的心灵，我从画像上读到了周思聪心灵的一种魅力。

在此之前，我没有看到过周思聪的照片，更没有想到这么一位有成就的女画家竟然长得这么美、神情这么忧郁。

我当时心存了一个念头，真想为她写点什么。可是，这些都要缘分，故我没有说。

当时，肖惠祥告诉我，周思聪患了类风湿关节炎，手有些变形，画画不大方便了。我听了，心里很沉重。

1996年下半年，我开始着手编《画家散文》，想到要找周思聪的文章。我首先翻开历年的《美术》杂志，一本一本地找，只要是周思聪的文字，哪怕是为人写的短序以及讲学提纲《思绪录》。我翻了很多资料，复印了一叠文章，仍然没有找到合适的。可我还是没有灰心，我编的《画家散文》不能没有周思聪。后来，通过陈雅丹先生，我与周思聪的丈夫卢沉先生取得了联系，得到了他的支持。他赠我《周思聪纪念文集》并提供了漫画肖像，我这才有机会系统地读到周思聪留下的几万字作品。

每读一次，我总忍不住要流下眼泪，不知为什么。

其中谈艺的、纪行的都写得十分好。她谈艺的文章对我们从事文学创作的来说，同样有启发，其中我最喜欢、应该也是最能表达周思聪性情与心灵的，要数《致马文蔚》。马文蔚是周思聪的女友，与女友的通讯都是直抒心臆。因为不是写给外人看的，没有顾忌，也最能体现周思聪平淡、从容、不矫情的个性。

周思聪是一个敏锐、极善表达内心感觉、不断创新的艺术家。不论她笔下的矿工、彝人、荷花，都在表达她丰富的内心世界，表达她的温情和对世界的描述。

读了《周思聪纪念文集》后，我感觉走近了周思聪的心灵。

我曾经被周思聪的画打动，也曾为线描肖像打动。

走近她的心灵之后，我再一次被她的人格魅力深深打动了。

我理解她的沉默和少言，即算在朋友面前。我理解她对于虚名与应酬的厌倦。我理解她为什么怕宣传、为什么不见记者。

我理解她为什么说自己是“缠过足的人”。我理解她笔下的彝人为什么都是负重的人，即算是歇气的时候，也不卸下背上的东西。

我在阅读周思聪的时候，更多的是惋惜与遗憾。

作为中国和亚洲最优秀的女画家，周思聪在中国美术界最受拥戴，她既是幸运的，又是不幸的。

幸运的是，她的艺术道路一开始就是顺利的：青年成名，得名师指导，又有在事业上志同道合的伴侣。

不幸的是，杰出的女画家的另一面，她仍然必须是传统的婆婆眼中的好媳妇，还必须是一位好母亲和好妻子。据说她的类风湿关节炎，就是月子里下凉水洗衣造成的。

她怀孕了，还被派往干校劳动。一个大雨滂沱的下午，她不小心摔跤早产，羊水流尽，可当地连卫生院也没有。军宣队好不容易搞到车将她送到医院，在经过 3 昼夜的折磨后，才娩出孩子。50 天产假之后，周思聪把早产的儿子交给年迈的婆婆，又返回了干校。

周思聪生前一直想住一间靠南的有阳光的房子。这个愿望直到她临死前的两年才得以实现。

想到这些，我忍不住要哭。

我主编的《画家散文》《女画家散文》，都选入了周思聪的作品，这也是我对这位女艺术家最好的怀念。

作为一个极有才华的女画家，也可谓生不逢时，长期的“左”的文艺思想的桎梏，使她的艺术才华没有尽早地发挥到一种极致。而正当她放开了“缠过的足”，步入一种艺术创作的自由境界时，却被病魔击倒。天才艺术家的早逝，不由人不扼腕叹息。

读过周思聪后，我仍在掩卷沉思：要是她不是一个理想主义者，那该多好，也许她在艺术上会得到更大的放松。

发表在 1998 年 2 月 20 日《今日女报》

网友微评

陈晓丹（资深媒体人，居长沙）：迄今最沉重的一次联弹，一个艺术家最真实的生命史。沉重是万物尽头的真相，如孤独是一个人终极的人生。爱鲜花吗？可知它凋残后留给你的美的撕裂和粉碎。残忍吗？这就是真相。不识周思聪，但透过她的画与她的画像，阅读她灵魂深处无奈又不屑发语表白的沉重，被感动。叶梦先生将对文学的阅读，转向对生命的阅读，读画读人，识画识心，如巫者通灵，翻开一个个厚重的生命与他们的世界通话，余韵悠深，令人长思。

李斌（美术编辑，居长沙）：2016年8月，去北京画院看了周思聪的专题展，线条的力量，沉重的主题，压得我简直无法呼吸。走出画院，我深深吸了一口气！

郑小娟（画家，居长沙）：我主编《中国当代女画家》是在周思聪家讨论的名单，当时王迎春、聂鸥也在。我能感受到她的谦虚平和及对年轻画家真切的关爱。她所推荐的青年画家，现在已是中国画界的中坚力量，不但有实力，而且是有品质有良心有境界的画家。

陈巽如（画家，居长沙）：和周老师见过两次面，一次在湖南，陈行老师介绍。周老师非常随和，没有一点架子。她的确很美。第二次是在北京，她那时已不能走，坐在轮椅上，由学生推着，行进在王府井的大街上。那是“六四”前的几天，我感动得哭了。

张青渠（画家，居长沙）：记得20世纪80年代末的一天，我与邬邦生到中央美院内一间小平房拜访周思聪、卢沉先生。门口挂一蓝印花布门帘，屋里头窗子不大且靠近天花板，像地下室一样。北京的许多房子都是这样，据说是冬天保暖。所以叶梦说她一生想住一间向阳的房子，是确实可信的！周思聪先生的中国画艺术可以说是“前无古人后无来者”！《人民和总理》那件作品至今无人能及！但疾病的折磨、生活的不公却使她英年早逝！叶梦的这篇文章是最好的回答和纪念！谢谢叶梦！

张娜（画家，居北京）：周思聪先生是我非常尊重的老师和敬佩的女艺术家。有一段时间，我天天都看见周先生在小树下锻炼，她是那么的慈祥、那么的安静，从她的脸上，能看出她内在的坚强，那是一种坚韧的耐力，至今仍深深地印在我的脑海里。周先生的作品，人物画在动态中带着个性与艰辛，她画的荷如同画家本人一样，从里到外都美，每一张荷都有思想、有内涵，特别能打动人。永远怀念周思聪先生。

陈行，1959年考入中央美院中国画系，1964年毕业后分配到湖南长沙工作，1991年调入上海同济大学任教授。中国美术家协会会员，作品多次参加全国美展，《牧人与太阳》（与詹鸿昌合作）在第六届全国美展上获金奖。

默默陈行

1996年初冬，我到画家郑小娟家拜访。郑先生给我看一本她主编的《中国女画家》画册。我从里面读到了好多熟悉的女画家，里面有她们的照片和画作。

当我翻到陈行一章时，看到照片上的陈行穿一件有点皱的布衫，两只袖子高高挽起，一副不修边幅的平民女子的家常打扮，看上去有些疲惫、有点困惑的样子，抑或像一个家境不好的中学生。

陈行的照片引起我心里的一种震荡。

陈行的随意、不矫情和朴实，表现了她的大雅大慧。

我编《女画家散文集》的契机就产生于那一刻。

我喜欢陈行。

在此之前，我与陈行仅有一面之缘。1988年，我应陕西美术出版社之约，采写陈行的丈夫詹鸿昌，他是著名油画家、归国华侨，与陈行合作的画获第六届全国美展金奖。我到湖南省文联宿舍采访詹鸿昌，头两次都没有见着陈行。她和女儿在另一房间，作为女主人的她并不出来打招呼，我心想：詹鸿昌的老婆，她好傲的。后来，我的采访深入到第六届全国美展获金奖的作品《牧人与太阳》。因为是他们夫妻合作，我想了解创作过程，提出要看草图。陈行、詹鸿昌给我打开了各自的草图。这是我第一次读陈行的画，心里有一种说不出的惊喜。作为女人，我更喜欢陈行的女性表达方式。

真是真人不露相哦！此刻，我对陈行的偏见已经消融。那天，我还见到了陈行画的大幅麻布系列和她为湖南少儿出版社画的一套连环画。

这之后，十年不见陈行，只知他们夫妻调回了上海。

我编《画家散文》一书时，到处搜集陈行的文章。找了很多资料，仅找到两篇。我当年读过的那篇发表在《美术报》上的谈麻布系列的短文，竟没有寻见。

后来，拨通上海的电话，陈行说，她仅在杂志上发了两篇，竟全被我搜寻到了。

编《女画家散文集》时，我仍请陈行加盟。陈行没有现成的文章，要特意为我写。

过了好多日子，稿子基本上齐了，但陈行的还没有来。原来那阵子，陈行的女儿生了孩子，住在她家里，她忙得一塌糊涂，根本没时间写。

我仍愿意等她，给了她 30 天时间。陈行如期交卷，洋洋洒洒的万言美文《故土》用特快专递寄来了。我读陈行的《故土》感到非常惬意，好文章！她没让我失望。

陈行的感觉好、文字美，写得也十分投入。文字看上去不经意，但极富感染力。她用极简练的笔勾勒出了村姑三秀、孤老何婆婆、寡妇贾玉梅等人物的心灵和生存状态。何婆婆骂抱鸡婆一段很有味："何婆婆有时也爱发个火，只见她举着竹扫把，晃晃悠悠地冲出去，'你这个不要脸的家伙'，'啪！啪！''自己没有崽，还想别人的崽'！'啪！'这个不要脸的家伙不是别人，正是那只抱鸡婆，为了不让它孵蛋，它鼻子被横插一根鸡毛，十分狼狈可怜。它望着别的母鸡带着小鸡庄严神圣地散步，十分羡慕，老想挤一脚，跟上前去与小鸡亲近，为此挨骂挨打也不罢休。”

陈行在《故土》中对女性的关注是全方位的，她专文赞美苗家姑娘的脖子，写寡妇贾玉梅半夜的哭声，也写三秀的出嫁，甚至对于被剥夺了做母亲权力的抱鸡婆，也抱有一种同情。我喜欢她这种悲天悯人的情怀，我觉得陈行的感觉是纯女性的，也是陈行独有的。

陈行写景物也写得很好。她写夕阳下的菜地：“夕阳拖着长长的身影跟着我们，时隐时现。天色渐渐暗下去，红土地渐渐地浓郁起来，鲜亮起来，鲜得耀眼，片片绿叶躺在红土地的怀抱中大放异彩，闪着翡翠的光芒。”她写月光下的菜地：“……颗颗白菜在使劲地鼓着它们银色的光芒……我使劲地瞪着这银色的菜地，不敢相信自己的眼睛，它们是那么亮，那么贴近，但又似乎不肯靠拢，恍若在梦中。”

陈行的文字有一种张力。我想这些与她平日里用画家的眼光观察生活不无关系。

读陈行的文章，总想起她那个沉静的样子。

发表于1998年3月6日《今日女报》

网友微评

陈巽如（画家，居长沙）：陈行老师是我们湖南画界公认的才女，她画画得好，也很愿意帮助年轻人。她为人谦虚、和蔼，和她接触，感觉轻松，而且能学到好多东西。她总是默默地奉献，从不张扬，修养极高。她的美，是内外兼修的。我非常喜欢她，也非常想念她。

丹凤朝阳（资深媒体人，居长沙）：陈行的随意、不矫情和朴实，表现了她的大雅大慧。美女易老才女不老，老得去的是容颜，老不去的是岁月年轮后无与伦比的才华。譬如民国那些才女，从徽因到唐瑛到允和，在人们心中，她们的美貌早已化为才华本身，永远留在后世人们的记忆里。陈行们，叶梦们……又何尝不如此！

向丹（电力局文员，居长沙）：叶老师的《百手联弹》让我领略到各位艺术家的妙。这位陈行老师不着痕迹的淡，如叶老师说的毫不张扬，她感受细腻的文字，却有无限的张力。很喜欢且敬仰这位女艺术家的境界修为。

刘彦，首都师范大学美术学院副教授、硕士生导师，中国美术家协会会员。作品被中国美术馆、中国国家博物馆、今日美术馆、首都博物馆、中华世纪坛美术馆、南京凤凰美术馆、中国妇女儿童博物馆、山东省美术馆、上海艺术景画廊 Art Scene China、北京云峰画苑等收藏，参加巴塞尔艺术博览会、中国艺术博览会等。作品曾多次获奖并被多家博物馆收藏。

刘彦的『猫腔』

读刘彦送的画册，我突然想起了莫言的长篇小说《檀香刑》里的猫腔，那种凄厉的近乎喊叫的拖腔在我的耳边久久地回荡……

其实我也没有听过猫腔，我的感受是通过莫言文字所传达的二手情感。刘彦给我看的仅仅是她的画，但我明明就听见了她画里的歌。

刘彦小小巧巧的个子，文文静静的样子，圆乎乎的老是长不大的娃娃脸，这样的女画家，多以女性题材作画。没有想到，这个刘彦，如此厉害，偏偏就要拿捏人们的痛处，敢于撕开大家都不肯说出来的那个世界的面具，把人生戏剧的后台场景公之于众。

刘彦的画是属于批判现实主义的作品。画面里众多的人物、艳丽抢眼的色彩及其荒诞的画面，都给人一种强烈的视觉冲击。

刘彦的画是以传统的中国工笔画的形式出现的，条幅的形式，散曲似的题跋，以传统的戏剧人物为主要图式语言。画里的环境、场景，只是刘彦借用的一种形式，她要表达的是现在的世相以及这些世相背后掩盖的人的心灵的浮躁与荒诞。

刘彦笔下的世相就像一个场景交替的大舞台，刘彦就是这个舞台的大导演，从浪子朋克、风尘女子到戏剧演员……一幕幕情景剧就在她的笔下轰轰烈烈地展开来。荒诞的画面，火爆的场景，独特的视角，怪异的形象，戏谑的题款，刘彦要表达的是一种异常清醒的文化批判。

刘彦的画，像在演戏，又像在创作一篇篇当代寓言。

朱晴这样评论刘彦的画："时髦的当代都市青年与古装的经典戏曲人物在同一时空活动，夸张的戏剧性冲突更因细节的大胆篡改而被推向极致：醺醺然的贵妃面带酡颜，手把的不是金杯玉盏，而是听装可乐和过滤嘴香烟；蒋干冒着风险从周瑜处盗来的书信，展开来却写着'只生一个好'的现代标语；红面虬髯的判官端坐在电脑前，手中大笔将要勾划的生死簿竟然出自 E-mail。"

这些画在历史与现实之间营造出一种扑朔迷离的氛围，时空倒错形成的强烈冲撞展示的不是诡秘的神话故事，而是灯红酒绿、物欲横流的现代众生相：这一个"细寻思千古风流，名利坊苦渡出头。心机费身形消瘦，未必志能酬"，奋力攀上名利坊的墙头，蹭掉裤子露出了半个屁股也顾不上提；那一个"奈何女儿红转黄，花儿般雕琢，水儿般风浪。扭曲了肝肠，献出了乳房，尽管款爷们享"，贪慕奢华不惜出卖色相，浓妆艳抹也遮不住一脸病态的倦容。

我在《美术观察》上曾经读过文芒评论刘彦的文章：这是一批极具实验性的作品，以艳俗的恶作剧方式把生命的空洞与无意义推上画面给人看，里面不能不说也包含着一种"愤世嫉俗"；刘彦把这些现代时尚、现象推向极端，把生活的"不完整性"作为生活的"本来内容"接受，不管是生存意义上的图景，还是特定的话语中包含的内容，或是角色的自我本质，都被推到了一个不断错位的、无中心的、非连续性的领域。

我读刘彦的画也得到这样的感觉。感觉不同的是，在看过了刘彦的画以后，留下的是一支悠长的有点像猫腔又有点像京剧的荒诞的曲子，在我的耳边萦绕。

我读到刘彦的文字以后，就像走进了刘彦导演的戏剧的后台。我感觉刘彦作为一个艺术家的心很大，她所关注的层面也异常开阔。她对生命的追问、对人类的苦难、对一切客观世界的表象的后面，有一种宏观的把握。

刘彦的画提醒着我们好好地审视这个世界。

发表于 2003 年 6 月 15 日《长沙晚报》

网友微评

陶咏白（艺术评论家，居北京）：刘彦的画怪异、张狂，极富刺激性，而刘彦又是用了传统的工笔重彩双钩细染，工整谨细的笔法，用极古老的手段，画出了极具有现代感的画面。其间的矛盾对抗，在刘彦的笔下，上演了一出出让人惊诧、令人疯狂、过目难忘的人生活剧。令人不解的是，像刘彦这么一位娇小可爱、温文尔雅的女性，何以有这等胸怀、这等气度，用这等调侃又辛辣的笔调向着传统、向着当代，举起了批判的旗帜？要读懂刘彦的画，着实有些无厘头。

陈晓丹（资深媒体人，居长沙）：巧，昨晚阅读关于莫言《檀香刑》的文字，今早竟在叶老师文中又见……这个比喻是准确的，刘彦的画语，与《檀香刑》里的猫腔——凄厉得近乎喊叫的拖腔，都是极具冲击性的。因为一种大胆得不受任何管制的放纵，发出反骨者的凄音。就像社会之演进永远需要反对派一样，艺术的演进，亟需反骨者的表达。

唐秀玲，从事中国工笔重彩画的创作与研究多年，作品曾连续入选第七、八、九、十、十一、十二届全国美展，曾获第十届全国美展银奖，第十一届、十二届全国美展获奖提名，五件作品被中国美术馆收藏。现为中国国家画院工作室导师，中国工笔画学会专家委员会委员、常务理事，中国画学会理事，山东省工笔画学会会长，山东省美协副主席，山东省中国画学会副会长，硕士生导师。

走进重彩

第21弹

唐秀玲

我不太喜欢传统工笔画，那些富贵雍容的牡丹、毛光发亮的鸳鸯，还有衣着规整的仕女……工笔画中一切传统的表现手法都使我感觉像假的，仿佛生命的活力和个性难于在工笔画中间得到体现。但在看了唐秀玲的工笔画以后，我不得不叹服。她的工笔画所宣泄的色彩、画面所表达的意境，把我这个对传统工笔画有偏见的人制服了。我看到的《家·午后》是一幅蓝紫色的调子，整个画面给人一种难以忘怀的缱绻的意绪，画中的花卉和植物在梦里摇荡，重影叠叠，幻彩熠熠。作者所营造的幻觉是那么摇曳多姿，我曾经到处寻找这种只有梦里才有的图景，因为这样的调子、这样的场景能够引起我内心莫名的感动。没有想到，我所期待的梦境，在《家·午后》里出现了。它就那么突然地跳到我的眼前，一下子走入了我的心里。

唐秀玲的重彩对于传统的超越使我感到很惊讶。我们权且把她这一类重彩叫做现代重彩画。唐秀玲笔下对重彩材料的创新和意境的营造，给我们开辟了一种全新的审美图式，也改变了我对于工笔重彩画的偏见。

唐秀玲的墨与彩就这样走进了我的心里。作为中国工笔画界的一位杰出画家，唐秀玲开始显示她厚实的功夫和实力，代表作《金沙滩》《走过四季》等作品成为当代工笔重彩画界颇具影响的作品。她的勤奋，也奠定了她作品的地位。

唐秀玲是山东人，她的作品也显示了山东人那种实在的精神。除了要功力和才气，还要有一种实干的精神。在第十届全国美术展览上获奖的作品《走过四季》画的是静物，这是一幅 1570 厘米 ×1700 厘米的大幅作品,画面是一大嘟噜丁香花。你知道有多少朵吗？有两千多朵呀！这一嘟噜繁茂的丁香和一杯碧绿的茶，营造了一首无言的诗。这样的作品，一下子就牵动了人心，撞击了评委们的眼球。这幅作品能够在全国美术展览中脱颖而出夺得银奖，靠的就是实力。

作为蒋采苹先生高足的唐秀玲，对中国画的色彩颜料的研究和应用有独到的心得。她把自己的经验和体会通过授课的形式传达给她的同行和学生。在蒋采苹先生主持的工笔重彩研修班上，作为得意弟子的唐秀玲被邀请参加授课。蒋采苹先生的这个研修班培养了不少人才，是中国工笔重彩的“黄埔军校”。

作为工笔画家的唐秀玲，写意画也是很不错的。我偶尔在网上浏览了她的写意画《故乡情》《小妹》，发现不论是人物还是山水，唐秀玲都有自己的视角和表达的语言。经过变形和装饰后的画面，一切都好似天成，没有做作的装饰语言，甚至看不出是出自一个工笔画家之手。

在读了唐秀玲的一组随笔之后，我觉得自己熟悉了唐秀玲。她经历的时代是我熟悉的，她的经历和我有不少相似的地方。她因为偶然的因素走上绘画道路，没有想到竟然成就了一位当代优秀的工笔画家。唐秀玲是智慧的，她的随笔《捉迷藏》，藏着她的机智。这种机智，一直伴随着唐秀玲。她的《白菜》和《翠》里面的人生经历，在我看来也特别亲切。因为有了这样不一样的经历，作为艺术家的唐秀玲，才有了和同时代的人不一样的精神财富。

唐秀玲既是一个勤奋的艺术家，又是一个好母亲。唐秀玲说她最得意的作品有两件：一个是正在上海读大学的20岁的帅哥儿子，另一个是她的工笔画。多少年来，除了当教授，她还一直是家中的主厨，精神地照顾着丈夫和儿子。

我在想：她那么多的画是什么时间画出来的？

2004年5月于长沙

网友微评

郑小娟（画家，居长沙）：唐秀玲的自画像画得整体简洁，吸收了西画的构成，用传统的手法表现出现代意识。

盛景华（书画家，居益阳）：唐秀玲是我敬重的导师，她不仅画得好，在“传道、授业、解惑”上更是硕果累累，真是“桃李不言，下自成蹊”。我在中国人民大学唐秀玲工笔重彩精英班学习，收获很大，所有进步都有赖导师的引领！

丹凤朝阳（资深媒体人，居长沙）：怎样的玲珑心，才识得一百种思想；怎样的执着，才守着百花园静待每一朵花的开放；怎样的善意，才能欣赏和歌颂他人的姿态？“巍巍乎若高山，洋洋乎若江河。”伯牙之期待，子期的风骨，在叶梦先生身上遥遥示现。此篇，为叶先生转。

崔建平（广铁职员，居长沙）：其实无论是工笔还是写意，是重彩乃至浅降，各种形式技巧并不重要，重要的是表现什么？谁来表现？怎样表现？唐秀玲就是集十八般武艺于一身的智者。她是在用灵魂叙说，叙说那些心灵中最真挚的体验！

王彦萍，中央美术学院中国画专业博士，现为北京工业大学建筑与规划学院教授。1992年与2009年“王彦萍画展”在中国美术馆展出。

王彦萍

在屏风的背后

2003年初，我收到王彦萍的一本画册，看到她的照片，吃了一惊：尽管有了一点点沧桑感，但是一个成熟艺术家的坚韧和强悍，却从她的眉眼里流露出来。深邃的目光、嘴角坚毅的线条，作为女人、作为艺术家内心的丰富，一种绚烂生命的美丽，透过黑白照片传达给我们。这种美丽，是年轻、浅薄的人生不可能抵达的彼岸。

我和王彦萍认识很多年了，虽然之前没有见过面。但通过书信、电子邮件、读她送我的画册，我就这样一点一滴地熟悉了她。及至我在2004年初在北京的冰天雪地里第一次看见她的时候，完全没有一点陌生的感觉。

她的声音是我在电话里熟悉的。

她的容貌和神态是通过照片熟悉的。

她的灵魂的温度更多的是通过她的画和文字而触摸到的。

我与王彦萍在2002年与2003年之间，有很多手机短信对话，相当精彩。我们用闺蜜私房话语的形式交流对艺术的见解，既放纵又恣意，即时即兴，可惜没有保存下来。

我喜欢王彦萍的写意画。王彦萍是一位善于用色彩诉说心灵的画家，那些表现都市个人生活场景的轻灵而潇洒的水墨，那些奔放恣意的线条，都在述说非常个人化的视觉感受与内心经验，如《画室》《歇息》《洗浴》《母子》《沉思》等作品。她画里的人，我看上去怪熟悉的，原来和我梦里的人物场景有相似之处。其实，王彦萍除了擅长画人物，也擅长画动物。她在马年春节给我画的马年贺卡，那灵动飞扬的写意，奔放的姿势，令我爱不释手。我还喜欢王彦萍的速写。她那舒展而概括的线条有一种音乐的意味，是那样舒畅、流动，那样的不经意。当然，这样的功夫不是训练出来的，是才气使然。

王彦萍的写意画都很大胆，她独有的写意方式好像是与生俱来的——天生的灵气吧！她的笔墨有收放自如的洒脱，抑扬顿挫的恣意，一般人难以模仿。王彦萍笔下的人物都是极度放松的，有一种个人表达的独有痕迹。从她早年的自己画像到动物写生，到最近看到的屏风系列，不由我不佩服她的才气和笔墨功夫。难怪导师卢沉先生和周思聪先生伉俪对王彦萍是那么器重。

王彦萍近年的《新屏风系列》，曾经引起了水墨画界的关注。有评论家这样认为，《新屏风系列》是王彦萍“从关注敏感的内心到关注客观事物”的重要一步。然而，我不这么认为，从主观到客观，这样来评价王彦萍，未免有失偏颇。

王彦萍的视角是女性的。从《母与子》《画室》到《屏风系列》，她的精神是一致的,我们不能把她的作品分为关注主观和或者关注客观，因为这样的划分是不科学的。在艺术家的眼睛里，即算描述纯粹的客观事物，也都带有主观的色彩。

我认为，王彦萍一开始就不同于别人的地方，是她一直关注的是内心世界。其实，关注内心并不影响她对于客观世界的关注。正是由于她注重心灵的体验,即便她对于客观的描述也处处有了主观世界的影子，这是一种内心世界的独白与对外在世界的体悟交织而成的状态。我以为，只有在内心涌动着无边的浪漫和丰沛的激情的时候，笔端才会有从客观世界幻化出来的图景。这种图景把交织状态表现为多重复杂的视觉因素，交错的空间结构分割打破了现实空间的秩序，以一种新的方式达到平衡与和谐。

《屏风系列》是王彦萍找到的一种合适的表达图式，屏风能够阻挡我们的某些视线，遮蔽客观事物的真实，为我们再造主观的图式提供了场景。王彦萍用冷暖不同的色彩来装饰她的屏风，用造成不同视觉效果的器物来折射她的心境。她所宣泄的一切都是她丰富的主观世界的冰山一角。从内心到客观外物的关注，我以为只是一种表象而已。我看到的王彦萍的画始终是主观，始终是心灵世界的延伸。

其实，一个画家不管画什么，只有不去追逐世间变化不定的潮流，而只关注心灵、滋养激情、保存元气，也许只有这样，才会一下笔就有气象万千的图景奔涌而至。

2004 年 6 月于岳麓山下

网友微评

陈晓丹（资深媒体人，居长沙）：每个人都是这世界的微尘。世间幻相丛生，有人蠢蠢欲动，也有人了了分明、如如不动。若取后者，或便通达了智慧。屏风内的世界是屏风外世界的缩影。屏风内的酒桌，是感情场、生意场、风月场、权利场，是惊涛骇浪的江湖、生旦净末丑的舞台。王彦萍选择以屏风为主题，以主观视角切入客观生活，观察力、表达力都很强大，如叶梦先生语："一个画家不管画什么，只有不去追逐世间变化不定的潮流，而只关注心灵、滋养激情、保存元气，也许只有这样，才会一下笔就有气象万千的图景奔涌而至。"她们俱是睿智的。

海波（教师，居长沙）：如果说以前看叶梦女士的《百手联弹》的几十篇文章多带文人评画之意味，而这篇评王彦萍之画的文字则含雕刻家之精准犀利，镂刻入骨，直抵内心。画家有究微至此的知己，人生大幸矣！

颜新元，北京航空航天大学新媒体艺术学院教授，中国艺术研究院特聘博士生导师，中国美术家协会会员。

颜新元的幽默

2002年7月2日，我们一家人到美仑美术馆看画展，儿子陈墨给颜新元画了一个速写，颜新元题了一句话："陈墨给我画像，我好高兴哦！"陈墨同时还给另外一个年轻的女孩画了，这两个像都画得不错，但那个年轻女孩在签名的时候看得出不是太满意。颜新元对陈墨悄悄地说："告诉你一个秘密，以后你给年轻的女孩画像，你都要画得瘦一点，她们就会很高兴。"颜新元对于一个孩子的幽默和认真，看得出他是一个很有味的人。

说起颜新元，我还当过他的散文处女作的编辑。那是20世纪80年代，我在《湖南日报》副刊当文学编辑，在来稿里发现散文《捉蟋蟀》写得很有味，编辑发表在《副刊》上。这篇散文的作者，便是颜新元。。1986年，在长沙的《立交桥画展》上，我看过颜新元的《扎泥鳅》《扮禾》等作品，这些很不一般的版画作品，让人印象很深刻。及至2000年，颜新元的文章大有长进，写郭天民老师的文章显示了他的激情和才气。最近，我看了他写阮国新的文章，吓了一跳，就给他打电话："写得这么好，把我的饭碗都要抢走了呀！"

颜新元还是我的师傅。有一段时间，我因为收藏了我外公家的青花小瓷罐，引发了青花收藏热。颜新元夫妇都是我的老师，在宝南街和清水塘市场，他们教我如何识别瓷器、如何砍价以及如何说古玩市场的商业黑话。学习收藏的阶段，只有颜新元夫妇在场，我才敢买藏品。有一次，在清水塘市场，我看见颜新元蹲在地上，正在端详一个魂魄坛。那种东西，艺术品位非常高，造型复杂，年代久远，是明代的一种冥器，一般人不敢收藏。可颜新元有眼力，有胆气，火焰高，不怕鬼，他就敢把这种东西拿回家。

关于收藏，颜新元带过不少学生。他说我是他最不争气的学生，总共不过买了两三个青花小罐子而已。我怎么能和师傅比呢！颜新元的功德画收藏在中国美术馆，办过展览，反响好大的。

有一年，颜新元在湖南大学有一场关于“民间艺术与湘楚文化”的报告会，我没能够去听课，感到十分遗憾。别人做讲座，一般带一张嘴或者带一些幻灯片什么的。颜新元不同，他带了很多“法器”，比如功德画、刺绣、魂魄坛等。因为东西太多，他还叫了自己的堂客帮忙。

颜新元的报告，反响十分热烈，掌声不断。颜新元见受学生们喜欢，就越加讲得眉飞色舞，甚至现场唱起湖南山歌里的情歌来。情歌需要男女对唱，颜新元和颜嫂子就临时把湖南大学的讲堂当做了田里山里，夫妻敞开喉咙搞起了情歌对唱。

我想，那样的讲座如何能不生动呢！如果颜新元把自己的收藏全部带到现场，会把学生们看傻的！

颜新元来自桃江农村，他的家乡是出美人的地方，他老家的地名也十分有诗意：荷塘乡庄子湾。桃江人的好客、厚道、朴实，在颜新元两口子身上得到了集中体现。来自桃花江庄子湾的颜新元，目前住在城市的水泥森林之间，时刻不忘记自己的乡村生涯。走进他家的客厅，就像进了村，大树、炉锅、磨子、南瓜、蓑衣、斗笠……

颜新元是一个忠厚的人，但有时候说话很调皮，胆子很大，也开得起玩笑。

我因为写他，就电话采访，忍不住在电话里调侃他：

“颜新元，你作为一个搞艺术的，有没有浪漫的故事呢？”

“喔广（说）不得！”

我禁不住坏笑！此地无银的“喔广（说）不得”！我得寸进尺，继续采访：“那你在中央美院读书的时候应该有故事吧？”

“喔雅（也）广（说）不得！告诉你就等于告诉了天下！”

我“恶毒”的采访在“喔广（说）不得”中收场，但是艺术家颜新元的幽默，给我们留下了无限想象的空间。

发表于2003年8月26日《三湘都市报》

网友微评

成佩（美术史博士，现居东京）：叶梦老师写得既幽默生动又风趣又正是那人，颜老师跃然纸上了！颜老师自画像也画得好，好像风潇潇、雨纷纷，岁月都如片片柳絮自在卷舒……鼻子尤其点得极有肖似度！

盛景华（书画家，居长沙）：颜新元——天生一个“鬼”脑壳，文章出彩，书画双臻，收藏丰富，机智幽默，个子不大，能力出众，整个一个小宇宙！

三三（某设计机构董事长，居长沙）：颜老师的自画像，要点在胡子，不在眉目。颜老师的面目，不熟的人，常常会有距离感，因为他好像总在观察。好多年前，我在清水塘街上偶尔会看见他，走路一弹一弹的，他是生命的活力太过奔放，以至走路的时候都要释放。

叶梦：平生以来画过自画像，而且是漫画，不成样子。

晓沫

赵晓沫，中国美术家协会会员，中国版画家协会会员。曾任《中国版画》副主编，人民美术出版社编审，国家一级美术师。长于版画。作品《丰年》参加第六届全国美展，其他版画作品有《轻风》《绿秀》等。作品曾被中国美术馆、江苏省美术馆、美国亚洲艺术协调议会、英国欧洲木版画基金会等收藏。

第24弹 赵晓沫

赵晓沫的手抄本

蒋采苹先生在电话中告诉我：版画家赵晓沫有一个手抄本在画家中流传，大家都说好，我当即请蒋先生代我约稿。尽管我选编的《女画家散文》早已截稿并已送出版社多日，我仍然不肯放过好作品。

不久后，我接到赵晓沫的电话，听她说话，感觉她的文章会不错，嘱以特快寄来。

我于深夜11时打开信箱，收到等候几日的快件，待到零点给赵晓沫电话时，已有一点掩饰不住的兴奋。

赵晓沫啊赵晓沫，你真是一个可爱的女人，我喜欢你的系列版画《红白喜事》，更喜欢你写的散文。

赵晓沫的文字不矫情，平易好读，处处表达她的追求与个性。难得的是，晓沫的文字里有一般艺术家难以做到的率真。

率真是艺术家应该具备的秉赋，然而却有很多人做不到这一点。

晓沫具备了艺术家的勇气，这是多么可贵。《写给宇廉》有两个版本，第二稿长达2万余字，这是一篇追述她的初恋情人——画家宇廉的悼文。关于晓沫写这篇文章的起因，是一本尽人皆知的畅销小说《曼哈顿的中国女人》。在小说中的宇廉被理想化，成为人见人爱的白马王子。因为这样，掩埋了多年爱情伤痛的赵晓沫以及她的初恋故事引起公众注意，宇廉也成为一个公众人物。不幸的是，宇廉已于一年前在日本患脑瘤辞世。因为这些，晓沫不得不悲痛地拿起笔。不用说，已届中年的赵晓沫来重温 20 年前的往事，其间的苦涩和哀痛可想而知。读赵晓沫这血泪交织的文字，没办法不感动。

我读了晓沫的近 2 万字的文字，凭感觉已经了解了晓沫，已无需再听她说什么了。除了《写给宇廉》这篇长文外，我还从另外一篇不长的《画外漫笔》中，读到文章中泄露出她对人生与艺术的颇为精彩的见解。我是先读这篇短文的，读完之后，感觉已经和陌生的赵晓沫心气相通了。待到我再读长篇散文《写给宇廉》，才有了一种长久的挥之不去的感觉。晓沫在散文中涉及的男主人公的人生悲剧，唏嘘感叹之余引发的却是对自己的思考。我所关注的不仅仅是爱情，我更想知道晓沫笔下的宇廉的人生悲剧是如何来的。是先天的原因还是性格使然？是无法冲破心灵的樊篱或是迫于生存之压力？疾病只是一个托辞，一个逃避的理由罢了。

作为一个读者，我试图摆脱晓沫的爱情故事的沉重，重新陷入的却是对一个人生存状态的思考：宇廉已经逝去，我们该怎样活着？

发表于 2001 年 10 月 26 日 《三湘都市报》

网友微评

何韵兰（画家，居北京）：晓沫的文字和画作都透着一股灵气又蕴意凝重。正如叶梦所言，她是个率真面对世界又勇于坦承自己的难得的艺术家。有些人生印记会刻骨铭心，但通过文学和艺术来激起人们的共鸣与震撼却很不容易。她的文笔和画笔都是超越技巧模式随心而行，才有着真挚而浪漫、素朴又奇幻的不凡表达。作为学姐和朋友，我知道她一直在繁杂世事中不懈努力，她的才情今后还会在作品中尽情地绽放，我们期待并祝福晓沫！

尹红，毕业于湖南师范大学艺术学院。作品入选第六届全国工笔画展，获第三届中国齐白石国际文化艺术节优秀作品奖等。

第25弹 尹红

巧遇风信子

2003年3月6日，我到湘潭讲课。会后，有一个文静的女教师找到我。她叫尹红。

她告诉我，几年前买了一本我主编的《女画家散文》，她很喜欢。还拿了一本她的作品，让我提提意见。你看，她错把我当成美术评论家了。

她是画工笔的。我看工笔画，一般都难以找到感觉和激情。

翻开那本作品集子，《风信子》系列让我眼睛为之一亮，有一种明丽而且温暖的东西袭击了我。我立刻就有了感觉。

我问尹红，你也写一点文字吗？尹红说，写过一些。我当即就决定，请她加盟我正在编选的《青年女画家随笔丛书》。

尹红的工笔画创作，灵感来自一种叫风信子的植物。她以风信子为题的系列工笔画，使她找到了一种适合自己表达的语言和符号。

花与女人，是很多女画家都在表现的主题。这样的主题，很容易画滥。但在我看来，画家画什么并不要紧，重要的是他们在表达时的视角和立场。

在尹红的《风信子》系列以及《女歌》《鸳鸯蝶梦》中，她画的不是一个个具象的标准美女，她画的只是一种气氛，一种虚幻而又真实的气氛。那种气氛是那样温暖，那样宜人，适合抚慰人间浮躁的灵魂。

尹红的画使我想起夏加尔，还使我想起在中国油画界最有影响力的青年女画家夏俊娜。

可尹红和他们又是那样不同，因为尹红是画中国画的。

尹红笔下的人物是抽象的、虚幻变形的、平面的，但是她勾勒的局部又是真实的、具象的、立体的。那些衣裙上的细碎的花朵、那些布沙发上的典雅的花和图案，都勾勒得那样真实具体。

她在虚幻与真实之间游走；她在具象和抽象之间进退自如。

尹红在整体的环境与氛围的营造上下了工夫。她使我尝到了传统工笔画里难得吃到的新鲜果子。我看尹红的画，就像吃了一个新鲜的橙子。

尹红的画耐看还有一种原因，她的画都是灵动的、飞扬的，像流泻的月光，又像悠扬的小夜曲。那些风信子和马蹄莲的花和叶子都在跳舞，那些系在脖子上的小花纱巾都在音乐中飘荡。还有场景中的一切器物——包括门窗和家具，它们都在同一韵律下起舞，画中所有的一切是那么和谐，这种和谐，给了我们一种视觉的奢侈和一种在虚幻中实实在在的暖意。

写完这篇文章，我回过头来看尹红的随笔，感觉到一个女人温润的心。她对生活的热爱和无奈，她对于理想的追求，全都在宣纸上展开。

这一幅幅温暖的工笔画，使尹红庸常的生命绽放出一种美丽的光彩。

2003 年 6 月于长沙

网友微评

陈晓丹（资深媒体人，居长沙）： 一个女人若活出风信子的模样，那是极迷人的。风信子之于西洋，相当于水仙之于中国，有生命绵美、人生丰美的意境。那个掌握爱与美的女神维纳斯，喜采风信子花瓣上的露水润泽肌肤，风信子与不凡的女子有着花容与气质上的契合。尹红的风信子，在虚幻与现实的美感中缓缓穿行，也飘逸出迷人的女性神思。而风信子的另一面我亦爱，花败时你若剪掉奄奄一息的残花，它就会重新开放，生命不息，为美绽放，也是另一重女性力与美的写照。

徐天舒（某设计机构董事长，居长沙）： 画什么，并不要紧。画面能给立在她前面的观者营造一种怎样的情境，至关重要。

戴剑，中国美术家协会会员、湖南省中国画学会副主席、湖南省政协委员、湖南省政协书画院副院长。

第 26 弹

戴剑

在梦境与现实之间

戴剑相貌平常，他的随意与大气总是在不经意间泄露出来。

很多年前，我收下了他和石纲在泰国举办画展的宣传小册子。

因为不太喜欢粉调子的东西，故在第一眼看到戴剑的画的时候，我并没有在意，只是听说他们此行去泰国办画展，画卖得不错。

晚上，躺在床上，打开床头灯，再次细细地欣赏对于我来说还是陌生人的戴剑的画。

小册子的封面上一株粉色的芙蓉，勾起了我童年时期关于木芙蓉花的记忆，感觉温温的暖意在一点点地渗透我的身体。多么温暖的芙蓉哦！

2003 年，我在一次饭局上认识了戴剑和广东画家方向，是湖南美术出版社的李路明与邹建平请客。回来后写下了上面的一点印象。

从那以后，我一直惦记着戴剑的画，希望得到戴剑的作品和画册。我需要对他的作品做进一步解读，以完成这篇已经开始的随笔。

我对戴剑的作品保持着一种遥远的期待，就像这篇在电脑里久久没有完成的作品。今年春天到岳阳，在一位朋友的书房看到戴剑的画，真是特别的喜欢，连我自己也没有想到。戴剑画的是树木花卉，那种自由跳脱，那种飞扬空灵，那种淡雅的调子，那种我从来没有见到过的图式，线条的跳脱与画面的虚幻构成一个神奇的画面，想象在虚与实之间延伸。我长久地看着。这恐怕是戴剑最好的作品之一吧？我想。

我嫉妒那位朋友，可以和戴剑的画天天相伴。

戴剑的作品，大多画的是曾经长在我们心中的熟悉风景。他笔下的村庄与院落，都是人们生存的环境，他的画面大多是选取农舍院落的一角，笔触细腻，细部耐看，整体和谐温暖。画面既繁复又洗练，闹而不俗，笔笔干净利落。既有稚拙笔触，又有新鲜生命力注入。用中国画的术语来说，是兼工带写，还借鉴了油画的色彩表现。

他的画，既是对过去生存环境的追忆，也是迷失的现代人迫切追寻的心灵图景。戴剑的画正好给惶惑地活着的当代人心灵上的滋润和补偿。我现在才明白，为什么戴剑能够打动我，他的作品为什么能够同时受到学术界与市场的认可。

我通常喜欢大写意的泼墨或色彩对比强烈的作品，然而，戴剑的作品却是笔触细腻、色彩柔和统一的风景。恬静的梦幻，给我们营造的是一种桃花源似的氛围，一种具体的可以亲切地感受和抚摸到的气息。

熟悉的、亲切的、过去的图景，一个即将完全消失的家园，画里多半都有人物或者家禽，人间的烟火味被超现实的手法糅合在一起。戴剑创作的快乐在于编制人间桃花源，让人们在他的画面里得到精神的慰藉。

戴剑的作品是悦目的，笔墨完全不是传统的中国画的套路。他的作品创造了一种新的图式与符号，这样的符号成为戴剑鲜明的个人风格。

翻开他的画册，看到他自20世纪90年代以来的创作轨迹。20世纪90年代初的《家》系列，现在看来依然具有前卫的力量。当时的那种疏放、简约与抽象，那种灰色的调子，更加具有精神的力量。

神秘的猫舍，灵异的猫；院落一角的猪栏，惶惑的猪；叠印在一起的瓦舍，池塘，院落和牛……

从这些画里，人们可以感知到戴剑当年那种探索的劲头。

《家》是不是一个分水岭？后来戴剑画风的走向与当时的创作初衷有什么出入？

自那以后，戴剑的作品出现了拐点，精神的苦涩的意味淡了，开始走向一种繁复与空灵，走向一种雅致的唯美，走向一种枝繁叶茂的理想的桃花源境界。

他的心境也许发生了一些变化，我们也可以从作品中看得出他的观念和追求的变化。但不管怎么变，戴剑的性情犹在。

戴剑在走自己的路。他的作品属于中国当代，他没有复制古人的笔墨与图式。不管他画的是什么，处处皆体现了一种现代人的精神，所以，他的作品有一种鲜活的力量。在四尺斗方《浴》里，我看到影象的重叠、夜色迷朦、粉墙灰瓦叠映出小桥流水、裸体的浴女在漂洗长发……

在《紫气祥云》里，我们看到的是平和、空灵的带有装饰意味的空间。

戴剑的作品曾经入选第八届全国美术展览以及多次全国大展，证明了他的实力。也因为他的独具一格的画风与表现手法，使他在当代中国画里有了自己的一席之地。

戴剑的作品对于我来说，始终是新鲜悦目的。

今年5月，我在岳阳见到戴剑。他正忙着画画，因为当时的订画已经排到3个月以后了。要买戴剑的画还要排那么长的队哦。我问：“你为什么画得这样慢啊？”原来，戴剑的作品每一幅都有不可重复性。他对每一幅画都要浇注激情。对于收藏家来说，他们收藏的戴剑作品都是独一无二的。

戴剑是一个创造型的画家，也是一个有艺术良心的画家。

戴剑比我小一轮，他也属虎。看他的作品与人，都有一种虎虎生威的大气。

戴剑偏居洞庭湖一角，与喧嚣的艺术界保持相对的距离。他能够安静地画画，比什么都好。

2006 年 10 月于长沙

网友微评

沈念（作家，居长沙）：叶梦老师以一个作家的繁复触角，敏锐地捕捉到“家园”里的时光记忆和精神根系。这“家园”，既有鸡鸣狗吠、浮生野趣，也有山河入梦、恣肆诗意。“家园”是画家戴剑在精神与俗世之间搭起的一座栈桥。从桥上走过的叶梦老师，轻悄悄地推开那扇院门，领着我们欣赏淡墨水色之间被遮蔽的东西。她洗练的文字中跳跃着一种生动直感，亲切自然地向大家解密——戴剑的“家园”有着我们的“归去来”。何以归去，如何往来？“戴剑的画正好给惶惑地活着的当代人以心灵上的滋润和补偿。”叶梦老师的精妙解读，就像夜间漫长旅途上我们遇到的同路人，触到频率相同的心跳。戴剑一直在用画笔创造他的世界，这世界是艺术与生活的结晶体，这世界如暗夜中的微火，虽弱却明朗地照亮夜行人脚下之路，为惶惑者、迷失者照亮回家之路。确如叶梦老师所言，“戴剑作品对于我来说，始终是新鲜悦目的”。这种新鲜悦目，也是广大欣赏者的共同心声。“画的是树木花卉，那种自由跳脱，那种飞扬空灵，那种淡雅的调子，那种我从来没有见到过的图式，线条的跳脱与画面的虚幻构成一个神奇的画面，想象在虚与实之间延伸。”（叶梦语）

刘采，20世纪80年代就读于上海戏剧学院，曾与朋友共同创立"湖南磊石油画研究会"，长期从事艺术创作，艺术作品及艺术活动见《中国现代艺术史》《中国当代艺术史》。

第27弹　刘采

画戏与「戏」画

刘采的画，对于我来说，是记忆的碎片、游走的梦境。

我在刘采的个人作品展览上看到的不是一幅幅写实画，而是保存在记忆和梦境中的碎片。那些戏剧的行头、道具、脸谱、粉靴、扎靠、髯口……那些在梦境中游走的碎片在虚幻的风中抖动着。

我小时候是个戏迷。我妈妈当年是住院医生，一人管几十号住院病人。那个年代的病人感谢医生的方式常常是送戏票。我妈妈根本就没有时间看戏，每次都把戏票给了我。我现在都不明白，我家有五个兄弟姐妹，妈妈为什么总要把那张戏票给我一人？当年市里的花鼓戏剧团和湘剧团的新剧目，我几乎没有落下过一场，有的剧目甚至看过多次。在那个物资匮乏的年代，剧场是我精神奢侈的所在。我对这个世界最初的一切美好的记忆都和剧场有关。那些美艳的花旦，那些飘拂的水袖，那些咚咚的锣鼓，成了记忆中最为温暖的部分。那些碎片就像褪色的画，一直在我的心底藏着。如今，我在刘采的画里又找到了这种感觉。于是，我的感觉和记忆就在这里复原了。

刘采的戏画省略了许多写实的场景，他几乎全部以一种纯主观的表现来创作。

因为我这是第一次看刘采的画，给我的是那种猝不及防的视觉撞击。我想：常年在京剧团搞美工的刘采，他的工作是为戏剧而画的。而京剧是一种把程式化做到了极致的表演艺术，它的一招一式都有套路，它的所有语汇都符号化了。生、旦、净、丑、末各种行当，唱、做、念、打的各种招式，就像中国画里的梅兰竹菊一样，它的每一笔都有落笔着墨的方法。京剧表演已经有了固定的模式。

刘采的画要是按照京剧的模式唱下去，肯定是没有意义的。

依我看，刘采的画不是在画“戏”，而是在“戏”画。就像当前风行的游戏软件，撇开一切历史的真实，由着性子在“大话三国”什么的。作为一个艺术家，我感觉刘采是被松绑了的人，他脖子上那个曾经枷过苏三的木枷已经解除。他的画是意念的飘浮，是主观的想象，是突破模式后的游戏。他的画接近儿童的天性表达，让戏剧和人物走出了成人难以走出的概念。如《与毕加索配戏》中那个弓腰怒目而视的武将，他那抖动着的瀑布般的黑色髯口，与毕加索笔下的变形人物形成一种强烈的反差。刘采笔下的人物是自由的，有的像鬼魂的幻影，带有白脸奸臣的冷；有的似灵动飘拂的舞者，却又带着粉脸花旦的艳。

刘采的画，初看似乎是潦草的任意涂鸦，细看才觉得画得潇洒和自由，给人一种空灵而舒展的感觉。这种感觉，引领我们完成了审美层次的跨越。

刘采的画从湖南京剧院里走了出来，逃避了类似戏剧的传统审美表达，他的“唱、做、念、打”完全是刘采牌的，属于他个人的。因为这样，刘采的追求就有了意义。

发表于 2003 年 2 月 23 日《长沙晚报》

补　记

2003 年初，我应邀参加在美仑美术馆举办的刘采油画作品展览，事先李路明与邹建平先后约我为刘采写一篇文章。我有点为难：我一点也不熟悉刘采，这个文章怎么写？得！先看展览吧！看展览的时候，我突然就有一点看戏的感觉，有谱了。开幕式结束，大家聚在美仑酒店吃饭，大唱卡拉 OK。我被油画家们的豪放歌声所感染。湖南画界很团结，刘采人缘好，好多朋友都掏钱买了他的画。在翻江倒海的歌声中，我用酒店的餐巾纸和圆珠笔写下了上面关于刘采的文字，现在读来，感觉气很顺，看得出是一气呵成的。

2015 年 11 月 11 日

网友微评

刘兆明（艺术家，居长沙）：刘采有那种艺术家难得的宁静，是个很有才气的艺术家。我只和他见过一面，但印象很深刻，低调、谦和，有仙风道骨的气质！

陈晓丹（资深媒体人，居长沙）：在翻江倒海的歌声中，用酒店的餐巾纸和圆珠笔写下文字，正是突破定式的游戏。无论叶先生把文字当游戏，还是刘先生把绘画当游戏，称道的都不是游戏本身，而是自由花开的创作境界。苏三起解，枷锁难除，解除木枷的苏三才有释放自己的可能性。可是身锁易断，心锁难开，不破除陈念将形成更大的捆绑，又如何有自由的心花开放。

王小保（景观设计师，居长沙）：我跟采哥相识很有缘，跟采哥很谈得来，采哥腼腆又善谈，采哥的画幽默又有灵气。

陈新（画家，居长沙）：采哥恰得苦，霸得蛮。

陈巽如（画家，居长沙）：刘采确实值得写。他不爱说话，东西都在肚子里，一旦哈出一口，就可以把你醉倒。他的油画也很经看，他画的荷花、仙鹤等都给我留下了深刻的印象。他的境界如天上的云，纯、深、高。

段江华，毕业于中央美术学院油画系第三工作室，师从詹建俊、朱乃正先生，现为湖南师范大学美术学院绘画系主任、湖南美术家协会副主席、湖南省油画学会主席。1994年，作品《王·后——2号》获第二届中国油画展金奖。

段江华的摇滚

第28弹 段江华

认识段江华，是在油画家刘采个人画展的酒会上。酒会气氛热烈，湖南油画家群体特别抱团的现象使我非常感动。酒会上，大家争相演唱助兴，精彩的节目令我大开眼界。尤其是段江华的摇滚，其气势、其音量实实把我吓着了：嚯！地动山摇啊！好似一味泻药哇！心中有什么块垒的话就会随吼叫而宣泄殆尽！感觉除了痛快还是痛快，这种痛快，很多年前我从崔健的歌中得到过。

我当时就这样想：这个家伙，不应该教油画，应该转行到音乐学院教声乐才对。

今年春天，我在一个饭局上请段江华画自画像。画完，我感觉不像他，段江华说：我过去就这个样子。我不太相信。后来，我在网上看了段江华一张过去的照片，才知道没有上当。自画像和过去的照片都是很“秀气”的，特别是网上的那张照片，眼睛似乎在放电，还有那么一点点多情艺术家的味道。现在的段江华发福了，理一光头，下巴蓄一点胡子。较之过去，现在的他像一个粗汉，山民或者一个苦力。但是，他那双闪烁着艺术家光辉的眼睛，却是怎么也掩饰不了的。

我在中国美术馆的馆藏作品展览中，第一次看到段江华的油画原作《王·后——2号》。这幅作品十年前在第二届中国油画展上得第一。“中国油画展”就像中国油画界的科举大考。段江华在“第二届中国油画展”得了获第一名，这是他的荣耀，也是可遇不可求的。这幅被中国美术馆收藏的作品，在中国油画界产生过很大影响，是段江华里程碑似的作品。严格地说，《王·后——2号》还不是纯粹的油画搞法，它用了立体的制作办法，甚至有点像软雕塑。那样大胆地使用新的材料和新的语言，是需要勇气的。作品表现的是刚出土的古代帝王夫妇两个被时间风化了的人物造型，这个具象的符号，只不过是他要表达的借口，画面中凝重的色彩，传达的是一种个人地域文化背景。就是这种特别大气的东西征服了评委。

画阴气如此重的对象，给人以窒息的气氛，如果不放声大吼一曲摇滚，那会憋死人的哦。

十年后的段江华，能不能再创辉煌？能不能保持在第二届油画展上的领先纪录，这些对于艺术家来说，都是打不得包票的。没有想到的是，最近，他居然以《重现的辉煌》在第三届中国油画展上再度获奖。如果说《王·后——2号》还有一点具象的内容，那么，我在《重现的辉煌》里看到的是“没有歌词的大型摇滚”。那些纵横交错的以厚重的调子为主的巨幅画面，用油画颜料、丙烯还有一种叫“原子灰”的涂料（烤漆的底灰）涂抹出凸出的暗金和暗红的色块，是直接画在木版上而不是画布上。没有具象的东西，也看不出象征着什么，这大概属于下意识的作品吧，是不是喝了酒画的？

这样的色块说明了什么？如果这样问，我相信没有谁能够回答。段江华是大胆的，他是我行我素的。他说：“我没有考虑获奖，也不在乎别人怎么看，我想这样画就这样画了。”感到欣慰的是，到底还是有人读懂了段江华。他的再次自由大胆的尝试获得了中国油画界权威们的认同。

我不能够说我已经看懂了《重现的辉煌》，但是我感觉到段江华把他那需要放肆喊叫的摇滚倾泻到了画板上。好大的嗓门哦！又被他吓了一跳。

湖南油画的进京展览，成为最近湖南文化界的盛事。以强大阵容出现在北京的湖南油画还是由这位“摇滚歌手”拔得了头筹，《重现的辉煌》使段江华重现了十年前的辉煌。

画画如同唱摇滚，必须赢得极大的自由，必须敞开喉咙大声歌唱。这说起来容易，唱起来毕竟不容易。不信，你也唱唱试试？

发表于 2003 年 10 月 14 日《三湘都市报》

补　记

今年 3 月 4 日，段江华在后湖救人。事情发生当即，我就在微信朋友圈看到有人发了图文。为老段的救人举动感动，老段真了不起！

2015 年 11 月 16 日

网友微评

老爷车（企业家，居长沙）：没出正月十五，站得岳麓后湖边上还要穿袄子，风吹在脸上嗖嗖的刀割一样……后湖是个喂鱼的死水湾，水冰冷的、喷臭的，反正出的鱼冒（没）哪个敢呷。今天一个七岁的小妹子跌得湖里，要不是段江华和哒衣服跳下去把她救上来，小命怕是不保哦。港（讲）句实话，也是五十来岁的人哒，咯凉的天气、咯邋遢的臭水塘，敢跳下去就十万个了不起，还莫港救哒一（朵）祖国的“花朵”上来哒。

黄勇（企业家，居长沙）：圆的矮的老段灵活依旧，当他满面红光斜眯着眼喝酒的时候会给人一种错觉，以为他忒像水泊梁山扈三娘他老公，其实您大错特错，段氏年轻时想象不到的帅气。如今，老段已是我国油画大腕。近见他，又因救人身上多了一个“全国道德模范”的称号，学生是真喜欢、崇拜他，铁粉密密麻麻一大群。叶梦姐之《百手联弹》写到了老段，再阅，真喜欢，故又转。

陈晓丹（资深媒体人，居长沙）：从救人到作画，新闻到现实，他都是“最美画家”。他用摇滚的油画色彩画出磅礴大气，也育出一副侠义心肠。好画，好人。

姜坤，国家一级美术师，中国美术家协会会员，学术著作代表作有《名山画稿》《国画人体艺术》《长江溯源》《湘黔行旅》，出版个人画集多本。

风中的草

画家姜坤，我感觉他像一湖沉静的水。姜坤却把自己画成一棵风中摇曳的草，我想：那风应该是和煦的微风吧？风中的草选择一种男人忽略的柔嫩而绵长的生命力来和艺术较劲。

姜坤不像一个年届花甲的人，他永远像一个儒雅的书生，像一个拒绝风尘侵蚀的秀逸之辈，保持着一种脱俗的风度：白净的皮肤，俊朗的形象，简直就像一个过着优渥生活的旧日贵族。

我第一次见到姜坤，大概是在8年前去拜访郑小娟先生的时候，第一次见到姜坤，他给我的感觉是很特别。

姜坤这些年一直过着一种安定的生活，他创作的状态和创作环境目前应该是最好的。这使我想到了兼贤妻良母于一身的郑小娟先生对他的呵护。姜坤好像远离了这个喧嚣的世界和浮躁的人群。他没有很多中年男画家那种要捞世界的欲望。那种欲望，总会使人处于一种被围困的痛苦之中。我能够从那些人的脸上看出这种常人看不到的内心的惶惑。其实，要摆脱围困是一件很容易的事情。“放下屠刀，立地成佛”，就是“丢下欲望，选择沉静”。一个艺术家，很容易成为媒体时代追逐的目标，画家的身价也和媒体的关注有很大的关系。一个急于出名的艺术家对于媒体的介入是很在乎的。像姜坤这样的画家，应该是每天疲于应酬，频频出现在各种公开场合和笔会，也常常在报纸和电视中露脸。然而，姜坤好像逃避了这种纷扰，选择待在家里静静地画画，持续不间断地在纸上劳作。我记得姜坤好像还写过小说，不知道现在是不是还在写？姜坤是主动选择沉静的吗？我不知道。

选择沉静是一个非常显示道行的指标。选择了沉静，就选择了和艺术高度靠近的机会。

姜坤的新画集就要出版了，很厚的一大本。我看了画集的校样，看了他的长江万里图系列的精彩篇什，也看了他用彩墨勾勒的人体，竟然也和油画人体一样具有质感哦！他的这本画集和前些年集子里的作品相比有了很大的飞跃。原来的老作品就像一件旧衣服，在新作品的对照下，看得出时光在上面留下的印记。一小步一小步地走，时间长了，就和过去拉开了大距离。

姜坤却说他的真正的飞跃还没有开始。他不急。他的目标定在20年后抵达的一种高度。我感觉他和我说这些，一点也不矫情。

姜坤以他的柔韧得像草一样的生命，选择的是一种从长计较的、像细细的溪流一样无声无息地汇集力量的姿态。

我以为这种姿态之于姜坤，很合适。

我不知道我还有没有机会看到80岁以后的姜坤画展，那一个看起来还很遥远的高峰，就像他在早几年背着画夹沿长江赴源头写生一样，是一步一步地走，一点一点地向那个高度攀援而抵达源头的。

发表于 2003年9月9日《三湘都市报》

网友微评

肖欣（记者、作家，居长沙）：姜坤先生，偶在热闹的场合见其人一两面、其画三四幅。虽从未深谈细聊，不知为何倒觉心气相投。读叶梦此文，方知这似曾相识的背后真是有来由。文中一问尤得我心：姜坤是主动选择沉静的吗？很多年前有一位朋友说，爱一个人，主动和被动是多么不同。年轻时不懂得，岁月流逝才发现，一个人一辈子走什么路、遇见什么人，归根到底哪里逃得开主动和被动的不同因果呢？12年后的姜先生还好吗？那份沉静、清雅可经得了艺术圈的敲敲打打闹闹腾腾？唯愿姜先生和夫人，皆得欢喜、自在。

熊英（编辑，居长沙）：叶梦这段文字，丝丝入扣地把姜老师的形象勾勒出来，就是十多年后的今天来看，还是描绘得出神入化，特别契合："姜坤不像一个年届花甲（现在已七十有五了）的人，他永远像一个儒雅的书生，像一个拒绝风尘侵蚀的秀逸之辈，保持着一种脱俗的风度：白净的皮肤，俊朗的形象，简直就像一个过着优渥生活的旧日贵族。"

刘海珍（编辑，居长沙）：楼上邻居姜坤老师总是话不多，总是慈祥地眯眯笑，每天站着画画总是几个小时，笔下的湘女温婉多情、江南风光秀美动人。姜老师儒雅、沉静，选择沉静，是一个非常显示道行的指标。选择了沉静，就选择了和艺术高度靠近的机会。

杨国平，号湘西山民，先后毕业于怀化师专美术系、湖南师大美术系。师从著名画家易图境、杨晓村、王乃壮诸先生。现为湖南科技大学艺术学院教授、硕士生导师，中国美协会员、湖南美协副主席。

第30弹 杨国平

云中飞翔

2011年冬天，我在长沙古城天心阁下的青花茶馆，意外见到杨国平先生的几幅山水，眼睛一亮，满心欢喜！感觉他的山水很特别、很新鲜！他的画与别的山水画家拉开了距离，有自己独特的东西。

中国的水墨山水，几千年来文人墨客沉醉于此，已经积累了太多的章法和程式。承接传统也许不难，想要逃离传统程式却会很难。一个受中国传统文化熏染的人，无意中饱受传统的暗示。照搬传统，一是你玩不过古人，二是即使抵达了彼岸，也毫无意义。因为那不是你的创作，不是创作就没有意义。

读杨国平的水墨山水画，感觉他目前的作品已经摆脱了具象山水的束缚，有天马行空的意味。读杨国平的水墨山水，如云中行走，如丘壑间穿梭，亦如霓霞中漫步，或似电影《阿凡达》中的肆无忌惮地超越时空的飞翔。

小时候喜欢看湘剧和花鼓戏，因为戏剧表演有一种腾云程式叫云步，我喜欢模仿云步。云步让我们冲破了舞台的局限，有在虚拟空间穿行之感，想象与浪漫就此展开。打开了想象的天窗，就可以进入虚拟空间自由行走。

杨国平的山水画，意写在先，笔墨放荡不羁，格局皆意想不到，笔墨野而拙，常有意外效果；山水大格局很放肆，细处也有看头，有细节点染其中。山脉连接于天地之间，云霓明灭于群峰之上，岚气奔突于古树之林。浓淡起于墨色，天地皆由我造。画面可谓生猛活脱。

杨国平在画山水的时候应该是快乐的。他的一支画笔相当于《哈利·波特》里面的扫帚，拔地而起，腾云而去。倏忽之间，一个筋斗云，十万八千里，浪漫行走在无阻隔的空间，云起云落，纵横自如。那种泼墨于天涯、恣意于山水的快意，如纸上打醉拳，左冲右突。如此境界，我只能臆想。

创作的自由是个性的自由，有自己的语言，不重复别人亦不重复自己。如果把山水画格局固定下来，创作同一图式，那创作就没有了意趣，画家本人在复制作品过程中也会很痛苦。除非他愿意为了银子牺牲自己的快乐！

杨国平的山水是自由的。自由是快乐的。

自由也是有风险的。自由难驾驭，水墨不可以重来，恣意的表达往往会有遗憾之处。

杨国平的山水学习传统之长，也有传承的笔墨精神，但他放得很开，没有负担。他有点生，有点野，有点猛。

杨国平不抄袭前人今人，独出一门，独开一面，恣意于自己的水墨空间，营造自己的山水宇宙。

杨国平不在乎流行，不在乎模式，不受暗示与影响，作品看不出别人的影子，也力图与同辈拉开距离。

也许杨国平的感觉更多的来自自己，来自自己的心中固有的丘壑。

杨国平生长在湘西侗族山寨，湘西的山水是他无意中的山水摹本，也是他与生俱来挥之不去的影像积淀。长期在湘西山水的浸淫之下，也许他闭着眼睛，山水画自己就来了。所以杨国平的章法不是从纸上摹写而来，而是湘西山水熏染提炼胸中丘壑而成。生长的背景无法选择，生长在都市的人比起生长在奇山异水之中的艺术家，先天会有差异。

创作经验也许很难准确说出来。那就叫一个：只可意会不可言传。至于创作过程，应该是一个秘密，连自己都无法自圆其说，是一刹那灵感的不期而至所致。

杨国平是一个有创造力的人，创造力的永不消减来自自己的追求。为了迎合市场、迎合一般大众的审美，为了稳妥，有人会选择四平八稳的艺术风格。丢几笔传统花鸟，练几手看门绝招，照搬古人山水略加改造即可赢得市场、赢得同行肯定。杨国平不这样。他选择积极进取，以创造自己的新图式为己任，开拓自己的一片山水空间。

有时候，听人评价某画家说画得太熟了，意思指有风格的模式化倾向，“熟练”在此刻不是褒义的。杨国平的画多是生疏面孔，他努力在山水画的格局里营造自己另类的山水。他胸有丘壑，此丘壑并非自然界照搬而来，是自己“胸有”。

山水画是一个水墨游戏大舞台，中国画的笔墨材料提供了很多便利。我们玩图式、玩技法、把老祖宗传下来的那些招式皴檫点染十八般武艺都拿来，古老的山水画的法则给我们太多的捷径与便利，也给我们的超越带来了障碍。我们不能够坐享其成。我们要获得快乐，一定要创造。要靠自己去摸索发现新的表现手法，创造个人面孔与技法。我没有与杨国平交换过此类看法，不晓得杨国平会不会同意我这个外行的胡说？

仔细研究杨国平的山水画，最后搞得我这个从来没有在纸上玩过的外行也心动了，手有点发痒了，也想泼墨在纸上横行一把，过一把画山水的瘾。

2012 年初夏写于毛泽东文学院

网友微评

熊明瑞（根雕艺术家，居长沙）：叶梦老师对杨国平的了解并不是很深，在这一弹里，她没有像其他的弹奏那样谈作者，是杨国平的几幅山水画引发了叶梦高山流水般的共鸣，触发了叶梦天马行空般的共识。由杨国平不羁于传统的山水，联想到戏曲里不羁于舞台的云步，抒发的是自己“任庭前花开花落，看天外云卷云舒”的不羁人生的情怀。诗言志，歌抒怀，叶梦这一弹啊，表面上看似她在杨国平的山水间云中漫步，实际上拨动的是她自己云步人生的心弦。

苏秀英（作家，现居新西兰）：杨国平的画笔是《哈利·波特》里的扫帚，梦先生的笔则是马良的神笔，挥挥洒洒，轻松驾驭。一个自喻外行的人，能够把画家写出如此境界，真神也！

林建春（画家，居上海）：杨国平笔墨放荡不羁，叶梦文笔潇洒风流。

三三（某设计机构董事长，居长沙）：中国戏剧的云步，和中国画的意象一样，都是要冲破方寸的束缚，上天入地地游走。中国人的智慧，是很了不起的。

何立伟，中国作协全委委员，湖南省作家协会名誉主席，长沙市文联主席，出版有《像那八九点钟的太阳》《大号叫人民》《小城无故事》《亲爱的日子》等小说或散文集，并获全国优秀短篇小说奖等二十余种文学奖，作品被译成多种语言介绍到国外。在文学创作之外，还大量发表漫画、水墨文人画及摄影作品，并多次成功举办个人画展，深得观众与藏家喜爱。

用漫画图解童谣

第31弹

何立伟

何立伟虽不是专业画家，但是，他的漫画作品已经被读者广泛接受，在国内也算得上是一个有特色有影响的高产漫画家了。

2002年的一天，我和何立伟一块吃饭。他打开一封邮件，取出一本散发着油墨芳香的新书——那是由他配画的《摇篮摇》（云南人民出版社出版）。一首童谣配一幅画，画文俱佳。我读了非常喜欢，马上就想起了丰子恺的儿童漫画。丰子恺的漫画温暖了我很多年，那些画都是毛笔画的，笔墨简约，但漫画变形不多，重要的是他把对于儿童的理解和爱深深地融入了他的笔墨中。何立伟的童谣漫画，更加大胆更加富有童趣，给我一种惊喜，一种在丰子恺之后很多年没有得到过的感动和发现。

我其实平常也在报刊上零星读过何立伟的漫画，但一直没有集中读过整本的。何立伟的童谣漫画，这是第一次见到，于是对何立伟的漫画有了一个全新的感觉。让我感到惊讶的是，一个成年人居然还与儿童世界保持着这么近的距离。他创造出来的人物符号有一种特别的况味，漫画的味道特别足，难得的是他的童心、俏皮和想象力，叫人忍不住会心一笑。其实，漫画并不在于你画得怎么样，而在于作者要具有真正幽默的禀赋，这是对一个人综合修养、智慧、创造能力的考验。看似寥寥几笔，然而，你就是想不出来，这也是没有办法的事情。

著名作家的偶尔涂鸦，居然涂成了一个著名的漫画家，这是偶然的，又是必然的。正因为他没有经过系统的美术训练，他的画面没有受一般画家对于人物造型的完整性的局限，所以他是自由的。他心里没有“法”，就可以“无法无天”地画下去。因为放松因为自由，就常常画出了非常有趣的画面。

何立伟漫画的成名，还因为何立伟是一个特别有味的人。我常常从他的随笔和小说中读到他对于周围事物和人物入微的刻画和幽默的表现。那些文字本身就有漫画的意味，加上他的机智、刻毒，尤其是对于小人物内心世界的准确把握，叫人想起连环画家贺友直笔下的小人物。

说实在的，幽默的因子是后天培养不出来的，这也是美术学院不能培养出出色的漫画家的原因。有一天，我到老同事的办公室，看到他正在处理大量的漫画来稿，无法采用的漫画稿雪片似地落满一地，大量的漫画在人物和题材上的雷同，叫人看了不但不会笑，倒是觉得要哭。

我看漫画，不是看笔墨功夫，而是看幽默的味道。我看一幅漫画的好歹，不会看行家的眼色后才敢发言。我崇尚自己的艺术感觉，有味就好。再说，以大众为受众的漫画，不是专门给美术工作者看的。

何立伟的漫画，没有要针砭时世的企图，他要表达的是一种和当代生活接近的说不明白的意绪，有时候也是一种空灵的没有具体指向的情趣。他的漫画给我们的，是一种精神的休闲与会心的一笑。

最近，他在《长沙晚报》的“老何涂鸦”专栏里发漫画新作，发现他的漫画更加有味了。听说他已经出了十多种漫画书，可惜我只收藏有《摇篮摇》一本。

发表于 2002 年《长沙晚报》

网友微评

陈晓丹（资深媒体人，居长沙）：何老师的范儿，礼帽，香烟，窄式风衣；何老师的画儿，像他吐出的烟圈，他眯起眼看时，一个烟圈就飘出一幅画。

徐天舒（某设计机构董事长，居长沙）：我原来说，如果一个人能代表一座城，那么亲爱的大师就是。如今大师是个骂人的话，但是，在他还冇成为反讽之前，我们就这样昵称他了。对，读音重点你晓得的哈。一个有味的人，一个灵泛的人，同时又是一个深沉的人，你以为这几样易得么？

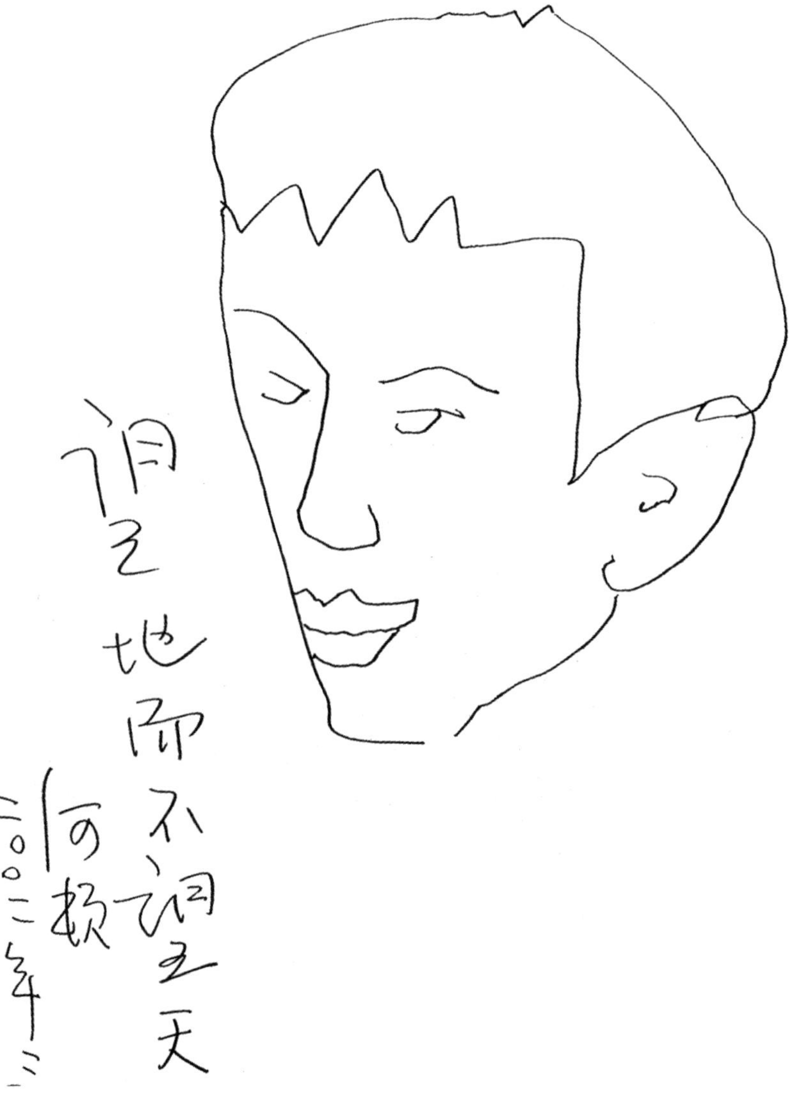

何顿，湖南作家协会副主席，长沙市文联副主席、中国作家协会会员、专业作家。主要作品有《我们像葵花》《黄泥街》《湖南骡子》《来生再见》和《黄埔四期》等。

望地不望天

第32弹 何顿

全长沙的市民大概都晓得何顿是一位本土作家，但是多半不晓得何顿大学学的是美术。

何顿的长沙市井小说就像长沙火宫殿的臭豆腐一样，成为一个城市市井与精神的地理标志。

何顿小说里的痞话长沙人看来其实很过瘾，但凡豪放一点的长沙人，一般都会在某个时候爆几句粗口。不如此，似乎找不到更好的宣泄方式。想表达痛苦与愤怒时，冲口一句 MMNB，实在是方便痛快。

何顿的小说中，常常有人物叫某鳖……

多年前，我读何顿的小说，掩卷之后，满眼全是“鳖鳖鳖……”

何顿本身就像一个长沙人的标本，长沙里手的真人版。

何顿的形象有点像屠夫或者暴发户。何顿走路的姿势很牛，眼神带有煞气，一个长沙满哥特有的自信全部写在脸上。不了解的人，也许容易误解何顿。但顿哥就这样子，这是冒得办法的事情。

请何顿画自画像，是在《潇湘晨报》的一个策划会上。那是 2002 年 3 月 3 日下午，何顿在自画像里题了一句：“望地而不望天。”此话足以概括何顿。

2001 年 12 月，我和何顿一起参加中国作家协会代表大会，在人民大会堂听报告。在全场凝神之时，我后面忽然就发出了不秀气的鼾声。我回头一看，是何顿与伟哥！心里忍不住就笑了，好家伙！顿哥伟哥，就不怕对上不敬啊！

“望地不望天的主”。嘿嘿！真如此。当属顿哥！牛！

望地而不望天，说得好！何顿的作品一直是关注底层人物的命运。作为一个长沙人，他晓得创作离不开这块土地，他紧紧靠近长沙人的生存现状，靠近温馨火热、触手可及的生活。何顿的作品有浓烈的长沙味道，飘散着臭豆腐的香味，长沙人有需要特别表达或写进书里的事情，也会来把何顿喊起去，给何顿讲故事。最后的结果，就是让何顿把他们的故事变成厚厚的一本书。这是何顿的书深受长沙读者喜爱的原因。

看来，一个人做什么职业与他学什么专业无关。何顿毕业于湖南师范学院美术系，他没有去画画，竟然成了作家。

发表于 2009 年 6 月 18 日《长沙晚报》

网友微评

南太猫记（工程师，现居新西兰）：何顿是长沙人里的精灵，人或为鱼鳖，一个“鳖”字好生了得，写出了只有长沙人才能意会的东西。

丹凤朝阳（资深媒体人，居长沙）：前些年知晓顿哥是美术科班生，诧异过好一阵子，能成为专业大作家的美术生，也是画界极品了。从小说到画，顿哥的底色都是一头湖南骡子，望地不望天，通天线更接地气，稳稳地走在泥土里。

陈员外（微友，居长沙）：何顿的小说，就是长沙人餐桌上的辣椒炒肉……

何顿：叶梦老师2002年写的本人，时隔多年读来依然有趣！

肖欣（记者、作家，居长沙）：好鲜活痛快呀。顿哥的画还是头回看到咧。

何启明（银行行长，居长沙）：何顿的小说读过好几部，但油画还是第一次看到。

刘冀湘（摄影家，居湘潭）：叶梦老师的文字若变成画，那里面的角色就会神气十足，呼之欲出了！

彭见明，湖南省文联名誉主席、中国作协全委、一级作家。著有小说《那山 那人 那狗》等二十余种，曾获全国优秀短篇小说奖、长篇小说奖。也曾举办书法、绘画个展。

第33弹 彭见明

彭见明的胡子

阳刚的男人是不是都应该有一把胡子?

胡子自古以来就是男性美的象征，也是男子汉显示个性、表现风度、张扬自我的最好特征。古人有蓄须的习惯，常常以“堂堂须眉”来区别于女人。尽管近年来女性主义张狂，面对胡子也奈何不得——哼！胡子，你有吗?

胡须长得好看威风的，都被尊称为“美髯公”，还会被恭维成“真乃关云长再世，伍子胥重生”，或者说是“诸葛武侯转世，托塔天王下凡”。

彭见明的胡子还是连鬓的，连鬓的络腮胡子简直就是胡子里的钻石版。你看彭见明的自画像。不太像一个捉笔的，倒像一个操刀的——青龙偃月刀?是不是有点像那个关羽——关同志?不过，关同志在历代造神运动中，早已不是一个人，而是一个神了。彭见明和关同志不同的是，尽管他不会使青龙偃月刀，但他会使毛笔和钢笔。书法是上了档次的，也能够画得几笔中国画。按说，画画还是他的老本行。他最开始从事的是舞台美术。每每有作家团体出行，只要有彭见明，题字的活就不怕没人干。我最近写了不少关于画家的文章，但是我看了彭见明写广东画家方向的文章，就很佩服！到底是内行写的。他自画像的构图和题款，是很讲究的。

彭见明有时候会很幽默，也擅长讲段子。如果他不讲段子，就不可爱了，就真的有点像关同志了。

我第一次见到彭见明，是 1983 年，在湖南军区招待所参加全省青年文学代表会时。我和彭见明，还有年龄最小的代表接受《湖南日报》鲁安仁老师的采访。我们被叫到一起，拍了一个假装在一起交流创作体会的照片。那时候他很年轻，胡子还没有长出来，但是已经写出了成名作《那山，那人，那狗》。

彭见明的胡子是什么时候长出来的，我不知道。他创作历来勤奋，以字数计，我可能还要再活 N 辈子才能够赶上。也许写的字数一多，胡子也就愈加浓密起来，胡子多了，脸上的调子就浓重起来，分量就足起来，就愈加像关同志起来。如果扮演古装戏，就可以省略挂髯口了。我的散文集《遍地巫风》出版后，在东风二村的湖南作协门口碰见彭见明，他用平江话像村长对村民一般语重心长地对我说：“老叶哎！读了你的书，我才知道散（读去声）文可以这样写！”他的话，我记得很清楚，因为，我第一次听人叫我老叶，心里有点惶惶然。再者，我才知道“散”可以读去声。

听说胡子是荷尔蒙的一种外延，当然也是一种创造力旺盛的间接证明。彭见明一不留神就出了一个长篇，是否与胡子多有关呢？

我常常听到激进的现代派文艺理论家的宏论：现在是一个“阳痿”的时代。也常常有人批评贴假胡子假胸毛来冒充精神壮汉。这对于有胡子的作家可能是个安慰。即使全世界都风行假胡子，也不会有人怀疑彭见明的胡子是假的。

听说德国有每年一度的世界胡须大赛，主办者是德国胡子俱乐部联合会。胡子分类很细，络腮胡子则分“加里波第”（意大利民族英雄）”型和“威尔地（意大利作曲家）”型。我不知道彭见明的胡子是“加里波第”型还是“威尔地”型，我倒是觉得他更多的是像关羽，只是关羽的胡子长一点罢了。俺们有责任向德国的那个机构隆重推荐中国作家彭见明，让中国的胡子走向世界。

彭见明的胡子没有能够去德国参赛，倒是他的小说改编的电影去了日本参赛并获4项奖，成为近年来在日最受欢迎的中国影片，创下了5亿日元的票房奇迹。彭见明的同名小说，在日本已经印行8版，销售7.9万册。当代题材小说在日本这么受欢迎，也是近年少见的。该片还打入了美国，目前已经在美国的30多个城市放映。

下一步问题，不是影片的问题，恐怕是要轮到胡子去德国参赛了，是不是也能得一个奖咧？

发表于2003年8月3日《三湘都市报》

网友微评

陈晓丹（资深媒体人，居长沙）：2015年在省画院看彭老师画展，真是异想天开，笔走神来。对故乡的爱浸润在他瑰丽的诗行与画卷中，赤子情怀，震撼心灵，奇崛峻拔，意趣不可方物。我没见过长胡子的彭老师，但是他的性情，一定不会因为下巴变光而发生改变。总觉得他有大山之气，敦厚爽直又灵性十足。他喜欢用平塑（平江塑料普通话）讲故事，把自己兴奋得要死，别人却在痛苦地分辨他的乡音。讲个逸事吧。某个月黑风高夜，彭老师在南岳烟霞峰乌漆抹黑的山上，给我们讲平江鬼故事，关于坟场、鬼火和凶宅。为突出惊悚感，他语调忽轻忽重忽听不见，黑暗中两只瞳孔闪闪发亮……彼时猫头鹰忽然应景地怪叫，有人吓瘫在地。我感觉彭老师在无声地窃笑，我也在窃笑，“平江塑普”实在适合说相声。

林春（画家，居上海）：一把胡子，在“老叶”的笔下却被搞得热热闹闹、滑稽幽默，有意思。

杨凌志（设计师，居长沙）：作家画画，以课余调剂身心者居多。但老彭的画已令无数专业画家为之汗颜，书法更是。

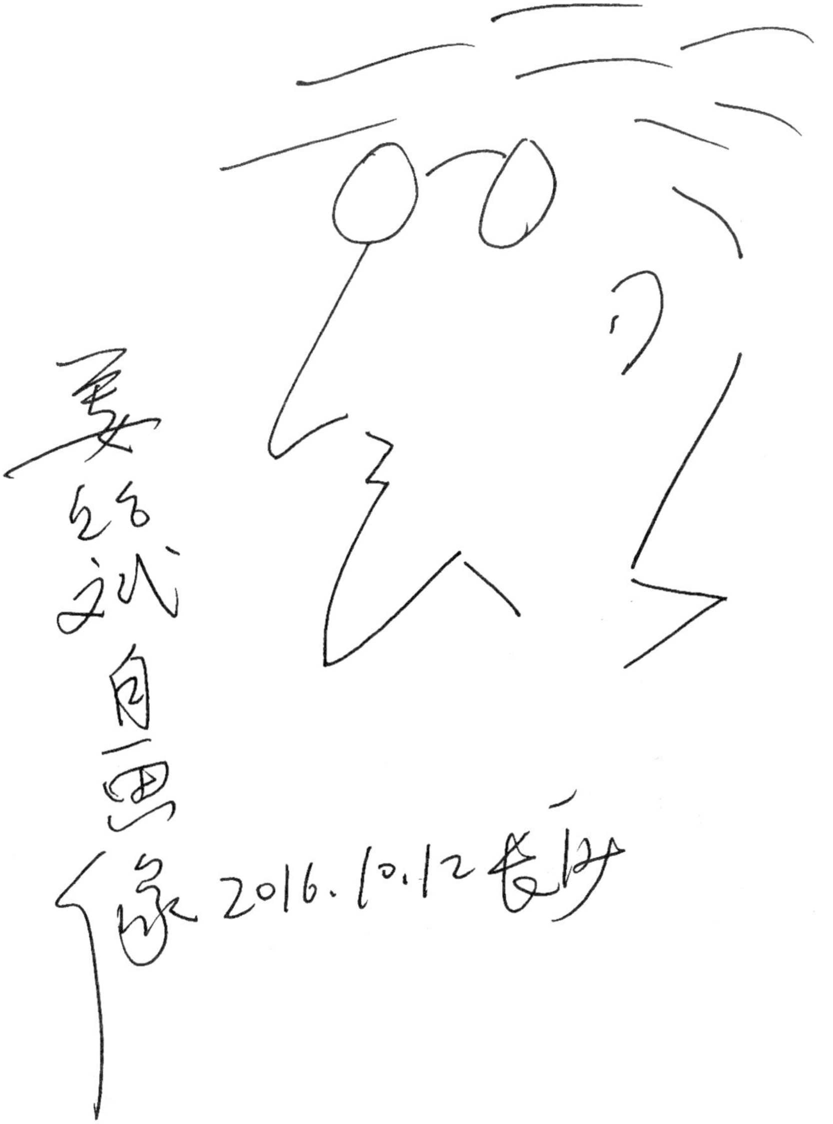

姜贻斌，当过知青、矿工、编辑。著有长篇小说《火鲤鱼》《左邻右舍》《酒歌》，中短篇小说集《窑祭》《追星家族》《白雨》《黑夜》《子弹壳》《女人不回头》《肇事者》《最高奖赏》等。现居长沙。

第34弹

姜贻斌

姜贻斌的鹰眼

2002年3月的某一天，《潇湘晨报》邀请我们参加一个会。会上，何立伟、何顿等几位先生慨然应我的邀请，龙飞凤舞地画了自画像。

姜贻斌没有学过画，此时却勇敢地拿起笔来，也龙飞凤舞地画了一张。他还在画画的时候，何立伟等人在一旁大肆调侃："这又说明了一个什么问题呢？""这又说明了一个什么问题呢？"

只见姜贻斌一脸的无奈，在众人的暗示下，他于是就在自己高度抽象的自画像里题上了这样一句："这又说明了一个什么问题呢？"

众人便嗬嗬地笑起来。我当时不明白大家到底在笑什么，也不明白到底有一个什么"问题"那么令人好笑。是在笑那个吹牛皮的伊拉克新闻部长哈萨夫吗？好像不是。那么，是在笑像地老鼠一样躲来躲去的萨达姆吗？好像也不是。那么，他们又在笑什么呢？

我当时碍于情面，没有追根究底，于是，便带着一个大大的疑惑回到了家里。这时，我的先生打开了我的速写本，一眼便看到了姜贻斌那线条简洁的自画像："这又说明了一个什么问题呢？"我先生读着读着，就咧开大嘴笑了起来。那笑容居然也像在白天众人的那种笑，嗬嗬嗬的。我虚心地请教我先生："这到底是怎么一回事情呢？"我先生呢，此时便像一个教书先生一样，非常耐心地将其中的原因一一道来。哦，原来如此。几十年如一日热爱读报的先生，前些日子刚好读了有关"这又说明了一个什么问题呢"的一篇很有趣味的短文《碧某》，这是姜贻斌所写的一个人物。他说他当时看了就忍不住发笑。为了让我也分享他读报的快乐，他忙着找了一夜的报纸。非常遗憾，没有找到。

后来听说，那篇文章刚刚发表，那个叫碧某的和这个姓姜的家里的电话，都快要被打爆了。

我这才恍然大悟，终于懂得了这"嗬嗬"的笑声是来源于这件事情。不过，我也有所怀疑，未必《碧某》就那么好笑？我见先生找报纸找得辛苦，连忙要姜贻斌把《碧某》传过来。一看，果然，非常了得！实在很搞笑。

我这才明白，"这又说明了一个什么问题"到底是一个什么样的问题了。

这时，我又想起了画家贺友直笔下的某些人物。姜贻斌的《碧某》是那样的入骨三分。看起来是那样不经意，毫无章法，但又有天马行空的放肆。然而，他的幽默他的刻毒又是浑然天成的。姜贻斌这个家伙，仿佛打一个喷嚏，里面都含着笑的毒素。

所以说，姜贻斌的笔有毒。你就看他那个样子，天生就是一个刻毒的家伙。你看他脸上坐着一只鹰隼一样的鼻子，亮着一对盯人时令人发怵的鹰眼，让人觉得他像一个巫师，又像一只等待猎物的猫，或者像一个搜罗情报的间谍，时时都在寻找人群中的猎物。所以说，姜贻斌这家伙还是很可怕的。也所以说，大家还是"提防"着他一点为好。若是一不小心，被这个家伙"噗"地一下罩到你的灵魂，把你编织到小说里，那就惨了。

因为有了这样一双鹰一般的眼睛，所以，在他的许多小说里，就有了被他的毒手刻画得呼之欲出的人物。他的小说都很精到，在琢磨人物上下了大工夫。

有人调侃说，姜贻斌白天活得像个农民，晚上活得像个地主。这话倒是不假，因为他白天写作，就像农民拿锄头种地一样，很发狠；晚上呢，就在茶楼酒肆里潇洒，像个地主。其实，他和朋友们谈天说地，是在谈笑之间寻找着激发创作的灵感。

在一次聚会上，姜贻斌简直像个饶舌的老太婆一样喋喋不休地说着，说得嘴巴边上起了两堆白泡泡，好像连标点符号也不需要。话特别的多。有人便说，姜贻斌，你的话怎么这样多呀，要是在联合国发言，你早就被赶下台了。可是，他却充耳不闻，继续滔滔不绝，好像此时不趁机把话说完，这个世界马上就要地震了。这时，我善解人意地为他辩解说："哥们爷们，你们就让他痛痛快快地说吧。他不说个痛快肯定就会自杀的，那不是很麻烦了吗？你看他一天到晚都关在黑暗的屋子里，与电脑为伍，整个就像一只困兽，难得出来放风哦！"于是，那些哥们爷们就只好忍受着痛苦网开一面，让他继续滔滔不绝。

还在前几天吧，我看了姜贻斌写的《叶蔚林二三事》，居然也像别人一样"嗬嗬嗬"地笑起来了。看一遍还觉得不过瘾，然后，又像文字审查官一样仔细地看了一遍。看完，竟然生出一种悲凉。

我便说："姜贻斌哎，你这个家伙太毒了呢，把个老叶涮过来又涮过去的，真是翻手为云覆手为雨，你是不是在显你的狠啰？"

他回答说："我是实事求是的，我是在好玩的，你要是认真了那你就上了我的当哎。"

我无可奈何。于是，我便拿出撒手锏，开始吓唬这个鹰勾鼻子的姜贻斌。我说："我的《百美图》马上就要拿你开涮了，你可要小心哎！"

谁知姜贻斌毫无惧怕之意，听罢，竟然嘿嘿地说：“那你先去街上买两包老鼠药吧！”

姜贻斌，真是一个聪明的家伙！

发表于2003年7月15日《三湘都市报》

网友微评

陈晓丹（资深媒体人，居长沙）：姜爹爹，作家中的名优土特产，类似辣椒猫乳或者猪血粑粑。姜爹爹喜酒，特写小说《酒歌》明志。酒醉迷糊就摇铃子，正宗午夜凶铃，叮铃铃把我们摇到蔡锷路教育街，钻进长沙巷子茶室，扯无边无界卵谈。几块钱一杯茶，他不嫌素（差的意思），我们也就跟着不嫌素。就是卡拉OK音响太素，有半夜扰民嫌疑。姜爹爹引吭高歌，跟土巷子打成一片。你不唱，他就着急：鬼崽子哎，点歌哎点歌哎……这些市井百态，不久就出现在姜爹爹某个文学桥段里。原来他根本没醉，狡猾狡猾滴。

刘小平（书法家，居长沙）：这家伙前世是哑巴，他要把上辈子的话这辈子也说了。前几年，服务员让点菜，他点了嗦螺。服务员问呷什么口味的，他答，每颗螺丝里放粒老鼠药。服务员听了站他身后半天没讲话，不晓得什么意思。而他依旧如滔滔洪水般说着笑话……

潘缨，1983年毕业于解放军艺术学院美术系中国画专业。2006年毕业于中央民族大学中国少数民族艺术专业，获博士学位，1987年至2008年任教于中央民族大学美术学院，现任中国艺术研究院中国画院专职画家。国家一级美术师，中国美术家协会会员，中国女画家协会副主席，北京女美术家联谊会会长。

潘缨的状态

画家潘缨是个铁杆足球迷，我在微信中知道她今年专程去大阪，是去看当时在日本大阪樱花俱乐部踢球的弗兰的比赛。弗兰是潘缨最喜欢的球星。后来我才知道，潘缨从2010年起，看了她能看到的弗兰在国家队和俱乐部的所有比赛。这才是最牛的球星啊！为了看弗兰在世界各地的比赛，潘缨说："为此我一直生活在混乱的时差中，但很值得，他给我很多灵感。"

今年在大阪看弗兰的比赛，潘缨买了最好的座，穿上带有签名的全套球衣，与心仪的球星弗兰合影。潘缨画足球明星头像有一个系列，大概可做一个专辑。从德米、齐祖、托妞、阿布鲁、卡卡、小贝、小法到卡瓦尼，但是画得多的是弗兰。潘缨画球星头像素描，也常画线描，画线描带点调子，每一幅都很经典，到最后尝试用马赛克效果表现。潘缨笔下的球星全是美男。试想，作为球迷的潘缨，在中国还有谁能与她匹敌？追星者多，画星者寡，画得这么好更不容易啊！我想。画弗兰的头像，把潘缨画人物头像推到了一个新的高度。

潘缨常常在朋友圈晒画作，今年我见到不少她在各地的写生作品。

国外有欧洲一些国家、日本，国内有江苏、浙江、西藏等地，其中藏女系列特别出彩。潘缨写生，常常是速写、水彩一齐来，各种材料工具均得心应手。近二十年来，潘缨的经典作品大都是少数民族女性人物，画彝族、藏族的女子有不少经典之作。今年潘缨去西藏，重启藏女系列创作。她画的藏女系列是那么鲜活润泽，大大超越了之前的作品。

潘缨的速写素描功夫了得。某年，她到中央美院授课，现场示范画一女模特，画完，“额的娘，太像了！”女模特说完，一激动就哭了。

今年，潘缨在中央美院的重彩画高研班授课，她给学员每人画了一幅速写。我细看现场照片，一一对应本人，感叹：潘缨功夫太牛了！

最近，我看了潘缨16岁时临摹的任伯年的《群仙祝寿图》局部，也看了她在17岁时临摹的《宴乐图》，不禁感叹：罗马不是一天建成的。潘缨的童子功，厉害！

我编的四本画家的书，有三本收了潘缨的文字作品。我读她的《写生的意义》《色彩的意义》，对于我这样一个美术的外行来说，竟然也觉得蛮有味。我已经体会到写生的种种妙处，甚至也向往去写生，去体验潘缨在文章中间说到的那些发现。我甚至都想拿起画笔去寻找潘缨的感觉。

潘缨的《写生的意义》《色彩的意义》，为我们提供了间接的经验。我觉得这样的文章，应该作为美术学院学生的必读文章。

画家的眼光就是不一样。我从潘缨的作品中间看到了她敏锐的眼光和审美的立场。潘缨平和的心境、温润的笔触、艺术的眼光，都表现了她良好的艺术修养和体验。

我喜欢她的随笔《胎教》，觉得这样的文章接近生命的本质。她本来是要把古典音乐用于胎教的，可鬼使神差却迷上了摇滚。因为怀孕，她使自己的创作达到了一个高峰。怀孕年成了创作高产年。这种女性生命的体验和艺术的关系，是许多女性艺术家忽略了的或者是根本就不屑于表现的。潘缨的发现，使她获得了绘画创作的灵感。

潘缨喜欢猫，隔天就在微信上晒她和猫的自拍，感觉她的表情与猫的表情相似度愈来愈高，简直难分伯仲。

潘缨喜欢猫，大概与其母亲蒋采苹有关，蒋采苹老师是“丹青之外最爱猫”。潘缨家的猫，都是有来历的，每一只猫都有故事。

我最怕潘缨晒她画的猫，大幅的猫我看了，喜欢也只点个赞。有次看她晒了三张一平尺的单猫画，每幅一只，格外逗人喜欢，忍不住就直接要求认养其中某只了。

第一次见潘缨是在1996年12月，我在京西宾馆参加中国作协第五次全国代表大会，潘缨披一大披巾应邀而来，相见甚欢。第二次是哪年，我不太记得了，只记得我和潘缨、刘彦、袁耀敏在一起聚餐，席间潘缨讲了两个段子，让我印象深刻。一个是关于老妈蒋采苹的，一个是关于上小学的女儿妙妙的。嗬！我这才领教了潘缨的幽默。自黑家人，一点也不手软，潇洒侠气不让须眉。

认识潘缨有19年了，最近一年加了潘缨微信。潘缨的日常渐入我眼，我这才发现潘缨状态的价值。她的率性、丰润与自在，让天下女人羡慕。还有最令我羡慕的是潘缨双亲都健在，且身体健康。不久前，潘缨的父亲、八十高龄的油画家潘世勋还赴俄罗斯写生。前几天，同样八十高龄的母亲蒋采苹还为高研班亲自授课。

潘缨爱足球，看球赛画球星。潘缨喜欢猫，常与猫嬉戏，玩猫人自拍。潘缨喜欢吃洋餐，间常晒晒沙拉、牛油果、咖啡之类。

潘缨偶尔也玩玩微信上流行的小游戏，比方那一款搭桥的游戏，潘缨可以玩到极限，而我不行。后来与潘缨一交流，才知与画工笔画的人手稳、对距离的把握精准有关。

最近，我才发现潘缨艺术与生存状态的价值。要换在20年前，我也许不以为然。潘缨的状态告诉我们要活在当下，要活得有趣味，要有精神与物质的自由，还要有一个温暖安宁的家。

潘缨是一个幸福而又独立的女子，她的状态证明了生命的丰盈与美丽。

2015 年 12 月 1 日晨于长沙

网友微评

刘桦（机关干部，居益阳）：“要活在当下，要活得有趣味，要有精神与物质的自由，还要有一个温暖安宁的家。”多么美好的状态！叶梦老师的文笔和潘缨老师的画笔都让我沉醉……

三三（某设计机构董事长，居长沙）：看潘缨的状态，你会知道，生活环境的改变，对艺术家，特别是女艺术家状态的改变是很大的。更滋养，更自由。我喜欢潘缨的状态。

苏秀英（作家，现居新西兰）：我认识的属虎（猫科）的人大都爱猫且灵动，又发现一个潘缨，好灵泛哦。

潘缨：感谢叶梦老师，写出了我已经习以为常，但其实依然非常特立独行的那个我。

陈和西，1982年毕业于广州美术学院油画系，现任湖南师范大学美术学院教授、博导、湖南省美协副主席、南方山水画派副会长、中国油画学会理事、湖南省油画风景研究会会长。擅长油画风景画创作，有多件作品在全国展览中获奖。

第36弹 陈和西

意境田园的创造者

陈和西面相敦厚，眼睛泄露出善良与天真。我曾经给他拍摄过一些特写，捕捉到很多精彩的镜头。

我们几个玩艺术的家伙常常在陈和西的倡导下或登山散步郊游钓鱼，或按摩洗脚看画展，极尽“腐败”之能事。也有过若干次岳麓山看雪、湘江泛舟赏月、尚书房喝茶之类的文人雅聚。我们常坐他的现代城市越野车去看各类画展，我也常常加入到他组织的油画家们的如“雪地里撒把野”为题的一类艺术狂欢。

这些年来，我摸透了和西的秉性。但凡他在创作上有障碍，或者心情郁闷的时候，他会以爬岳麓山、江边散步、洗脚喝茶为由头，把我们几个约出来，把心头的疑惑与我们一起讨论。经过一段时间，由宣泄、徘徊、思考、探索，再抵达另外一个高度。和西的创作就这样呈现出周期性的阶梯式飞跃。我是这些年来和西多次飞跃的见证者之一。

这些年来，陈和西一直在抗拒来自外界的诱惑，这些诱惑有物质的，也有艺术流派的。道行不深的艺术家，常常容易被潮流所裹挟，为市场所左右，容易动摇自己的艺术主张。可陈和西很坚定。他一直在抗拒着潮流的吸引，坚持走自己的路。做到这一点，非常不容易。

对于一个探索者来说，前面本就没有现成的路可以走。

陈和西一直在探索自己油画创作的语言，并为此做出了很多努力。传统的油画路子，已经有无数的前人走过，客观真实地复制风景已没有意义。

陈和西的画风在不断地转变，他的绘画语言也在不断变化，并经常尝试用不同的手法超越自己。他的作品不仰仗写生，不对自然做直接的摹写。在照相技术如此发达的今天，写实的摹写显然已经越来越失去了意义。他认为过分依赖写生会没有个性。因此他的写生一开始就不是完全意义上的写生，他在写生的同时就开始了意境的营造和勾勒。

陈和西从中国风景画与西方风景画中，优选出自己认为最有表现力的东西，用西方的模式来营造中国画的写意，也从中国画中寻找西方绘画没有的东西，融入油画创作。

陈和西力求在作品的整体上和别人不同，在技法上有所突破。他讲究画面的整体情趣，善于营造比较平和自在的生活画面，静态、悠闲的诗意画面与现代紧张的生活状态形成了鲜明的对比。

陈和西从客观风景得到的启发，再通过心灵加工，赋予作品更多的是一种主观化了的意境。也许构图可以取自自然，但是意境的营造和对景物抽象概括的描述则要靠个人的全面修养。让画面景物达到一种高度的和谐，是创造者在作品孕育过程中为外人所不知的秘密。

陈和西作品的最大特点是建立了系统的、个人化的绘画语言，他把油画的色彩技法与中国画的意境构图结合起来，从中找到了自己最合适的方法。

2001 年我与陈和西相识，之后一直在关注他的作品及其作品的变化。我发现他在不断地求变，不停歇地寻找着最合适的表达语言。

陈和西近年来不同味道的田园油画带我进入了一个宁静的世界，

让我享受到一种心灵的安宁，它们慢慢浸润着我的感觉与灵魂。和陈和西交往多年，我渐渐读懂了他和他的油画。每次看他的作品，我都有新的感受。他的每一幅风景，都是心灵的表达。

陈和西的油画像中国画一样营造了一种意境，画面氤氲着楚地的潮湿，表达出一种宁静悠远的诗意。那些菜园、山塘、田垄以及点缀在风景里的农夫，他们静默着，凝固在一种悠远里。那些劳作的背影、晚归的黄牛或者鸭群……画面蒸发着一种初夏的热气，那是让我熟悉的山地的气息，让人感觉那是湖南而不是别的地方的气息。

当我回过头再去看陈和西各个阶段的作品，作品中那长久的温润给了我一种莫名的感动。他的作品就是他心灵的写照。他的宁静田园是与世俗的一种对抗，是对当下浮躁世风的一种反叛。他一直以对现实抗拒的态度给自己的心灵做调整修复，保持了艺术家本原的气场。这种状态是无法模仿的。也许陈和西风景画创作的技法可以通过学习而得到，但是心灵的气场要通过自我的修炼才可以得到。所以，渗透了画家人格力量的作品，任何人都是无法模仿的。陈和西不喜欢复制，他的每一件作品都是独一无二的。

陈和西被公认为中国南方田园风景油画最优秀的画家，他的意境田园风景油画以鲜明的个人特色和独特的语言引来了美术界以及收藏界的关注。自 1984 年以来他的作品连续入选六届、七届、八届、九届、十届全国美展。2000 年以来，他的大量作品不断被各家有远见的画廊收购收藏，成为投资的热门品种。每一次去陈和西的画室，总让我有耳目一新之感。他最近的作品，水墨的晕染效果更加强烈，色彩的提炼更加简洁。他那强大的创造能力和不断开拓的精神让我好生佩服。

和西啊和西，你又把我吓一跳！

2006 年 11 月于长沙麓荫园

网友微评

林建春（画家，居上海）：陈和西的油画创作具有“似与不似之间”的东方审美情趣，其神韵、气韵和意境的审美观念传达出独特的跨文化意义。我与叶梦老师一样，从和西老师的作品中感受到中国画的一种意境，“画面氤氲着楚地的潮湿，表达出一种宁静悠远的诗意”。如一杯醇香的谷酒，回味悠长。

杨凌志（设计师，居长沙）：没有自我是艺术的大忌。能够几十年孜孜以求独树一帜形成鲜明的个人语言的中国油画家，陈和西先生是一个。叶梦老师和陈和西先生是挚友知己，她文字里的描述最贴切……

刘兆明（教授、陶艺家，居长沙铜官）：陈和西人品极好！为人谦和！是一位极为难得的勤奋的艺术家。

张娜（版画家，居北京）：我特别喜欢他田园风格的色调与组合的节奏关系，协调、统一，并且创新。向这位老师学习、致敬！

刘平（诗人，居长沙）：陈和西先生的油画，极力从这一外来画种中厚植中国元素，表现出黄土地上的蓬勃生机与情趣。他的观察善于以小见大，从自然的普通的一招一式中抓住让人勃然心动的画面，然后汇聚在油彩的斑斓中，成为可以久久凝视的沉淀。

何铁凡，斋号衡云湘水庐。惯以潇湘为题材，擅长纯水墨山水，兼以梅竹。十余载写生江南十余省，水淡墨清，诗心化境，有《沈从文笔下的湘西》《何铁凡速写》刊行。

水墨诗人

第37弹 何铁凡

画家何铁凡喜欢作诗，喜欢画不设色的水墨。他如闲云野鹤一样地生活在这个喧嚣的都市里。夏天的傍晚，我看见他和妻子、孩子在湘江边散步，高大英俊、正在清华大学上大二的儿子和温柔贤惠、在大学教书的妻子依伴他的左右，我当时就感叹：何铁凡真是一个幸福的人！

今年八月十八的晚上，陈和西、何铁凡、谢伦和、孙泉几位画家邀我坐渔船夜游湘江赏月。我们是在月亮未出的时候上船的。为了寻求一种安宁和古意，何铁凡对船家说，不用开柴油机，只用桨把船划到河心让船漂就行了。

“一江诗趣落何许，月照芦花渔火处。

笑劝船家莫迟疑，白沙滩头迎风去。”

这是当时在何铁凡心里凝结的诗句。

我们一上船，就感觉清凉的水气扑面而来，人顿时就彻底放松了。船把人从陆地运到了水上，船往江中走，即刻就有了六根清净的感觉。独有何铁凡不同，他的眼睛像猎人一样在暗夜里四处搜寻……他说他要看看，还要写诗。我笑他：怎么就像一个学子似的发狠咧？

人到了水上，空间的感觉就变了。船在水面上轻轻地飘着，湘江正在涨水，江面上刮着点风，让船不仅没有往下流飘，反而往上游飘去。不经意间，话题就悄然开始了。这个时候，仿佛我们一个个都成了审视滚滚红尘的高人，船上说的话题都是有关艺术与人生最实在最直接最要紧的话题。何铁凡参与对话倒少，他独自坐在船头作诗，一会儿作构思状，一会儿作苦吟状。也许，他对现实的残酷是回避的，他就是要躲在他自己构建的古意的诗巢里，沉浸于写意的诗情，不愿意说那些与现实相关的话语，仿佛有了诗和水墨，世间一切都可以忽略。我权且还用何铁凡的诗来诠释他的心境。

“清风渚上渔家嫂，一篙篷边惊宿鸟。

隔岸客来相与呼，月光斜照江心岛。”

我们一边说话，一边留心天上的月亮。我对着橘子洲坐着，突然就看见有点消瘦的月亮从一片薄霭里轻轻地移了出来，在一抹树梢上穿行……橘子洲上浓黑的树影挡住了城市的高楼，让人顿生徜徉于纯粹的大自然中之感。

月亮出了……何铁凡有点激动，他那个样子，使我想起了自己年轻时候的恋月情结。我想，这个时候的何铁凡，大概正在构思他下面这首诗吧。

“秋江夜月小舟横，浅泊平沙听雁鸣。

我自成诗流水去，一轮明月四无声。”

说老实话，铁凡先生的诗的意境让我感觉距离很远（可以说，我的心境和何铁凡的诗的意境是格格不入的）。我对他的水墨画倒很感兴趣。何铁凡画的水墨，一般都不用颜色，而是以墨来分五色。何铁凡画画很用心，就有了独到的意境，画面看上去总是有一种干净清洁的意象。

我觉得他就像一个从发黄了的宣纸上走下来的古人。

雕塑家陈卓明为何铁凡做了一帧雕塑。翻模那天，初一看，很像啊！

仔细一对照何铁凡本人，这才发现雕塑家朋友抓住了何铁凡精神特质的一点，强调了他那种带点诗人气甚至英雄气的飞扬，有意或无意地拔高了画家的精神气质，搞得何铁凡倒有一点像英雄人物了。

当大家正在研究何铁凡雕像的时候，我趁机请何铁凡画自画像。何铁凡对“自己”没有烂熟于心，赶紧把速写本拿到雕塑前，依样画起来，还题了款：“老何心宽体胖。”当然，这六个字是不能够概括老何的。我认识何铁凡时间虽然不短，却不敢说已经抓到了他的特点。话说：“画鬼容易画人难。”我没有办法，也不愿意像一个外科医生一样，把何铁凡心灵深处的东西抠出来。我以为，写人不妨像做诗一样，还是朦胧着一点为好。

发表于 2003 年 9 月 30 日《三湘都市报》

网友微评

陈卫和（教授，居广州）：诗心画境大丈夫，笔墨豪迈一文人——致铁凡兄。

林建春（画家，居上海）：水墨流动，满纸烟云，何铁凡，一位有诗境的画家。

陈卓明（雕塑家，居长沙）：时隔十余年后，我以为雕像就是铁凡的形神，没有改变，那种湘人的苦涩和无奈味。

潇湘舒灵（公务员、诗人，居长沙）：和铁凡老师一起散步，一起喝酒，一起吟诗，更一起赏画。他的纯水墨画，如经年的陈酿，清澈而芬芳。铁凡老师教育也很内行，其子在国外发展，事业蓬勃。近年多游走山水，一定又有厚积薄发的惊喜。何来唐宋风，铁骨亦柔情。凡笔墨生色，好景愈葱茏。

刘兆明（教授、陶艺家，居长沙）：铁凡兄不仅是个优秀的国画家，而且是个义气之人。这年头，做画家容易，做义气之人难！

唐风（画家，居长沙）：痴迷于水墨、情陷于诗词、会心于潇湘、致力于林泉、情寄于友朋……这就是我的师父何铁凡，一个纯粹的画者！诗云："往事平泉梦一场，师恩深处最难忘。三公楼上文人酒，带醉扶栏看海棠。"语短情长，真心感谢叶梦老师！

何铁凡：出家如初，成佛有余。谢谢！《今晨读叶梦老师三十七弹，麓色入窗，枕上急奉一绝为谢》：

重阳过后菊花黄，仿佛平生梦一场。
愧对知音三四子，也将诗画入文章。

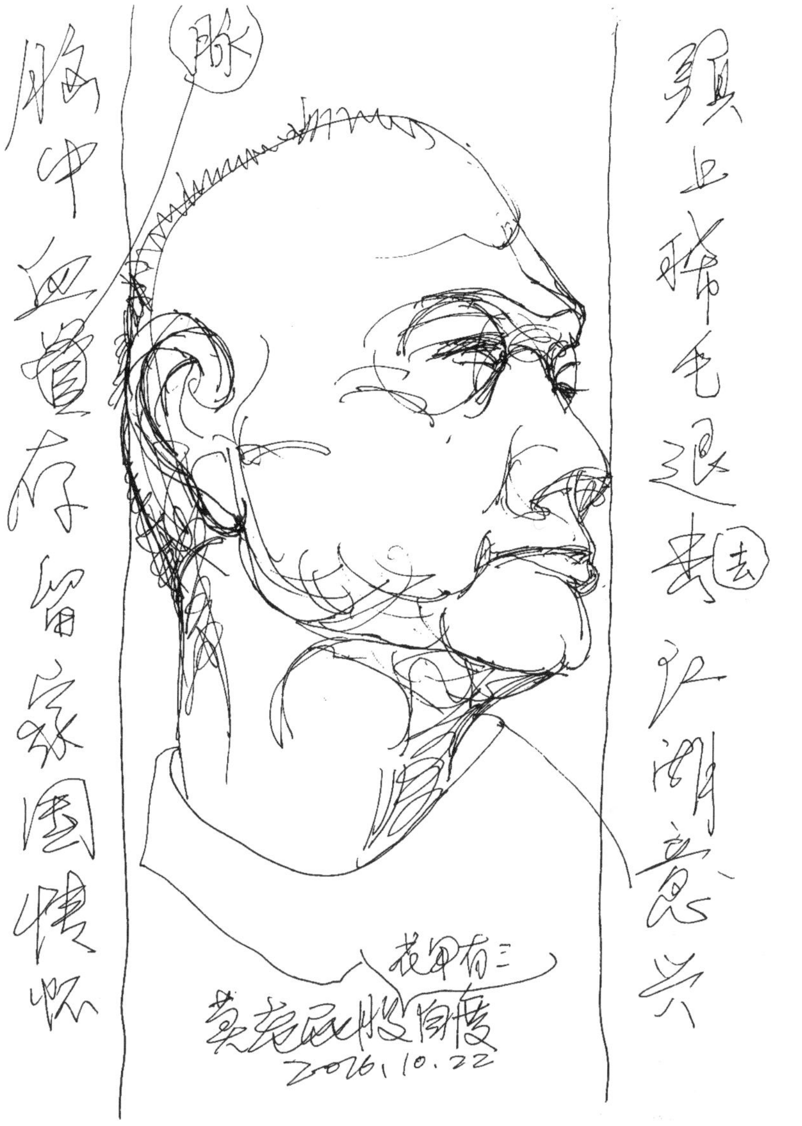

莫鸿勋，油画与文学爱好者，教师，著有《生存的碎片》《汉瓦青砖》《英雄图式》《莫鸿勋油画》。

第38弹 莫鸿勋

相见恨晚的『英雄图式』

我过去好像没有见过莫鸿勋的作品。当我拿到这本《英雄图式》的时候，立马就有了一种按捺不住的激动。这时，我会想到海子、王小波……

翻开《英雄图式》，里面的每一个系列，都是我喜欢的。特别是《病理分析报告》《逃》系列，在看到这些画面的那一刹那间，一种尖锐的痛苦袭击了我……

在《病理分析・精神病报告》中，我看到横陈在尸山一样的裸露的求助的躯壳——灵魂的实体，那些幻境般的冰冷的灰调子……那是我在梦境中遭遇过无数次的画面！

莫鸿勋把我的梦境画出来了，莫鸿勋道出了我心灵的秘密，我感觉心跳不已。我当时的第一感觉，就是放下书、闭上眼睛，我害怕一下子就撞上太多的梦境。我害怕我的梦境变成一幅具象的油画。

像《心电图》《五官科调查》那些画面的意象，我感觉也十分熟悉，他们好像都和我在某些场景产生过的幻象契合。

《逃》是由九幅画组成的一个系列，我是那么喜欢《逃之九》——

那种飘拂的头发和幻影一样的衣裾，奔跑的速度、那种破门而出的快意，它带给我一种新鲜的气息和新生的喜悦。我想，这样的作品，对于我来讲具有永恒的意义。

我以为，莫鸿勋是幸运的，他找到了一种适合表达自己心灵的独特途径，或者说是一种形式。这种形式恰恰又能为我们所能理解和破译。

对于有自话自说癖的先锋派艺术家来说，他们还没有达到自己真正的目的，他们要表达的完全是自己主观的臆想，是完全不顾及他人的游戏。他们的想象力和创造力，是一种极为主观的外人无法进入的状态和情景。这样，他们的作品，一般需要一个第三者来解读。但是，这样的作品除了作者本人能自圆其说之外，外人实在无法完全进入，它们实际上应该是给作者一个人看的。

莫鸿勋的作品不需要诠释，作为以视觉为表现方式的艺术，如果还需要文字的诠释，那就糟了。我根本不懂油画，但我从莫鸿勋的油画里读出了感觉。我感觉和素昧平生的莫鸿勋非常熟悉了。

莫鸿勋是锐利的。他的画笔，有的时候像手术刀，直指心灵，给浑浑噩噩活着的人一种警示。他创造的超越传统审美的形象，和他的精神世界达到了一种较为完美的统一。

我一直以为，艺术能够唤起人们精神的共鸣，唤起人们对于现实世界的思考。莫鸿勋一直在追究生存的终极意义。

莫鸿勋是自由的。我感觉他的一切毫无矫情的笔触，最大限度地表现了他的心灵，传达了他的感受与心灵的躁动……

莫鸿勋是充满激情的。我以为这种激情是与生俱来的酒神精神。他能够把他饱满的生命激情、他对世界的积极的深邃思考，用油画的形式泼在画布上。

莫鸿勋是沉重的。他用批判的超现实主义的手法来表达他的思想以及他对世界的看法。只是，我看他还是有点急于用形象来诠释他的思想。这样一来，他的自由不免就打了一些折扣。

我和莫鸿勋不曾谋面。但是，我自信通过《英雄图式》这本画册，已经读懂了莫鸿勋。

发表于 2003 年 4 月 14 日《长沙晚报》

网友微评

谢建平（某设计机构董事长，居长沙）：非常纯粹的一个画家，也是一个非常好的人。

孟泽（教授，居长沙）：老莫是个神人。

左汉中（画家，居长沙）：老莫的画常常表现出坚硬，而他的内心却透露出一份柔软。他的《英雄图式》中有列队士兵和坚枪利炮，而在现实的反射下给人留下唐吉珂德式的悲悯情怀……

苏秀英（作家，现居新西兰）：神一样的莫鸿勋，梦一样的妙文，神往。

陈巽如（画家，居长沙）：莫大师的画我非常喜欢，男人味足，有杀气，有性格，经得看。湘潭的才子多，他是有代表性的一位。

刘冀湘（摄影家，居湘潭）：喜欢莫哥的画，更喜欢莫哥独具个性张力的文字！

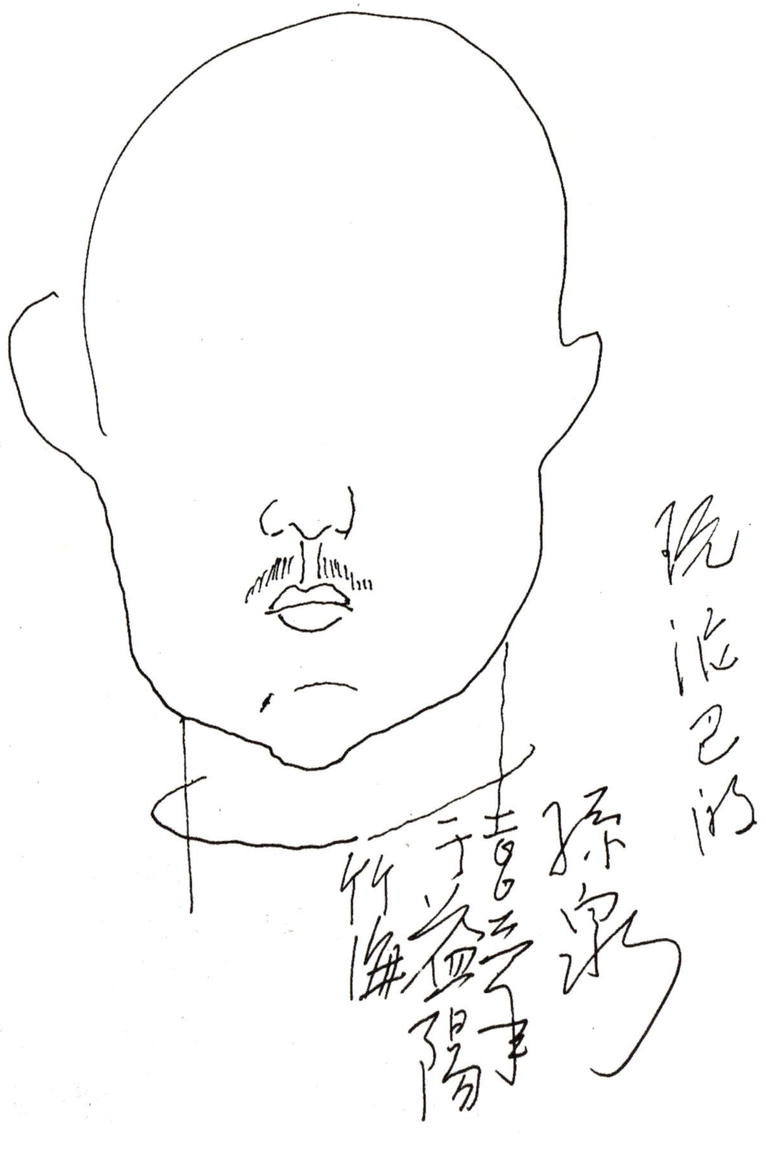

孙泉，毕业于景德镇陶瓷学院美术系雕塑专业（本科），1990 年毕业于鲁迅美术学院雕塑系（硕士研究生），1991 年至今任教于湖南师范大学美术学院，现为中国美协会员、中国雕塑学会理事、全国城雕委艺术委员会委员、湖南省美协雕塑艺术委员会主任、湖南师范大学教授。

玩泥巴的孙泉

第一次见到孙泉是在今年春天的某个夜晚，师大学堂坡宿舍的路边，他闷声闷气地站在陈和西旁边。陈和西介绍说：他是孙泉，搞雕塑的。孙泉穿着一件在雕塑工场干活时穿的衣服，很像一个乡下来城里打工的民工。

在这之前，我对孙泉一点也不了解。后来他在我的速写本上画了一幅自画像，有意把脸上的“零件”省略了一些，突出了他的大鼻和小嘴，还题了一句：“玩泥巴的孙泉。”

和孙泉不太熟时，觉得他不爱说话。在后来的几次雅聚中，我也偶尔听到孙泉说几句。这时，我开始注意到孙泉。我发现了不多说话的孙泉的分量，在他那平静的外表之下，有一颗很坚实的心。当然，他还有作为雕塑家应该有的结实的体魄。

有一次，我们几个在湘江月夜的渔船上吃鱼、聊天、赏月、放烛光纸船，突然，就听见孙泉带头吼起了崔健唱过的摇滚《一无所有》。我似乎从孙泉的歌声里读懂了一点什么，又不明白到底读懂了什么，感觉和孙泉一下子熟悉了很多，感觉孙泉这个人很有味。

人生就像唱摇滚，像我这样的人，永远害怕敞开喉咙大声地唱。也许，我就是战胜不了自己的人。孙泉敢于开口唱，这说明他比我有出息。当然，我认识孙泉不久，也只是从零碎的谈话中感觉到一点孙泉的不俗，意识到他的平和、他的努力都不可小看。

我以为，艺术家们尽管各有不同的成就，但是，他们大多数人的心灵都有脆弱的一面，比如喜欢空谈、容易伤感、自大或者自闭等，这些都会影响到艺术家的心态和创作。孙泉可能是心态比较好的一位吧。

孙泉笑起来很灿烂也很生动，这个表情也最能够代表孙泉。可惜我先生在给孙泉画像的时候，没有捕捉到他的笑。他不笑的时候，就有一点沧桑感。

令我感到奇怪的是，出生在 1961 年的孙泉怎么能够长得这么高大呢？那年头，可是很苦哦！后来，才知道孙泉的父亲曾经在供销社工作，可能多少能够买到一点劣质的饼干充饥，这才提高了他的海拔高度。

我想，如果他小时候能够得到足够的营养，可能会更加结实和高大的。

孙泉年龄不大，怎么就显得如此练达？好像很稳健的样子。我不太明白。

认识孙泉很久了，竟然没有机会看到他的雕塑作品。后来才知道，他设计的城市雕塑实际上我已经在长沙城的好几处见识过了，只是我那时不知道是孙泉所塑。比如位于长沙市黄兴路步行街系列雕塑中间的《打酱油》，位于芙蓉南路的雕塑《起跳》……这些作品证明了孙泉在做具象雕塑作品方面的功力。当然，这一点也不奇怪，作为雕塑硕士，孙泉在十多年前就有作品入选第七届全国美展。

听说孙泉在岳麓山桃花村的深处有一个雕塑创作工作室，很远，在乡与乡交界的山凹里。我和几个朋友坐车去看他的工作室，一路上看到路边都是古老的樟树。车行到他的工作室，前面不远就没有路了，远远看去只有一层层的青山，长满浓密的树，还有一条溪流和蓄水坝。春天水满的时候，水是碧绿的，空气是沁甜的，门前的风景就像东山魁夷的画，好像走入了桃花源里的世界。我们权且把孙泉的雕塑工作室称为“桃花源”吧！

孙泉在教学之余会到他的工作室做雕塑，在这里，我看到了陈列的许多作品和大量的等待做雕塑的雕塑泥，看到了孙泉用来雕塑自己人生的具象空间。

在孙泉的工作室里，我看到了一个不起眼的人物的全身雕像，当时有一点震动。一个满脸沧桑的中年男子，一个生活在底层的贫民，他的眼睛好像有点缺陷，一只眼眶大了许多。在一堆雕塑泥像中，他是那样无奈地望着我。

孙泉说，这是一个模特，是在大学教学的时候为学生示范时做的。然而，这个形象是独一无二的。我想：可能孙泉在雕塑他的时候，是没有任何文化负担的，他没有要表现一个精神的或者文化领袖的使命，他暂时忘却了深刻左右他的观念。他在雕塑这个苦人儿的时候，肯定是放松的。于是，在雕塑他的形的时候无意中抓住了他的魂。不经意间，一个艺术形象在泥巴中获得了永恒。

我虽然不知道那个模特背后的故事，但是，他作为一个艺术形象，已经深深地打动了我。我想起了蒋兆和的《流民图》和罗丹《加莱义民》里的形象。

我发现，雕塑家和写意人物画家一样，他们在创作题材的选择上，都有雷同之处。他们会不约而同地选择为屈原、鲁迅、齐白石等古代和现代的文化名人造像。我看到孙泉也做了鲁迅和齐白石的雕塑，然而，我最受感动的却是这个一脸苦难的无名氏男子。

孙泉是一个有思想并且敢于把自己的创作付诸实践的人，和他接触才感觉他人生经历的丰富。

他走进他的“桃花源”，就走入了一个纯自然的自由创作空间。那里安静，隔绝了尘嚣，适合搞创作。他走出“桃花源”，就走入了现代的各种有序和无序竞争的社会。孙泉就在“出”和“入”之间平衡着自己的创作，调节着自己的心态。我想：孙泉行走在两个反差很大的空间里，他获得的也一定会是不同于别人的感受。

发表于 2004 年 1 月 3 日《三湘都市报》

网友微评

王小保（景观设计师，居长沙）：孙泉老师极有责任感又富有冷幽默，且极有原则——曾为一“好友”倾尽全力做一雕塑群，完工后还有大部分钱未付，多方交涉未果，一气之下，要求加钱买回，让那有名有财的“好友”尴尬不已。这事让朋友们佩服！这就是孙泉老师。

熊明瑞（根艺家，居长沙）：孙泉的泥巴不仅仅调入了泉水，还调入了他的峥嵘岁月，调入了他的灵感智慧，调入了他的美学情操。所以，孙泉的稀泥巴不仅扶上了墙，而且还站到了街头、立到了首都。

张军文（雕塑专业学生）：叶梦老师笔下的孙老师，让我能记得在雕塑室随时都能提兴的孙老师版的《一无所有》，还记得那水库边的“桃花源”，记得那工作室是我们第一届雕塑专业做毕业创作的地方，那是一块风水宝地。

孙泉：在凄冷的冬夜里，看到了叶老师发在朋友圈的文章，感慨万千。有点意外，有点激动，更有点温暖……时间过得真快，转眼十多年过去了，湘江已没有过去那么干净，我自己也早已丧失了摇滚的激情。然而，今夜，过去的时光却被一幕幕唤起……谢谢叶老师。

谢伦和，又名玄石，号载波斋。毕业于湖南师范大学美术系，曾任湖南师大设计系主任。20世纪90年代游历美国数年，仍对国画情有独钟，弃洋回国。现执教于广州美术学院，硕士研究生导师。曾有作品被中南海紫光阁、广东美术馆和中国国防大学收藏。

第40弹 谢伦和

内敛的谢伦和

谢伦和的自画像是在2003年春天画的。我打开速写本，简化为线条的谢伦和蹦了出来，记忆于是开始浮现。

谢伦和调离湖南师大去广州美院任教已经多年了。

在谢伦和离湘之前，我们为谢伦和饯行，特意安排去了益阳竹海一游。由孙泉开车，我做导游，同行的有陈和西、谢伦和、何铁凡。我们去益阳，游竹海、吃土菜，叙友情……一切都仿佛在眼前。

之后多年没见谢伦和。只听说他结婚了，又听说他得了大胖儿子了。

当年，谢伦和、陈和西和我住得很近，我们常常在一起玩，常常是在湘江上租一条渔船，吃河鱼喝啤酒看月亮吼歌。最多的时候还是在江边散步。在散步的时候会展开一些关于人生艺术之类的话题。平时少言且语速慢的谢伦和，只要陈和西在场，立即变得机智幽默，与陈和西一唱一和，任何话题都接坨快，真可谓配合默契。

谢伦和刚刚去广州的时候，朋友圈里少了一个人，我们都不适应。其中当数陈和西最难过。说起谢伦和，他是一脸的伤感，长叹一声说：谢伦和不在长沙，我不好耍了。每天下午，也没有人和他一起打篮球了。

谢伦和话不多，是一个内向的人。他不随波逐流，且行事低调。听他说话不如看他的画。我记得第一次去谢伦和家，看他用丙烯画在白卡纸上的系列斗方小品，非常之喜爱，那些构图色彩特别能打动人心。我看了爱不释手。

谢伦和啊，你好厉害呀！

看了谢伦和的画，害得我手就痒痒的。我决心模仿一把谢伦和。在谢伦和作品的诱惑下，我居然购买了丙烯颜料，谢伦和还送了我白卡纸。那种白卡纸市场上没有卖，是医院 X 光片的内包装纸。

我本来是想拜谢伦和为师的，可惜他离开长沙了。直到今天，那些白卡纸还没有派上用场，丙烯颜料估计都干了。

谢伦和成名较早，他读中学时，有漫画投稿被《红小兵》杂志采用。杂志社让谢伦和来长沙进学习班接受训练。回到家乡涟源蓝田中学，谢伦和完成了杂志社交给的连环画《小虎放牛》的创作。在考入湖南师大美术学院的时候，谢伦和已经在省美展展出过作品了。素喜油画的谢伦和被分到了中国画系。有了扎实的素描色彩速写功底，谢伦和修养全面，中西画都来得。他的中国人物、油画、水粉、连环画都很不错，还与陈和西一起出版过素描教材。

20 世纪 90 年代，谢伦和曾在美国托利都艺术博物馆视觉艺术中心、圣路易市植物博物馆和旧金山等地多次举办个人画展，受到各界人士好评。作品多次参加全国性的各种大展并获奖。1993 年受邀为中南海紫光阁作画，国画《微熹》被国务院收藏并刊印于国务院印制的大型画册《中南海藏画集》。

离开湖南前夕，谢伦和在青岛办了个人展览，反响不错。我就奇怪，问谢伦和：“为什么不在长沙也展览一下呢？”谢伦和笑笑，不做声。

再读谢伦和作品，发现他的中国人物画真牛！齐百石与毛泽东，许多人画过，但谢伦和画的很独特，很见功力。

2013 年 4 月，谢伦和回长沙参加笔会。笔会结束那天我陪同谢伦和一行去湘潭参观了齐白石故居。那天故居放假不开门接待，我们围着故居院子四下里看，屋子里的陈设，基本上都能够从破了的窗口窥见。没有想到，谢伦和像朝圣般虔诚，他双手合十，对着故居堂屋大门躬身作揖良久。

故居的一草一木对于我们来说都因为齐白石而亲切。院子里百年葡萄老藤枝繁叶茂，占地差不多有 20 个平方；堂屋的木质大门槛已经磨损大半，这些应为齐白石老家的旧物。白石老屋坐北朝南，背倚小山包，门前一眼塘。朴素干净的典型普通农家小院，却是安静安祥聚气之所。难怪出了齐白石这般伟大的艺术家。

故居场景撩人想象，对于一树一叶一草一木，谢伦和比一般人观察要细致。在齐白石故居山塘对面发现一棵松树，谢伦和惊呼："原来齐白石画的松树不一样！你们看罗……"他终于从这棵松树找到了一个久困于心中的问题答案，这棵树与齐白石画里的一模一样啊！难怪湖南别处就没有长得像这样子的松树！

那次之后，我等于重新认识了谢伦和，他对艺术的挚爱，对于他笔下人物的研究之深入，让人佩服。难怪他笔下的齐白石那么不一样！

2015 年底，谢伦和用毛笔宣纸重新画了自画像，自画像草书释文：俗语云嘴上无毛办事不牢。鄙人满脸是胡，处世仍糊也！

2009 年 6 月 26 日初稿　2016 年校订

网友微评

杨凌志（设计师，居长沙）：世上许多难事霸些蛮可以解决，可艺事却不见得“勤能补拙”，才情不足者往往功夫下足也无济于事。善画者其实是会思考的，看似漫不经心实则苦心竭虑。老谢应该属于这一种艺术家。

李小波（记者，居秦皇岛）：非常喜欢这一弹，虽文字平和，但浓情流于笔端；虽文字重在抒情，却并不掩画家画作的艺术锋芒。其间画作也非常经典，画面干净利索，人物神态最妙，极其逼真，山也简洁流畅，绝不拖泥带水，都是我喜欢的风格。最喜欢画家的自画像，想象空间好大哟。

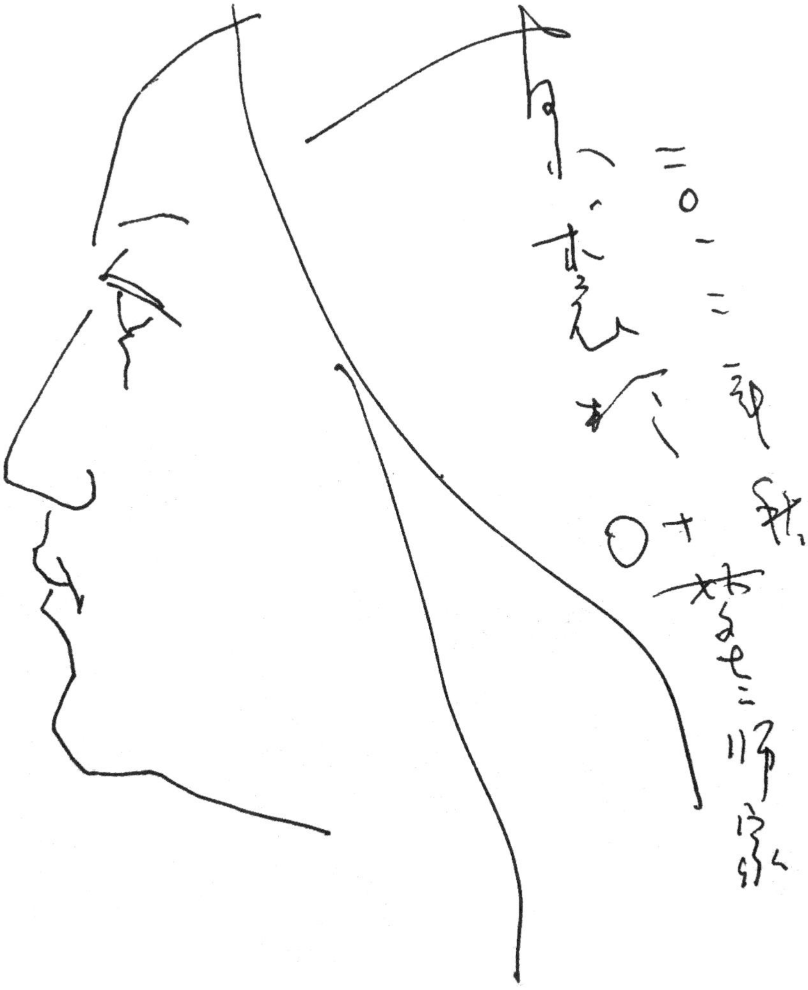

肖小裘，1995 年毕业于景德镇陶瓷学院雕塑专业，现任长沙理工大学设计艺术学院副教授、中国美术家协会会员、中国雕塑学会会员、湖南省美术家协会理事、湖南省美协雕塑艺术委员会主任。作品入选全国第九届、第十届美展并多次获奖。

肖小袭的『垮裤佬』

认识肖小袭之前先认识他的雕塑。

湖南画院前厅放置着一组雕塑：两个乡里细伢子，一个吹喇叭，一个仰头放歌，裤子垮到了肚脐眼，一脸天真，不晓得几多有味。这两个极有味的小家伙让我久久停留。

当时心里一惊："咯是哪个雕的咯（长沙方言，意为"这是谁雕的"）？"这组名为《信天游》的雕塑，让肖小袭的名头首次进入我的记忆。

后来才知道，黄兴路步行街的系列雕塑中，《纳凉》《童趣》《看西洋镜》也是肖小袭的作品。这些经典的作品，给到过步行街的人留下了深刻的记忆。

我每天晚上散步都会走到湘江边上的雕塑《湘江夜话》前，那是林则徐和左宗棠在湘江晤谈的场面。有时候，我会停下来欣赏一下，绕雕塑走一圈，再往回走。这个雕塑与周围的场景融合在一起，给人一种历史的沧桑感。也是肖小袭所做。

能有肖小袭的作品作为城市地标，这是肖小袭的骄傲，也是这座城市的福气，先以作品走入我视界的肖小裘是我很想解读的人。

前年，我到尚书房茶馆参加湖南建筑师学会的沙龙活动，肖小裘做讲座：谈建筑与雕塑。

这是我第一次与肖小裘面对面。我很专注地听他讲。他首先从谈建筑开始，从投影仪上分析世博会的各国建筑切入雕塑，最后再展示自己的作品。他的系列作品给我很大的冲击，感觉是一场雕塑的盛宴。

让我最感兴趣的是垮裤佬系列，这是我建议他这么命名的。他塑造的细伢子，穿的裤子几乎都要垮到露出肚脐眼。他对儿童形象的把握和塑造独有心得。一个个活灵活现的细伢子都是那么招人疼爱，那神态！那动感！牛死了！

我特别喜欢那些雕塑的细节：细伢子的光脚丫，那些衣服、辫子、纽扣以及织物的感觉……

那些耍杂技的人叠人的运动感雕塑，也是肖小裘的绝活。

最有争议的只怕是肖小裘的南岳罗汉系列。我看了吓一跳。说实在的，我从来没有看见过这样的罗汉，所以毫无思想准备。其中一个罗汉我感觉烟火味太重了。不只如此，我还感觉到了色。那罗汉实实在在是一个有七情六欲的人间男人……

肖小裘说：“每个罗汉的塑造，我都要挖掘他的前世今生，这样的罗汉才会有血有肉，这样的罗汉才是我要的。”

于是，肖小裘的罗汉与历朝历代的罗汉就有了距离。

肖小裘走出了自己的路子，不容易。

浏览肖小裘的系列雕塑，他的中国元素、空间感觉、灵感妙用……让我大开眼界！

中国的雕塑家是最讨骂的，因为城市的雕塑垃圾到处都是。不骂雕塑家骂谁？

中国的雕塑家也是最痛苦的，他们的创作被称作接工程。不少人无可奈何，只能牺牲自己的创作主张，成为甲方的奴隶，或者为长官意志所左右。

肖小裘保全了自己，保持了自己的灵性和浪漫，他的雕塑在中国也是有地位的。

去年，我到肖小裘工作室去参观，看他的电窑，看他的作品或者半成品，看他示范把泥巴变成作品，看他怎样把最有味道的脚丫做出来、怎样给作品人物的衣服做肌理。最妙的是他运用彩色紫砂泥，为作品里面的人物捏好衣服裙子，衣服质地与肌理的表现，让我领会了他的妙招。

演讲或工作中的肖小裘，让人感觉他是一团火焰，一团正在激情燃烧的火焰。他语速快，说话充满激情，整个人都洋溢着酒神精神。他的周遭散发着一种浓烈的艺术气息。他对于事业的执着和迷狂，令我十分的欣赏和钦佩。

肖小裘让我感觉亲切，此人有某些地方和我年轻时候有一些相似。

肖小裘这么年轻就有了如此成就，我为他高兴！也希望他悠着点，说话慢一点，争取和雷宜锌一样走向世界！

2012 年于岳麓山下

网友微评

芙蓉王（摄影家，居益阳）：喜欢叶梦老师命名的垮裤佬雕塑系列，喜欢肖老师对雕塑质感的处理。都是垮着的大棉袄裤子，儿童光洁嫩滑的皮肤与粗糙的服装肌理对比强烈。作品充分体现了作者的那种自由情态。

甘勋优（画家，居江西萍乡）：这文章写得很好，高手！同时很喜欢肖小裘的自画像，抓形高手，准确、简练、生动，只简单几笔就把精气神画出来了。

张进明（作家，居江西）：写得不错。肖小裘的雕塑，骨子里应是湘籍雕塑家的继承人与发展进程中的新生代。换言之，是民族的，也是世界的。所谓垮裤佬，就是江南吴楚之当代生活挖掘与再现，作者喜运用古老陶艺之技法进行雕塑创作（以十八罗汉为例），更证明了出身江南乡里的雕塑家的乡土之情。

肖小裘：感谢叶梦老师为我撰文！叶老师是一位充满激情的作家。她热爱艺术，认识的艺术家比我还多。艺术家中善文笔者不乏其人，但像我这样内心装满观点却又葫芦里煮饺子的，也大有人在。欢迎更多的像叶梦老师这样的作家深入艺术家群落，推广艺术，弘扬艺术！

贺旭，历任长沙市美协副主席、中国美协会员、湖南文艺出版社副编审。代表作壁画《攻关》获全国科普美展一等奖，设计作品《马王堆汉墓文物》获全国书籍装帧艺术评奖一等奖。

憨厚的贺旭

第42弹 贺旭

我一看到贺旭三年前的自画像，就想笑。好一个贺旭！像一个根须茂盛的树兜子。

贺旭和陈巽如是一对画家夫妻，关于他们有很多有味的故事。我估计他们做夫妻不是前世修的，而是前世的前世的前世修的。

他们夫妻，一是同学，二是同事，三是同庚。在一个工作室做设计，双休日一起钓鱼，一天二十四小时，基本都在一起。不论是搞装帧设计还是搞创作，夫妻都是联手又连心，谁也离不开谁。

请陈巽如设计散文集《遍地巫风》的封面，因为是朋友，因此在陈巽如那里受到了特别的重视。陈巽如和贺旭一起讨论，贺旭也常常帮忙出一些点子。第六届全国科普美展中，夫妻联手出击，一举拿下了一等奖。或许，这就是阴阳互补的优势吧！贺旭在湖南的装帧设计界很有名气，所设计的作品厚重。我曾经看过他设计的马王堆出土文物的一本精装大书，感觉设计很经典，该书获得全国第四届装帧设计一等奖。我还见过他们夫妻为一些唱片设计的封套，感觉就是一幅幅精美的画。

除了搞装帧，大型壁画也是贺旭所长。我曾经在芙蓉宾馆等处看到过贺旭参与设计的大型壁画。最近，我看到贺旭为炎帝陵设计的大型壁画，感觉也很棒。

有一次，我到湖南文艺出版社谈出版事宜，有幸和出版社的几位“侠女”共进午餐。吃到一半的时候，我就想起了贺旭：“把贺旭喊来吧！”看着贺旭一个憨厚的样子，忍不住就要调侃他。我们启发他：是不是陈巽如常常欺负你呀！憨厚的贺旭竟然不知是计，果然就揭发出一两桩被“欺负”的案例来。

贺旭呀贺旭，你找到了一个绝顶聪明的老婆，对一个男人来说，这是最大的成功。你们一对优秀基因的合作，这对于后代来说，是一笔无法估算的精神与物质的财富。和一个聪明的女人一起生活，那是多么快乐啊！

幸福是什么？在我的眼睛里，是夫妻日日相守。

夫妻日日相守，因为缺少了距离感，也许会有一些摩擦，但是，这摩擦也是一种幸福。

有一次，我请贺旭加盟《画家散文》，逼迫他立马写一篇散文来。没想到，贺旭没有使我失望，马上就写了一篇《读肖像》来应命。我读后，大喜。没有想到粗人一样的贺旭竟然有很细腻的观察和表达，他把在公共汽车上看到的一对北方老夫妇的肖像和细节表达得非常到位。特别是老婆婆把一颗纸包的糖果剥开，很小心地咬下一半，另一半悄悄地送进老头的口中。贺旭的描写是不动声色的，但是有着强烈的表现力，读了让人感动。我想：当贺旭和陈巽如都老了的时候，会不会也像那一对夫妇一样呢？

发表于 2003 年 11 月 18 日《三湘都市报》

网友微评

左汉中（编辑、出版家，居长沙）：贺旭性格仁厚、律己、克俭，是美术界难得的好人！他的水粉画至今仍可在湖南画坛标高，新近写一种字体亦可见其不凡才华。只是他素来不求闻达，心气平和，是我的榜样！

陈晓丹（资深媒体人，居长沙）：又弹到熟人了，亲切。十多年前与贺旭老师打过隔壁，与陈巽如老师也打过隔壁。呵呵，他们就是两口子，一屋人。不是一屋人不进一张门，他俩衣着、神态、为人都相似，在楼道遇见，连谦逊让路、点头的姿势都是一样的。不期然这看似普通的两位，默默耕耘，佳作三千。望月湖3片22栋那间斗室，即陋室铭的现代写照无疑了。低调奢华有内涵的贺旭老师，了不起！

陈新：贺兄，一个值得敬畏与感恩的人，憨厚、善良，虽有拙味可回味无穷！

毛新建，毕业于湖南轻工业高等专科学校美术系，现任湖南美术家协会陶艺委员会副主任、湖南省陶瓷艺术协会常务副主席。擅长用陶瓷材料进行艺术创作，作品参加过许多国内和国际展览并获奖。

贺晓江，1987年毕业于湖南轻工业高等专科学校美术系，2003开始陶艺创作，喜欢用陶瓷材料进行雕塑创作，有多件作品参加全国重要展览并被收藏。

乡居·陶艺

贺晓红 毛新建

第43弹

十多年前，我在湖南省画院对面的营盘路上遇到老同事澍群先生，他邀请我去椝梨镇参观他女婿毛新建和女儿贺晓江夫妇的陶艺工作室。

有车以后，我终于可以轻而易举地赴这个十多年前接到的邀约了。我们全家出动，去陶艺家毛新建、贺晓江夫妇位于长沙县椝梨镇乡间的艺术家园——我心中的理想国。

我们沿着人民路一直往东，来到了椝梨镇。椝梨镇街上人来车往，豪车云集。嘿嘿！椝梨镇农民富裕啊！

城市直逼乡镇，乡镇吞噬乡村。到毛新建夫妇家去，须从椝梨镇一条仄仄的小路拐进去。从椝梨镇到毛新建家的路口，有点像电影《哈利波特》里面的那个月台。这个奇妙的路口，让我们经历了从当下浮华走入艺术乌托邦的两重天世界。

毛新建在家门口等候我们。

好家伙！一座20世纪60年代式样的建筑物安静地躲在村落一角，没有瓷砖，没有铝合金，却让人感觉真实、温暖。

院内有树林，有柴窑一座，阶梯式的，还有瓦斯窑一座。在中国，真正意义上的烧陶柴窑几乎绝迹。眼前卧在院子树林里的柴窑一下子让我们回到了古代。喧嚣的长沙城、乱糟糟的椝梨镇一律远去，一颗心从滚滚红尘跌落到了恬静的艺术世界。

满心欢喜啊。

狗放肆叫着。

笨笨的陶花瓶里插了一枝茁壮的桑蔍、几片野蕨，还有数点野蔷薇点缀其中。桑蔍是路边常见的野生植物，硕大茎叶插在一个白色的陶瓶里，很别致，很另类。谁会把路边的野生植物作为一种花饰呢？独心灵手巧的毛夫人贺晓江特别有心的创意，达到了出其不意的效果。路边的细碎野菊花一旦插入他们家的陶瓶，就显得格外典雅贵气了。

桌子上摆着自己烧制的陶碟，碟子里的有紫苏梅子、紫苏桃皮、柚子皮蜜饯、冬瓜蜜饯。这些干果蜜饯全是贺晓江自己做的。食物的原料全部来自于他们家的院子。后院是一片浓密的树林，种着桃树、柚子树、梅子树、柿子树和很多的油茶树，最大的樟树浓荫匝地。院子里还有一株茶树，每年春天，贺晓江会亲自采茶，自己制作绿茶或者红茶。喝着贺晓江亲手制作的红茶，真香啊！实验性做的一点点红茶，贺晓江留着与客人分享了。

雨后的后院，蘑菇破土而出，第二天，蘑菇就长得有拳头大了。毛新建把贺晓江做的小白兔放在蘑菇旁边，营造了一个童话世界。

最喜欢他们家的菜园子。春天来临，毛新建、贺晓江夫妇就忙着挖土，施肥，育苗，备菜秧子、瓜秧子。不久，即见蕹菜、苋菜上了桌，黄瓜开花结果，豆子藤结满豆荚。紧接着，丝瓜、南瓜、冬瓜开始表演开花结果，最繁茂的时候，紫色的茄子、红色的西红柿、或青或红的辣椒在菜土里争奇斗艳。

院外的池塘里长着肥硕茂密的铜钱草，比花市里买的壮实很多。毛新建穿上长筒套鞋扯了一大把，让我带回家去做水培植物。房前屋后、菜土边地角旮旯，到处长着车前草、鱼腥草，贺晓江每样扯上一把，让我带回家晒干备用做单方。他们夫妇对于植物的熟悉与珍惜，早已经超越当地的农民。贺晓江会做农村妇女会做的一切坛子菜。每次去他们家，走的时候，她总会让我带上一些自己亲手做的萝卜干之类的干菜。

毛新建告诉我，贺晓江最近还学会了做各种白案包点，烘焙技术日益精进，她做的酥饼月饼比买的好吃多了。

他们家的厨房还保留着一个烧藕煤的灶，常年有火，灶上还有一个能热水的瓮坛。一切家具饰物都像20世纪60年代的，让人恍若隔世。

他们夫妻志同道合，选择了这样一种艺术的生活方式。他们与城市隔绝，在宁静中从容不迫地做着自己的陶艺。

就是这个貌似朴实的农家院子，却让我有了走进博物馆时那种目不暇接的感觉。从院子到工作室，到处都是作品。各种形状的陶人、陶器皿、陶壁挂以及变形动物，晃花了我们的眼睛。

这些作品静静地安放在乡居，被喧嚣的尘世所淹没。而闹市的喧嚣，也被艺术品彻底阻隔。

记得2013年那一次去，毛新建拿出最近烧制的作品，是花器啊！我大为震撼。喜欢！意想不到的颜色。铁灰色的底色上有银灰色的如凝结的露珠一样的肌理，这是不规则的涂层在烧结过程中形成的独特效果。毛新建用黑色的线条在灰色器物上勾勒出饱满大气的花鸟，真是爱煞我也！“啊呀！毛新建，你这是一脚跨千年啊！”看到这个陶罐，仿佛回到了宋代。此物只有宋代有，今生今世难得见，果然是雅得很咧！咋一看，材质很像我们在20世纪50年代用过的砂锅，但它是陶质的。器型特别大气，绘上深灰色的花鸟之后，仿佛一下穿越了N个朝代。关于这一批作品，毛新建说：“这是一组最新出窑的、颇有禅意的烧陶作品，其烧成温度超过了1300度，有盐釉的烧法在其中，与我们通常所见之陶瓷有很大的不同。也正是这种有意突破常规烧法的桎梏，才获得了这种充满禅意的效果。”

创造，让艺术拥有了永恒的生命。

毛新建、贺晓江鼓励我，让我也试试画陶。我从来没有在陶器上动过笔，看着那么难得的器皿，不忍心糟蹋，于是选取了几个残缺品试手，难为毛新建还帮我烧制了出来。一个器物由土变成陶，非常不容易。看着毛新建经过反复淘洗沉淀贮存多年的陶泥，感觉特别珍贵。

前几年，毛新建在朋友圈发表“湖湘的味道”系列，展示了他做的 20 款陶鱼，很有味道。毛新建给我口授做鱼的诀窍，我回家一试手，果然也成功了。感谢师傅毛新建的指点。

毛新建的作品，每一件都是他别出心裁之作。他的作品谱系很广，有颇具当代性的作品，也有关注现实生活的作品；有很多表现精神性的作品，也有大量表现动物与植物的作品。

《新孕》是毛新建入选第 11 届全国美展的作品。半裸的身体，饱满的乳房，凸起的腹部，作品给人强烈的视觉冲击力，也带给人一种蓬蓬勃勃的生命喜悦，仿佛生命的力量从泥土中生长出来，火的温度触手可及。

入选 12 届全国美展的陶艺作品《农民工》，是一件关注现实的作品。毛新建工作室周围的乡村开始大规模拆迁，一条大道切割了几千年的乡村格局。作品中的农民工模样，是他经常看到的形象。司空见惯的人物形象，一旦把他们做成作品，赋予了生命，就特别打动人心。毛新建的手是金手指，可以点泥成金。

毛新建的作品中，有和人差不多等高的人物形象，也有小巧壁挂和各种造型的器皿；有素烧的，也有上釉的；有的陶器表面，或有特殊的金属质感，或有素烧的纺织物的肌理。

毛新建对于陶艺的材质处理，无疑超越了前人，他的器皿造型与人物造型都是我见所未见的新图式。他赋予了陶器金属的特质，感觉不像陶而像金属。毛新建创作题材之广、涉猎之深，让我叹服。他好像不喜欢釉色，多以泥土本身素烧表现。毛新建陶艺造型的大胆皆出乎我的意料，85美术新潮以后的创新路子在这里还有痕迹，中国艺术家的先锋与实验、传统与现代在这里穿越融合。他几乎是一部新时期陶艺史的个案陈列，《莲界》《那年月》《看天边那抹斜阳》等经典的作品让人过目不忘。

毛新建沉醉于自己的独立追求与主张，长期默默地在乡间的工作室创作着，把所有的时光变成了作品。在我看来，他就是一个真正的创造者，一个把生命凝固成作品长廊的人。

毛新建、贺晓江夫妇共同分担家务与在菜园的劳动，然后就一起做陶。贺晓江的作品不及毛新建的多，但是一旦参展必定获奖。几年前，毛新建在朋友圈晒了贺晓江的作品《慢慢地，我进入梦境……》，我马上跟帖，还写了首打油诗凑兴致："两公婆，打吊砣，骑猫叽，进城来；梨梨镇，彭家井，一路风光梦中游。"骑猫的人像是两口子回娘家，我权且把作品里的他们比作毛贺夫妇。他们骑猫进城，从梨梨镇回到城里的住处彭家井。哈哈，逗乐一下。这件作品好有味！

在梨梨镇乡下的安静时光，呼啸而过的是历史烟云穿越于胸。从原始社会到现代，我们享受了陶艺艺术带来的视觉欢乐。

毛新建、贺晓江夫妇远离都市远离尘嚣，回归人类生命之初的自然状态。他们拒绝诱惑拒绝物质享受，一心沉醉于游戏泥土，他们的创作是恣意的自由的。

毛新建是我心底暗藏的梦想的实践者，假若有来生，我就会照着毛新建的路子走。惭愧的是，我们过往的岁月没有他们这样宏大的立体空间来陈列。虽然文字也有价值，但那不过是电子时代虚拟空间之类的浮云。

毛新建夫妇是世界上最幸福的人。尽管他们过着很平民的生活，但他们是精神与艺术的富翁。

毛新建说："生命的丰盈缘于我们心底的无私，生活的美好缘于拥有一颗平常心。人生路不必雕琢，只要踏踏实实做事，简简单单做人就好！"

毛老师贺老师真了不起，他们永远走在创新路上。他们的作品足可以建立一个丰富的陶艺博物馆。如果有这样一天，我会天天泡在博物馆，去细细品味毛新建的所有作品，分享创造者的快乐。

2012 年于长沙

2017 年青年节修订

网友微评

徐天舒（设计机构董事长，居长沙）：越是自己熟悉的人物，越见叶梦老师的功底。毛新建老师一直是我们前行路上的师友。他其实走在你前面很远很远，但是他从不会让你这样觉得。他会不时地回头，微笑着鼓励你跟上去。你求援的时候，他会毫不犹豫地伸出手。他们夫妇都是如此。贺老师不事打扮，某次为了应我为《晨报周刊》组的绅士话题的局，她着开衫蓬裙，安静地坐在那里如古典淑女。与我们去到椝梨时张罗饭菜、往我们袋子里装自制的酸菜的，是同一位女子。我佩服叶老师敏锐的观察力。毛老师让陶器多了金属的光泽。佳日设计有一个毛老师的作品，看见的人几乎都以为是铜器。还有一只小兽，与汉罐放在一起，气象难分。

丹凤朝阳（资深媒体人，居长沙）：老树锁院，大狗护窑，椝梨的泥巴，活了……

魏慧玲（编辑、摄影家，居北京）：读后我也想去看看毛建新的家了。梦姐的文字不是浮云［愉快］。

刘伟（设计师，居苏州）：毛新建老师夫妇是十分和美的艺术仙侣，朴素与激情在他们的艺术中获得了高度统一。

贺旭（装帧设计师、画家，居长沙）：毛新建夫妇的陶艺生活令人向往！毛新建夫妇对陶艺的探索精神令人佩服！

何鹏（月湖时当代艺术中心理事长）：一直期待毛家柴窑开窑，烤羊肉，喝酒，守一窑火红的期望。

陈墨（教师，居深圳）：毛老师超级棒！想象力和创意令人眼花缭乱！

张青渠，字子如，号半方楼主、方翁，1970年毕业于广州美术学院。现为中国美术家协会会员、中国书法家协会会员、湖南美术出版社编审、国家一级美术师。

第44弹

张青渠

娇嘶紫燕踏花行

我知道张青渠的名字，是在20世纪80年代中期。当年，湖南4位国画家由省文联负责人莫应丰带领到南京举办《潇湘四家画展》，名震金陵，成为当时美术界的一件盛事。20多年后，这4位画家中的钟增亚驾鹤西去，杨福音移居广州，固守本地的姜坤与张青渠仍然保持着湖南中国画家的地标高度。他们对于新世纪湖南水墨画家群体的突起，是产生过影响的。

前几年，在益阳新雅酒店的大厅，我意外地发现了张青渠的一幅近两丈的名为《盛宴图》的古典人物群像画，该画有二十多个人物，可谓美女如云，表现了唐玄宗宫廷生活的大场面。灵动的笔墨，淡雅的色彩，众多的人物，展现了他作为人物画家的看家本领。这是我看到的张青渠最大的一幅人物画。后来，我才知道，这是张青渠的创作在那个酒楼的首次发表。

酒楼装修豪华像西方大教堂大殿一样高而宽敞的大厅，配上这样典雅的古典人物画，提升了环境的艺术品位，也给食客以艺术的享受。我觉得这个酒楼的老板有眼力。他把张青渠的大画挂在大堂之上，典雅就在空间弥漫着。这间酒楼生意一直红火，日进数万金，是不是也因为有这样的画“秀色可餐”给人们心灵以慰藉而招徕了如此多的食客呢？

艺术的价值是无法用金钱来衡量的。张青渠的艺术有时候用这样的形式走向大众。

我打开散发着油墨清香的《张青渠作品集——中国人物画》，看到了张青渠在不同时期的中国人物画的精品。

从任弼时、刘少奇到周恩来，这类革命领袖题材过去画的人很多，但是，功夫达到这样高度的实在不多。《人民的骆驼——任弼时》是一幅能够流传的精品，从形到神、从构图到笔墨无一不达到了一种极致。还有关于刘少奇的画，除了形的准确之外，画家还刻意表达了刘少奇脸上的苦意，这是对于他悲剧命运的一种暗示。微妙之处难以用语言表达。

画鬼容易画人难，张青渠画人物既能做到形似又能体现风骨，这就不容易了。

张青渠的中国画人物面广，从古代到当代，从汉民藏民到苗女瑶女。特别是用传统笔墨表现的古代人物几乎都是呼之欲出。像屈原、苏轼、钟馗、竹林七贤等题材的画作，他的功夫达到了相当的高度，也可以看出，他浸淫于传统笔墨博大的海洋里，得到的营养是非常充分的。最近两年来，我看到张青渠的《唐马仕女图》，笔墨之灵动放肆，水墨之淋漓痛快，与传统的图式拉开了距离。看了他的《新唐马仕女》，我不禁想起李贺的诗：

奚骑黄铜连锁甲，罗旗香干金画叶。

中军留醉河阳城，娇嘶紫燕踏花行。

春营骑将如红玉，走马捎鞭上空绿。

女垣素月角咿咿，牙帐未开分锦衣。

对于张青渠的古典人物画艺术，我几乎都能够在唐诗里找到与之意境相匹配的句子。

张青渠有诗词的修养，因此，烂熟于心的诗句给他的创作提供了表达意境的方便。

在去年举办的张青渠画展上，我先睹为快地看了他新出的中国人物画集以及他的新书《半方楼诗文》，感受颇多，觉得进一步熟悉了张青渠，对于他的了解也变得立体了。

张青渠的笔墨功夫是大家公认的，书法亦可以自成一家。对于中国画中的人物画，他所画的人物形象生动，深得中国文人画的精髓，笔墨功夫真是没得讲。成为这样的画家是需要时间、学养与功力的。已经进入艺术全盛时期的张青渠，其年龄、学养与笔墨功夫都达到了一个境界。火候已经到了，艺术突破就在即刻。

承袭传统的问题，常常是艺术家选择方向的一个焦点。我以为，最重要的不是笔墨。有一次，我和张青渠理论过一次，来不及说个明白，估计他从此就把我看成反传统的逆贼了。

难怪吴冠中当年说一句“笔墨等于零”几乎得罪了天下，引起了轩然大波。天下误解了吴冠中，我替他抱屈。

只要张青渠看到我出现在湖南美术出版社，必定要拉我谈笔墨问题。

我与张青渠之间在艺术观念上存在差异，我和他有过多次较劲斗嘴，最后都是我落荒而逃，并丢下一句：我不与你谈笔墨！

总之，他老先生只要看见我，依然不依不饶地要和我谈笔墨！

后来，我应张青渠先生之约为他的文字书写一点序跋之类的东西。我用的题目就是《我不和你谈笔墨》。承蒙不弃，他竟然也收进集子里了。

我一美术界行外之人，仿佛是蹲在暗处的一只猫，瞄着张青愿这个功夫与身手非常了得的画家，盼望他来一次艺术的暴动与变法，在承袭传统的基础上开创自己的独特语言与图式，攀登艺术的新高峰。

2009 年 10 月于长沙

网友微评

蒋剑高（收藏鉴赏家，居北京）：我读张青渠的画，才真正感觉到什么叫国画！

“百手联弹”之张青渠！乙未冬　蒋剑高于京华

《艺海问津》

一

汉宫延寿漏王嫱，株连九族为光洋。

而今一道青渠水，天籁之音出楚湘。

二

净皮玉版入文房，万人弄墨几人香。

丹青德艺耕心地，不曰子如话不长。

三

鸿儒自古爱彷徨，国粹如何当食粮。

百手联弹九弹弓，于斯得月射天狼。

桃花依依（职员，居桃江）：心坦诚，言犀利！文好画精！

何唯娜，1987年毕业于四川美术学院附中，1993年毕业于四川美术学院中国画系。1994年赴北京做自由艺术家。1995年定居长沙，2007年重返北京，居北宋庄做自由艺术家。出版有专著『女妖日记』『何唯娜画册』

芬芳四溢的灵气

第45弹

何唯娜

何唯娜好像天生就是一个画家。她坐在明式的大靠椅上，手握着一管笔，眯着眼睛在她的画室里忙着画画。

她把头发扎成一束，又很随意地绾在后脑勺上，有点像一个年轻的女大学生。她的青春气息和生命芬芳在她的笔下流淌着。

我喜欢何唯娜的画。不论山水题材还是人物，何唯娜的画有一种特别的灵气。那种灵气就像她的身体散发出来的青春芳香，洋溢在她的画面上，散发在她周遭的空气中。

何唯娜以女人的智慧作画。她的画有一股难以掩饰的灵气氤氲在画面上。

何唯娜不是那种故作姿态的画家。她不像有的男画家，常常为了证明自己的作品有深度，就说自己是多么的有“文化”，甚至连读了多少书的事也拿出来说。其实，这种姿态就显得有点蠢。我喜欢一幅画，绝不会去追究这个画家读了多少书。就像人吃了一只鸡蛋，并不会去追究那只下蛋的母鸡都吃了哪些品种的虫子一样。作为一个艺术家来说，读书是一种呼吸，是一种生命的常态，一旦拿出来说，就显得有点矫情了。

艺术家和匠人，不能以读书多少来区别。有的人读了一辈子书，依然是一个匠人，永远也成不了一个艺术家，这是没有办法的事。

何唯娜画画就像玩女红，又好像在逛街，她的状态极为轻松。她身为一个女人，没有功利心。那些“文以载道”或者“画以载道”的观念难以渗透到她的心里。

我最近读到何唯娜的一组散文随笔，不禁拍案叫绝。何唯娜的文字让我有点激动。一个不以写作为生的女画家，正因为她和文字保持着一定的距离，才会让她笔下的文字有如此清新之感。

我从何唯娜的《黑宝》中认识了一只不太体面的狗：“黑宝长成了一只美丽的大黑狗，可它是孤独的。也许是它从小就和人在一起，早已丧失了狗性。它只学会了怎样讨好人而失去了和狗打交道的本领.并且胆子小得出奇,一有什么风吹草动立马向家里奔去。它怕鸡,怕鸭。这些小动物黑宝从来都没见过，可鸡呀,鸭呀，见着黑宝这样一个庞然大物也怕,于是相互见面都会落荒而逃。这是真正的鸡飞狗跳。它的地盘仅限于楼下的几个可怜的小花坛,还是我拿着棍棒石块赶走了勇于向花坛伸出爪牙的狗帮成员开发出来的。黑宝不失时机地赶快去撒了几泡屎尿,才把花坛的地位巩固了下来。狗帮成员悠闲地在围墙边转悠,不时用眼角瞟着这个浑身散发着香波味儿,打着牛肝饱嗝,走起路来屁股一扭一扭的小资情调的家伙，不屑一顾的样子。黑宝望它们的眼神则有些发呆,流露出的一丝羡慕转瞬即逝。

……

有一天,我突然发现黑宝怀孕了,肚子变得很大。邻居跑来告诉我,有一天清晨,他看到一只和黑宝一样乌黑的公狗在乱搞。这就对了,冤有头债有主,黑宝可是处女狗呢!我倒要看看是谁强奸了黑宝……”

何唯娜的文字是个性的、直率的、活泼的、生活化的。尽管她写的都是一个在家画画的女性画家的生存常态，尽管她笔下的题材也没有什么出奇的地方，但是，不管她写的是她家的狗“黑宝”还是她家养的植物罗汉竹和仙人掌，都刻画得那么入木三分，那么机智生动。她的文字好是因为她的表达是直指心灵的。特别是她写在泰国遭遇人妖的奇特心理感觉和对于人妖观察的深入，也是有别于其他作家的：“当我一进入酒吧，立刻有一种如梦似幻的感觉。在昏暗的灯光下，那一个个妖媚得过分的女子即刻映入眼帘，似乎进了妖精洞。听说人妖喜欢男人，可等我一坐定，马上就有一个漂亮人妖缠上了我。她拉着我的手要我给她买饮料，还把她的头靠在我肩上。这时我的心态也有些错位了，我不知道我该扮演男人还是女人的角色。众所周知，人妖都是男人变的，可我身旁坐的这位女子，身材苗条，白晰的瓜子脸上有动人的丹凤眼，身子软绵绵的，她的纤手冰凉，酥胸微露，讲话细声细气，分明是个东方美女！难道女人就不可以怜香惜玉吗？我满足了她的要求，为她买了橙汁。人妖显得很兴奋，拉着我的手就往她的胸脯上摸。摸就摸呗，谁怕谁呀！”

正是她毫不掩饰、毫不矫情的表达，显示了女性艺术家不同于男性艺术家的禀赋。

何唯娜的感觉和她特有的语言方式，使她的文和画形成了自己独特的艺术风格。也因其与男性艺术家有了差距，使我们感觉到何唯娜的画与文有一种别样的清新，也使我们感觉到她生发出一种生命的芬芳，并且其色彩纷呈的画面和个性活泼的文字亦有一种别样的魅力。

网友微评

朱晓冬（艺术家，居重庆）：何唯娜的日记有着细腻自然的叙述语言，寻常小事中的情感品味，不引经据典拉大旗作虎皮，不卖弄晦涩装高深，读着轻松，读后有回味。

远山（教师，居重庆）：初看到小何的画让我感到吃惊，那画面色彩的气氛只有在古岩壁、在古庙里才能看得到，斑驳深沉透出玄秘高古气息，让人顿感安静肃穆。有此艺术沉淀的性灵，写出文字自然不是难事啦，不出手则罢，一出手定会惊人的。

周伶（画家，居常德）：何唯娜是一个有文学修养的画家，我敬佩她不仅用画面表达内心，而且能用灵巧的文学语言深刻地挖掘生活中的美。常人的生活能在她笔下出彩，与她作品里的人物互相呼应。她早在长沙马王堆写下的散文，至今还活跃在我的脑海里。她是一个优秀的、有潜能的画家，一个有深度、有独特见解的作家。

徐天舒（设计机构董事长，居长沙）：叶老师的《百手联弹》弹到今天，我发现了她的秘密，就是她写女艺术家总是来得更应手、更有趣味。而我第一次认识叶老师，也是因为在一次讲座以后，一直沉默着的叶老师说："我看你很久了。"

何唯娜：叶梦是非常有感觉的一个女作家，我要感谢她，在她的鼓励下，我也写出了一些比较笨拙的文章，出了一本散文集《女妖日记》。现在想起来，还有点冒冷汗，居然敢出书！

文牧江，1997年毕业于湖北美术学院，现为湖南科技大学艺术学院副教授，硕士研究生导师，中国美术家协会会员，湖南省美协版画艺委会委员。版画作品多次入选国家级大展以及国际版画学术展。

第46弹 文牧江

精神的硬度

我第一次见到文牧江，感到很惊讶。此人眼睛特别——感觉有火焰在燃烧。你看他一眼，一定不会忽略。

文牧江个子不高，络腮胡子很黑，且粗而茁，有异人之相。

文牧江有一股气场，气场张力还不小，漫溢在周遭的空间。

2009年我参加《新中国版画全集》出版发行、作品展览暨版画学术研讨会，有来自全国的专家与会。会后，有人向我介绍文牧江。不料他说早就认识我，上中学的时候听过我的文学讲座。“是吗？”我很惊讶。原来他是在小沙江瑶山脚下上的中学。我记起来了，1987年8月我在小沙江瑶山采风一周，下山的时候，被当地一所中学邀请讲课。时隔20多年了，他竟然还记得我！就连当年我长发齐腰的样子，所穿衣服、裙子的颜色，背的包是苗族挑花包等他都记得那么清晰。我真没有想到，此人形象记忆能力如此之强！

文牧江的一句话勾起我20多年前的记忆。在小沙江瑶山采风一周的记忆对于我来说是那么清晰鲜活。我们走遍了小沙江瑶山的村村寨寨，半夜赶山路，大雨滂沱中在山里淋雨走十多里路……

文牧江的家就在湖南隆回小沙江的虎形山。我记忆中的虎形山在小沙江瑶山的深处。我们赶了半夜的山路，几近午夜抵达虎形山。大家都饿了，还是匡国泰在虎形山供销社的朋友炖了一锅香气扑鼻的玉米猪脚，让我们吃了顿饱饭。虎形山的玉米炖猪脚是我一辈子都记得的美味。

文牧江果然是一个很特别的人。我看了他的版画作品以后印证了我的第一感觉。文牧江的作品有一种力量，是那样不可抗拒地撼动心灵的某个角落，这种撼动是无法言说的。

文牧江的早期作品主要是表现他的家乡小沙江花瑶。1987 年刚刚有彩色胶卷，我拍了好几个黑白与彩色胶卷。25 年前的原生态小沙江都被我记录在案。我写了将近 2 万字的文字来记录我的感觉。文牧江的作品重新勾起了我对于小沙江瑶山的记忆。我对文牧江作品的兴趣源自于此。

文牧江刻刀下的小沙江的花瑶人物，让我感到一种强烈的共鸣。我感觉，我用文字与摄影无法尽情表达的东西，文牧江用版画表现出来了。我当年是赶着去参加花瑶一年一度的民族节日“坦奈摆”，瑶山所有的人白天几乎都出现在乡场上了。所有的年轻人都出现在晚间的男女社交场地。我都激动得发疯了，拼命地拍，收集的形象无数。我心目中的花瑶和文牧江的花瑶群像暗合。

相对摄影作品，文牧江的版画过滤省略了很多具象的东西，瑶族艳丽的服饰变成了黑白的，瑶民的精神特质提炼出来后被刻于细密的线条之中。《雀声渐远》《雀声已远》《夏日清风》让我置身于农历七月阳光下的瑶山赶场，赶“坦奈摆”节日的山民群像扑面而来，他们对于我来说是那么亲切，那么真实。他们的惶惑、麻木与周遭的场景形成强烈反差。关于他们有太多的东西让我咀嚼。作为一个当年的采风者，我曾经试图进入但是无法真正进入瑶民的世界。文牧江生长于斯，他对于瑶山的解读是旁人无法企及的。

因为小沙江，我得到了走近文牧江的契机。我有幸在 25 年前去过小沙江，也有幸在 20 多年后看到我认为最有表现力的小沙江的版画作品。小沙江花瑶实际上是一个人类学的特殊版本，一个民族旁支的孑遗部落。我无法想象旅游开发之后的小沙江还有多少原生态的东西会被保留。服饰变了，缠头的花带被简化了。文牧江一直关注着这个部落和人群，关注他们的变化，以他们为题材创作的作品也已走向世界。

文牧江的多组作品都以表现小沙江花瑶为主题，他把花瑶群像的背景设置在现代都市时尚入侵的乡场上。在我看来，不管背景如何变化，要紧的是内心。旅游开放对于花瑶生存环境的影响与习俗的渐变不可避免。

小沙江花瑶也是很多画家都在表现的题材，我看过很多唯美的作品，色彩的、工笔的都有。我实在无法忍受艺术家对小沙江花瑶的唯美描绘。有些画家笔下的花瑶女和我心中的花瑶女众生毫不相干。这也许是艺术观相左所致。尽管那些为世人称道的人物画，画面和人物造型可谓尽善尽美，但是我感觉那些作品是苍白的，很假，没有力量。我不会被这样的作品所打动。

文牧江的系列版画真实地记录了当下花瑶民族常态下的群像，同时给我们内心以真实的撼动。文牧江的系列版画《雀声渐远》《雀声已远》《夏日清风》《清风掠影》关注的是这个人群部落进入开放时代下的窘态。

文牧江的早期作品反映小沙江花瑶众生群像。2008 年以后，他转向对于当代人的关注。从“状态”系列到“世相”系列，他开始进行新的尝试。这个系列的作品都很生猛，也特别具有当代性，也使文牧江的作品在国际上引起关注。

文牧江注重表现人，表现当下人的精神特质。初看他的大头人像《世相》，让我想起了方力钧的光头系列。“世相”系列里的人物，我感觉好熟悉，是我们在城市和乡村随处可见的中国人，这些人没有油滑嬉皮的感觉，唯有沉甸甸的质感力透纸背。

文牧江把对象作为一个符号，其尖锐的眼神、富有质感的肌理颇具视觉冲击力。

他目前正在创作的“镜像”系列，沿着“状态”系列和“世相”系列的方向继续向深处开掘。

文牧江的作品最重要的特点是关注人的心灵，不管是土著花瑶还是都市过客，他用犀利的刀笔借助材料的肌理，表达出一种精神的硬度。也许，这样的人群状态随处可见，一旦走进文牧江的版画，就有了灵魂，就有了意味深长的表达。他善于运用符号，为表情的符号赋予力量。

文牧江一直在探索，他的不断探索让他找到了新的语言与技法。他在版画印刷过程中的偶然发现，为他打开了另外的窗口，寻找到了属于自己的独特表现手法，也让他收获了惊喜与成功。

文牧江对于版画艺术的锲而不舍的努力没有白费，他的作品赢得了国内国际的多个奖项。2008 年 9 月的首届云南国际版画展，有很多国家的版画家参加，设有两个金奖。文牧江是唯一获得金奖的中国版画家。文牧江的艺术探索与成就也引起国内权威评论家的评价。著名艺术评论家、《美术》杂志主编尚辉先生，我曾经多次在会议中见过，他是一个有良知的评论家。他在对中国当代版画的评论中，不惜给文牧江大段评论：“出生于瑶族山寨的文牧江亲身感受了现代文明对于偏僻山寨的惊扰，虽然瑶族山寨的物质生活提高了，但花瑶民族的文化在逐渐消失。在“雀声已远”系列、“清风掠影”系列作品中，他把代表民族传统文化的花瑶的群体形象与带有某种现代文化意味的符号组合在一起，形成了花瑶文化与现代文明的冲突与对比。在“世相”系列作品中，他又将这种文明的冲突转换为对现代人心理精神与生存状态的揭示，以此表现在一张张看似平静面孔的背后隐藏着的恐惧与忧虑。”

我多次去文牧江在学院的版画工作室，在刺鼻的油墨味中欣赏他的新作。在我看来，那个工作室远离尘嚣，像一个世外桃源。文牧江骑着电动单车,每天来学院教书,来工作室创作。他能够潜心创作实属不易。

我和他的几次谈话让我慢慢熟悉了文牧江和他的作品。

文牧江有定力，安贫乐道，淡定从容，不卑不亢，不追求物质生活，重在精神与艺术的追求。我欣赏文牧江的作品以及他的精神追求。

文牧江很像一个煤矿工人，在他固定的巷道里埋头不断向纵深开掘。唯有此道可以通向艺术的光明之顶。

做艺术，这样的状态最好。

隆回小沙江海拔高，可谓山高水冷。瑶族人当年为了躲避追杀才定居于此。生长在恶劣自然环境下的文牧江应该是幸运的。隆回的滩头年画、隆回小沙江的民族风情是文牧江先天拥有的艺术背景，也是他获取艺术营养的民间艺术厚土。这是别人无法选择与拥有的。

过细想想，文牧江这个山里伢子，走过曲折的求学之路，他选择了美术，选择了版画，他不屈不挠的努力使他走出了大山，从大山深处跨越到艺术国际。他的视角连接传统与现代，实现了传统的大山和最现代的艺术方式的接轨。

文牧江的力量潜伏于作品中，震撼着我的心灵。

2012 年于岳麓山下

网友微评

陈晓丹（资深媒体人，居长沙）：我更愿意我是活在任何时代、任何场景中的人，那么我可以有更多经历和随之起伏的七情六欲。文牧江的画、叶先生的文，让我在纸上完成一次穿越，我看到遗民部落小沙江花瑶的古风世相，我看到28年前长发及腰的风华叶梦，角落里扑闪着黑眼睛的少年牧江……那么多人在逝去的和正逝去的文化面前发疯，只为忘却的纪念。为文牧江们的花瑶、叶梦们的花瑶献上敬意。一切今天终成历史，记录一些，留取一些，历史丰盈一些。

光华（设计机构董事长，居长沙）：精神的硬度，是因为生存的硬度么？少数民族是美的，但并不是想象中的唯美。我们看过许多的画展、艺术展，但是作品背后，我们能得多少机缘来了解他的缘由，他的质地？谢谢叶梦老师。

魏慧玲（编辑、摄影家，居北京）：梦姐的笔像一把刻刀，将笔下的人物刻画得入木三分。

刘伟，1989年毕业于湖南师范大学美术系，现任苏州大学建筑学院教授、硕士研究生导师，中国建筑学会室内设计分会副理事长兼湖南专业委员会会长，湖南省美协设计委员会主任。主要从事室内设计与园林设计，设计作品多次获国内大奖。

刘伟的场

第47弹

刘伟

我父母都是中医师，中医的辩证法对我影响很大。中医把个体的人看成整体的宇宙，如果用解剖学来解释中医，却被认为是不科学的。比如经络，用解剖学来检测是不存在的，要用现代最前端的物理学的场来解释。

场——这是物质又仿佛是非物质的东西，在我看来是切切实实地由物质与精神合并而成的。我不想用世俗的成功学来评价刘伟。让我们走近刘伟的场，感受一个人的精神世界，感受这个人的场对于他所在的地域城市文化圈的影响力。

人的存在于世界就像一个点，个人能量聚集的多寡形成的场决定其辐射半径的大小。

十多年前，我与王跃文、何立伟被好友曾小明请到刚刚开张的长沙窑餐厅吃饭。早听说这个设计来自于全球顶尖级的台湾设计师登琨艳，由登琨艳携本土设计师刘伟共同完成的长沙窑主题餐厅，把窑的元素用到了极致。长沙古窑的碎片、匣钵，都成为装饰的材料，让人意想不到餐厅的空间大气磅礴，泥与火融合而成的窑应用其中，让人惊艳。未见刘伟其人，却已经在刘伟的场域之中了。

后来，我家附近开了家茶馆名曰尚书房，设计很有意思，处处体现一种人与自然的融合，器物摆设具有强烈的湖湘特色。朋友肖欣过生日，我帮她筹划在尚书房聚会。席间，何立伟说："把刘伟喊来，搞点香点起。"一会儿，传说中的刘伟出现在大家的面前。他带来一些木头的粉末，很虔诚地点燃，顿时整个房子香气绕梁，气氛肃然，于是雅就由然而生了。

檀香的气味让我记住了第一次见面的刘伟，缭绕的香气成为记忆名片。

刘伟果然不是等闲之辈，他好像来自另外的世界。

他很干净的脸上没有风尘与浊气。他常常穿唐装，却有汉服的某些味道。裤子是那种亚麻布的古代男子的宽裆裤。他的五官棱角分明，有传统戏剧的小生扮相，双目略微上挑，眉眼开阔疏朗，多有君子方正之相。

年前，我到清水塘刘伟工作室去请教我的新居家装设计。他的工作室极为雅致，有佛堂有茶座，各种陈设器物让人感觉那么温馨可人。这个工作室在清水塘的塘边，与一个世纪前的毛泽东旧居遥遥相对，这里是最能接湖湘地气的所在。"塘边上"是刘伟的主气场。

不久，罗成琰邀请唐浩明、刘伟和我参观他的新居，并由他做东于河西某酒楼聚餐。罗家新居的设计者刘伟就坐在我旁边，我看他吃素，感觉有点惊讶，难怪他脸上有一股子无法模仿的清气，干净过人。吃素的人我也见过，具有此等清气的就凤毛麟角了。

刘伟选择素食，是偶然也是缘分。很多年前，他随众造访梵净山，偶然吃素餐，感觉很舒服，从此就吃素了。

2012 年底，郭文光做东邀聚于尚书房，来的有刘伟、王小保，还有一位外地画家。我正好手上带了一个速写本，便让在座的各位献艺。郭文光画了现场速写，外地画家画了尚书房的桃源绣片，刘伟坐在长条桌的我的对角，画了一个我的速写，画得很好。我这才晓得刘伟的线描的功夫。后来我才知道，刘伟在 20 世纪 80 年代末去四川考研，两次夺得人物画专业考试的头筹，但是因为外语成绩未达线，失去了专门攻读人物画的机会，从此入行到设计领域。

2013 年春节前后，我换了手机，微信上从此有了刘伟的踪迹，刘伟在微信朋友圈发的状态成为我每天的必读之物。

他年前从苏州大学回长沙过寒假，每天都在微信朋友圈更新自己的状态。除夕那天，他带孩子听朋友弹奏古琴《潇湘水云》。大年初三，刘伟全家去浏阳大山里的宝盖寺礼佛、听经、吃素餐，刘伟给宝盖寺绘了大型的壁画。我从微信上看到了，感觉非常好，线条疏朗绵延，气韵悠长起伏，信手拈来的风景使寒冬里的宝盖寺禅壁生辉。

2013 年正月初二上午，刘伟在毛新建乡间的陶艺工作室发来有图有真相的微信，我发去语音，立马就有回复。刘伟与毛老师的声音即刻在耳边响起，毛老师的工作室场景通过刘伟发来的微信图片在手机上呈现。我们的欢乐，穿越空间无阻隔，即刻分享煞是开心。是日当晚，龚旭东请客聚餐尚书房，我抢先一步请刘伟在我的速写本上画上自画像，他的作品果然没令我失望，刘伟把自己画成一位游方僧人，身着大氅，一只鞋挂在禅杖上。超级棒！

席间我请刘伟夫妇为我做嵌名联，没想到夫妇间打起了擂台，9 点 40 分，刘伟写道：

叶从根底起

梦向心内生

10 点 17 分，刘伟的妻子徐天舒写道：

一叶一如来

千梦千山佛

徐天舒接着又出一联：

叶落彼岸花开

梦长相思人来

刘伟夫妇是神仙眷侣，都属虎，刘伟大一轮，两人算是前世修的夫妻。

为此，建筑设计师殷昆仑用五个字送刘伟："羡慕嫉妒恨。"艳羡之情，都在这五字之中。

席间，长条桌上搁着多双手，只有刘伟的手格外夺目，手是人的第二张脸。

我忍不住仔细欣赏了大家的手，就刘伟那双手很特别，手掌很大、很厚，手指长而匀称，干净饱满，奇人也！

于是，殷昆仑的"羡慕嫉妒恨"又来了。

之前几日，我在微信上看到刘伟把学生们带到牙科诊所上课，感觉奇怪，了解后才知道是在做牙科诊所设计的现场教学，带领学生进行深度参观并且以患者的身份体验治疗流程。真的是很有创意！

感谢刘伟常常在微信上发布一些图片，配上他的诗句，给我带来视觉的愉悦。刘伟是营造意境的高手，几朵枯萎的兰花只需几笔水墨便跃然纸上，"兰枯墨润笔生烟，影暖风寒笔如泉"这样的诗句也是信手拈来，二者相配，意境便出。

苏州听枫园的茶室，范氏宗祠的梅花，早达园的清气……

他题画的诗句皆出自自己的创作，如“红尘犹梦境，云水不知秋。癸巳年深秋行舟”等。写诗联句仿佛只要是中国人都会几下的本事，但是达到什么程度要看人来。虽然只看到刘伟很少的诗句，但他的诗情与境界已经显露无遗。诗的抑扬顿挫平仄韵律可以学，但境界却是无法学的。

是什么机缘让他得道，修炼到如此不凡的肉身与境界？我没有刻意去追寻。

刘伟对于长沙来说，应该是份福气，因为他懂得怎样珍惜城市的好。当年刘伟为火宫殿做设计，当时的领导要把火宫殿的牌坊移走。刘伟煞费苦心想要将牌坊保留下来，还专门写了一份文字报告通过自己的老师转呈给市长，最后火宫殿的牌坊成为文物原地不动，让文夕大火之后幸存的这一长沙古建筑得到保护。

刘伟为铜官窑做的整体设计，体现了他对于湖湘瑰宝的热爱。他用心做设计，让我们的文化遗产得到最大限度的保护与呈现。

一个有理想有信念的设计者；

一个脱俗的有静气的素食者；

一个知道惜物惜福，为保卫城市文化遗存竭尽心力的幕后艺术工作者。

长沙伢子刘伟是长沙的福气。

刘伟的静气讷言，说明他不浮躁，能守得住自己的精神气场。

2013 年 2 月 28 日于岳麓山下麓荫园

2015 年 4 月 12 日修订于深圳麓园之南

网友微评

三三（设计机构董事长，居长沙）： 我十几岁就认识了刘老师。他一直努力内求，是一个内心很安静的人。心静而能化外，这大概是叶老师能体会到刘老师的场的缘故。

刘伟： 叶梦老姐的文字质朴、清透，读来爽快。尤其是从一个名作家的眼中读到自己的另一番模样，真切地感受到一分关爱与呵护，令我由衷的喜悦。感恩。

何启明（银行行长，居长沙）： 这个必须转。因为刘伟，因为三三，因为叶老师。刘伟的场先是诱惑了三三，然后他们夫妻的场吸引了很多的朋友。这个场不仅外延在拓展，更重要的是内涵在升华。叶老师作为见证者，作为观察家和作家，已经非常准确地描述了刘伟的场。

梁占岩，1979年师从周思聪、卢从学习中国人物画；1990年结业于中央美术学院。国家一级美术师，中国美术家协会会员，曾为河北省美术家协会副主席，现为中国国家画院副院长、研究员。

梁占岩和他的画

透过他的眉眼，可以直接抵达他的内心。我见到梁占岩的那一刻，就有这样的感觉。

有的人，只需看一眼，基本上就可以掂出这个人心灵的重量。我喜欢与本色的人来往，和纯粹的人目光对视。

梁占岩大眉大眼，有燕赵侠士的身坯，一脸忠厚，属于中国男子的典型形象。在京城的中国画最高研究机构做专业画家的梁占岩，竟然有着一种宁静和恬淡，有着一种与当下这个尘土飞扬的世界保持距离的干净。

2003 年 1 月的一天，纪京宁领着我和王彦萍造访中国画研究院梁占岩画室。那天是周日，研究院的楼道里静悄悄的。这个紧靠北京西三环边的不太大的画室，竟然显得那么安静，就像一片远离尘嚣的净土。梁占岩沉溺在他的笔墨世界里，我们的来访显然打断了他正在进行的创作。

看他画画，感觉他是那么投入，只见彩墨翻飞，我们交谈没多久，他创作的两个古典人物已经跃然纸上了。快要画完的时候，他自言自语地说：“不错！”他对自己的画很满意。

梁占岩笔下的水墨人物，显现出他技巧的熟练，笔触的随意，创造的神气。

看梁占岩的画，使我想起莫言的《檀香刑》。这部作品要表达的精神和梁占岩的画有异曲同工之妙。梁占岩喜欢的小说是《百年孤独》。他笔下的人物，不论是古典的还是现代的，也是表现一种强悍的生命力，那些人物都好像是泥土里冒出来的，带有一种生命的原生力。他们是孤独的，他们心灵的悲戚或者欣喜，都向我传递了一种苍茫渺远的意境。

我注意看梁占岩笔下人物的眼睛，看似粗犷的写意与笔墨结构的人物，他们的眼睛都不一样，所有人物的鲜活都由极为简洁的笔墨和线条来刻画，并且表现得如此入骨。我甚至感觉，在看画的时候，画面的人物总是在注视着我。我甚至能够从每一个人物的眼睛里读出他们的心灵。即使是梁占岩画里的动物，我也感觉它们在看着我。那些动物，不论羊、牛或者狐狸，它们的眼睛是可以和人类交流的。

梁占岩厉害，这一招是很多画家所没有的。他笔下的人物都有自己的灵魂，都活了，永远地活在宣纸上了，这就是一个艺术家和画匠的区别。

我想，梁占岩对于这些人物是倾注了自己的感情的，他和他们之间已经心灵相通，只有用心体验下画出的人物才会有长久的艺术生命力，才会有永久的打动人心灵的艺术感染力。

不论梁占岩画的是矿工还是农民，他完全是用自己创造的笔墨语言，他构图之奇，完全超越了传统，想象的恣肆，笔墨的张力，展现了东方艺术最擅长的抽象与概括能力。他的构图违逆了真实的空间，他的想象打破了一切常规。笔墨的大胆，叫人惊叹。

他在《轮回》中给我们留下的那种空间关系，那些匍匐在朝圣路上的人，以及暗示轮回的由交错回路编织的空间，构图至奇，颇具大师风范。

我想也许梁占岩的骨子里是悲凉的。他对生命的关注，表现在他所有画作的题材里面。把他的所有作品（包括产生很大影响的连环画《老井》）都加在一起，他塑造的众多人物，就像一部史诗般的中国人物长卷，也同时是一个艺术家的心灵史连载。

梁占岩无疑是述说体验与描述心灵的高手。画家营造的画面很多属于心灵体验的场景。我看到《逝梦》《沉寂》《浮图》《梦影》这些画面的时候，有心惊的感觉，这些作品注重心灵，服从主观的感觉。作品具有的精神品格就更加突出。

梁占岩表现北方农民的作品，特别厚重，有泥土的气息，那些人物仿佛长到他的骨子里了，表现农民群像的《北方》《红船》，人物和场景浑然一体。

他还有一部分表现农村题材的作品，我更加喜欢，比如有他童年记忆的作品《幻路》。这个画面再现了画家铭刻在记忆最深处的场景：黑夜里牵着牛、背着犁的农民的背影，牛的眼睛，在昏朦的月光下发白的土路和发暗的脚迹，在黑暗中想象的狐狸的幻影。这幅画给我留下了极为深刻的印象。夜晚农村场景的神秘、虚幻跃然纸上。我想，没有童年生活体验的人就很难有这样的笔墨。梁占岩表现童年体验的画达到了一种一般人难以超越的极致。

我还喜欢读梁占岩的老农民系列。他画过很多农民。他对农民的关注不仅是其劳作的艰辛。《雷电下的一张脸》《熟悉的面孔》《祖孙》《得闲老三》里的老农民让人感觉沧桑，看画可以走近他们的悲欢，透过笔墨可以看到他们灵魂的底色。只有画家对于农民有特别的感情，描摹他们的作品才会有如此强的感染力。

看梁占岩创作的一组西藏人物，我为他画面构图的大胆而惊叹。梁占岩身上保留着一种天才的创造力，正是这些原生的创造力，使梁占岩的创作有了完全不同于别人的图式。这样的图式是别人完全无法模仿的。

梁占岩的人物来自生活，以及对于生活的体验，但不是对于生活的摹写。他的创造使我感觉其心里面有一种元气，这种勃发的元气通过水墨向周遭的空气播散生命的芬芳。我感觉梁占岩的画给我们的不仅仅是一种审美、一种愉悦，更是一种心灵的震撼、一种分享创造的欣喜。

梁占岩学画画不是从美术学校开始，而是受家乡艺术氛围的影响。梁占岩在年画之乡的武强长大。武强对于他的生命是一个特别的场，因为那里是最早启发他艺术天分的摇篮。武强有着典型的中原文化，民风淳朴，传统底蕴深厚。武强年画形式感非常强烈，线条非常硬，色彩是黑、白、红、黄几种原色，有视觉的冲击力。对于梁占岩来说，家乡武强是一块艺术的福地。

梁占岩对于当代中国画的贡献在于作品的当代性。他贴近人的心灵，表现的是人的精神与生存的现状。他有一颗悲悯的心，也就是我们常常说的人文关怀。

他在20世纪90年代末到21世纪以来的一系列新作，表现了更高的境界，体现了精神层面的超越。粉色祥云下巨大的莲，像草绳一样的树，静坐远望的古人，那些画面唤起我一种久违的悠远平和的古意。那耐人回味的禅意，让人享受着无法言说的东方文化的甘甜。

梁占岩创作的这些文人，我看到的是脱离并超越了传统文人画的笔墨图式。

一个勇于创造的人永远不会让人失望，我总是在等待着梁占岩再一次撼动我心灵的水墨佳构。

2009年于岳麓山下

网友微评

成佩（美术史博士，现居东京）：真是惊异叶梦老师与全国美术界这么有缘分！每一个画家的自画像就像一扇窗，一经打开，立马就出现了一个叶梦镜像的画坛世象，人人风采自呈，个个别具质感！

黄湘咏（银行职员，居长沙）：叶老师，您这是“凤眼看百家”啊！就像一个艺术导游引领我们饱览百家，不仅欣赏他们的艺术作品，仰视他们的艺术成就和作品特质，授人以渔，教授我们欣赏视野、角度、方法，而且引领我们直抵艺术家的心灵，让我们在享受艺术时，接受一次心灵洗礼和深度的艺术欣赏教化！

刘桦（公务员，居益阳）：特别喜欢叶梦老师的《百手联弹》，每篇都是那么引人入胜，一打开看就欲罢不能。您的文字何尝不是也让我们感到了技巧的熟练、笔触的随意、创造的神奇呐！看完总是让人拍案叫绝！

崔建平（艺术鉴赏评论者，居长沙）：叶梦老师的文章是用心写的，感触如刻刀入木三分。她评说画家的画作仿佛是自己的生命在演绎、在激扬，非耗尽全部的自我不可！

黄玲（中文系教授，居昆明）：连续有朋友问我，为什么你朋友圈很少有动静的你，这几天一直在转叶梦专栏之《百手联弹》？是不是认识这些画家？统一回复：我不认识画家。我只是认识叶梦老师。我喜欢她体现在这一系列文章里的对某一画面、场景的独特感悟力和准确表现力。因为有些我能看到却感觉不到，有些我能感觉到却表达不出来，有些我能表达出来却表达得不这么灵动准确。我想到楼肇明老师谈叶梦老师的思维特点所用的词：“巫性思维”，这个词为叶老师而造，真是太到位了。一一点评这么多风格流派各异的画作、画家，不具备巫性思维怎行？！

郑爽，版画家，1953年考入中央美院附中，1962年毕业于中央美院版画系，擅长水印木刻，曾任中国美术家协会理事，广东美术家协会副主席，广东美术学院教授。作品『黑牡丹白牡丹』曾经获第六届全国美展银奖。

清雅的白牡丹

我有一套美术明信片，已经保存很多年了，一直舍不得把它们寄出去，是因为我特别喜欢明信片上那一套水印木刻花卉画。那些静静的花有牡丹、绣球、槟榔树花和野菊花等。即使是牡丹，也一点没有工笔牡丹的那种富贵与俗，只有一股如兰的清雅之气。

那套明信片就放在放零星什物的小抽屉里，我每天拿电话簿或取小剪刀时总能见到它。明信片的背后印有极小的作者名字：郑爽。于是，我与郑爽这两个字相识多年。

1996 年的某个早晨，我突然从早间“东方时空”电视节目中见到了十分熟悉的水印木刻花卉。过了一会儿，屏幕上出现了画家郑爽。她的声音很好听，娓娓而谈，气质优雅，举止不俗，与她笔下的花十分合拍。我就这样在毫无准备的情况下见到了名字相熟 10 年的女画家郑爽。她是我想象中的模样，又让我突然想到了另外一种花卉——兰。

通过电视屏幕，郑爽给我们传达了她气质如兰的女性芬芳。尽管特写镜头告诉了我们郑爽的年龄，但她永远是美丽的。这一天早晨给了我与郑爽认识的契机。我当即提笔写信约稿，信一发出很快便得到了郑爽的回信和电话。我收到了她寄给我的《郑爽版画选》，牡丹花又见面了。我喜欢郑爽笔下的花、树、静物、女人和猫，也喜欢郑爽为自己的画题写的诗。中国艺坛因有了一位优秀版画家，而失去了一位诗人。那些诗与画是那样的契合，为人描述了一种宁静的美，传达了一种精神的滋养。廖冰兄在这本画册的序言中谈到郑爽作品的魅力，提出“郑派版画”的概念。廖冰兄称郑爽是善作无声诗的版画家。郑爽的版画在第六届全国美展中同时夺得两枚银牌。这在5年一届的全国美展中实属罕见。

郑爽的版画中常常有猫，她是一个爱猫族。郑爽为一个儿童刊物撰写的“猫的故事”系列，使我们认识了她家的袅妮、嘎嘎和蒙蒙，知道了这三只猫和鸭子之间许多有趣的事儿。

我还看到过一帧郑爽给出生几天的弃猫蒙蒙喂奶的照片。她自制的特小号奶瓶是一个塑料眼药水瓶，奶嘴是一个自行车气门软管。因为有了郑爽的精心照料，才会有白猫蒙蒙的生命延续。

因有这广博的爱心，郑爽笔下的万物才有了灵性。

直到我读郑爽的《无悔的人生》，才知道她的身世。她原来是皇帝的老师，清末书法家、诗人郑孝胥的曾孙女，中国末代皇帝溥仪是她的亲舅舅。

难怪郑爽擅作诗。即使她画的画，也都是诗的意境。

她的皇帝舅舅没有给她带来任何好处，更多的是尴尬。大学时期她参加下乡劳动，正在山上干活时忽然听到对面山上唱山歌：“我们村里来了一个大学生，她是溥仪皇帝的外甥女儿……”郑爽听了大吃一惊，只装作没听见，硬着头皮不承认。可是当她离开村子那天，她遇到这样一件事，她写道：“忽然有个老实巴交的农民拿了一包红枣结结巴巴地说：‘这点红枣您带给皇上……东西不多……是俺们的心意……他老人家吃了不少苦……’我的脑子‘轰’的一下，脸也红了，忙说：‘不要，不要，您可千万别这样……我谢谢您了……我回去转告给他……’说完我才意识到我在慌忙中竟自己承认了！”

溥仪皇帝和郑孝胥与郑爽有直接的血缘关系，尽管她原本是一朵皇家庭院里的富贵牡丹，但她用毕生的努力证明了自己。她对中国版画的特殊贡献，她所开创的郑派版画风，将在中国美术史上留下位置。

我感觉郑爽就是她画笔下的那朵清雅的白牡丹。

1999 年编入湖南美术出版社出版的《女画家散文》

补　记

依然温润如玉

我 2013 年搬家后找不到电话本了，与郑爽的联系便中断了几年。当广州美院的陈卫和教授辗转帮我找到郑爽的电话号码时，电话本却意外神奇地出现了。接通郑爽电话，熟悉的声音、温暖的气息扑面而来。

郑爽今年 80 岁了，还能开车，家里还有 6 只猫。电话里的她精气神都很足，最重要的是她还开通了微信！郑爽仿佛又近在咫尺了。

自从 1996 年联系上郑爽之后，每逢新年前，我都能收到郑爽的手制贺卡。她的贺卡，有时候是手绘，有时候用干花制作。她手巧，用南国干花和叶贴在卡纸上，用银色笔签名写上祝福的话，然后加膜热烫固定。郑爽的贺卡，传达的不仅仅是新年祝贺，更重要的是通过她的手作让我感觉她的温暖。我几次收到她出版的新书，其中《猫的故事》是一本装帧极其精美的书，图文都是我的最爱。郑爽笔下的蒙蒙、嘎嘎、袅妮，它们都是猫界的精灵。那些文字带给我无限的快乐。

2005 年 1 月 10 日，我在郑爽家度过了一个愉快的上午。她家的阳台爬满高低错落的花木，难怪郑爽的版画大都取材南国的花，阳台就像是丛林一角。

郑爽抱着猫，坐在靠近阳台的藤椅上。阳光透过花和藤蔓洒在阳台上，她的笑容是那么满足而快乐。那时，她快满七十了，依旧那么美，披肩发用一只发夹绾了起来，毛衣外面套了一件外套。她的气色很好，肤色白，脸上几乎没有什么皱纹，最多像五十来岁的人。她身后的墙上，正好是她的版画作品《牡丹花》。

郑爽初中毕业进入中央美院附中学习，后来在中央美院版画系一直待到研究生毕业。中美长达十年的专业学习，一代名师的熏陶指点，郑爽的艺术经历难以复制。

她年近古稀，有本科的教学任务，还带研究生。因为在郊区租有画室，她常常开车去画室做版画。有一次，她在广州街上走着，有一个打劫的夺过她的包就跑，郑爽返身去追，硬是把包夺回了。没有想到她居然这么神勇！

客厅的墙上，除了挂着郑爽的版画，还挂着她用干花图案制作的一张张大画。任何植物，一旦到了她手上，就有了永恒的灵性。

书柜的边缘，还放着一些迷你小彩陶罐子，好些罐子是她自己亲手做的。

看到这些小彩陶罐，我忍不住问："郑老师，您也搞一点收藏吗？"郑爽说："我不收藏，小时候见过的东西很多的。"这个时候，我才想起郑爽是末代皇帝溥仪的外甥女。

郑爽的版画，是我很多年来最爱的艺术品，她拿出一叠版画，让我挑一张。我挑了试印标记为AP的那一张《都是好猫》，油墨色重一点，与众不同。为了这一张画，我特意定做了一个框子，画芯被嵌入较厚的卡纸，我非常喜欢这幅画，现在就放在我目能所及的画案上。

那天临近中午，恰逢猫咪们开饭，厨房地上摆开一排五个猫食盆，猫咪们很守纪律，饭盆周围干干净净的。

猫咪们都是郑爽的心肝宝贝，她一会抱抱这个，一会抱抱那个，还在床上给最小的那只猫咪穿了一件马甲，看她拿着猫咪的手（前爪）摆Pose，一脸的慈爱。

距郑爽进入中央美院附中已经过去六十多年，今年八十岁的她，内心依然是那个美院附中的少年。

2015 年 10 月于长沙

网友微评

潘吾华（画家，教授，居北京）：郑爽真诚、可爱、友善。用慧眼发现生活自然之美，画作特具个人风范，深受人们喜爱，赞美郑爽！

王小保（景观设计师，居长沙）：郑爽的出身、性情、对艺术的修为，成就了一朵艺术奇葩。

黄玲（中文系教授，居昆明）：20 世纪 90 年代叶梦的女性散文曾经风靡文坛，令人迷醉。如今读她的文化随笔，如品香茗，醇香如故。

张娜（画家，居北京）：叶梦的这篇文章写得非常好，自然的流露、情感的交融，很是温馨及美妙，写的人物准确而朴实。通过这篇文章，我感觉到了这位艺术家的可贵之处——低调与内心的美丽。作品表达纯洁、凝炼，具有内涵美，色彩高雅，具有个性，这跟一个人的品质和修养是分不开的。

丹凤朝阳（资深媒体人，居长沙）：此郑爽，非六零后演员郑爽，也非九零后当红明星郑爽，她是版画家，成就在相对寂静的艺术世界。同一名字，三个人，三种大众知名度，或许可见娱乐主宰了世界的审美，若有一种艺术不参与狂欢，它便独立于庸俗之外，获得隽永的生命力。

郑小娟（画家，居长沙）：典雅平和爽朗的郑爽。我去她家三次，每次都有新的感觉，她总是那样的年轻。

潘缨：80 岁依然又美又帅又酷的女画家！看看中国真正的贵族！

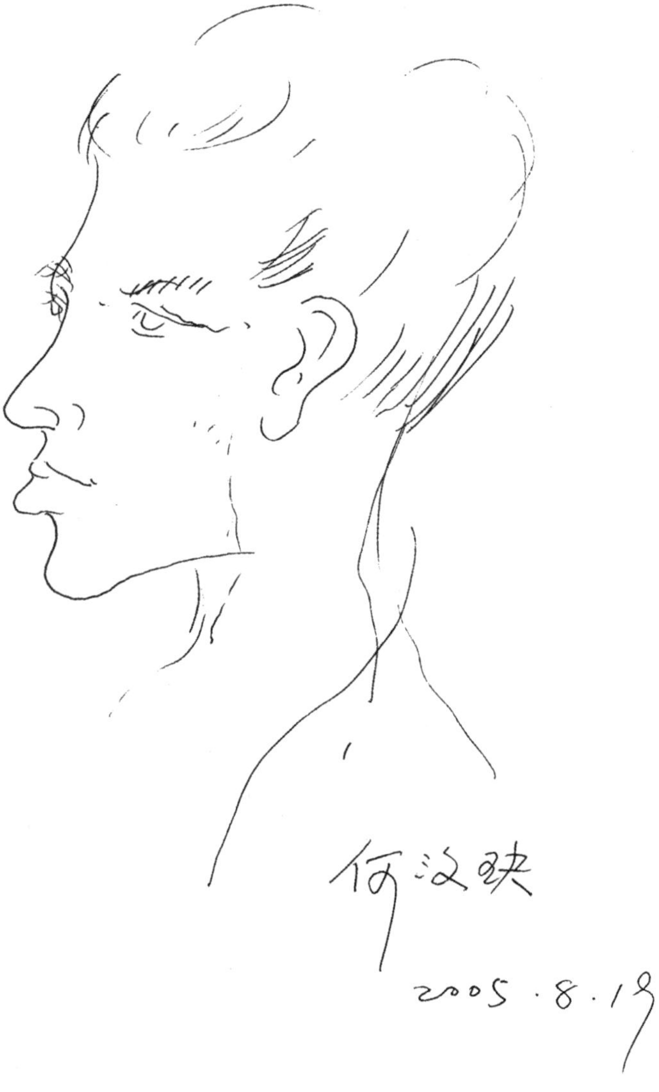

何汶玦，深圳大学现代设计系、中央美术学院第九届油画高研班毕业，吉林艺术学院硕士研究生。现为中国美术家协会会员，中国油画家学会会员。代表作品有「水」「看电影」「日常影像」「人物肖像」四个系列。作品已被中国美术馆，浙江博物馆、上海多伦多美术馆、德国奥布莱特美术馆、比利时Vanhaerent美术馆、印尼余德耀美术馆等海内外众多美术馆收藏。

记忆与影像

第50弹 何汶玦

这位做沉思状的清瘦青年，他是何汶玦吗？

2005年夏天，我到北京费家村看望李路明。路明带我参观了费家村所有的工作室。第一次见到何汶玦，我从他有些飘忽的眼神里看到掠过的一丝惶然与忧郁。这是一个内心温厚敏感的人。在那个潮流涌动波诡云谲的年代，艺术家常常有挥之不去的焦虑与不安。不知谁告诉我，何汶玦的姐姐给他在望京买了房子，与北漂的艺术家有较多的清苦与焦虑相比，何汶玦有一份难得的闲散与淡定。当时，我拿出随身携带的速写本，请何汶玦画了自画像。何汶玦出手很快，几笔线条就画好了，他对于速写自己胸有成竹。

拿十年前的何汶玦自画像与当下的何汶玦相比，你能够感觉到的是十年巨变。当年那个俊逸的年轻人体形加厚了一个圈，当年初露头角的北漂年轻画家如今已是声名横跨时尚界与艺术界的知名艺术家。

我坚持对何汶玦不做任何形式的采访，只通过微信关注，依靠直觉去解读，藉此试图走近何汶玦的艺术以及精神世界。

记得十年前在费家村何汶玦工作室，我看到了他的“水”系列多幅作品，心里咯噔了一下，多幅尺寸较大的油画，都属一个系列。看到在蓝色的水里游泳的各种姿势的人，我马上想到了方力钧，选择这个系列确实需要勇气，首先要与方力钧拉开距离。当年，各种美术思潮争相涌动。他画的这个系列与当时潮流均有不同。也许正是由于这样的不同，何汶玦的作品才避免与他人题材撞车，也避免了被潮流所裹挟以至最后淹没于无声。整个画室都是“水”系列作品，满目都是在蔚蓝的水里以各式各样姿态游泳的人。我对这些画印象很深。现在看来，何汶玦选择了“水”系列是聪明之举，不管是具象还是抽象，在各种艺术大潮过后，作品还是要经得起岁月检阅。“水”系列作品之一获得了全国美展银奖，这也是对何汶玦艺术探索价值的认可。

“水”系列是何汶玦系列作品的开山之作。水里的人是一个符号，波光潋滟的画面表达的是一种氛围，一种意境，一种可以自由放松演绎心灵的背景。这样的图景给人一种极大的空间与想象的疆域。这些画面给一个内心敏感的画家自由畅达的表达提供了场景，也极富抒情意味。

何汶玦后来的“看电影”系列，我感觉很好。他不是复制影像，而是把电影故事影像在脑海中飘浮的记忆记录下来，这样恍若梦境的画面很容易引发人们的共鸣，勾起人们的记忆，给人一种难忘的意味深长的温暖。从“水”系列到“看电影”系列，何汶玦找到了一种最能表现自己心灵记忆的方式。电影是何汶玦走向艺术的一个重要契机与媒介。在电影院长大的何汶玦，从小帮妈妈画电影海报，电影的形式与内容被植入了他的成长，也是记忆里的重要痕迹。何汶玦把电影里的经典场景在记忆里还原出来，恰好契合了这个时代的记忆共鸣。这恰恰是艺术的魅力所在。何汶玦后来的“人像”系列作品一出现就产生了跨界影响，何汶玦所选择的对象大都是大众关注度高的人物，这个系列给创作者带来了许多局限。何汶玦大胆诠释经典，收到了意外的效果，其中影响大者当属《世纪晚宴》。这件作品引用了达·芬奇《最后的晚餐》中的场景格局，除了象征犹大与耶稣的两个人物，他另外还邀请11位名流参加画布上的盛宴。这件作品实际上像一场表演或游戏，何汶玦是这场戏的导演。背景、表情以及盛宴气氛的营造全部由何汶玦来完成，这给他的自由创作带来了空间。从不自由到走向自由，他大胆迈出了第一步。因为局中人的形象都是大家熟悉的，他们均是来自娱乐界、商界、IT界的达人，用当下人物来演绎经典作品，这个创意还蛮有意思。也许，这件作品不仅仅被看做一件绘画作品，它更多地被当作一个事件，一个画布上的Party。何汶玦把11位名流邀请来参与画中的布景，被当作一个新闻抑或是娱乐事件，从《最后的晚餐》到《世纪晚宴》，让艺术与当下时代风潮紧密结合，作品的当代性诠释引发了很多话题。

“日常影像”系列再次拓展了题材，何汶玦为自己打开了一扇更加开阔的门。他把日常留在记忆中的场景人物沉淀过滤，再现在画布上。这样一来，他的创作题材几乎可以无所不包，各种题材都可以囊括于系列之中。“日常影像”系列选入的画面也是常人所熟知的一些场景，经过何汶玦的画布过滤与色彩重构，我们可以走入日常影像的另外一面，这些场景的主观化表现，让人们从作品中找到另外的视觉快感。

从“水”系列、“看电影”系列、“人像”系列到“日常影像”系列，何汶玦十多年的探索，积累了丰厚的作品。我看一个艺术家的成功，主要是看他是否获得了心灵与创作的自由。

自从去年微信联系上何汶玦之后，经过一年多的微信交流，我才渐渐走近了何汶玦，渐渐从他的微信碎片中熟知了其状态。这个已经在我的速写本上待了十年的何汶玦，开始变得鲜活起来。

我见证了他的工作室从筹建到装修直至落成的全过程，巨大的工作室就像一个小型的美术馆，陈列有他各个时期的作品，以及一些中国古代艺术品，还有一台电影放映机。最让我感动的是何汶玦在工作室陈列着他妈妈的信，我看了颇受感动。

何汶玦是被时尚界关注的艺术家，与时尚界常有合作，我们经常可以在时尚圈炫目的 Party 中看到他的身影。他也常常现身于京城各类展览。何汶玦的“水”系列油画作品做成了多款丝巾，这些丝巾披戴在模特的身上，产生了意想不到的效果。

今天的何汶玦无疑是一颗耀眼的新星，他的作品已经得到国内外艺术界的认可，按照当下的标准，何汶玦无疑是成功的青年艺术家。

何汶玦出身于艺术之家，妈妈是电影公司的美术工作者，其作品参加过省里的美术展。父亲爱好文学，有不少散文作品。姐姐是服装设计实业家，弟弟是一位诗人。

何汶玦五岁开始画画，少年时他就和姐姐一起帮助妈妈画电影海报。何汶玦的妈妈在 20 世纪 80 年代给自家设计的住宅名曰“玥好楼”，玥好楼有为何汶玦准备的房间，名曰“汶玦书屋”。

有一天何汶玦在微信上晒了母亲的画作，左汉中老师回复说：N 年前，何汶玦的妈妈周伶创作的油画入选湖南省的美术展，最后还在中国美术馆展出。

还有一天，我看到何汶玦把弟弟何汶玦写的诗贴在微信上，读了之后觉得确实写得不错。

今年清明节前，何汶玦在微信上发了一张照片：他新买的蓝色福特猛禽。接着他开着他的“蓝精灵”回家乡为父亲扫墓。

有一天，我在微信上看到何汶玦发的一张参观美术馆的小朋友的集体照片，照片虽小，但我从几十个小朋友中一眼便认出了何汶玦的女儿宝儿。宝儿宽阔的前额明显与何汶玦一脉相承。

清明何汶玦回乡，发小请他到当地农家乐吃饭，他看到农家乐的铁笼里关有野生保护动物，心中不忍，感到动物保护意识的普及要从自己做起。

我认为一个艺术家成功的标志，不仅仅是当下这些炫目的一切。

不管艺术界如何评价，何汶玦的内心始终是清醒的。从他处理人际关系上看得出他内心的真诚与善良。从东营到宋庄，他对于艺术青年的提携与关注，有口皆碑。这不是所有人能做到的。即便微信朋友圈中名不见经传的毛头小伙与大爷嫔驰，只要所发内容事关画画，何汶玦都尽可能关注点赞。为人礼貌周到源自于内心的修养，是无法装的。

今年年初，何汶玦特意从北京赶来长沙，参加青年画家刘艳的个人展览开幕式，并为她撰写个人展前言。

去年下半年以来，何汶玦一直呆在景德镇，埋头创作他的新系列。这些作品，我在何汶玦创作过程的微信连播中有所了解，对探索中的艰辛与努力也略知一二。作品完成以后，效果果然很震撼。

2015 年是何汶玦创作丰收的一年，对于他的艺术创作，也是一个新的起点年，上海与石家庄的何汶玦作品巡回展都搞得有声有色。特别是 2015 年 12 月 13 日何汶玦在白盒子艺术馆的个人展，以崭新的面貌出现，没有往常的架上绘画，呈现的全部是最新创作的装置与雕塑，视觉的效果在艺术界的反响很大。

何汶玦在 2016 年 1 月 4 日写了这样一条微信：现在看到一些年轻人爱慕虚荣、急功近利，有时我很反感。但一回想我以前不是也一样么？我上大学是在南方的一所沿海城市，因改革开放的早，更加催化了金钱对这个城市所有人的诱惑。我也不例外，哪怕口袋里一分没有，也要倾其所有穿所谓的“名牌”，满足那浅浅的虚荣心，生怕别人看不上你。我根本无心念书，班上同学也都商讨什么东西能赚钱。其实越想越没有，因为你一没本钱二没本事，且也不是富二代，钱怎么会到你这儿来？唯一的途径就是脚踏实地，一步一个脚印，你慢慢就会“鹤立鸡群”。

除了勤奋、乡土背景、家学、先天禀赋以及内心的善良与沉稳，情商高也是何汶玦成功的秘诀。从美术界师友到画商到时尚与新闻界的各色人等，都愿意与何汶玦合作。与他打交道大家感觉很舒服。

因为情商高，画画得好，何汶玦总会在关键时刻遇到贵人，而这些人他都不会忘记。

我鄙视世俗的成功学，不以所谓成功论英雄。我以为，能否获得心灵与艺术的自由乃是成功的高下与否。我认为何汶玦的精神世界饱满且元气充沛，他获得物质上的自由后，便全身心地走向艺术自由之境。下次去北京，我一定要去看看微信中早已熟悉的何汶玦那座高大上的宋庄工作室。

期待他的下一个系列！

2015 年 5 月 20 日初稿于长沙

2016 年 1 月 6 日修订于深圳

网友微评

何汶玦：整整十年了，弹指一挥间，我从俊朗清秀的青年到了体态臃肿的中年。谢谢叶梦老师的文章，让我回想起青春的美好。

叶明华（会计，居常德）：叶梦在《百手联弹》专栏中对何汶玦的记载，从家庭及每一位家庭成员对他儿时的影响、引导，到成年后自身的努力创新，以及成家后小家的描述，都如数家珍，无一不渗透着对年轻一代艺术家的殷切期望和由衷关爱。作文与作画看似是不同领域里的两种表现模式，但在情感上所达到的效果却是那么相得益彰。

何鹏（当代艺术中心理事长）：又读叶老师写的何汶玦，想起与何汶玦的一些往事来。在当代艺术圈，我与何汶玦相识算早的。2009 年月湖时（那时还叫千年时间）的第一个展览他就参加了。之后这位家门老兄就一直对我鞭策有加。一直以来，我都认为他非常成功。他的成功缘于他的“透彻”，对艺术、对市场、对人、对事都看得透。所以他的“鞭策”于我来说，是非常有价值的。几年前，曾有一个湖南的记者妹妹去宋庄采访何汶玦，他老兄是想怎么说就怎么说，把艺术和艺术家讲了个透。记者妹妹回来把采访内容给我看，发愁说不敢写了。我只好按我对何汶玦的认识，帮她重新整理了采访稿。稿子发出来后，我在北京碰到何汶玦，我问他看了没有，他说：“看了，很好，吹棒得很好！”哈哈，他就是这样子的人。

成佩（美术史博士，现居东京）：写何汶玦，叶梦老师显出了她极凌厉、冷峻、犀利的一面以及她的先锋性来。她对 20 世纪 80 年代以来这 30 余年的艺术江湖的剖析，原来是这样不动声色的深刻。

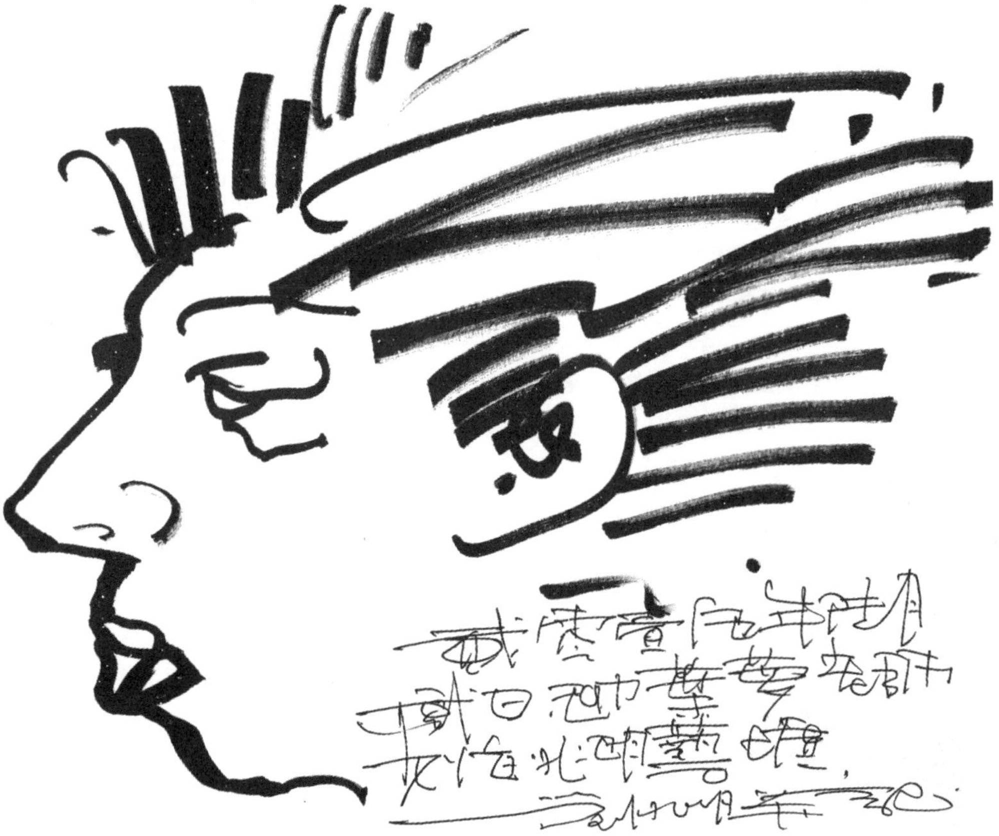

刘兆明，长沙理工大学教授、长沙市铜官兆明艺墟工作室主持人。湖南省美术家协会陶瓷艺术委员会副主任，湖南省包装联合会常务委员，湖南省设计艺术家协会环境艺术委员会委员，陶艺作品获得中国工艺美术协会、中国陶瓷协会、湖南省工艺美术协会金、银、铜奖20多次。

把梦安置在铜官

第51弹

刘兆明

长沙古镇铜官是千年古窑的所在地，古代陶都，烟火鼎盛于唐代，之后绵延千年。可是新时期以来，陶业逐渐凋零，古老的铜官老街几乎成为一条死街。

2010 年，铜官重新建设开放之前，古镇依然很寂静。每到夜晚，已经修复的花岗石铺地的街道上空无一人，只有一对夫妇和一只狗在路灯的倒影下逶迤而行。那是扎根铜官的艺术家刘兆明教授夫妇。

刘兆明在大学教授设计课程，但痴迷于绘画陶艺创作，做过很多陶艺作品，画过很多水粉画、油画。最近看到刘兆明的风景速写，非常惊讶，他在同一风景点会用不同的手法画多幅速写，每一种画法都很有味。早些年，通过公开拍卖买下铜官镇一家破烂的临街厂房，经过几年的艰苦努力，他把破厂房变成了规模不小的兆明艺墟工作室，一个具有多功能的艺术空间。

这间陶艺工作室实际上是一件非常了不起的室内设计作品，在我看来可以作为设计的教科书作品，空间每一处细节都耐人寻味，让人流连忘返。

兆明的工作室，保留了原来铜官镇工厂的遗迹，保留了铜官童车厂的招牌，进门的楼梯处还保留着 1986 年、1998 年洪水时水淹的印迹，并且做了注释铭牌，很有历史感。墙上多处留有那个“工业学大庆”时代的文字痕迹。刘兆明就地取材，把千多平方米的空间装饰得美轮美奂，让所有去参观的艺术家交口称赞，大家亦从他的每一处设计中得到灵感与启发。

原来古老的天井、苔藓、寄生在墙缝中的绿树都被保留下来，成为一道风景。他在捡来的各种残次品陶罐陶盆中种满各色绿色植物，不花钱，实际上比买的花盆漂亮多了。铜官这样的残次窑货遍地都是，没有人要，一旦被刘兆明捡起，就成为很好的花器和装置。铜官窑生产各式各样的陶品，刘兆明会把那些有窑变的买下来，铜官人很不解，后来才知道刘老师收的烧废了的陶器原来是珍贵的难得的窑变陶器。从此，刘老师成为铜官镇的风向标，铜官街上到处都有窑货，坛坛罐罐，不值钱也没有人看得上的，只要刘兆明出手，马上就金贵起来。铜官各个时代好多报废处理的陶瓷工艺品、日用品都被他收来作为各种花器与摆设。他还收了一只当地的大龙舟，切割成为装置艺术，作为工作室陈列的陶艺作品。

兆明艺墟工作室，是刘兆明的一个室内设计力作，一个设计典范，刘兆明借此实现了自己的设计梦想。我曾经多次带朋友去参观，大家对他的设计都崇拜得五体投地。经过几年的设计改造，目前兆明艺墟工作室在铜官是功能最全、设计最美的陶艺工作室，有多个展览空间，有容纳数十人制作陶艺的空间，有自己的烧陶窑炉，有茶室客房，功能齐全，甚至有烧柴取暖的壁炉。后栋二楼陈列有刘兆明的油画和水粉画专场展示。

每一次来刘兆明工作室，都会有很多新的发现，在修复装修完成之后，刘兆明开始了多个系列的创作尝试，最近的这次铜官之行，发现刘兆明的工作室陈列了很多他获各类大奖的陶艺作品，其中《唐陶今品》用唐代铜官窑经典古老的器型做刻画，即兴创作，各种各样的纹饰图案给古老的器型带来新的视觉感受。《唐陶雅品》进行了器型、釉色、绘画的全方位创新。用唐代铜官窑图案进行现代设计和装饰，使用哑光釉料烧制工艺。装饰纹样是唐代铜官窑产品纹样的重组和创新，采得作品具有唐代的文化底蕴，同时又有现代的艺术和工艺，大气古朴，格调高雅。

《陶品瓷烧》使用铜官本地的陶土做基础，结合景德镇的瓷制工艺，跨地域品种嫁接，创造出陶与瓷结合的艺术品。因为有陶的质朴和瓷的典雅，又有瓷的洁白细腻的效果，故名为陶品瓷烧。

《构筑》是刘兆明的一件当代陶艺作品，作品中间使用一块从老窑里收集的带有“窑汗”的老窑砖，将建筑的构件制作于陶艺作品中，其中一些纹理是从中国徽派建筑的雕花板上印模下来的。这是一件将建筑与陶艺结合、传统与现代结合、具有大胆创新意识的当代陶艺作品。

《瓷与陶的对话》是用景德镇的瓷泥作品与陶合烧而成。刘兆明的这件作品构思奇特，有建筑的元素，有瓷与陶的元素，让来参观的外国专家大为惊叹！艺术不需要翻译，有人看懂了作品，对于刘兆明来说是一件最为快乐的事。

刘兆明是铜官窑陶艺走向现代的一位重要艺术家，落户铜官，对于刘兆明是一种缘分与机遇。铜官的地气与传承让刘兆明迷恋。他又是一个立志于创新的艺术家。他不是工匠而是研究型的陶艺家，他把自己绘画雕塑的造型能力与铜官古老的陶艺传承结合起来，为铜官窑古老的艺术走向现代做出了默默的奉献。他的创新作品一旦出窑，就会有高端的收藏者守候定购。

到铜官置业落户，是刘兆明生命中的一场豪赌。他收入不丰，却把全部家当投入工作室建设。铜官远离都市，所有施工人力费用都比城市贵，由于财力有限，每一项施工改造都必须亲力亲为，极度劳累与资金短缺，曾经一度让他殚精竭虑，耗尽积蓄。我在他的装修近尾声的时候去看过，我真担心啊！场面这么大，要钱要精力啊！他真是把命都赌上了，真的不晓得他吃了多少苦。

刘兆明说：“叶老师我告诉你，很累的时候，吃两个糖水煮荷包蛋，我妈妈说的。我吃了，果然很累都挺过来了！”

刘兆明骨子里是一个诗人。

2010年11月，他在看过我的个人摄影展之后立即去四川、云南写生，当天就在旅途中把看我摄影展的感受写成诗歌发给我，我颇为惊讶！他一路舟车劳顿，之后的多天，几乎每到一地就写诗，天天用手机发诗给我看。我的手机短信信箱都快爆棚了。

看得出刘兆明每到一处，心里都涌出无限的激情，从山川风物到历史人物，无所不包。激情凝为诗歌，记录在手机上。旅途中从铁轨想起当年修建湘黔铁路牺牲的同学；偶遇车上的青年学子，会深深关注她的去处，像父亲一样给她一份关心；行至某处，当地的历史人物也会让刘兆明感动，调动起正义感、良知，即兴写诗于手机上。所有的诗作，字里行间透露着刘兆明的善良纯真。

刘兆明的人生与铜官古老陶艺的传承创新紧密联系在一起，走在铜官街上，从古朴的陶制门牌到沿街的陶花盆设计，皆独具匠心，老码头守风亭的木船设计、云母山游道的设计，原陶瓷八厂艺术园区的景观设计，无不渗透着刘兆明对铜官的感情。

登上刘兆明设计的观景台，湘江蜿蜒环绕古镇，鳞次栉比的屋宇、古老的厂房、巨大的烟囱，让我们感觉刘兆明与铜官已经凝为一体了。

把铜官作为安置自己的梦的地方，这个空间足够让刘兆明的梦想飞翔。铜官也因为刘兆明的入驻，给当地的匠人带来了清新之风。他多项获奖的陶艺作品，以及工作室的设计实践，为铜官增添了当代艺术浓墨重彩的一笔。

网友微评

毛新建（陶艺家，居长沙）：刘兆明是铜官窑陶艺走向现代的一位重要艺术家，落户铜官，对于刘兆明本人和铜官都是一种缘分与机遇。

李晓阳（公务员，居长沙）：无须走远，百花盛开！听叶梦老师“百手联弹”，读三界五行诸君趣闻妙论，乃人生一大幸事，想想也是醉了！

李晓东（教师，居长沙）：刘老师的行动力着实了得，陶艺已经融入他的生命，我曾私下与朋友说刘老师是“铜官之光”。

肖小裘（教师、雕塑家，居长沙）：刘兆明教授是铜官的一个崭新的符号和亮点。

李立芳（大学教师，居长沙）：铜官因有兆明艺墟而更精彩。学院派的融入为铜官输入了新鲜血液。

吴湘云，画家。1984年结业于南京艺术学院，1994受聘于南京书画院，喜欢画画写写走走看看。

第52弹 吴湘云

吴湘云的场景

读到南京画家吴湘云给我发来的一组随笔，当时感觉特别惊讶！她的文字给我的感觉，就像一个专业的诗人。

吴湘云的随笔，对她的心境、旅行、读书、生活一一进行了轻松的描写。那么优雅，那么随意，看不到生存的压力，却有那么一点点小资情调。

“我喜欢坐在画桌前画画的那种方式，这是一条把我从现实生活中打捞出来送往幻想世界的路径。它不像博尔赫斯的《曲径分岔的花园》那么迷离，只要从家中的任何一个角落‘游走’到画桌前就行。波德莱尔把现实生活和幻想世界称为二重房间。拥有二重房间，生活中的物质性不再是唯一。幻想让人体验人生的丰富并让生活趋于完美。”

从吴湘云的随笔里，我看得出她对生活和艺术都是追求完美的。

吴湘云的生活完全是艺术化了的。在这个热闹的世界里，保持这样一份优雅的姿态非常不容易。

吴湘云的做派大有江南名媛雅士的遗风。

她常常会给自己放假，在黑色的皮包里放一本小说，脚蹬褐色长靴，下套褐色、米色和一丝丝橙黄色交织的法兰绒格子长裙，上着米色羊毛衫，脖子围上那条自己织的墨绿色山羊绒围巾，独自走在那条有很多茶吧的街上，选一家茶楼，要一壶玫瑰花茶，一边品茶一边读小说。

哇，真的很小资吧！

她还常常去郊外独自闲逛，为的是使自己的心和大自然贴得更近一点。她的心很静，以至于她能够听到一些我们听不到的声音。

也许正因为这样，吴湘云才有了一种更特别的生活方式，她在《伸出你的耳朵倾听》里写道："伸出你的耳朵倾听，不但听到鸟的叫声，还能听到花颓败时发出的呻吟。像丝绸的撕裂，还是像丝绸在时间的氧化中懒懒地发出"噗"的一声？听到飞机声，听到汽车声，听到枪声炮声，听到电钻声，听到歌声笑声，听到……还能听到七星瓢虫的屁声！"

七星瓢虫的屁声？我怎么就没有听到过？

"听起了听了很多遍的格里高连（GREGORIAN）的合唱。那些男声明明在耳廓旁回响，却似乎从天堂飘来，简单节奏的沉沉的大鼓声，还有隐隐的电声乐模拟出非现实的声音。听着，听着，流起了眼泪。"

"音乐摇晃着我的神经和细胞，就像调酒师手中那闪闪发亮的瓶子。那种迷糊像点点尘埃飘飘荡荡在一束光亮中。我希望那是从天堂射来的光，我可以沿着光攀援飞扬，把我的眼泪洒向天堂——为那些故去的亲人们。"

吴湘云送了一本工笔花鸟画作品集给我。我读了她的心、净、云、风系列工笔画，那些细心勾勒点染的精美的工笔，那古典、静谧的调子，与现在浮躁的世风仿若两个世界。我想，吴湘云所描述的都是她心灵的场景罢。

那一幅幅工笔画，是金陵才女吴湘云导演的一出出情景剧。我从中看到的是一幅理想世界的完美图景。那些花和草，那些小鸟，还有那些小狗们，在吴湘云的指挥下炫耀着美丽。在一束神秘光的照耀下，氤氲的雾气梦幻般飘起，场景真实而虚幻、真切而迷离。花儿尽情地舒展着腰肢，雍容地抒写着生命的神话。鸟儿悄悄地栖息在树上和花丛中，几只小狗跑来，抬头瞧瞧从东飘到西又从西飘到东的淡云……

我的心境尽管和吴湘云画笔下的场景相去甚远，但我十分欣赏她的那些状态。

我还想问吴湘云，在写作和画画这两种艺术劳动中间，不知道哪一种能给你带来更大的快乐。也就是说，文学和美术，哪种艺术更合适你的表达？

发表于 2003 年 2 月 25 日《长沙晚报》

再读吴湘云

受凉之后，卧床静养，喝热茶读暖书，以正驱邪，果然有效。

前些日子，金陵才女吴湘云赠《古林白描日志》，卧床休息时，拥被好读书。挑湘云的图文本翻阅，一下子就着迷了。忘记了身体的不适，喜悦慢慢地从心底沁出来，感觉全身暖暖的，温暖似乎沁到骨头缝里头。

2014 年春天我回到长沙，6 月初试对闲花野草写生一月。2015 年春天又回到长沙，在 6 月至 8 月再试花草写生两月。此间全心投入，略有长进，俯看大地上的一切植物，从卑微的狗尾巴草到草丛里不知名的野花，以及阳台上结的苦瓜和丝瓜花，一切都入得我的法眼，任何植物皆可入画。写生的过程是屏心静气的与植物交流的过程，与技法无关，与对自然界一切花草鸟虫的态度有关。

当我有过写生观察的经历后，再读吴湘云的《古林白描日志》，感觉无比亲切。所阅篇什，处处与她的视觉感觉相契合，顿生无限欢喜。湘云给我的启发，无关写生技法，完全是一种心境，一种态度。当你俯下身子贴近地面时，人与世间万物就没有了距离，花草鸟虫一切皆入我眼，都成为我关注的对象。

湘云记录每日收拾画具、雨具、小凳子去古林公园，她穿过人间烟火，闻着飘散到耳边的金陵市民的日常气息。然后，一天日课开启，她从烟火人间转入自然天界：万物开始表演，风中摇曳的花枝、花蕊中忙碌的蜜蜂、爬进墨碟里的小蚂蚁……这个世界的精彩在吴湘云的笔下展开。吴湘云记录春天在古林写生的点滴，完全没有心机与功利心，把即时的一点一点的观察与感受，用细腻的文字与线条记载下来。比如《鹅掌楸开花了》《菖蒲像小蜡烛》《芍药园的青蛙对唱》等篇什，看题目就很有趣。在《细雨滴落的小鸟叫声》这一篇里，吴湘云写道："下午一两点钟，院子里人很少，偶尔有鸟飞，把空气搅动一下，喜鹊一张口叫得有点突兀，小鸟叫得滴沥沥，像蒙蒙细雨在背景上滴落。"吴湘云的《古林白描日志》给了我极大的诱惑。每年春天，我想我还会继续花草鸟虫的写生，和吴湘云一起韵味。

自从加了吴湘云的微信后，我便能常常看到她的短文。如 2015 年 12 月 10 日她在苏州看展览后发文："今天在苏州的一天很丰富。先到苏州博物馆。安检。那软语的安检美娘说：'你包里有饮料，不能带进馆里。你坐那里歇一下，喝了再进去。'挺周到的感觉。到大厅就看到了'仇英'。顺势负一楼、负二楼一路看过去。不许拍照，看了一圈。在看《独乐园》的时候，志愿者告知在'苏州博物馆'的微信平台回复所看绘画的编号后可以看到解说。果然，效果不错，有图有解说。可惜，我的眼睛看那柜子里葫芦印里的编号一片模糊，只得问身边认真做笔记的姑娘。把《桃园仙境图》《玉洞仙源图》《董其昌写经换茶图》《赤壁图》还有苏州版的《清明上河图》又看了、听了一遍。今天观众不太多，但看的人都是认真的。徐累的“赋格”展延期了。王璜生的“迷园”展开了。细雨走在临顿路，柳叶如眉落满地，老柳树斜倚在小河上，几顶麻石小桥和不多的黑瓦白墙的房子，依稀看到一点点以前苏州的影子……”

又如2016年1月8日她在朋友圈发文：“最近继续五迷三道画画。某天说：你们来吃饭吧，在我画室。约在今天中午。买洗切，余炖炒。弄了几个阳羡菜，黄荭定为‘吴门私家菜’。我知道，离老吴的水平还有很大的距离。”看到湘云微信发的图，真是醉了，好看得不得了啊！肯定好吃！

读吴湘云的微信，也成为我一种快乐的享受！

2016年1月11日于深圳

网友微评

杨凌志（设计师，居长沙）：叶梦的《百手联弹》与其说在谈画，不如说是读人。读懂一个人尚且很难，要与在相同领域里的百十号人对话而又不重叠复制，实在是一件超乎常人的工程！学识恒心毅力加上敏锐的洞察力，当然还有超好的人缘，叶老师牛！

小雨（公司职员，居长沙）：叶老师笔下的吴湘云让我混淆了优雅名媛与画家的定位，首先映入眼帘的自画像就让我感到翩翩的仙气，几幅插画也是那样清丽脱俗。更让我推崇的是她的生活态度，我们凡夫俗子是用耳听着世间的嘈杂，而她是用心感受自然的鸟语花香和生活超凡脱俗的美。她有一颗现代人缺失的纯厚心。

三三（某设计机构董事长，居长沙）：叶梦老师写女艺术家总有惺惺相惜之感，特别是读到描画生灵世界的时候，我想起叶老师自己所绘的那些花草，有一阵，每日都追叶老师的画，就如现在追《百手联弹》一样。画画与写字，都需要心静，静了还要微微有波澜，有时还要壮阔起波涛，而心，仍是静的。

王金石，1977年毕业于湖南师范学院美术系，1992年结业于中央美术学院国画系，现为中国美术家协会会员，湖南省美术家协会副主席，湖南师范大学美术学院教授、博导。

第53弹 王金石

紫雾烟岚画桃源

王金石爱笑，憨憨的，与他对坐，必定手夹烟卷笑眯眯地看着你。听他轻言细语娓娓道来，让人感受到一种悠然恬淡之气。一如他的山水画，有一种天生的亲和力。我在多种场合拍过王金石的肖像。他的表情总是那么温和淡定。难怪大家都说王金石朋友多，人缘好。

生活在长沙，常常会在一些高档会所见到王金石画的大幅山水画。不用看题款都晓得。在进王金石画室之前我实际上已在不同的地方熟读了他的山水，他的作品的气息环绕在这个城市的很多空间。前些年，湖南文艺界春节联欢，美术界献出的一幅大型山水画，就是王金石和石纲连夜赶出来的。

我到过王金石在师大美术学院的大画室，看到他和他的研究生们在一起画画，那种艺术氛围特好。他的研究生中不乏青年才俊，其中一位研究生刚刚毕业就被湖南省画院请去当了专业画家。前年，湖南省画院还举办了王金石师生作品展览，影响不小，大家纷纷感叹王氏师徒作品是如此之丰富。作为湖南师大美术学院教授的王金石，可谓桃李满天下。

王金石是一个有追求的画家。他的山水画格局一直在不断地变化，较之前期更加厚重，画面更加讲究意境。观其所画山水，意境愈来愈悠远，似有飘然欲仙之感。

最近，我在王金石的临江高楼画室里读到他的一大卷近作，真可谓大饱眼福！一张六尺整张山水《山村晚晴》让我迷醉，不忍移步。那灰色的山崖、黑色的瓦、洁白的粉墙，在黑白灰关系中参差错落的树，融入画面的若有若无的白色烟岚，点缀在山崖的淡淡赭色或者禾场里一抹不经意的绛红，都是那么和谐。笔墨完美，意境高远，难得！画面里那沉着丰富的调子，让人感觉干净幽雅，画面中意境纯粹，恍若仙境。最先触动我的，是缠绕在山崖下农舍边的一抹烟岚，那些山石、林泉、屋宇在烟岚的编织下，组成了一个和谐自然的理想世界。

当我看到那一抹烟岚的即刻，心里立刻就踏实了。我终于找到了写王金石的入口。

画家经营山水的那一刻，可以说他就是一个无所不能的帝王。王金石在山水的世界里开疆辟土，用不同的山石林泉、屋宇村落创造不同的世界，营造不同的意境。一个画家纵横驰骋于自己的世界，感觉该是多么的惬意！

王金石是一个理想主义者，他的山水是在营造世外桃源。

他似乎很吝惜用色，画面中除了山崖或者村屋的某处有一点淡淡的鹅黄或者赭色，大多是黑白灰为主的基调。尽管如此，画面的层次感依然十分丰富。就是这样的调子，让人感觉王金石与现实的山水拉开了距离，向理想的境界出发。

中国画山水画的人很多，要找到自己的语言感觉，要把自己的图式与前人今人区别开来，不是一件简单的事。

王金石是邵阳人，他在湘西生活了 30 年，湘西的山水给他以艺术的滋养。他有湘西心结。他说过：“我之所以改画山水画，从一定程度上说，是为了我心里永远无法割舍的湘西。每年我会用一个月以上的时间去湘西漫游。每一次回到湘西，感觉自己又活了……”

王金石的山水不是一般的客观风景表达，那是融入了他个人主观感受的心灵风景再造。王金石认为：我画出来的山水属于我个人的感受与记忆，既不是借用他人的格局，亦不是照搬自然的山水。

也许从《山村晚晴》开始，王金石的作品又达到了一个新的高度。

不管王金石画的是怀化、张家界或者别的地方，我认为他都是在表达自己的理想境界，那就是他心中的桃花源。

2009年4月26日于岳麓山下

网友微评

徐天舒（某设计机构董事长，居长沙）：蒙金石老师送过我一张斗方，正是紫雾烟岚之感，如今还在会无轩壁上，与窗外微澜遥望。

老爷车（企业家，居长沙）：金石兄看着像农人，叼烟像烟神，喝酒是兄弟，下笔满乡情，堂堂大教授，心境长草民，泼墨撩归意，丹青收我魂。

萧沛苍，1942年生，祖籍湘潭。1963年至2004年间，相继从事中学教师、群众文化干部、出版社编辑等职业。2004年退休后乃潜心绘画。

让山水代言

第54弹 萧沛苍

我年轻的时候痴迷山水，常常行走于奇山异水之间，把山水作为疗救心灵最好的汤药。

萧沛苍的风景油画常常唤起我的旧梦。

十多年前看到萧沛苍的油画，我记得是挂在他家客厅的那幅以山石溪流为对象的油画，当时就被迷住了。我好像回到了20世纪80年代初第一次游历金鞭溪时的情景——

清泉从曲曲弯弯的溪道上流过来，在红色的石阶上几度递漫后泻入深潭，激起永不消停的浪花。潭水透着浅浅的幽蓝，平静处是鲜嫩嫩碧玉样的绿色，连最深处也能一眼及底，潭底的细沙、卵石也都看得清清楚楚。清泉从石头上流过，摄影作品总是难以捕捉到我现场感受的场景。照片把现场变成黑白的或者彩色的镜像的时候，气息、感觉就相去甚远了。萧沛苍的油画勾起了我的一个旧梦，让我回到了一个难以忘怀的场景之中。

《沉寂的轰响》（首届中国油画展，1987年，上海）是萧沛苍表现山石泉流的力作，它使我想起了金鞭溪和大围山的山溪。阴润潮湿的峡谷以及青苔、水草、流泉，萧沛苍把我为之痴迷的山石泉流的画面表现出来了。

比起照片来，油画融入了画家对客观山水的感情和感觉，变成了一种主观与客观结合的不可以复制的永恒的画面。

细读萧沛苍的油画，他对山水的感觉与我不谋而合。我曾经在心里把他引为同道。我在 20 世纪 80 年代曾经用文字为之努力表现的山水风景，他都在画布上重现了。读萧沛苍的画，对于我来说，就是在重温我的山水之旅。

还有一幅筒车的油画，也让我很难忘怀。古旧的筒车，水面涟漪的表达，树皮水道与水车以及车轮的质感，画面所截取的视角都恰到好处，让我感觉筒车就像一个老者，正在叙述悠远的岁月。

记得十多年前，萧沛苍家的客厅和餐厅挂着的油画中，还有“古窗”系列。“古窗”系列留给我深刻的印象。那些雕花的木窗口很像人的脸，窗口很像人的眼睛，经过岁月的烟熏火烤，木头和砖头都浸染了岁月的痕迹。油画的质感和厚重在“窗”的形式里做了饱满的怀旧表达，把现代人的心境表达得十分到位。

萧沛苍的作品处处透露着他对这个世界的看法，他赋予山石林泉以生命，让它们以静穆的姿态来言说，这些风景是厚实的，有生命力量的。我从画面上体会到一种宁静悠远的意境。

最近几年，老萧完成他最后的大型丛书编辑工作后，开始大画特画起来。除了吃饭，他就待在画室里忘我地画画。一大批画在他的画室里积累起来。他沉醉于“洞庭湖”系列中的“琼湖纪事”组画和“小溪森林”系列中的“山石泉林”组画创作，一幅又一幅精美的油画使他的画室变得丰富起来。

我最近在老萧的画室看到了他的很多新作，有不少是精品。这样的生活，在我看来是充实而愉快的，还有什么比自己来支配时间，进行自己的创造性的劳动更有意思的呢？他的作品中让我难以忘怀的有“南塘”系列中的冬天的残荷。这样的题材在中国，从古到今画的人实在太多了，但是，萧沛苍的《南塘·残荷》对生命轮回和四季转换乃至对时空生出的莫名恐惧，是那么的抓住人心。

他的“南塘”系列、“洞庭湖”系列、“小溪森林”系列、“俄罗斯风景”系列，加上他以前的“窗”系列、“山石”系列，构成他丰富的世界。我在观看萧沛苍作品中，得到的是惬意的审美享受。

风景绘画和风光游记散文一样难，难在要有自己的感受，在摄影技术如此发达的今天，文字和绘画的优势越来越小。摄影已经有这样好的表现技术了，还用得着文字和绘画来帮忙吗？

可是老萧的画不是对客观山水的复制，尽管萧沛苍的画里一般都没有人出现，但是我感觉处处有人，不管是雪中的残荷还是山野里孤寂的筒车，它们总是在进行一种无言的诉说。人退出了，风景对象却被人化了。画家让山水为自己代言，画面成为一种纯粹的意境表达。

他对客体对象的把握，是融入了自己的体察和语言的。所截取的画面、调子、氛围无不具有一种宁静的意境。

不管你描述的对象是什么，只要作品中有“我”的存在，那么，这样的作品就永远不会过时。

认识萧沛苍很多年，但是他当湖南美术出版社社长的时候，我几乎没有和他说过多少话。我一直以为他是一个冷峻严肃的人，他那不苟言笑的样子，好像无法走近。然而，和他说话，感觉他是个实在温和的人。

有一次与很多朋友一起游昭山，看见萧沛苍对夫人蔡皋的处处细心照顾，立刻让我感动，我感觉他是一个十分温厚的男人。他外表的冷静和内心的温厚形成的反差叫我诧异。

我一直没有和老萧谈过艺术。我对老萧的感觉，都是源自于他的油画。前年读到老萧刚刚出版的精美画册，非常精彩，使我意外地看到了老萧的内心：他原来还是一位诗人，他的画外的短章完全是一篇篇精美的散文诗。阅读他的文字是一种享受，帮助我们解读他的油画风景。他的文学修养，对文字的驾驭和表达，让我们这些专业写字工作者汗颜。

厚实而坚忍的老萧，没有想到他内心隐藏着一颗诗心。他用色彩与文字构造的世界，让我们得到一种温润的感动。

2009年于岳麓山下

网友微评

谢宗玉（作家，居长沙）：萧沛苍、蔡皋夫妇，乃神仙眷侣，祝福深深。依然记得在他们的空中花园，看昙花绽放的情景。一晃差不多十年了。

龚旭东（文艺批评家，居长沙）：萧老师可敬亦可爱。既是传统文人又有天真烂漫的赤子之心。

光华（设计机构董事长，居长沙）：看见萧老师你很难不想到蔡皋老师。拥有独立人格、自主风格又能相扶相持，时刻在旁又能保持距离，这样的相处之道，不是一般的境界。

Ray（萧睿，美术编辑，居长沙）：本不想炫父，但叶梦老师的文字娓娓道来，不流于外，直入内里，不发有负知音是也。

刘鸣，1986年毕业于衡阳师范学院（原衡阳地区教师进修学院）艺术系美术专业，1989年结业于中国美术学院（原浙江美术学院）中国画系山水人物专业。现为自由职业艺术家，生活在北京、长沙两地，中国美术家协会会员，湖南省美术家协会理事，湖南省美术家协会中国水墨画艺委会副主任，湖南中国画学会副主席，参加国内外大展、群展、个展多次并获奖，曾出版个人画册。

沉醉于抽象世界

第55弹

刘鸣

刘鸣不擅言辞，他说话我要很认真地听，才会勉强搞懂一点。

刘鸣不修边幅，看上去似乎有点邋遢，眼睛呢，多半时候是没睡醒的样子。

穿过石膏模型、油彩、画架迂回到刘鸣办公室。办公室里常常挂着刘鸣和段江华的作品。从燕舟画室办公室墙上不断更新的水墨画中，可以看得出刘鸣探索的轨迹。

2007 年的一个酷热的夏日，我和王跃文伉俪一起造访燕舟画室，在画室的后栋，跟着刘鸣从一个极仄的楼梯上到顶层，一个屋顶加盖的简易房子，属于热得死冷得死的那一类建筑，那就是刘鸣的画室。这个画室满墙挂满了刘鸣的画，全是黑白抽象水墨。这个世界被黑白所统治，到处是墨与宣纸的气味。这无疑是一个梦工厂，刘鸣躲在这里制造 N 多的梦幻场景。

我当时颇为疑惑的是：一个人在纯粹的黑白世界里重复永无休止的抽象游戏,怎么会受得了？黑白画在那一阵子肯定不会被市场所接受，要继续玩下去真的需要勇气，也需要继续玩的信心与理由。

刘鸣画的是什么？一些黑白的几何体，一些莫名其妙的空间感觉，有梦幻的也有现实的变形之物。那个游戏的快感只有刘鸣能够体会。不管怎样，我以为刘鸣是幸福的，一个人要是如此沉醉在自己的世界、自己的游戏场景里，不能不说是一种精神的奢侈。

20 世纪 90 年代中国美术馆举办“湖南三青年石纲、刘鸣、刘应雄水墨山水画展”，名动京华的刘鸣、石纲知道在当代中国，水墨要如何走自己的路，他们应该有比较清醒的认识。

十多年过去了，刘鸣蛰伏于岳麓山下画画，也办画室赚钱养家糊口。他心中的意念积聚于心，在谋求蜕变。这个屋顶画室其实就是刘鸣蛹变蝴蝶的一个窠。

说实在的，我和刘鸣的沟通有一定困难。他基本无法用适当的语言来表达他的创作意图。听刘鸣说话，望哒他都急。于是，刘鸣和他的创作对于我来讲是云遮雾罩的一个谜。

有一次，我们和一群画家到湘潭参加某画展，在齐白石美术馆附近午宴，宴会中有艺术家表演。没有想到刘鸣上台了，摇滚一吼，吓我一滚。没有想到平时说话不利索的刘鸣，其潜在能量都通过摇滚给吼出来了，这让我大吃一惊。也正是此刻，我才找到了解读刘鸣作品的契机。可以说，语言表达的障碍成就了刘鸣，因为如果他要把心里的话说出来，只有摇滚，只有放松状态下的水墨图式才可以完美表达。

2009 年，刘鸣和邹建平在美庐画苑办了一个好大的展览，场面搞得蛮大的。全国各地来了不少画家、评论家捧场。我刚好下到我挂职的安化县去了，不在长沙，没有看到画展盛况。只是第二天，在 QQ 上遇见《江苏画刊》主编靳卫红，她和我聊起她来长沙了，看了老邹和刘鸣的画展，对刘鸣的作品评价不错，认为刘鸣比较放松。当然，我说什么不算，但靳卫红博士表扬刘鸣，刘鸣肯定会很开心的。

进入 2015 年，有段时间我基本上联系不到刘鸣，他说他到大山里面，难有信号，断断续续偶有短信来往。

“谢谢叶梦老师之鼓励，现明白学会（放下）这两个字，我今后只能做自己的艺术之梦想，坚持走下去，这才是我内心深处所想要表述的我所看到的这个世界……”

几个月之后，回到长沙，我依然没有见到他，只是微信上出现了他回到“人间”的踪迹，但感觉刘鸣变了，对于他的艺术人生，仿佛经历了一场大磨难，带来之后的幡然醒悟。他在山里的思考开始变成文字，今天凌晨五点多，我看到刘鸣在微信上发的感慨：

“灵魂深处的东西，总是安静的。当灵魂成为一种信仰时，所有的时间和精力将凝聚在一起，成为人生的力量；当灵魂沉淀为一种思想时，思想将彰显其丰富的内涵和魅力；当灵魂净化为一片山林、一条河流时，我们才真正领悟，真正懂得生命的意义……”

我一直喜欢刘鸣的抽象水墨，他为此探索、实验多年，在美术界也有不错的反响。

我感觉 2015 年将是刘鸣突破的一个关键年，我期待他的蝶变。

发表于 2009 年 5 月 28 日《长沙晚报》

2015 年 11 月 20 日修订于长沙

网友微评

徐天舒（某设计机构董事长，居长沙）：艺术的世界是多元的，只要是内心真实的表达，就是值得尊重的艺术。这也是叶梦老师难得的地方，她能从旁安静地观察艺术家的内心，细致地描摹艺术家的成长，都非一篇文字可以概括。

魏慧玲（杂志编辑，居北京）：超喜欢梦姐那神笔下流出的文字，也超喜欢刘鸣画面有鱼的那两张画。

李小波（记者，居秦皇岛）：由衷佩服叶梦老师的文笔，如庖丁解牛一般，无论怎样难懂的艺术家都能找到切入点，解读得游刃有余！尤其刘鸣那一段微信感慨，让我恍然间看到了他的内心，看到了他的灵魂深处，也更接近了他的画，虽然很抽象，我未必都读得懂，但是依然喜欢。

贺国强，湖南师范大学中国画专业本科，湖南大学设计艺术学硕士，现为湖南大学设计艺术学院副教授，硕士生导师。

憨人贺国强

贺国强是长沙人，却说一口标准普通话。

“你是长沙人，何解一口普通话啰？”

在我的强烈要求下，贺国强终于改口说长沙话了。一讲长沙话，貌似贺国强和我们拉近了距离。

说起普通话，贺国强的确有故事。

贺国强当年在湖南师范大学美术系读书的时候，接受高等教育，想着今后要为人师表的，自然就要讲普通话，于是很认真地说普通话。周末回到乡下自家屋里，说普通话的贺国强显得有点鹤立鸡群。为了获得语言环境，他天真地想在他们家里推广普通话。当时他妈妈在灶屋里炒菜，贺国强就用普通话和妈妈搭腔，冇想到贺妈妈一脸疑惑地看儿子：“欸……讲么子咯你？我一锅铲挖过来哒！”

贺国强推广普通话的工程首先在他娘老子这里严重“曼陀”（长沙话，意即碰壁）了。贺国强还不死心，回到堂屋里找爷老子。爷老子听崽伢子讲普通话，只说：“你一土狗子做洋狗子叫么子咯？”贺国强在家里推广普通话的计划就此泡汤了。

当贺国强用长沙话说完这一段经历，我已经笑翻了。事后，我每每回忆贺国强的这个细节，常常兀自笑出声来。

贺国强真的很有味。

贺国强教书很认真，对学生很好。就这么一个天真的憨人！他喜欢教书，喜欢和学生伢子在一起。

有一次，贺国强发现新进校的一个新生画不得画，画得比小学生还不如，贺国强很生气，竟然当着全班同学问她：“你是怎么进来的？你只讲……”堂堂重点高等学府，居然有专业如此不够资格的学生混进来了。贺国强是何等伤心啊！这些事情，要是别的老师是不会认真的。贺国强如此较真，你看急人不？

面对贺国强，我居然也发了策功，不妨和他神策一番。就像八字先生一样，猜他当下的困惑与症状，这般一说。搞得贺国强当真很服我：“叶老师，你怎么晓得的？”

其实我是猜的。

因为贺国强是一个认真的人，但如今有好多事情你就是认不得真。我理解贺国强。这样一个天真的人如何在社会上混咯，也就是如何在高等学府里混咯？我很疑惑。

和贺国强谈话，很开心。他是一个没有面具的人，开腔见肺腑，不摆谱，不假模假式。和他谈话，感觉痛快。也让我们了解贺国强的表达在局部世界的相对真实。如果说精神也有生态环境的话，那么贺国强相对是一株没有被污染的植物。

贺国强热爱教书，他和人合著的教材里用了他不少的画和设计。那些设计和画都很强哦！他教书认真，不想误人子弟。

我建议贺国强画自画像，贺国强拿起笔就画。他的功夫不错，几下就勾画出来了，先画一个半侧面的，不满意接着再画。哎呀！怎么还加了装饰，额中画了一太阳，耳朵上还装饰了耳环？

贺国强的线条很有味，既简洁又有装饰意味。最重要的是：贺国强的自画像里，他的眼神中流露出来的是无法掩饰的困惑与忧伤。

几天之后是2009年元旦，贺国强的同学龚永忠邀我们在尚书房一聚，恰适茶馆新年音乐会开场，看到二胡扬琴的精彩演奏，贺国强竟然像一个孩子似的开心，摇头晃脑地进入癫狂状态。这样好！一个真实的贺国强，没有掺三聚氰胺的贺国强！不过他的身体里有一个腰子（肾脏）不是他自己的，是他弟弟的。不知道当贺国强大笑的时候，另外一个腰子会不会有感觉？贺国强的兄弟情感动了我们，多好的兄弟啊！贺国强真是很幸福！

发表于2009年6月4日《长沙晚报》

补　记

此文之后的6年，贺国强的生活经历了很多变故。前几天，贺国强携新婚妻子，带一大摞新作来我家，让我大开眼界。同时，他把自画像也重新画过了，他告诉我，他获得了新生，必须重新画自画像。贺国强的新生带来了他的新水墨的系列创作，崭新的图式给我们带来惊喜！祝贺贺国强再次获得新生，生命的灿烂在于创造！

2015年10月23日

网友微评

成佩（美术史博士，现居东京）：有味！叶梦老师刻画勾勒功夫太厉害！

李克琴（教师，居北京）：叶梦的文章我都认真拜读过，其中画家有熟悉的，也有不熟悉的，可是个个都那么鲜活，有个性，有魅力，读叶梦的文字是一种享受。

贺国强：叶梦老师是我十年前经同学永忠介绍相遇的尊者。她对我非常关心，在艺术和生活的道路上给了很多指引，以至于我没有偏离轨迹。十分感恩！

方成，广东中山人。擅长漫画。1942年武汉大学化学系毕业，1946年在上海从事漫画工作，1948年在香港参加『人间画会』，在『大公报』连载连环漫画『康伯』。1949年后历任『新民晚报』美术编辑、人民日报社高级编辑。享受政府特殊津贴。现任中国新闻漫画研究会会长。出版有『方成漫画选』等多种作品。

方成的幽默

我对方成先生的了解源自少年时从报刊上读到的方成漫画。20 世纪 90 年代初我买了一本方成杂文漫画集《高价营养》，妙趣横生的图文让我轻松一笑，读完又回过头去细细品味，忍不住又笑。

1997 年编《画家散文》，我尽力搜集方成的漫画杂文，选了《鼠味餐厅》编入《画家散文》。

方老是广东中山人，和孙中山同宗，和电影明星阮玲玉同一个村庄。他曾请人刻“中山郎”闲章一枚，表明系广东中山人氏。我在两年前去过中山市，仿佛到了湖南洞庭湖水乡，感觉特别亲切。

恰好是十年前的今天，2005 年 9 月 19 日，我去金台西路人民日报社拜访米寿老人方成先生。之前虽然不曾见面，但因为《画家散文》编选而有过通信，没有陌生感。

方成先生穿一套家常花格子睡衣，体魄不错，根本看不出有 87 岁了，说话节奏舒缓，时不时幽默一下。

老人耳朵有点背，和他说话有点吃力。

他领我参观他的书房，有画案书桌，他把最近出版的书拿给我看。

方老每年都要出书 1–3 本，我惊叹于老人家的勤奋。

有人说：“方成著作等身。”方老立即机智地反驳：“难道我有那么矮吗？”我看那也矮不了多少。

有一次在山西的一个酒厂参观，厂长见到方成，疾步上前说：“久闻大名。”方成也与对方热情握手，幽默地说：“大闻酒名。”

方成画漫画的历史可长了，1939 年他在武汉大学化学系读书时发表的漫画《国难时期的袜子》，那可是线条流畅优雅，看不出是初入门的人画的。方成画画有天赋。说起来方成的老本行是新闻漫画，到《人民日报》任漫画记者，专画国际新闻漫画。因为每一幅作品都是根据新闻事实而作，时效性与针对性很强。方老说，每天新华社的新闻稿来到报社，就逐条阅读，针对当天的重要新闻，配上漫画。新华社的新闻稿截至 9 时，必须 12 点交稿，只有 3 个小时的创作时间。这种创作模式就是随堂赶考，只有 3 个小时，必须画出来，真的不容易。到了 1957 年，方成因一篇讽刺教条主义的杂文《过堂》被划为右派，从此中止了漫画创作。及至 20 世纪 80 年代，方老又迎来了创作的黄金时代。

当方成先生把墙上挂的水墨人物指给我看时，立即把我吸引了。方老的水墨人物非常有味。墙上镜框里是老人亲手画的钟馗像，那上面题着“长恨人间多鬼魅，沐浴熏香画钟馗”。我之前还没有看过方成的水墨原作，所以特别着迷。

我取出随身带着的速写本请方成先生画了自画像。方成对自己的形象烂熟于心，不到两分钟就画好了，线条夸张，漫画味十足，果然，漫画家身手了得。

我也趁机给方成先生拍了照。我说：方成先生您显得年轻啊，看不出已经进入米寿之年。方成先生说：“那是我脸上褶子少呗！”他每天作画、写文章，一刻也没有闲着，充实快乐是他的长寿之道。

这个十年前的访问细节我记不太清了。唯有方成先生在我速写本上画的自画像，那个漫画家的招牌范式的肖像私藏在我心中。这是一个达观的老人。

当时，我没有找到契机写方成先生。直到 2010 年我在长沙办个人摄影展，有一位在党报工作的前同事前来观展。他非常感慨，自己一直在党报工作，直至退休。几十年的工作，最后，一件有价值的新闻图片都没有留下来，因为所有的图片都随着时代的演变没有了多少价值。我在替他惋惜的同时，突然就想起了方成先生。他不是也在党报工作吗?同样经历过那个荒诞的年代，方成先生被打成过右派，经历过折磨，“文革”期间失去志同道合的爱妻。可是，方成先生活得非常精彩，为中国漫画事业做出了显著贡献，离休以后的日子，也过得那么充实自在。方成先生并没有因为在党报工作而毁掉自己的才华，他到老都在创作，活得异常精彩!

我最近整理照片，打开十年前给方成先生拍的微笑特写，恍然大悟:漫画家方成其实是一个内心极其温厚柔软的人。他笑得那样温润，有点羞涩有点内敛，杂文家漫画家所有的尖刻辛辣在他这里看不到一点影子。他那颗柔软包容的心，平和、达观的心态，任何力量都摧毁不了。于是慢慢地就长成了百年大树。

2015 年 9 月 19 日于长沙

网友微评

何启明（银行行长，居长沙）：华君武、方成、丁聪是我最喜欢最热爱的漫画家，他们的漫画给我带来了超越漫画本身的美学、哲学、文学等方面的许多知识和经验，让我一直保持阳光乐观心态，幸福快乐成长。谢谢叶梦老师的《百手联弹》。祝愿方成老先生健康快乐！

邓湘怀（教师，居怀化）：真正的艺术家就像太阳，既温暖自己，也照亮别人。

魏怀亮，中国美术家协会会员，湖南省美术家协会副主席，湖南省画院副院长，国家一级美术师。其作品多次参加国家文化部、中国美协、国家画院主办的大型美展并获奖。其中『跨越』获第十届全国美展优秀作品奖，2012年获第一届湖南省文学艺术奖。2013年在长沙举办『路上的风景——魏怀亮中国画艺术展』。

第58弹 魏怀亮

会思想的鸟

一直觉得很面熟，只晓得他是湖南画院的，不晓得他的名字，也不晓得他是画么子的。

他长着一幅很中国的脸，难记！有一天，我第一次开车从芙蓉南路上二环线拐猴子石大桥，车到红绿灯路口，不晓得怎么拐，无奈之下摇下车窗，看见左边车上竟然是个很熟悉的面孔！是画院的画家魏怀亮！经他指点，我顺利拐道。在这个繁忙的城市，遇到熟面孔的概率实在是很低的，像中彩票了，心里很温暖。

直到2010年年底，月湖千年时间艺术馆举办湖南山水画家的五人联展，邀请我写序言，我才知道其中有一位叫魏怀亮。

我在序言中为他写了这样一段：

魏怀亮是我接触最迟的画家。两个月前，我因为有事去画院，恰好见到魏怀亮，走进他的画室，感觉有点惊讶。我原以为他是画传统山水花鸟的，看他的画多少有些意外。魏怀亮是一个善于思考的画家。他站在传统与现代的交会处，对人类的生存环境与精神环境进行思考。他把中国传统山水与现代都市的符号连接在一起，给人以视觉冲击。他和别的画家不同的是他骨子里的人文精神，他对于当下的关注，对于构建一个和谐的世界的欲望让我感动。魏怀亮曾经说过：“我愿作一只鸟，做一只会思想的鸟。”前几天碰巧路过画院，恰好看见魏怀亮在画室忙乎，听周玲子喊魏院长，我才晓他是副院长咧。墙角挂着他的一幅皮纸的试笔之作，皮纸的边沿不齐，很有质感。这是魏怀亮刚刚从北方写生归来后，信手涂鸦的一幅风景试纸。因为不是创作，所以很放松，线条笔墨天成有趣，我赞不绝口，周玲子也连声叫好，于是魏怀亮就取下来盖上印章，顺手送给了我。

之后看过魏怀亮的不少作品。魏怀亮是温情的，表面的木讷掩盖不了他对这个世界的热爱，大至宇宙万物，小至一只鸟、一只松鼠、一只猫……但又有多少人在关注它们？一个关注宇宙生态、有大慈悲心的艺术家让我肃然起敬！

魏怀亮的传统山水功夫极好，花鸟也不错！他完全可以驾轻就熟地画一些传统笔墨的唯美作品，这样很保险，符合大众审美与市场需求，皆大欢喜，但是魏怀亮没有这样做。他不满足于只是重复那些被中国古代艺术家玩熟了的笔墨。他笔下的画，背景是冰冷的钢铁水泥都市，高铁在四条屏中间穿行，与古意工笔山水对峙，肃然的山水被刺目的交通标识所破坏，被穿行的水泥公路所割裂。特别是那些寻找栖息地的动物们，它们凄惶的眼睛，让我顿生悲凉之意，这就是魏怀亮打动我的理由！

魏怀亮一直在思考。他的内心是柔软的，他的视角是全球的。他在对生存环境思考，对高速现代化之下人与动物的关系的思考，因而心怀忧虑。能够这样思考的画家不多，坚持十多年来为此不断探索，并且创作多个与之相关系列的画家更加难得！

我深知魏怀亮选择的创作系列命题是与当下世俗价值观相悖的，而一位画家不迎合市场，则会明显减少自已的收入。我说：你画这些，也许不太好卖，市场难以认同。魏怀亮则认为：衣食无忧，生活尚可，没有太多的物质追求，所以不会去媚俗，不会去一味迎合市场。

作为一个艺术家，完全拒绝市场诱惑要有很大的定力。魏怀亮是有思想准备的，他想把自己的理想与追求以及他对于这个世界的思考融入他的创作。

跨越古代与当代，与自然对话。魏怀亮的艺术也在城市的空间寻找栖息地。

于 2011 年春天

网友微评

彭国兴（摄影家，居湖南益阳）：自然意象与现代元素符号的并置，在视觉矛盾引发的观念冲突中表达画家的态度和批判意识，并且用绘画直接介入对现代生活的反思，这位老师是一个充满思辨和视觉文化智慧的画家！

陈晓丹（资深媒体人，居长沙）：哪个才是他？行伍军人，画院院长，书生，道家，侠客，隐者？大概都是，大概还不完全。要怎样凝炼的笔墨才能写出丰富的怀亮？我还在琢磨，叶老师先有了答案，很确切。按我来看，怀亮身上蕴含着道家的美学，浓与淡，进与退，取与舍，冷与热……这些思想，让他的画、他的人，都具有格、局、度。

三三（设计机构董事长，居长沙）：每日微信，看魏院长眼中各色大千，平常物事，经魏院长画来总是隽永非常。会思想的鸟，这很符合我对魏院长的印象。

林建春（画家，居上海）：心怀大忧的画家，值得尊敬。

李克臣（军旅画家，居郑州）：跨越古代与当代，与自然对话。魏怀亮的艺术也在城市的空间寻找栖息地。

熊劲松（企业家，居苏州）：魏院长的画似乎总是要在茫茫尘世繁杂而有些冰冷的境地里透出一丝丝亮色和温暖来，却更能激发出人们心底本已存在却忽略已久的温柔。

阿木曲拉（机关干部，居四川凉山）：怀亮战友的作品贯通古今，浑朴厚实，是对人类未来的一种深刻的思索。

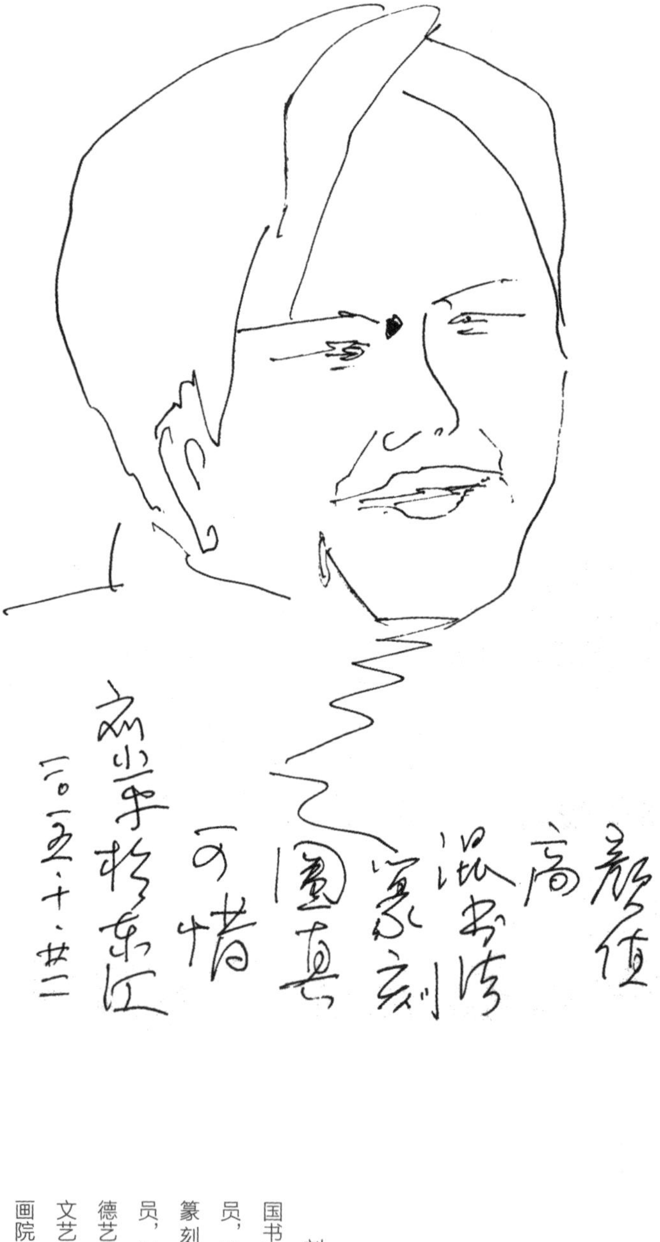

刘小平，中国书法家协会会员，湖南省书协篆刻委员会委员，湖南省首届德艺双馨中青年文艺家，湖南省画院特聘书法篆刻家。

炫目的优雅

第59弹

刘小平

近年来，我厌弃繁华，默默地将尘世的浮华屏蔽于我的心灵之外，每天对着窗外的湖山进入冥想世界。

并非与世隔绝，我只是一直在寻找“对弈者”。所谓对弈，无非就是寻找对谈的对手，与智者对谈，那才是我最喜欢的游戏。刘小平就是我无意中遇到的“对弈”者之一。

大概在20年前，我到盛景华家看画，看他的闲章和印，我指着一枚印章问，这个是谁刻的呀？景华说：“是刘小平刻的，这个人刻得非常好！”从此，我记住了刘小平。

有一天，我常去的尚书房，陈列柜中增加了一枚大印，尚书房三个字连在一起，形成一个文字图案的整体，字与字互相勾连，大气而又堂皇，后来成为尚书房最有名的Logo，作者就是刘小平。

不知哪一年，在湖南画院展览厅认识了传说中的刘小平，从此就有了手机短信、微信之间的断断续续的联系。他的幽默在短信的片言只语之间偶尔闪烁。啊！他一定是一个机智有味的人。

江湖间流传着刘小平的一段轶事：某天，长沙有一个展览或者艺术活动，中午有热闹的名流聚餐，而刘小平郑重其事地说：对不起，我要告假，另有饭局，于是匆匆走了。后来，有人发现他正在八一桥某路边店吃盒饭。

刘小平与你对话的时候，他会很认真而专注地望着你，满心期待你提出什么问题。

我与刘小平对坐，有点像两只警觉的猫对峙。进入状态之后的谈话，双方都会感觉这个过程就像智力游戏，有一种无法言说的快乐。刘小平属兔，一只机敏的兔子。

2009 年春节前拜访刘府，见刘小平的大书案上一派凌乱，到处堆满写着字的纸，好多都是草书，我很难认全。还有一些根本就认不出的字，只怕就是传说中的“平复帖”吧？平复帖用于创作，是刘小平挑战极致，追求古雅的一个例证。流传至今的平复帖仅有 80 多个字，依据平复帖的风格和意蕴来创作，难度可想而知。

他就在这个书案前沉醉，在纸田里忙碌耕耘，其中的快乐与辛苦只有自己知道。

年前的刘小平有点忙，他刚刚完成一批别人定制的礼品姓名印，打开精美的礼品盒，一枚玉玺格局的铜印出现在面前，刻的是汉印，印钮上系着精美的中国结，我看了爱不释手。

刘小平打开自己的印谱，啊！眼前一亮，我虽是一个外行，但那些方寸之间的文字游戏让人心生爱意。湖南书法篆刻界有人说：刘小平是解码大师，学么子一学就会，一玩就精。他指着一枚印章说，“这个是给盛景华刻的，因为刻的太好，舍不得送他，就留下了。”我大笑：“哎呀！你狡猾狡猾的。”

方寸之间也可以开辟一个无穷无尽的游戏大天地，同样是智者的游戏场。我不懂，却无比羡慕。

自从有微信后，刘小平的日常进入了我的视野。首先是他的摄影。他服务于东江电站，拍摄东江湖有他的地理优势。

雨雾晴雪之间的东江湖，其中各种仙境妙图，皆由“地主”刘小平首先摄取。别人有比他强的设备，但却不能够像他如兔子一样守候于此，东江湖是他的老巢。摄影其实也是考验一个人的修养，按下快门的一瞬间就考验了你的审美取向，刘小平当然要比很多摄影家强。

刘小平还时常鼓励我用毛笔。他看了我的速写，对我说：“你是不是用毛笔啊？一定要用毛笔啊！”他在微信上关注我的写生练习，间或传授我几句秘籍。

这两年看到刘小平开始画画了，宣纸上寥寥几笔，但还是那么耐看。他后来画瓷瓶，画茶碗，把雅致的水墨山水从纸上移植于瓷上。他常常晒出来，让我羡慕。尽管他初试水墨，因为有几十年书法功底，很快进入状态。看着他起步，眼看就要成气候，仿佛一出手就要雅到炫目，一出手就奔极致而去。看来目标很重要，格要高，调要雅。

有一段时间，我看到他在专心画小虫子，甚至和蚊子杠上了，他用细如发丝的线条在生宣上勾一个瓶子，瓶子里画一个小虫子，真是厉害！

前几日，我一直等待刘小平的嵌名联，终于到了。

对联用篆书，题款用楷书：

“叶吟长短句，梦拟仄平声。”

“叶间吟雅韵，梦里构华章。”

我从来没有见过此类篆书，是中山王篆，系战国时期古中山国的通用文字，字不大，非常细的线条，初一看以为是用硬笔写出来的。但过细一看，这字得古意，有雅韵，结字精巧、奇妙，让人无法猜想。

我从刘小平的对联中读出他的追求，他跳出平常审美习惯，极力追求古雅，追求极致，以此为乐。最近他刻的一方“三阳开泰”阴文阳文并用，极尽巧思妙想，在微信上晒出，给朋友圈的人带来了惊喜。

2015 年 10 月 15 日于长沙尖山之北

网友微评

成佩（美术史博士，现居东京）：“叶吟长短句，梦拟仄平声”，这句极好。叶梦老师一谈文字的游戏，立马像换了一个人似的，愈发灵气逼人，句句都是暗藏机锋的行内之语，足见其于金石篆刻之道的赏鉴功力。又把个刘小平先生写得跃然纸上，仿佛青埂峰外了了居士，亦幻亦真。

徐天舒（设计机构董事长，居长沙）：与尘世的距离让人生智，生定，生慧。叶梦老师蛰伏这几年，敏察更细。惟心心相映，方得体会妙处。

石纲（画家，居长沙）：刘小平每天都是新的。

周实，编审，历任长沙人民广播电台、《湖南日报》文艺部、湖南文艺出版社编辑。主持创办《书屋》杂志，曾任主编。其主要作品有长诗《小石头》、诗集《剪影》，短篇『酷刑』系列《刀俎》，长篇小说《性比天高》《闲人外传》，长篇诗文《写给 Phoebe 的繁星之夜》，长篇随笔《无法安宁》《老先生》及中篇小说《夸·颉·日·娥》等。

抬头见周实

20世纪80年代初，我在《湖南日报》文学副刊做编辑，八个人一个大办公室，由四张桌子组成两个单元，我的对面就是周实。

低头看稿子，抬头见周实。

周实永远戴着近视眼镜，玻璃片后面闪烁着一种什么，我能够感觉到，却说不出。

周实不是那种把锋芒写在脸上的人，他的眼睛我读熟了，我能够感觉到，却一直没有用语言准确地诠释出来。

大概2004年的某天，我路过出版局，顺道到周实办公室聊聊天。正好带着照相机，于是就给他拍了一组特写。我让他以一种最放松的姿态出现在我的镜头中，可惜，他始终没有出现一种最佳的放松状态，我在他的眼睛里已经感觉到——还是当年的那个眼神，他还是我当年一抬头就能看到的那个周实。

时间可以改变人，改变人的脸和心境。

然而，时间已经过去了20年，周实的那个眼神依然如旧。

周实永远是在低着头看稿子或书，像一些老同志一样，不苟言笑，很正经的样子，偶尔也一起聊天，谈文学与读书。

报纸副刊的编辑工作很简单，我们都有时间进行大量阅读，加上报社有一个藏书丰富的图书馆，交流读书体会也成为文艺部大办公室的良好习惯。

那个时候的周实，写诗也写散文，数量少，观念新，和我谈得来。我当时经历了一个探索时期，周实是我的知音。有一天，他和徐晓鹤（湖南青年作家，小说写得好棒的）到我住的集体宿舍谈文学，谈到好晚！那个时候，我们好喜欢文学哦！呵呵！

当年的周实没有怎么写，但是他贵在知道文学要怎样才可以接近主观与心灵的世界。至少，他心里比当时走红的作家冷静，没有像无头苍蝇一样去追赶新潮。

大概是 1985 年初，我看了他的一篇短散文，偏重感觉的，是我喜欢的那种，我配上即兴写的评论，推荐到《青春》发表了。那是我第一次给别人的文章写评论。

周实是我的前任，我接替他编辑文学副刊的散文稿件。他对工作很敬业，是一个好编辑，看稿负责，鉴赏水平高，对作者很好，这些都影响我这个接替他工作的后任。

我要是领导，我一定要提拔这样的同志，不吹牛拍马，踏踏实实工作，是单位的骨干啊！人才啊！

大概在 1985 年下半年，文艺部新办了一张报纸《文化生活报》，由我们文艺部自己组稿、编发、自办发行。周实很会编报，又懂得市场和读者心理，一张《文化生活报》办得风风火火。办小报给部里带来了一点经济效益。当时我们的工资才四十多元，办小报那会，我们都感觉有钱了。办小报初步显示了周实的经营才华。

后来周实到湖南文艺出版社当编辑，还当过副社长，他充分表现了编辑的才华，他出的书都很赚钱。有一次，《深圳青年》请他去帮忙编辑一期刊物，据说那期刊物发行得很好，赚得盆满钵满的，为特区经济做了贡献。

看来，周实在各个单位中所做的业绩，证明他的工作是杰出的。真正得到社会承认、影响大的还是《书屋》，我记得创刊时，他还约我写了稿子。

周实的骨子里是想写东西的，他对于当官没有什么想法。他光荣提前退休之后，迎来了文学的春天。他应该感谢领导的关怀，要不写不出今天这么多作品的，因为没有时间呀！长篇都写哒几部啊，你怕好玩哦！

在周实创作丰收的今天，他的眼神还没有改变。

这是很奇怪的。

周实大概是不太观察人的脸的，他还在用二十年前的眼光来看我的现在。周实，你错了！

我都老朽得什么事情都懒得多想，只想过一种恬淡平和的日子，写一点不咸不淡的文章。“革命意志严重衰退”的我，在我“越来越慈祥”（同志们语）的老脸上暴露无遗。

然而，周实却没有老！

2004 年于长沙麓荫园

网友微评

鄢烈山（杂文家，居广州）：周实兄，我最敬佩的当代文化人之一，《书屋》原主编，作家，大孝子。

徐晓鹤（作家，居北京）：能受天磨真铁汉，不遭人忌是庸才。

龚旭东（文艺批评家，居长沙）：周实兄不仅有锋芒之锐利，也有温润的笑容与宽厚。

陈晓丹（资深媒体人，居长沙）：我那编了一辈子古典文学书籍的老父亲，他恪守的是“俯首甘为孺子牛”，书斋取名“煮字斋”。可见，对文字的责任感怎样影响一位字匠的一生。这是我无法不尊重真正的编辑家的原因。其实那句格言前还有一句：“横眉冷对千夫指”，父亲也做到了，小到文字，大到为人，沉静地坚持做自己，不妥协唯上……世事多变幻，我惊喜地看到身边亦不少这样精神的高贵者，无论抬头所见的周实，或拈花相逢的叶梦，他们都抵达了“蓦然回首，那人却在灯火阑珊处”的人生上境。

肖欣（记者，居长沙）：周实先生才华横溢，能文能武，有湘人之血性，英雄本色。

陈巽如（画家，居长沙）：写得好极了。周实，实实在在一头硬汉子，做事实在，做人也实在，只是脾气有时也实了一点。周实有才，有头脑，能干大事，可惜社会没公平对待他。

光华（设计机构董事长，居长沙）：还是叶老师有办法，所有人在她的鼓励下都可以画自画像。听闻周实老师之名已久，今儿在这里方见“真容”。40年日月变换，眼神不变，这是内心恒定如初。

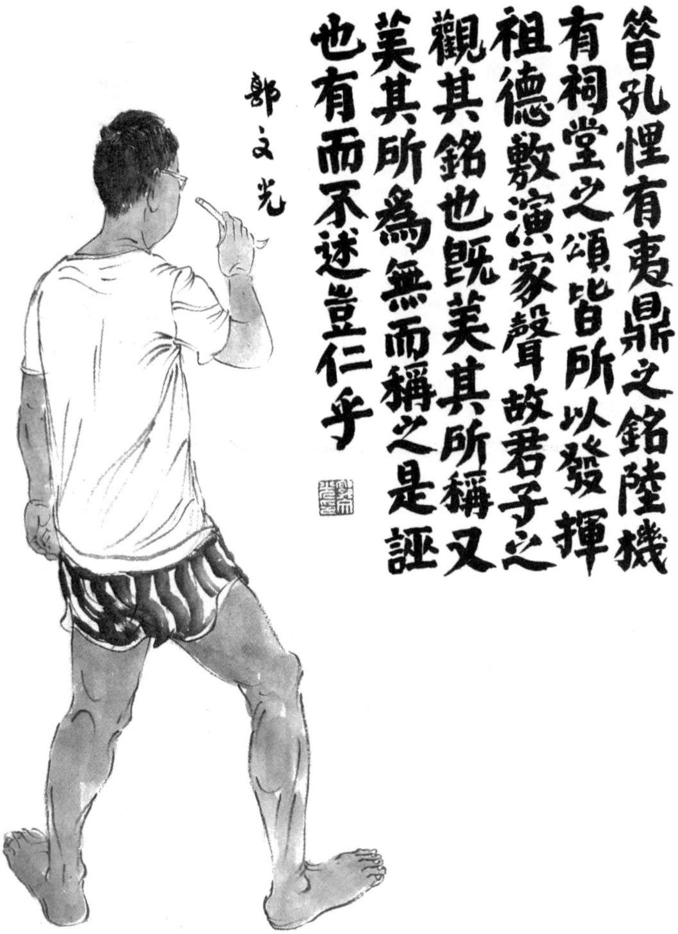

郭文光，国家一级美术师，长沙画院常务副院长，湖南省美协设计艺委会主任，中国人民大学佛教研究所客座教授，中南林业科技大学艺术研究院副院长，客座教授，醴陵窑文化研究中心高级研究员。2015年，作品《阿罗汉图（神秀与慧能）》在中国陶瓷艺术大展暨第十届全国陶瓷艺术设计创新评比中荣获金奖。

胸有莲花万朵

第61弹

郭文光

在认识郭文光之前，我听儿子专门介绍过他，说是在一次采风写生途中，京城来湘的数名大画家一一出场，围绕者甚众。郭文光很特别，一切热闹恍若不见，只是安静认真地画写生，那种气定神闲不是谁都做得到的。

初见郭文光，确实让我眼前一亮：身材挺拔，器宇轩昂。他往那儿一坐，感觉周遭的空气立马凛然起来。

早年从事艺术设计工作的郭文光，从未中断对绘画的追求，已届中年毅然负笈北上，深造于国家画院和艺术研究院，先后拜范扬、杜滋龄为师，刻苦研学数年，游学京师诸多名家。从山水人物到写意工笔，创作速写样样俱佳。郭文光还是一位收藏家，较早地收藏了他挚爱的古代石刻、石雕与陶瓷。藏品也是他学习临摹的宝笈，他常常会在仓库与古代艺术家“对话”，细心揣摩，功力也逐渐强大。

我看好郭文光，火候一到，他将会择时喷发，势不可当！他的基本功、眼界与境界，他的气场与生命向力，决定了他将来会走得很远。

几年前，我看过一批郭文光的纸上绘画作品，这是一批表现佛教情境的画。刹那间，感觉异香渐近，满室清凉。这里的每一幅画都是一个故事，都是一方灵境，都是一扇开启慧根的门。我看到的是气韵，是意境，是气场。画家通过具象载体，通过笔墨线条，传达的却是一股干净的生命向力，强大的沛然之气力透纸背，传达在周遭的空气中。然而对于郭文光，这只是一场大戏的序幕。

我曾经与郭文光同去醴陵新世纪陶瓷公司画过一次瓷。面对大白瓷瓶胎，郭文光拉开马步，全身的力量聚集起来，线条游走于瓷坯之间，一下子就进入了自由之境。我诧异于他的自信，身体的力与气皆通过笔端见诸画面，线条是那么灵动与肯定。他开篇就画了朱砂罗汉大瓶，非常精彩。我请他在一个厚重的四方形的手工瓶上题写他自撰的短文，郭文光精气神俱佳，记忆力超好，一口气写完，竟然毫无纰漏。从头到尾，线条均衡有力，方瓶四面，面面精彩。他的隶书貌似有金农的味道，与厚重的手工瓶绝配，我爱不释手，视为美之大器。

自从醴陵新世纪陶瓷公司画瓷之后，郭文光的瓷上绘画创作开始了跨栏式飞跃。他以佛教题材为主，作品丰富厚重，精品佳作屡屡获奖。

在佛教传入中国的两千多年的时间里，“佛”的造像与图式一直是我们的精神与视觉审美的母题。我们可以浏览到每一个朝代的佛像艺术，从拈花观世音到诸神罗汉，我们熟悉了各种场景下的佛菩萨。窃以为，参与“佛”造像系列，要有新的表现，要有全新的视觉冲击，这个有难度，也有风险。

郭文光执意画“佛”，全身心投入，由纸上转向陶瓷。从瓷板画观音系列入手，多方尝试釉色材料，一步步深入，进入一种如醉如痴的状态。

郭文光的创作在微信中常常作日记式展示，我是他微信现场直播的热心关注者。他经常每天工作十六七个小时。现场工作照见他或站或坐，或做马步状，精心绘画，并为之殚精竭虑。

瓷画的创作有别于纸上作品，有很多难以控制的因素，窑温釉料的变化似乎全在天意。冥冥之中，似乎有菩萨在暗中照应，郭文光所绘大器的成功率非常高，我很意外。

我常常远程分享郭文光每一次作品出窑时的惊喜，佛像瓷板画、一米大箭筒出窑，两米高的瓷板画出窑，每一次出窑都是节日！作品进窑之前是灰灰的调子，出窑之后是满目晶莹璀璨，宝石般炫目！

郭文光创作速度之快，作品数量之多，瓷板与器皿器型之大，不断挑战极限。关于颜料釉色、烧结温度、图式以及意境的营造、线条的畅达，都在极尽变化之妙。他一直在追求极致的美。

2015年五一前夕，我见到郭文光这两年的陶瓷绘画作品，堪称惊艳，我们熟悉的观音以崭新的面目出现在郭文光绘就的瓷板上，看起来比纸上作品更加厚重丰富。

郭文光的瓷板画有异于历代作品的地方，在于他刻意于意境，他2015年的作品《佛心如花》，观音置身于神秘幻境的梵林，线条与色彩绚丽璀璨，华美夺目。

这几年，郭文光不是在醴陵就是在景德镇，不是在画瓷就是在宣纸上画作品。他最近尝试在日常器皿上绘制佛教题材的局部，给人以强烈的视觉冲击，一个新的系列正在开启！

憋着一口气修炼多年的文光，创作终于找到了宣泄口。

钟情于佛教题材的绘画，源于胸有莲花万朵。莲花次第绽放，郭文光把自己心中的理想通过虚构的画面来表达，努力抵达一种无限和平澄净的理想境界。

2015年11月21日凌晨于长沙

网友微评

陈晓丹（资深媒体人，居长沙）：癸巳中秋在尚书房得一郭文光绘的扇面，菩提树、明镜台，素来喜欢这干净。佛书画不过是形，重点是后面的意，是内心对无限平和澄净的追随。

林建春（画家，居上海）：我们见过很多画家的极品肖像画，但像叶梦用文字为画家塑造形象做得那么生动传神、幽默风趣的作家还真不多见。

王小保（景观设计师，居长沙）：文光的绘画能达到今天的造诣，与其勤奋、坚持、信仰、大智密不可分。从成功的企业家义无返顾地转型为职业画家，是一种大勇，其中的酸、甜、苦、辣，只有文光能体会。

陈墨（教师，居深圳）：有幸在一次写生活动中认识了郭老师身上的英雄气魄和笔下生动精彩的速写。本身极高的艺术造诣加上极强的专注度和热情，让一切在他那里都显得如此容易。他的每一件作品，总能给我们带来惊喜和某种不一样的感受。

徐天舒（某设计机构董事长，居长沙）：文光老师的严谨、勤奋，对孩子的严格，无出其右。即便在假期中，也是每日晨曦即起，待我们陆续活动时，他已经做完好几幅画的功课了。

张月明，油画家。1965 年毕业于湖南师范学院艺术系美术专业，后进修于浙江美术学院油画系。历任湖南益阳地区文化馆、湖南省群众艺术馆美术干部。作品有《我是人》《西湖调》，著有《女人体速写》《五彩梦旅》《张月明》等。

难忘《西湖调》

20世纪80年代初，我从文学刊物《资水》上读到张月明的油画《西湖调》，内心一下子被触动，仿佛闻到了一股强烈的湖乡气息。画面很简单：一位坐在湖边坡坎上拉二胡的农民，背后是湖水。他包着头帕，系着腰围巾，一派湖乡农民的打扮。胡琴的声音冲破画面悠然响起。我熟悉的《西湖调》，多么亲切！此刻，仿佛旋律持续从画布上跳了出来，无声的悠远深深地撼动了我。《西湖调》的场景唤起了我童年的记忆，湖乡的气氛、场景与水的气味都从画里面慢慢地渗透出来。

张月明对于洞庭湖的理解与表达源于益阳。他大学毕业后分配到益阳工作多年，益阳是他的第二故乡。益阳的同辈人喊张月明“月明胡子”，益阳话的“某某胡子”差不多就是对某个行业执牛耳者的尊称。

第一次见张月明，是在85美术新潮之前后，我当年在《湖南日报》副刊编辑部工作，张月明来我们办公室找另外一位编辑。我认得他，但他不认得我。那时，张月明在湖南美术界风头正健，出版了《女人体速写》，在长沙办了一个丙烯人物画展。那时用丙烯作画的人不多，张月明的丙烯人物非常精彩，名动长沙。那些作品，可惜我都没有见过。

1994年益阳画院成立之际，我与张月明正式认识，才知道那个画《西湖调》的画家，原来是一个率性而豪放的人。

多少年来，我一直在关注张月明的创作。可是，唯独不见他在各类展览露面。我所见到的张月明最好的作品都是在朋友周铭家的客厅。张月明关于洞庭湖场景的油画，仍旧让我心旌摇动，他表现的洞庭湖切合我的意境和记忆，独具艺术魅力。我每次去周铭家，都会很认真地看张月明的那几幅洞庭湖。灰调子的洞庭湖，水天一色的背景，有一只寂寞的木船停泊在岸边，那种无法言说的孤独寂寥，那种旷远，那种无边的意绪犹如悠远长调，总是那么打动人心。

将近30年，我几乎无缘与张月明的众多作品谋面，他的人与作品几乎在艺术界销声匿迹。

2012年底，我专程拜访张月明老师。年近七旬的他，满头白发，腰板挺直，声若洪钟，一屋的油画皆是风景画。看得出他宝刀未老。他曾经以人物画见长，但他说不画人物了，我不知道是什么原因。画桌上摆了中国画的材料，张月明居然还刻印。

我拿出速写本，张月明在上面很快就画好了自画像，铭印三方，款识俨然中国画。

尽管没有和张月明仔细聊过，但这一点不重要，重要的是作品，我能从作品中感觉到人的精神特质，感受到当下的心境，这就够了。

2015年元月，从展览场合绝迹几十年的张月明在长沙前行美术馆举办了题为《返青》的油画个展。我当时客居深圳，未能到现场观展，仅仅从电脑里浏览了有限的几张作品图片。洞庭湖的落日，水中晚霞的倒影，绿色的田园，都有一种无限的暖意，与早年的作品似有不同的意境。

读张月明的作品总有惊喜。他画的田园仍旧是那样富有诗意，色彩里凝结着一种蛰伏的激情。他仿佛从年轮的那一头往回走，生命的底色正在返青，正好切合展览的题目。我希望读到他更多的作品。张月明在电话中说，他出了一本画册，一直帮我留着。

2015 年 11 月，终于收到张月明给我的快递：画册《张月明》和《张月明印谱》。画册《张月明》非常精美，几乎囊括了张月明各个时期的代表作，我还在里面见到了一幅题为《女教师》的肖像。啊！是她？51 年前的记忆被唤醒：我刚刚上初一，班上来了一位 18 岁的语文老师，专门给我们批阅辅导作文。她看重我的作文，我心里也喜欢她。在我印象中，她长得很美，圆脸，大眼睛，眼睛里有一种莫名的忧郁。50 多年过去，翻开画册，我一眼就认出了她。张月明的人像刻画出了心灵，厉害啊！

画册中有 20 世纪 80 年代女性人体写生，作品不多，线条简洁概括，把女人体画得很有力量，充满了激情，现在看来仍然十分经典。

再看张月明 30 年前画的那批丙烯人物画，确实让人震撼。那些人物个个精彩，逃避了传统油画的表现，融入了中国画的写意精神，笔墨放肆。为什么换一种材料就会产生这么大的表现力差距？张月明当得起新时期湖南油画界的领军人物。这也就是为什么张月明远离艺术名利场，还有很多人尊敬他的原因。

《张月明印谱》系手工钤印，手写释文，所有印章均系表达刻印时的心迹，真是温暖得紧。在初冬微凉的夜里，拜读带有体温的《张月明印谱》，慢慢品味张月明潜伏于印中的心迹，顿感无限悲凉袭来。过去 30 年来试图解读张月明，一直无法找到路径，无法进入状态，人与人之间，正如“知人最苦”那方印，要走入心灵是何等的不容易。今天读《张月明印谱》，让我豁然开朗。油画家张月明采取篆刻的方式，把人生的诸多感悟，用极少的中国字刻入石头之中，片言只字都是 70 多年人生历练的浓缩箴言，直击人心，其中，“不傍门户”“不随时流”“知我者少”正合吾意。

我历来鄙视以世俗的成功学来评价人之长短。一个人有过追求，在某个时期对艺术的某个门类有创新，然后自在逍遥、悟透人生、宁静淡泊，精神修炼到此境界，即是强者！对于这位艺术家兄长，我顿时充满无限的敬意！

2015 年 11 月 23 日于长沙尖山之北

网友微评

莫鸿勋（油画家，居湘潭）：在20世纪80年代，月明兄作为湖南油画界教头，提拔了大拨青年人。燃情岁月中，有他的支撑和激励，并为野草画会最后的绝响鸣枪示意。

陈晓丹（资深媒体人，居长沙）：印语明心迹，正所谓印人合一。叶老师30年与月明先生的惺惺相惜，不仅是艺术上的认可，更似乎是精神气节上的知音相随。

崔建平（美术鉴赏批评者，居长沙）：我喜欢叶梦老师的评论，都是肺腑之言且情意深挚，她看画评人少了当下的吹嘘之辞，没有那种寡白的喧嚣，也少有看名头趋时务的势利！喜欢就是喜欢，不论出处，率真自然！

盛景华（书画家，居湖南）：记得在宁乡的南门桥上，张老师见我的凉鞋破了，硬是拿自己的好鞋与我换了。1977年高考前夕，张老师把我们一帮学生带到家里，手把手教我们画素描和色彩。叶梦老师给张老师造像，准确生动，呼之欲出！

魏小平（中戏教授，居北京）：月明哥难得，湖南人的霸蛮在他身上也算典型。笔刀不坠尤是可，几十年培育、提拔后辈难能可贵。

周陋之（画家，居长沙）：人如满月，心似玉壶，不减当年英雄勇，醉时长啸惊江湖。

张娜（画家，居北京）：张老师的自画像太酷了！叶梦老师写得真实、有情感、准确、放松。

申玲，1989年毕业于中央美术学院油画系第四工作室，现任教于中央美术学院油画系。

第63弹 申玲

碎影与浮云

之一：春天的植物

申玲的油画像久窖的酒，浓郁的香气把周遭的空气都染醉了；申玲的油画像一丛春天阳光下疯长的植物，给人一种蜂环蝶绕的迷乱；申玲的油画还像发情的母马，在一望无际的草原狂奔。

申玲关于性爱的图景，给我一种视觉的刺激。当绘画的对象在画布上脱去一切露出赤裸裸的躯体，情欲的烈火在画布上燃烧的时候，以理性的目光来观照对象，会有许多说不出的暧昧。

我们习惯在描述这一领域时，总是含蓄的、温情脉脉的，把男女胶着状态的游戏看做神圣的不可以亵渎的。大胆的申玲把一切顾忌抛开，开始把原始的情欲、把男欢女爱的烈火烹油般的场面灼热地泼洒于画布之上，铺陈开绚丽的画面。

当我看见男人的根居然堂而皇之地出现在油画里时，禁不住就笑出声来，这个奇怪的东西总是让我感觉可笑！

看到申玲的系列油画，不禁想起了香港女作家李碧华的一句名言：

过上等的生活，享下等的情欲。

于是，我们就有机会看到在这样一种情景下的状态，这种状态是耐人寻味的。

有人评价申玲的画："申玲的画，一眼看去很色情，其实哪里是色情，画面飞动张扬的是画家天赋的色彩感觉、跳跃的野性——这不是色情，这里也没有古典的写实，那是强烈的对比，单纯的形式追求。"

媒体评价申玲：女画家申玲也画她的家庭生活，她经常用一种调侃的语态去表现她和她家庭的关系，并通过这种关系来调侃某一种社会问题。

她曾经以她丈夫和她自己为模特画结婚的场面，她有时候还把丈夫画成"大款"，旁边画一些小姐陪着，叫《傍大款》。她还要画丈夫戴上墨镜，像老头的样子，画成老夫少妻的配偶，实际上还是在反映现实社会现象。

这一时期的女画家也开始大胆暴露自己，包括对性的看法和性的感觉，她们觉得男画家经常以男女的性爱为题材，那我们自己也画，还要和男人画得不一样。申玲曾自述，男人看女人，到底是怎么看的？她就要把男人看女人的"看"画出来。

申玲说："现代生活是性爱的大敌，它越来越被简化成快餐，吃饱就好。但快餐式的性欲发泄不触及灵魂，仿佛两块冻肉摞着，既不销魂也不断肠，不会带你去天堂，也不会带你去地狱，有一种被掏空的感觉，很麻木，很无奈。性，在今天充斥着各行各业，似乎不沾点这个就提不起劲。饭桌上的荤段子可以代替荤菜吃，手机上的短信息应接不暇，电脑上的色情网满眼皆是。本来烦都烦死，可我偏偏像中了它的毒，一张嘴就泛黄，一抬手就裸体。要是打开我的脑子，可能大半边被性占据。性爱，我的最爱，它如此销魂、如此美妙，两个光滑的肉体，两颗颤动的心在那一刻融为一体。我真想不出还有什么比这更美的事。"

申玲是真实的、大胆恣意的，她的创作打破了很多的禁忌，把人类最重要的活动见诸画布，在中国，要这样表现，需要一定的勇气。

我认为申玲是健康的，她有作为一个健康的人的心灵和身体。正因为有了一颗健康的心，才会有自己的视角，才不会看男权社会的眼色行事。才有自己的个性与才情的张扬，才有可能创作出属于自己的独特作品。

2004 年于岳麓山下

之二：碎影与浮云

2005 年 9 月，一个秋阳温暖的午后，北京望京的某咖啡厅室外，一把遮阳伞下，申玲、王春犁、王彦萍和我，四人对坐聊天。

尽管之前主编《镜子中的鸟》时与申玲有过书信联系，我还为申玲写过一篇短评《春天的植物》，但那天是我和申玲的第一次见面。申玲不太说话，不施脂粉，搭一条围巾，打扮休闲随意，略有一点矜持与腼腆，就像一个普通大学生的模样。当我的速写本击鼓传花般传到申玲手上时，她很随意地画了这个自画像。很小的头像，只占 16 开速写本的一小半，很简单的线条，半身裸体，手里夹着一支烟。有意思！画完，申玲坐在那里，喝一口咖啡，安安静静的。

面对申玲，尽管她不太说话，但是她骨子里的任性、敏感、执拗，我已感觉到。最近读到湖南女诗人张战的诗，清新的意象，自由的表达，感觉非常好，我的评论“任性”二字脱口而出。诗人的那种自由与任性，温暖与随意，自然又让我联想到申玲的画和她的随笔。申玲与张战，画家与诗人，她们之所以特别打动我，就是因为她们的“任性”。

我突然想到，创作就要任性，任性其实就是自由，只有极为放松的状态下的自由才可以叫任性。

申玲少年成名，在中央美院上大学还差一年毕业的时候，就和王玉平在中国美术馆办双人联展。名利场太早的关注，有时候不全是好事。申玲应该怎样才能够保护自己的创造力？申玲有自己的办法，她用沉静来对抗喧闹。

我认为申玲的任性就是一种创造力，有本事的人才敢任性，她画画完全出自自己的内心。

也许申玲不太愿意提起她十多年的旧作“性爱系列”，她是忠实于自己的感受的，她认为性爱是美到极致的事儿，为什么就不能够表现？她是一个实诚的艺术家。可是天下晓得个中妙处的人实在太多，人家就是不说出来，更莫说画出来了。当然，男人可以写也可以画，但这个要是由女性来表达，就马上让人惊诧万分了。

申玲画画没有“端”着的姿态，画什么？从形式到内容，由着自己性子来。她只关注自己的内心，一切来自心灵的感动。申玲说：“色彩给予我太多感慨、太多想象、太多表达的意愿，就像那张《梦中人》就是看到满眼海棠花受到的启发。院子里有两株海棠，每年春天都盛开，满满的白花像雾、像云、像梦。我常常站在树下盯着看，毛茸茸的花蕊让我心生无限怜爱之情……”

申玲画的不是什么重大题材，也不与主流话语搭界。她从一个女人的视角去看男人、去看花鸟，用安静的内心来看自然界的一切：北海边的柳树，院子里的海棠，池子里的鱼儿，胡同里唠唠叨叨的碎语……这一切都会让她心生感动。她看似任性、执拗，但其实有一颗敏感的心。她随身带着小本子，记录一些零碎的感受，于是文字画面就很真实、很干净，很打动人心。

随着年龄的增长，申玲越来越沉静。她不喜欢热闹，不喜欢被打扰，只专心画画写字。她一步一步走向自己的日益沉静的内心，甚至能够极有耐心地画小小的铅笔素描画了。申玲很少参加展览，但是作品异常丰富。前几年，我听说她在画细细的铅笔画，当时感觉很惊讶，有点质疑细细的铅笔画的表现力。申玲说：“不知具体是哪一年爱上了用铅笔画小人，如果从画那批情爱的画算起，最少也有十多年了。我喜欢用很细很细的铅笔，画很轻很柔的线，就像过去陕北的婆姨们手拿绣花针，大炕上盘腿一坐开绣。”申玲这段话，很实在也特别温馨。没有想到的是，铅笔素描的小画儿，很有看头。配上她依照自己心情题写的短句，分外有意思！铅笔画很素雅，而花系列，可以说是繁花似锦，密密匝匝地开在眼前。各式各样的调子，开得那么灿烂！！我特别喜欢《碎影》，其色彩丰富炫目，蓝紫色的基调，红色的鱼儿在繁花似锦的背景里穿行，想象力与色彩的驾驭能力，难有人能够企及。我还喜欢“浮云”系列里的梦境，温暖的诗意让我不忍心翻页。

在雅昌网申玲的官网上，能够看到申玲这些年的作品，从2010年创作的《恨别鸟惊心》到2012年创作的《感时花溅泪》“红杏”系列……很多、很丰富。年前在长沙的联展反响不错。申玲的创作与生活状态很好。她的创作是自由的，因为她不装，作品富有生命力，你看中国这么多画画的，她和别人就是不一样。

我喜欢申玲，特别喜欢申玲近年来的诗意花鸟系列，喜欢她作品表达的人与自然的关系。另外，我还喜欢申玲的任性。

2016年2月17日于深圳麓园之南

网友微评

陈晓丹（资深媒体人，居长沙）：申玲的画浓烈黏稠，有吸引力，让我想起《白鹿原》里麦客们唱的华阴老腔，关西大汉，渭水船工，打起铁板敲打板凳，吼着大江东去；我想起东北火炕上的绸缎被面，江南农村的被窝印芯，大红大绿的牡丹花和龙飞凤舞……种种都是原始的、原生的、栽在土里长出的生命力。“春天的植物”肆意生长，令人上瘾，女中关西汉，快意哉！

林建春（画家，居上海）：在申玲与叶梦涉及“性”话题的作品中，冲击“身体禁忌”的表现上都是属于那种随心、随性、随笔的勇者，甚至是先行者。她们用艺术的语言为生命敲响热烈的战鼓，所展现的都是一部女人的灵魂史，一部女性独立人格的宣言，是当代女性意识觉醒的标杆。

张娜（画家，居北京）：我第一眼看到申玲的画时就深深地被吸引，整体灰调的创作，用各种的暖灰、冷灰穿过整个画面，用这些富有神奇的色块来表达她所要表现的题材。申玲最近这批作品更深沉、更含蓄，表达的完全是自己的心灵世界，美好而让人向往。

李晓蓉（文学刊物执行主编，居长沙）：这么率性坦白透明的女人，爱让她狂野，也让她平静。一半是海水，一半是火焰。色彩浓烈的油画和细密的铅笔素描都出自她的手。

李小波（记者，居秦皇岛）：叶梦这篇文章让我开始关注申玲，于是上网搜看她的画。看她的这些画如阅读《茵梦湖》，那份闲雅浪漫，那份自如随意，都是从骨子里释放出来的，真真就是应了叶梦说的“任性”二字。

纪京宁，1985年毕业于河北师范大学美术学院并留校任教，1990年在中央美术学院国画系进修，2004年调入中央民族大学美术学院任教授。作为中国美术家协会会员，作品曾多次参加全国美展并获奖，曾赴海外举办交流展。主要作品有连环画《老井》、国画《紫气》《秋天》等。出版有《纪京宁画集》。

第64弹 纪京宁

宁静的纪京宁

纪京宁是一位有特色的水墨画家，她的画使我想起作家孙犁的散文。

当我收到纪京宁寄来的画册、照片与文字时，我首先就看照片，仅仅看了照片，我就能够感受到她的温柔。照片里的她穿着一件粗毛线织的毛衣，是那样安静地浅浅笑着。我当即就感觉到这个女人有一种包容万物的爱，她这个人和她身上的毛衣一样使人感到一种温暖。

其实，我根本就不要看作品，凭着一张照片就能够解读对象的心灵。我常常做这样的实验。第一个印象往往与后来的研究吻合，结果常常是八九不离十（你看，我都把自己吹成看相先生了），我相信自己的感觉。

接下来，我又读了她的随笔。于是沿着纪京宁的作品就直接走进了她的家——她的眼睛——她的心灵。

纪京宁的文字是朴实的，娓娓道来。不论是写女儿还是写父母还是写她的童年，都倾注了她无限的爱心。这样的文字于是就有了艺术的感染力，就像纪京宁最近创作的“每日的菜”系列水墨画，看似平淡，却是那样地打动人。

纪京宁的细细的叙说，有一种引人入胜的魅力。她在《对面这个人》中写道：“……由于紧张，他把手从口袋里抽出，摸索着带出一棵半截的烟蒂，从另外的口袋里拿出火柴，用粗大的手指哆嗦着把烟点上，一股劣质烟味弥漫开了，屋角有个学生咳嗽起来。他有些慌了，赶忙用拇指直接摁灭了火，并把剩下的烟头放回衣袋，当着这么多人的眼睛，由于着急，用力大了些，竟把口袋边给撑开了。他更慌了，用袖口悄悄压在口袋的破处，低下去的头停了好一会才抬起来……”

纪京宁的文和画都是她对这个世界的一种感动，她把让她感动的事物都写下来了，都画下来了。纪京宁的作品对于她的父母亲着墨比较多。我从纪京宁的文字中了解了她的父母和她的童年。纪京宁母亲的故事，几乎可以写一部长篇小说了。

读罢纪京宁的文字再来看她的画，感觉她的人和文字以及她的水墨画是那样的统一。纪京宁是一位善于描绘自己和自己周围生活的女画家。她的作品，能对女性生活情状作诗意的描绘，画面洋溢着又甜蜜又困乏又平淡的意味，风格质朴而雅、淡远而厚，一如其人。纪京宁直接描述自己日常生活之所感，于平淡沉静中含着劳顿、欢愉与浓烈。前者意在酸咸之外，清苦淡远；后者意在酸咸之中，似远又近，弥散着躯灵一体的生命气息……

对于纪京宁创作的“每日的菜”系列，画家何韵兰是这么评价的：“《每日的菜》是用水墨表现现代家庭生活的作品，画里客观地描绘了家的场景，又主观地以虚幻的图式摆布它们。她的线条和墨色看似散淡实际上韵味十足，有文人画不求形似的洒脱，又有现代个性情感的释放。但最打动人的，还是那种真性情在笔下不经意的流露：一个有了家、有了孩子的年轻母亲所面对的实际，琐碎、平凡、日复一日的操持，三代人各有自己的心思、有点疲惫，有点无奈又有些温存……”

纪京宁用她对庸常生活的诉说为题材的作品，居然在中国当代水墨画的探索中，显示了个人的特色和魅力，也引起了评论界的关注。

认识纪京宁以后，我最关心的是：纪京宁家的“明天的菜”，是吃什么？

某年，纪京宁在南京办个人画展，按照惯例应该画家本人发言，可是纪京宁害怕当众说话，最后还是先生梁占岩代替发言了。

曾经有画商想包装代理纪京宁的作品走市场。推广词里有这样一句：继周思聪之后的最优秀的女画家之一。可是，纪京宁就是不愿意配合。不喜张扬，也不刻意宣传，低调沉稳，这是我喜欢纪京宁的地方。

我周围有很多有品位的画家朋友和我说过喜欢纪京宁的作品。纪京宁的画和她的人一样，淡淡的。她的笔墨雅、随意、轻松，看着舒服。

我去过纪京宁家几次。从西三环到西四环，每次感觉都不一样。2006 年 12 月我参加中国作协第七次代表会前夕有半天空余时间，我带着相机，直奔西三环纪京宁的家。那天他们家好安静，只有我们两个人，我让她成为我镜头里的模特。好在纪京宁有一种天生的自在，我的镜头记录了她非常放松的状态，她的纯粹、本色，在我的镜头下一一舒展开来。

拍纪京宁随便怎么样都像一幅画。她的眼睛清澈见底，那种发自内心的恬静让人无法模仿。所谓相由心生，用在纪京宁这里很贴切。

年过半百的纪京宁仍旧有着少女般的羞怯与纯真，这在艺术圈里是很难看到的。

艺术圈即名利场，在京城的艺术家，多少诱惑会自动找上门来，可她就是抵御住了各种诱惑，始终保持着内心的宁静与创作的纯粹。

有次去她家，我看到了纪京宁做的泥塑女性人物，非常质朴大气，真的好有味啊！

自从我约稿她加入《美丽欲望》一书之后，纪京宁也常写一些文字。

纪京宁写画画的体会，我细细读来蛮有味。这是男画家无法写出来的创作谈，我权且摘录几段与大家一起欣赏：

“我想画身边接触最多的事情……有时我尽量让自己离她们远一点，躲在角落里看她们的一切……

“我想用拙涩、质朴的墨在纸上慢慢挪动，留下的痕迹就不会那么轻柔、那么浮美。线条已不那么重要，手握毛笔时脑子里满是那些女人给我的感觉，在幸福的外表掩盖下的痛苦，在华美的外壳里包裹的坚强，在平静表情下掩藏的无奈，在快乐的欢声中透出的孤独。

“墨是要极深的墨，水一定是刚换的清水，焦墨和着清水在纸上行走，坚硬被悄悄融化，柔软在慢慢变得坚强，毛笔画过的地方，透出那些成熟女人的气息。我不想用颜色，我只想用墨来画出她们的坚忍与沉默。但我必须用一点颜色，用颜色来染出她们仍存的风韵，形象已是我脑子里的形象，她们长得不漂亮，不高的鼻梁，不白的皮肤，不大的眼睛，不精神的表情，不苗条的体型，凑在一起却有一副淡淡的、有点忧伤的、善良又羞涩的不难看的女人样子。

“毛笔在用墨时需要拉散了，蘸墨时要让笔在丰富的墨盘里来回搅一下，蘸起的墨连你也不知道它落在纸上会是什么样子，落笔时还不知道落完是什么结果。这时更容易出一些意外的效果。

“我想通过这些画面里的女人来表达我的内心感受：生活是平凡而单调、琐碎而艰辛的……你会体验到一种意想不到的美。”

细细琢磨纪京宁的话，再看她的画，就更加明白她的苦心了。

我常与纪京宁通话，我喜欢听她那柔软的声音：“叶梦，来北京啊！到北京来一定要来咱家啊！”

2016 年 2 月 26 日于深圳麓园之南

网友微评

何韵兰（画家，居北京）：纪京宁是我很喜欢的一位画家，虽是独善其身的持守，却让作品散发清凉、温润的气息，焦躁的世界会感谢有她。文中引我的一段评述，来自多年前做的专栏《阅画小屋》。专栏已写了24位女画家，可惜没力量坚持。谢谢叶梦她们更专业的热情接棒。京宁对水墨语言的个性呈现非常有创意、有魅力，可惜还没引起学术界的足够重视。

李小波（记者，居秦皇岛）：第一次听说纪京宁，第一次看到她的画。这几幅画不张扬、不喧闹，感染力不强，但穿透力极强，直达感觉彼岸，这便是宁静致远吧。

成佩（美术史博士，现居东京）：清宁纪远，岩石堪当。

陈卓明，1982年毕业于广州美术学院雕塑系，现任教于湖南师范大学美术学院，副教授，硕士生导师。雕塑作品《海恋》曾获亚洲雕塑大奖。

在抽象和具象之间寻找自由

第65弹

陈卓明

前些日子，画家何铁凡邀我去看陈卓明正在给他做的雕塑。我看了后，不禁有点惊讶。铁凡是一位长相堂皇的汉子，擅长不设色的水墨，还喜欢写诗。陈卓明把画家朋友那些内在的发光的东西一点一点挖掘出来，让画家朋友的诗人气质得到了极大的张扬，雕像也因此有了力量。由此，我审读出了陈卓明的审美观以及他的唯美表达与创作惯性。

一个多月后，我又去陈卓明的工作室。陈卓明从阳台上抱进来一个头像，我一眼瞥去，吓了一跳：杨福音！呵呵！你好哦！好久不见了。

我下意识感觉那个石膏像就是杨福音本人。

有点沧桑的脸，有点急切地要说什么的样子，那个寂寞的困守于广州城的湖南人，那个整日与自己说话的国画家，那个有点自负的、曾经和我在电话里激动地讨论过当代艺术的画家杨福音……

《杨福音》形神兼备，陈卓明捕捉到了杨福音的魂。他用泥巴做出的呈现，比起我用文字来得更加真实入骨。

陈卓明把一个杨福音塑活了，比起前面那有点英雄化的画家何铁凡塑像来，《杨福音》已经大大地进步了。我感觉陈卓明已经摆脱了造神的惯性，强调不同的人的不同个性气质。陈卓明对于杨福音的表达是准确的。他没有将人物刻意拔高，而是忠实于对对象的个性表达，一不小心，就把杨福音内心的世界也泄露了出来。

作为人像作品，能够做到这样，已经非常不容易了。

后来，我看见陈卓明把《杨福音》放回阳台的时候，却莫名其妙地生出一种不忍，心里竟然感到这似乎有一丝对于真人的不敬。也许，这就是赋予了泥土以真正的生命吧！

对于特定人物灵魂特质的准确把握，是有相当难度的，做到这一点非常不容易。

陈卓明在进入创作状态的时候，是如痴如醉的。他在观察创作对象时，常仰起他的胖脸，张开嘴露出他那不太整齐的门牙，进入一种近于疯狂的专注状态。他那个样子就像一个儿童，一脸的忘形，一脸的执着和天真。他对于对象的着力表达，是倾注着他全部力量的。他的创作态度是严肃的，他是有追求的雕塑家。我以为他在人像作品的创作上下的功夫最多。我既看了他创作的湖湘人物《曾国藩》《谭嗣同》《王船山》《夏明翰》等，也看了在日本获奖的抽象作品《海恋》，感觉他在具象和抽象之间寻找着一种属于自己个性的表达。这种寻找是痛苦的。

《曾国藩》是一件很有视觉冲击力的作品，曾经入选全国性的展览。它就像一个有点残破的薄壳建筑物，又像一座古老的桥。按构图来解释：曾国藩的脸和他的辫子构成的一个薄壳建筑支撑晚清一个破碎的王朝，这个诠释也非常机智。

作为一个雕塑家，怎样才能走入真正的自由创作之境？我也常常和从事不同艺术门类的艺术家探讨这样的问题。我认为文学和美术，应该是互通的。

陈卓明给我看了不少他的抽象的雕塑小样，他说，只有在做抽象作品的时候才能够找到一种自由宣泄的快乐。他在日本获“亚洲雕塑展”

奖的作品《海恋》就是这一类作品。《海恋》是一件不锈钢的雕塑，用钢铁来表现一种流动的音乐旋律，但又像舞蹈着的人体。这是一件充满激情的作品。日本评委评价陈卓明“赋予了作品用语言难以来描述的迷人的艺术魅力”。

可是，为什么雕塑家不能够在适合自己的最为自由的路上走下去，把自己的自由发展到一种极致呢？反思自己，我在创作上也有过同样的困惑，我自以为对于陈卓明的创作思考和超越是理解的。

也许，在抽象和具象之间，陈卓明已经寻找到了不同的路子，他正在走向一条通往自由创作的路。我愿他的步子更加坚定一些。

网友微评

吴尚君（湖南师大教授，居长沙）：卓明先生的自画像速写，简略之笔勾勒出憨态可掬的形象来，单纯、感性且具有喜感，表情淡然又显宽容，纯真天性，亲切透明。自画像才是艺术家内心真实的自己。叶梦《百手联弹》以文字速写的方式，感性、亲切、生动地勾勒出原生态、真实而深刻的雕塑家陈卓明形象，“引而申之，以究万源”，既具有根本性的描写，又有属于雕刻家陈卓明的鲜明个性特征，描、述、勾、勒，直指灵魂深处。赞之叹之，两幅好速写。

玲子，中央美术学院油画系硕士研究生毕业，出版个人画集多部，作品被国内外的画廊和收藏家广为收藏。

玲子的诱惑

收到玲子送我的画册，感觉很新鲜，我特别的喜欢。玲子的油画，自然、率性、好看，有女人味，有的像大师们的某些作品，有的也让我想起一些儿童画。

玲子过去没有学过画，她是学中文的。她没有经过美术学院的正规美术教育，自己在家画了五年，居然比很多从美术学院出来的人画得还要好。也可以这样说，从美术学院出来的学生，是绝对画不出这样的画的，这是因为正规的美术教育使他们丧失了这样作画的能力。

玲子画的人物和静物，比例有点失调，空间的感觉不准，但是很好看，很有味。像我们这样的美术门外汉，是绝对不会去在乎玲子画得准不准的。玲子的这种状态，也是专业的美术工作者极力想达到的一种自由境界。

我常想：专业的美术教育既然对人性的抹杀显而易见，那么，我们为什么还要去走这条路呢?

玲子的成功，就是因为把人对客观世界的表达按照自己习惯的一种语言表达出来。这种表达，恰恰接近了人的本性——生命的原点。

玲子的美术才华是她丈夫发现和激发的。因为没有经过系统的训练，也就没有了“形”的束缚。一开始，玲子的绘画就直接进入心灵的表达，也就自然地流露出她的率性。这与那些画得很准确但很匠气的画比起来，就显得有了生命的活力。

说到玲子的画，不能不提到她的丈夫徐忠平。玲子的丈夫创办的原点工作室有一些玲子这样的例子，玲子是其中最有代表性的一位。在玲子的画中，以描绘家庭的生活场景为多，也因此我们常常可以看到她丈夫徐忠平的各种生活常态。他是她的伯乐、恩师、丈夫。他们在北京上苑画家村的家，被媒体称为“东北二人转”的舞台。

玲子的画已经成为一种美术现象，一个另类美术教育的范本。我颇为不解的是，这个可贵的范本——玲子，她已经考上了中央美术学院袁运生的研究生，目前正在袁师门下求学。当然，袁运生教授是懂得保护玲子的自由和表达方式的。我相信，玲子定会有更好的发展。

我就喜欢看这样不专业的画。

比起玲子自由的非专业的画来，她的文章过于诗化，有点晦涩的虚化语言反而阻隔了她的畅意表达，我想，这可能是由于她是学中文出身的缘故。尽管如此，玲子有的东西感觉还是写得不错的：“我……不过是一个接受镜像的镜物，是一块现实物体在上面投注的光彩，以取代暗景的屏幕。”

我想，倘若玲子没有上过中文系，她会不会写得更好？也许是玲子目前把精力全部投入到了绘画中，文字反而生疏了的缘故吧！

我看了玲子的画，感觉手有点痒痒。我就想知道，在我的身上，是否也潜伏着某些绘画的才华？我赶紧买回了颜料，一个朋友知道了我的心思，还送来了一个画框……我在等待着一个契机动笔，也想在画布上来一次懵懂的宣泄。

玲子的画，对于我是一种不一样的诱惑。

网友微评

何韵兰（画家，居北京）：叶梦的评玲子，有意义。我对玲子的学画过程略知一二。选择老师的确最重要，否则会做成夹生饭。玲子色彩感觉特别好，画也很耐看，能一直保护自己的灵性和丰富情感。

陈超（陶艺家，居长沙）：如果叶老师迷上了画画，只怕就没时间写这些生动过瘾的文章了，所以……我想叶老师还是多“谈画”吧！

尹红（画家，居湘潭）：玲子学中文后在先生引领下画画，用画画的方式记录自己的生活。画面表达直接、纯朴、原生态而少有技法，显得真切、自由、率性而有暖意。

陈新，笔名成就，湖南人民出版社编辑、高级设计师。1983年毕业于湖南师范学院艺术系油画专业。当过工人，做过教师，偶尔经商当经理。从事平面设计30余载。

第67弹

陈新

烈牛子三脚犁

陈新气场超强！

陈新能侃，但凡有他在场，别的人休想盖过他的风头。

陈新侃态饱满，有激情，嬉笑怒骂，诙谐可爱，侃到尽兴处，一如戏剧舞台铿锵有力的数板，抑扬顿挫。

光头，眉眼开阔，活脱一个武生行当的黑头原版。

自从有了微信，我慢慢熟悉了陈新。他到厄瓜多尔采风写生，微信直播，我看了他的速写，把一个个鬼佬画得活灵活现。这家伙！嘴巴子厉害，画画也厉害。都是现场写生，这个活要功夫啊！你不佩服都不行。

俗话说：“烈牛子三脚犁。”冇错！

陈新做出版多年，是出版湘军中装帧设计的实力派，设计夺得各种大奖一大堆。

画画是陈新最近几年才捡起的，没有想到状态这么好。

最近一年多，陈新常常在微信朋友圈晒他的水墨实验、速写或者水彩，每次我都会认真看，常常有惊喜。

陈新性子烈、脾气躁，讲话幽默风趣，他常常用长沙话写微信，我看着看着就笑了。他驾驭语言特别是长沙话的能力超强，网络语言也驾轻就熟，时不时来几句生猛活泼的段子，煞是开心。

如果想找乐子，就去看陈新的微信；如果你想了解血性的长沙汉子，也可以去看陈新的微信。

过年了，陈新自己写春联，晒图时也不忘调一下自己的口味："见过不怕丑的，冇见过我咯不怕丑的，自己写春联，贴到门上克。"

陈新到河西农家乐吃饭，用长沙话写一段介绍，真把我笑喷。"咯是长沙最正宗的饭店：缓坡绕上，居高临下观风景环境一流，山里人的腊肉，乡里人的油豆腐、手磨豆腐，菜品一流，尤其有几杂（个）老板超一流！地址港（讲）不清必须打电话克（去）问路，发个座标就可以导航！反正：菜好不怕地方偏，酒香只恨杯子浅！来哒咯里还有米（美）女哦！"

有一天，陈新去医院探访病人，单行道上来了一逆行车，是一女的开的雪佛兰，活活把单行道堵了。陈新脾气来了，立马微信吐槽一段极其刻薄幽默的段子，他调侃雪佛兰车为卫生巾，真是服了他了。奇怪的是陈新面对这样一个开车不讲公德的女性，竟然能凭借一面的感觉就搜索到她的出身与简历……我相信陈新的直觉，若有机会验证，我估计他的判断八九不离十。

陈新善于识人，具有良好的直觉，这对于一个艺术家来说是最好的潜质。他眼光锐利，好像能一眼就走进人的内心，这个本事也许是与生俱来的。陈新，你应该去做猎头或者是去当侦探。

他有时候像佛，圆头大耳，宁静安详。有时候像京剧里的黑头，满脸霸气。

陈新交游甚广，善于把握机遇，行走江湖难免有江湖气。

陈新祖籍道县，曾外祖父出生于乡绅之家，投身辛亥革命，系黄兴秘友，官至民国湖南财政首任长官。

没有想到的是，个子不算高的陈新竟然是专业篮球运动员出身，曾当过湖南省中学生篮球队主力，后因伤病转行学画画。大学学的是美术，师从王正德、肖惠祥、朱辉、黄铁山等名师。毕业后当了八年中学老师，参与创办了长沙市十八中（长沙市美术与服装学校）！十八中是湖南美术教育的名校，朱辉、黄铁山老师在中国都是一流的水彩画家。陈新师出名门，多年不画重新捡回水彩，一下子就找到了状态。抽象水墨实验是他最近画着玩的，没有想到，也有作品在美国林肯艺术中心展出。

陈新是一个有味的人。

陈新能力与精力超强，在这个变革的时代也有很多机遇。但是，我感觉陈新永远不会放弃的，那就是画画。看得出画画最能够给陈新带来快乐！

2015 年于深圳

网友微评

贺旭（画家，居长沙）：陈新是个鬼才，画画、设计鬼点子多。人却极本分、地道，还蛮逗、蛮乐天、蛮顽萌。

邹陋之（画家，居长沙）：新哥，号称光脑壳，学弟称为师伯，典型的长沙里手、沙码子，好酒之徒，好高度白酒。人品如酒品，高度纯酿，啰唆起来如白酒中的小泡泡，一缕缕往外窜，窜出白酒的香味，让好酒的直咽口水。所以我如同喜欢白酒一样，喜欢新哥。

魏小平（教授，居北京）：本是湘中一罗汉，三山四水落尘凡。墨卷秃笔赢宝杵，月光侑酒梦回还！

陈晨（留法学生，亚洲艺术博物馆馆长）："烈牛子三脚犁"说得恰到好处，其人上得山、霸得蛮，画里画外，确是湘土之音、湘土之色。

杨凌志（设计师，居长沙）：认识新哥时，他是光头美髯，观其貌，年轻时应该是屌丝一枚。他给我看20世纪80年代画的水彩风景，着实令人吃惊，色、型、技巧都很了得！

王小保（景观设计师，居长沙）：叶梦老姐谈新哥，入骨三分，有血有肉哦……很早就与新哥认识，爱憎分明，喜笑怒骂皆成趣，画画有思想，形式、意境独树一帜。

李晓蓉（某文学刊物执行主编，居长沙）：陈老师大学毕业就教我们班，那时他刚二十出头。单凤眼，希腊鼻，好看得很。他一进教室，女同学就互相咬耳朵，一阵哄笑后脸上泛起潮红。他在课堂上是严肃的，下了课就与我们说笑，以至于现在男同学都叫他新哥。我记得陈老师的单车后面坐着的那个长辫子姑娘，单车风一样跑到我们前面，留下一串女孩子的叫喊：陈老师，陈老师……

何顿（作家，居长沙）：陈新，我大学同学，当了大半辈子美术编辑，编书、设计和画画都是高手中的高手，装帧设计多次拿全国大奖，是个了不得的人！

袁耀敏，1980年毕业于河北工艺美校，1987年毕业于河北师大美术学院，1994年于中央美院助教研修班学习。现任教于中央民族大学美术学院，副教授，硕士研究生导师。主要作品《新秦俑系列》在1998年“世纪——女性艺术”展中获女性艺术学社奖并多次参加国内外展览。

调侃兵马俑

第68弹

袁耀敏

袁耀敏的眼睛很大，黑且亮。她看人很专注，定定地看。这是一位能干的、机智的、漂亮的女画家。

袁耀敏不是那种矫情的故作小女人状的女人。我看她家常的打扮，常常就像一个旅行者或者一个游侠。她喜欢穿着宽大的休闲服，出去喜欢戴一个帽子。她和女画家潘缨在新疆商昌故城的合照，很像一个黑衣大侠。作为中央民族大学油画教研室主任的袁耀敏来长沙招生，待她辛苦完之后，我请她到火宫殿尝尝长沙的小吃，说到我也认识的一个有点莽撞的人时，袁耀敏就不失时机地迅速扮了一个鬼脸。她这个个性化的可爱动作被我捕捉到了。我肯定，袁耀敏曾经是一个爱搞恶作剧的家伙。在她的油画实践中，她盯上了兵马俑，好家伙！敢于拿我们的国宝开涮！那些在地下埋藏了2000多年的陶人，那些威武彪悍、眉眼开阔的汉子，在一个现代女性的手上开始了被移植的工程。袁耀敏把秦朝的兵马俑挖掘出来，移植到她的油画布上。这可是一个大大的玩笑！有味的是兵马俑被异化成了丰乳肥臀的女人，他们被搽了口红、抹了指甲油，还戴上了胸罩，咧开血红的大嘴傻傻地笑着。

是调侃？还是恶作剧？只有袁耀敏这样的人才搞得出来。

把冰凉的秦俑雌化，让他们妖冶起来，亏她想得出来。有评论家这样说：“女画家把秦俑的孔武、僵硬、呆滞、冷漠与健美女郎的妖艳、妩媚甚或肉感相互移置、复合，从而生成了‘雌雄同体’的‘第三形象’。‘俑’与‘妖’二者之间，无论从性别特征或文化含义都属风马牛不相及的二元关系。但正是在这二元对立的相异点上，袁耀敏显示了机智的女权反省力和灵动的造型才情。”评论家还说：“……是雕塑，或雕塑感的造型因素把健美女郎硬梆梆的肌腱、夸张的拟态行动与秦俑写实的、陶化的、硬质的形体有机统一、平衡于一种谐谑的智趣。”我不懂雌雄同体的意象，但我知道袁耀敏骨子里的幽默。对于袁耀敏的秦俑系列，这个曾经在中国当代油画界引起过反响和争议的作品，我不会从女性主义或别的角度去解释。我看着那些画挺好玩的，我想：这样就好。后来，我从袁耀敏的随笔中也读到了关于秦俑系列的创作体会，好在她也没有谈主义。她说的很实在。当我仔仔细细地阅读了袁耀敏的这一组随笔之后，感觉自己实实在在地走入了她的生活。她的随笔，用的是一种快人快语的自叙，很轻松，很口语，很直接，没有风花雪月的抒情，但补充了她在画里没有能够表达出来的东西。袁耀敏作为一个女性艺术家，她的生存状态，她的辛苦和劳碌，我能够深深体会。

2004 年于岳麓山下

网友微评

高瞻（教师，居湖南益阳）：叶梦这是把中国兵马俑和美国电影《古墓丽影》女主角的形象拼贴在一起了，很有意思。

光华（某设计机构董事长，居长沙）：看女画家调侃兵马俑，我想她的本意，是想找到兵马俑之未成为俑之前的血肉之躯。我不欣赏画，但是赞赏这样的多维度。

陈晓丹（资深媒体人，居长沙）：读人识画，见微知著，唯叶神也！

李昀蹊，怀化学院美术系主任，教授。1995年，作品《苗女》入选第八届全国美展。

第69弹

李昀蹊

花团锦簇的当代生活

2003年，我在湖南师大的“当代中国画精英荟萃作品展”上第一次看到李昀蹊的作品，感觉十分悦目。我不认识李昀蹊，过去也没有见过他的画作，但是，他的水墨画就那样吸引了我，给我一种快乐，一种我说不明白的快乐。这种快乐悄悄地潜入心底，挥之不去。画家把一种我们常见的人物或者场景变成了画。这些画是对当下生活的一种观照，浓郁的现代生活气息从画面丰富的形象和色彩中漫射出来，使我在宣纸上嗅到了当下生活的一丝熟悉的气息。

这种快乐，是因为有一种新鲜的感觉抓住了我。在对传统中国画作品的阅读中，我们看得最多的是精描细刻的花鸟虫鱼、中规中矩的古装仕女，还有写意的种种玩法，其中有不少离我们日常的生活很远。同时，几千年来用不断重复的题材和技法制作出来的画面，会使人产生一种视觉疲劳。那些题材画得再好，也是前人画过了的，令人很难超越，也难引起我的激动。

一个有才气的画家，往往善于把生活中的场景信手拈来入画，不论是琐碎的女生宿舍还是普通人家的客厅，他都能够发现其中的美，都能够组织出色彩纷呈的悦目图景。从画面人物来看，李昀蹊的审美没有和很多人一样掉入标准美人的陷阱。因为标准的美人差不多都是一个模样。这样反而容易走入一个所谓“唯美”的模式。我看李昀蹊笔下的现代女性，就有胖女硕妇，很家常的样子，你看那个躺在沙发上看电视的女子，眼睛那么小，就像绿豆那么秀气，脸那么胖，但是她是那么舒服地躺着。旁边那个站着的女子，也是那么轻松地站着。两个平平常常的女人，纷乱的客厅，就这样一幅休闲场景，在纷乱与零碎之间倒有了一种花团锦簇的色彩美。那是一种活着的、有人间烟火味的美，由庸常的“俗”上升为一种“雅”的美，那是属于李昀蹊自己的绘画语言，表现了李昀蹊自己的审美情趣。我想：也许正因为李昀蹊笔下的不是标准美女，才会那样耐看，才会有自己的个性。

我觉得这就是李昀蹊的观念和别人不同的地方，也是他高于一般画家的地方。所谓的“唯美”制约了画家的手脚，胆子小的人就不敢开创自己的美的图式。

他的“城市空间”系列，色彩是那样的丰富，线条和色彩都充分派上了用场，使我不禁想起了夏俊娜的油画。李昀蹊的画是不是借鉴了油画的表现手法？

艺术在于独特和不重复，这样才叫创作，才有生命力，才能够吸引人的眼球，才能够与别的画家区别开来。

一个有创造能力的画家都是大胆的、敢于创新的，敢于走出传统的，都是有自己独特的个性和表现语言的。

我喜欢李昀蹊的画，也许这些就是我的理由吧！

2003 年 10 月 10 日于长沙

补　记

我在2003年写上面这篇短文的时候，与李昀蹊不熟，也没有见过面。直到2009年我到怀化采风，我们才得以在怀化宾馆一见。李昀蹊给我带来一本大开本速写本，上面画了他的自画像，毛笔画的，画得很精彩！

之后又有多年没有联系，到2016年1月和3月我联系李昀蹊的时候，他正在云南和湘西写生。他在旅途中给我发来的作品，与十多年前见过的完全不同了。我一时间无法从图片中找到感觉。在网上找到他在十多年前的旧作，加上他最近的作品一起阅读。

通过与绘画作品偶遇产生灵感，之后对画家李昀蹊的追踪，我发现：我只是与他的作品在某一个时间段契合。时过境迁，灵感不会再来！

我在等待着李昀蹊的新作，等待着他的下一个突破与转型。

2016年3月16日

网友微评

陈晓丹（资深媒体人，居长沙）：“传神写照，尽在阿堵……”这张自画像，让人想到顾恺之的这句话。顾的人物注重点睛之笔，李的自画像恰是眼神出彩，有些像鲁迅。如叶先生所言，李十多年都在自我突破和变化，不循老路。自我批判必自我成长，可贵。

周玲子，湖南省画院专职画家、中国美术家协会会员、湖南省青年美术家协会主席、湖南省工笔画学会副会长、湖南省女画家协会副主席、湖南省青年联合会第十届常委。

第70弹

周玲子

灰紫色的和弦

2009年，我有一段时间没感觉，不想写东西。看到周玲子的画之后，忽然被一种久违的女性激情与浪漫激活。我违拗了自己近期罢写艺术随笔的约定，破例拿起了笔。

初读周玲子的画，感觉她画里的灰紫调是我的最爱。我当时就想起了国内两位优秀的高格调女画家——纪京宁与夏俊娜。周玲子兼有两位女画家的一些特色——夏俊娜油画的繁复色彩调子以及纪京宁水墨人物的舒展与放松。

看周玲子的中国画，我觉得享受的是油画的色彩效果。我从灰紫色的调子里嗅到了女性的芬芳、弥漫于春天的潮湿、氤氲着狂花乱舞的气氛，这是女性的某种生存状态。

在湖南画院“三人行”画展里，我看到周玲子的新作展示。哎呀！正好差不多都是我心仪的调子。她的新作更加纯粹，更具个人特色和表现力。人物也与当下工笔画家的某些表现模式拉开了距离，她对色彩环境营造的注重，使人物更加灵动鲜活。

周玲子的女性系列，画面色彩皆偏蓝紫色或者偏灰紫色。那样的色彩调子显得更加洋气，是和俗艳相对抗的色彩和谐。

周玲子用灰色、紫色和舒展自如的线条演奏出一系列交响曲。灰紫色是周玲子今年女性系列绘画的主调，我从画里听到了和弦的演奏声。

我从周玲子的画里发现了什么？

是女性的独特的性别的暗示？

还是女性生存现状的诗意描绘？

灰紫色是多么富有表现力的色彩啊！

狂花迷乱之际，灰紫色的调子里宣泄出的是女性独特的气息：春天、湿润、花朵、芬芳，还有排卵期的女子身体散发出的幽香。如此却是人在生命周期中最辉煌的时刻，就像植物的花期。

道貌岸然的人们总是端着一副架式。他们否认女性的快乐与感受。他们认为女性仅仅是被欣赏被消费的物质。

周玲子善于掩盖激情，貌似慵倦的女人体态展示的却是性的暗示。

但我看见画里人物身体的密码在释放，激情和芳香在宣纸上燃烧。

也许我的解读不会为多数人认同。

我看到的是画家自在舒展的表现。

周玲子的女性系列是最接近女人本质的对生命的诠释。

在以男人为中心的社会里，对于女性的解读是荒诞的，从三寸金莲的畸形审美到传统的艺术作品对女性符号的界定，多是非自由的。

周玲子作品的意义是找到了一种语言，属于她个人的女性视角和表达广度。

周玲子的创作是自由而放松的。

和男性画家相比，也许她的功利性会少一点、感性会多一点。

所谓表现“大题材”与“主题绘画”，多少年来让大家走入了系统困境，个性的光芒在削减。而周玲子的感性与自由，让我们体悟画面里的激情与芳香，呼吸到一种清新之风。

周玲子的画也许更接近生命的本质。

2009 年于岳麓山下

网友微评

丹凤朝阳（资深媒体人，居长沙）：玲子的画女性色彩浓酽，与男画家神韵相异。生活化的小主题，纤细精确的线条、色调和情绪，构成淡雅的审美趣味，构成她的画对女性的杀伤力。可以说，周玲子的画“很女人”、很温暖，也很隽永。

张奇（作家，居深圳）：又看了一遍，叶梦的文字与周玲子的画我都喜欢。喜欢画面的格调与人物的表情，一种女性独有的灵动性和幽香弥漫的感觉。而叶梦的文字，恰如心灵导游，为我这样的外行引路，让我进入一个奇妙幽美的世界。真好，读文如看画，看画如读人。

希子（从事艺术管理工作，居长沙）：淡雅、清纯、质朴、灵动，是画也是人，我都喜欢。

贺友直，1949年起开始画连环画，在上海人民美术出版社工作。1980年被借调到中央美术学院任教授，后为中国美术家协会连环画艺术委员会主任、上海美术家协会副主席。作品《火车上的战斗》获1957年全国美展一等奖，《山乡巨变》和《白光》分别获第一、二届全国连环画评奖绘画一等奖，《十五贯》《朝阳沟》《皮九辣子》等均获全国大奖。出版有《贺友直谈连环画创作》等。

第71弹 贺友直

贺友直先生与『山乡巨变』

从小喜欢读连环画《山乡巨变》。因为我是益阳人，对于贺友直笔下的场景和人物特别熟悉。感觉奇妙的是：一个画家居然能够把我们熟悉的人画得这么绝，把场景像电影一样自由地展开，实在佩服！

2000年，我订购到一套限量发行450套的珍藏本《山乡巨变》，是宣纸印刷并且有手摁的多枚贺友直先生的闲章和姓名印，这是我们家的一件宝物，被特别珍藏起来。这套书的扉页上还有贺友直先生在1997年8月忆画的当年去湖南益阳深入生活的情景。新画是一幅白描，画里的贺友直挑着一担行李、画板去益阳。画上还题了他创作《山乡巨变》时的心得："从生活中捕捉感觉，从传统中寻找语言，从创作实践中发现自己。"

我读了这幅画后，内心特别感动。贺友直先生创作连环画《山乡巨变》，曾经两度到益阳体验生活，三易其稿，画稿两次推翻，在第三稿才找到表现方法。他以富有生命力的白描把现实生活与中国传统画结合得尽善尽美。连环画《山乡巨变》无愧为中国连环画创作的一座目前尚无人超越的高峰。

周立波小说中的“亭面糊”“刘雨生”“秋丝瓜”等人物都被贺友直先生用线条绘于纸上。我感觉画中的人物和小说中的人物非常接近，有的人物甚至比小说里的更加入木三分。我感觉贺友直先生就像一个电影导演，他对于环境和人物的把握简直绝了，很多画面就像电影镜头里的各种表现手法。

从大的山乡场景到屋场农舍格局的细节描绘，无一不精彩绝伦，特别是对于人物的勾画，已经大大地超越了以往连环画所承载的内涵。给我留下深刻印象的是：“亭面糊”到龚子元家劝他加入农业合作社的过程，用了 30 多幅画面来表现。从“亭面糊”到龚家请他挖一服草药治腰痛作为借口，从双方的寒暄到龚子元有意灌醉“亭面糊”，“亭面糊”的贪杯、龚子元的狡诈，尽管故事都是在龚子元家展开，但是，画面的角度在不断变化，俯视、仰视还有镜头的偏移，把冬夜里农舍发生的一个故事和人物表现得淋漓尽致。特别是“亭面糊”醉酒摔下老塅后的一系列画面和第二天早上再次到龚子元家游说入社的事，每幅画面都有一种绵长的韵致，一种看不够、把玩不尽的意绪。我感受到贺友直刻画人物特别的功力。

连环画《山乡巨变》对于我来说是百读不厌的。每一幅画面都经过了画家匠心独运的设计。贺友直在周立波小说的基础上再现和塑造了众多人物，那些人物和场景就这样永远地留在了纸上。在摄影还不被广泛使用的 20 世纪 50 年代，贺友直为我们益阳农村留下了一幅幅精彩的风情画。现在看来，当年的场景包括人物的服饰都已经改变，现在的山乡确实发生了很大的变化，我真想邀请贺友直先生返回益阳，看看新的山乡巨变。贺友直先生很有感情地说起桃花仑、裴公亭、白鹿寺等地名。益阳这个地方，对于贺友直先生的人生有一种特别的意义。

1996 年，因为选编《画家散文》，我通过上海的画家朋友谢春彦与贺友直先生有了书信联系。贺友直先生寄来的散文特别精彩，为我主编的《画家散文》增色不少。

从1996年之后，每年的春节前，我总能收到贺友直先生自己制作的贺卡。1997年，我的孩子陈墨用自己画的牛制作了一枚牛年贺卡赠送给贺友直先生，没有想到的是7岁的小陈墨竟然得了贺友直先生回赠的一幅小小的水墨画《牧童与牛》，题款是：祝陈墨小朋友健康成长。

我还常常收到贺友直先生寄赠的新著。他送我的多本画册，我们一家三口都爱读。一本《贺友直画自己》，上小学二年级的陈墨一直放在床边，百看不厌，一直到上中学了还放在床头。也是这本书，影响到陈墨也开始用记忆画的方式画自己，他的“图画日记”从小学坚持画到了中学。

1997年，我的散文集《遍地巫风》出版，我送了一本给贺友直先生。没有想到，他还写来一封信谈读后感。

贺友直先生说：“我觉得您写了那么多的人，犹如陈老莲的画《水浒叶子》，看得出是出于一个人之手，却又各各面貌不同。”

“我读完了这本书，可闲下来时又会拿起来翻翻，再重读，又会有新的感觉，这是很不容易的。我还佩服您对事物观察的深刻细致。”

“我也很喜欢您的幽默，或者说有点点俏皮。我画画也喜欢俏皮，我认为恰到好处的俏皮是不容易的。当读到‘仿若集体梦游’，不禁笑出声来。”

我的俏皮哪能与贺友直先生相比啊！他才是幽默大师。贺友直先生是在鼓励我，他的鼓励使我很感动。

2009年之前，尽管不曾和贺友直先生晤面，但通过读贺友直的书、他的画及和他通电话，我感觉已经十分熟悉他了。他那平民艺术家的诚挚和对艺术的执着追求，深深地感染了我。

在中国当代重要的小说家的创作中，也都有贺友直创作的连环画，从《山乡巨变》《朝阳沟》到《白光》，贺友直先生的创作为我们留下了精神和艺术的财富。我发现贺友直在连环画的创作中间，倾注了比作家更多的创作。他赋予作家笔下的人以具体的形，这个过程是一个艰苦劳动的过程。有时候，为了把一个人物刻画得入木三分，贺友直先生还自己模拟角色的各种动作，像演戏一样进入表演状态。难怪他笔下的人物那么精彩。

翻开连环画《山乡巨变》，看着那一幅幅精心勾画的场面，就像回到了 20 世纪 50 年代的益阳农村。周立波笔下的《山乡巨变》，写的就是益阳近郊农村桃花仑乡，当年我的父亲就是桃花仑乡卫生院的院长。我家住的三里桥离桃花仑不到三里地。《山乡巨变》里的生活原型人物好多是我父亲的老熟人。后来我也见过“亭面糊”和刘雨生等原型人物，和他们打过招呼。回过头来看贺友直先生的画，啊！真是绝了！所以我读连环画《山乡巨变》，就有特别的感情，特别的感受。

在我的眼睛里，大画家贺友直是我们益阳人最尊敬的艺术家朋友，因为他在自己最好的创作年华里，把自己的精力全部投入到了《山乡巨变》的创作中，使《山乡巨变》成为中国连环画的经典之作。也因为连环画《山乡巨变》，使 20 世纪 50 年代的益阳风情和人物在贺友直先生的神笔下得以艺术地再现。

2003 年于岳麓山下

网友微评

郑小娟（画家，居长沙）：贺老，中国画线描大师，他才是真正的人民艺术家。朴素的思想，通俗高雅的艺术，温厚谦虚的大师。我们湖南美术人永远怀念他！

成佩（美术史博士，现居东京）：要是叶梦老师不撰文说起，我压根儿就没料到《山乡巨变》画的是湖南益阳的故事，尽管几年前我也收藏了新版的《山乡巨变》，欢喜地重读过好多遍。我在北京曾见过贺友直先生两次。一次是在中国美术馆刘宇廉君的画展上。贺老专程从上海来，纪念他那位心爱的才华横溢的但却英年早逝的弟子，他在致辞的过程中几度哽咽、双泪长流。后来我又在北京画院见过他一次，并且全程听了他的讲座。他诙谐幽默带点老顽童般的狡黠，说话和表情都极有感染力，惹得听众不时呵呵大笑。这样一位情义深重、智慧双全的老人乐呵呵地忙完一生的活儿，就此挥挥手驾鹤他界而去，让美术界和社会各界在眷恋之余，都不禁含笑祈福西望遥送，祝福他老人家一路继续快乐无虞！感觉用贺友直先生20世纪的信评论叶梦老师现在正在进行的《百手联弹》也是非常贴切的。

王春犁（瑞典艺术家，现居斯德哥尔摩）：又一个真正的艺术家离开这个世界，深深哀悼。我很同意老同学方振宁"我觉得中国艺术界对贺老的评价不到位，他是张光宇之后的大师"的评价。我们这一代人没有几个没读过他的《李双双》和《小二黑结婚记》。记得20世纪80年代初贺老到我们班讲课的时候， 非常平易可爱。像贺老这样淳朴的艺术家已经很罕见了。现在，很少有中国艺术家能静下心来严肃地真诚地做艺术。

何汶玦（当代艺术家，居北京）：《朝阳沟》是我最喜欢的一本连环画，小时候看到这本连环画如获珍宝。里面的人物、场景、布局简直天衣无缝、栩栩如生，至今无人超越。

孙贤陵（雕塑家，居北京）：贺友直老先生的《山乡巨变》是连环画的经典，他辛勤的劳动带给亿万观众多么丰富美好的精神食粮。叶梦，你家乡真美，我也画过连环画，那真是费神的事情，就像电影导演一样。贺老先生画你家乡的那山那树那屋那些人都活灵活现，那么有味那么有血有肉，真是中国连环画的经典之作、巅峰之作，永远刻在我们心里，太美了！

林建春（画家，居上海）：贺友直老先生认为叶梦式的幽默是一种“恰到好处的俏皮”，我觉得这也正是贺友直艺术里最突出的特色。遍览他所创造的人物，其一招一式、举手投足，甚至于一个个背影，无不蕴含着那种“恰到好处的俏皮”以及那种令人内心泛起愉悦的幽默。在我看来，贺老所说的这种“俏皮”，也是艺术的一种至高境界。也正因如此，贺老在连环画艺术上才真正配得上“泰斗”之光环。

陈新（装帧设计师，居长沙）：我学习画画就从临摹贺老的连环画《山乡巨变》开始，有一人物名为“秋丝瓜”，其懦弱的、抠门的小农经济的农民形象刻画到了极致，至今还保留了上、下二卷线装本的图书！

南太猫记（工程师，居新西兰）：少年时代我最喜爱的连环画正是《山乡巨变》，画面文字均留下了深刻的印象。前些天我在附近发现了芋头荷子，于是制成了新西兰第一份红椒炒芋头荷子。女儿惊讶这个湖南人的专利小菜无来由，我便上网搜索《山乡巨变》，找到了邓秀梅访问农民陈大春家时，果然有这个菜品的描述。女儿便惊叹于我的记忆，我说这是文学艺术的魅力。感谢叶梦，感谢贺老，让我找回了久违的少年乡情。

手工小姐（媒体记者，居长沙）：叶老师是我的老乡，我曾在少女时代看过她的《遍地巫风》。与她的人对上号后，我发现她就像一个活了一千年的精怪，活泼里带着天真。我尤喜她字里行间的那些乡音。

陈墨（教师，居深圳）：6 岁那年，我就把贺友直老师的书《贺友直画自己》放在我的床头，每天睡觉前都要翻一翻。受贺友直老师的影响，从那时候起，我也养成了画图画日记的习惯，把我经历的事情画出来，一直坚持到初中毕业。7 岁那年春节前，妈妈把我画的牛年贺卡送给贺老师拜年，贺老师送我一幅小画。2009 年 8 月我与妈妈拜访贺老师，相聚一个难忘的下午。贺老师给我很多教诲与忠告，我永远记在心中。

张立人，中国美术家协会会员，中国雕塑学会会员，高级工艺美术师。主要作品：墨晶石雕《四羊方尊》和《象尊》由北京人民大会堂湖南厅陈列并收藏；《雷锋》纪念碑设计方案入选全国首届城市雕塑展览；1984年，《升华》入选北京第二届全国城市雕塑艺术展览并获优秀奖；2004年『百年长沙』之《磨刀人》入选第三届全国城市雕塑建设成就展并获特别奖；《饶之魂》入选2002年中国北京国际城市雕塑艺术展并获奖。

第72弹

张立人

涅槃之后

2003年7月27日下午5点多，长沙岳麓山下“轰”地一声，液化气意外爆炸。像火中凤凰，那一刻，雕塑家张立人生命传奇之浴火重生故事开始。

时年65岁的雕塑家张立人，烧伤面积达80%，其中，二度烧伤面积为32%，三度烧伤面积为48%。历史上60岁以上遭遇如此烧伤的人没有生存下来的先例，除非发生奇迹。

奇迹发生了！

他全身表皮肌肉严重烧伤，一个伟岸的大汉变成一个没有做完的雕塑人物的草稿。这个草图只有粗坯，没有细节，很像进城的古树，横卧着，截肢切干，僵硬死板。他的生命危在旦夕。

恰逢颁发医保新规：意外伤害所有医疗费用不能报销。在黄铁山等几位德高望重的老艺术家召集之下，长沙全城艺术家纷纷伸出救援之手……

在朋友亲人的关爱之下，张立人真如火中凤凰奇迹般地涅槃重生。医学史上的奇迹出现了。张立人活过来了。经过反复手术和康复，不到一年，他居然能够开车了。

张立人夫人把火中新生的张立人昵称为“毛坨”。从此，“毛坨”的年龄从 2003 年开始计算。

活下来不容易，没有想到的是张立人居然能够继续自己的艺术创作。他把自己的智慧和艺术融入金石，调动自己的全部艺术才华为每一位恩人刻一枚印章，用自己精心雕刻的印章来回报朋友们。

当我在尚书房看到 3 本宣纸拓印的印集，一枚枚精美的篆刻印章让我想起一个个耳熟能详的艺术家和作品。每一方都是一个奇妙的世界，方寸之间，看不出出自同一人之手。每一枚印章都是为艺术家量身定做的，风格各异，手法多样，构思巧妙。铁线银钩，纤细精巧堪比工笔；大刀阔斧，纵横驰骋宛如写意。他探求古玺汉印，参访历代名家，朱文白文之间熔铸的全是一颗炽热的心。我看见这些熟悉的人名印章，就想起每一位艺术家的形象。

比如黄铁山的那枚，那个繁体的“铁”字，结构之美，无与伦比。

又如“白一长寿”的那枚，厚重无比。“白一”两个字的名印，竟然只用了 3 根线条组成朱文白文，线条之简略让人惊叹！

神奇的是，张立人创作的每一枚印章都是根据艺术家的需要，每一枚印章设计竟然与艺术家的风格非常匹配，见印章如见其人，让人感觉印文与人浑然一体，给人视觉的温暖。

谁能想到这样精美的篆刻出自一位尚有残障的艺术家之手。张立人一共刻了七十多方印章，全部用来献给参加援助救治他的艺术家朋友。他把此举作为一生中最为重要的感恩回报工程，用了 7 年时间才完成。张立人把感恩之心融入血液，这不是一般的创作，这是用感恩激情在创作。他在刻印之中，为了达到更满意的境界，不断地修改，一截长的印章石头到最后刻完已经被磨削得相当短了。为了刻印，他的半截手指都磨出了骨头，真正是浴血之作。意料之外的是，此本印集不仅仅完成了一个艺术家在遭遇灾难之后群体相救的感恩故事后续，也让无心在篆刻领域拔得头筹的他以这样的方式进入到一个新的艺术佳境。他的感恩印集已是湖湘艺术界在新时期的佳话，达到了湖南篆刻艺术的一个新高度。

壬辰年元宵节之夜，尚书房茶楼张灯结彩，丝竹之声不绝于耳。当我拿到张立人给我刻的一枚朱文姓名印时，确实得到一个意外惊喜。繁体“叶”字的草字头衍变为三片叶子，“叶”字像一棵树，梦字像一个袅袅的人形，非常奇妙！我好喜欢的。

张立人属虎，长我一轮。过去我常常在尚书房茶馆遇见他和夫人出席各种讲座活动。虽然我不曾与他细谈，但他豁达、开朗的性格感染着周围每一个人。

这些年，我常住深圳，每年春夏我会离开深圳回到长沙住一段。儿子牵挂我，电话里常常叮嘱我：“娘，你要多跟张立人老师聚聚哦，他是满满的正能量咧！”

立人夫妇笃信基督，博爱泛至众生，涅槃重生之后，活得十分精彩。

立人兄气场强大，周遭弥漫的是快乐与幽默，与他们伉俪相聚总是感觉无比快乐。我喜欢听他讲他年轻时候的故事，听起来好有味，他的故事若写成书，将非常有意思，我想：这个活要派给何顿，他关于长沙的小说写得很棒的。

张立人系民国将门之后，家学渊源深厚，出生在长沙，但在北京长大，父亲曾经任职于国家博物馆。张立人少年北漂，随家人迁到北京上小学五年级，高中毕业后直接到对外联络部的展览部从事美术工作，接着跟在国家博物馆工作的叔叔一起从事雕塑工作。后来父亲下放支援地方，调到贵州博物馆，被打成右派，青年张立人随家人回到长沙，拖过板车、打过零工。过苦日子的时候，身坯高大的张立人吃不饱饭还要拖板车，路过甜酒铺就喝一碗清汤寡水的甜酒水，有一次，他空着肚子灌了不少酒酿水，引发胃出血，把家人吓着了。

最惊险的故事发生在“文化大革命”时，居住在长沙中心城区名为“滇黔别境”小巷里的张立人在一次歇凉时目睹了一个枪击事件，说起来真是惊心动魄。

我在长沙的日子几次随立人夫妇出游铜官镇。有一次做客丁字湾乡下农家，车停妥，立人兄从后备箱中拿出一精美扇盒，取出一柄篆书折扇，展开一点，笑眯眯地问我：“喜欢啵？”我惊喜中连说喜欢，他又问我：“要不要？”我果断回答：“要啊！”他也接得干脆：“那就送给你了！”原来送扇有规矩，一定要本人申请要，方才可以赠送。这柄扇非常精美，立人兄自撰叶梦嵌名联“叶间花独放，梦里蝶双飞”，并用篆书录之，非常精美，我十分珍惜。

立人兄经历生死劫之后，十指受创严重，指间粘连，活动受限，恢复开车已属不易，竟然慢慢恢复了创作。他创作的每一件作品都来之不易。有一次，我在他书房看见一组极小的人物与动物雕塑，小人物竟然没有五分硬币高。真不明白他那双残疾的手是怎么做出这么小的人物来的。他对某区一个广场的整体设计创意非常新颖，样板做好后我们先睹为快，感叹张老师宝刀不老！但是，由于种种原因，他的创作常常难产，好的创意与雕塑能真正变成作品在社会空间出现的概率非常之小。这不是艺术水准高下的问题，非艺术元素太多。雕塑家之苦，我从张老师这里看到了。前些年，某地请张老师创作数十米长的表现当地历史文化的艺术浮雕长卷，我看了长卷原图，真是非常精彩啊，但是当地不按照他的要求施工，结果效果大打折扣。我深感雕塑家创作的不自由。可张老师从来不抱怨。

立人先生重生之后进入的境界让人感悟颇深。他对整个世界的宽容与广博的爱，深深感染了我。

我们行走在铜官，见一家制作名人陶像的工场，工匠正在雕塑齐白石像，匠人手边的摹本正是张老师创作的图册。工匠对接了市场，名利双收。作为原创者的张老师，却与艺术品衍生到的市场毫无利益关系。对于眼前自己的创作作品被临摹变成商品，张老师丝毫没有不快之感。他就是这样一个豁达的人。

不熟悉张老师的长沙人估计大多看过他的作品。中南大学老校区广场的雕塑《升华》入选全国第二届城市雕塑展，作品摆在展览入口处。长沙步行街老长沙系列之一的《磨刀人》，还有老长沙人都晓得的橘子洲上最早的一组《谁主沉浮》也是张立人的大作。还有一件作品是不锈钢雕塑《铙之魂》，曾经入选奥运主题雕塑作品，但因张立人被烧伤，几个月之后才看到入选通知，错过了作品确认时间。

张立人，年逾古稀之人，声若洪钟，心态与身体健康超越常人。这些都源自他热爱生活与艺术。他强大的内心造就了超越生命的奇迹。精神修复了肉体，他尚有烧伤痕迹的形象无碍他整个生命力的强悍。

浴火重生的张立人，再次获得了生命的辉煌。他的感恩印集和他的雕塑作品一样，为湖南艺术界的艺术品长廊增添了绚丽的风采。

2016 年 3 月 31 日于深圳

网友微评

肖小裘（雕塑家，居长沙）：点赞！老先生喜欢我们叫他“老张”。老先生很儒雅，性情豁达，张弛有度，很有才华。我和他是莫逆之交，惺惺相惜。我太喜欢他了！谢谢叶老师这篇文章！

苏秀英（作家，现居新西兰）：喜欢咯（这）个人，喜欢他的正能量，也喜欢他的雕塑，今年回国后请梦兄带我去看张毛坨。

王小保（景观设计师，居长沙）：老头，忘年交，说话幽默，性情开朗。世事多磨却能始终笑对，大火后更觉超脱，唯对雕塑艺术放心不下，满腹才华，常感叹壮心难酬，却不屑与社会合流，艺术家的清高常表现在对自己作品的态度上，不流俗，有独到创意，碰上不识货的甲方，自己抱回去玩去了……可爱的老头。

徐天舒（某设计机构董事长，居长沙）：要有多大的意志力才能浴火涅槃，为湖南有这样的艺术家而感动。

钱海源（雕塑家、美术批评家，居广州）：老朋友张立人兄家学渊源深厚，文史哲基本素养高过包括我在内的湖南许多美术家！他的雕塑也因此具有深刻的思想和文化内涵。但他处事低调，因而在业内外口碑很好。

陈雅丹，擅版画，历任北京幻灯制片厂美术编辑，中央工艺美院教授，清华大学美术学院教授，中国美术家协会插图装帧艺委会委员，中国藏书票协会副会长。

从南极到罗布泊

第73弹

陈雅丹

二十多年前，我曾在湖南少儿出版社郦渊先生的玻璃台板下看到过一枚贺卡，自己绘制的那种，很特别。那是陈雅丹画的。那位去过南极的中国女画家，在中国几乎尽人皆知。

在未见到雅丹之前，我曾听到过对于雅丹极富个性行状的描述。我还知道她有一条长辫子。1996年12月我参加第五次全国作家代表会，约她在京西宾馆首次相见。我最关心的是她的辫子，见面就问："你的辫子呢？"雅丹取下帽子头一偏："在这！"原来盘在脑后了。

雅丹眼睛大而黑，很漂亮，特别是嘴唇线条，很有个性。难怪她当年在中央美院当校刊副主编的时候，会被同班同学、校学生会主席李宝林看中。从照片上看，当年的李宝林也是一个英俊小伙。李宝林在一篇文章中写道："每次开会，看着娇小的她戴着一副白边眼镜一副严肃认真的样子，我就觉得可爱。"

雅丹把个性写到了脸上，一看就知道她是那种想干什么便能干成的人。

雅丹是学版画的，她设计的藏书票很有味。看过她在刊物上发表的数枚藏书票，十分喜欢。雅丹曾送过我一本她的作品集，是彩墨画专辑。看见她的画，我不由得想起她的高班同学——女版画家肖惠祥。雅丹笔下那些温润舒展的线条和淋漓酣畅的彩墨使我感觉愉快。我喜欢《花·妈妈·儿子》中的女人体与婴儿，也喜欢《粉红色的梦》中的色彩和意境。我由此读到了骨子里的雅丹，她不是独行侠，不是那种男性化的女人，她的心中有花朵与儿童，是盛满了母爱的温泉，那温泉一点一点溢出来，便成了一幅幅彩墨画。

雅丹生命中的一切似乎都与她的父亲有关。她在南极乔治王岛一个废弃的地震小屋中看到一个包装箱上写着“地球物理研究所”的字样时，心里一热，立即想起她的父亲。雅丹的父亲曾是中国地磁学奠基人，地球物理研究所的副所长。他生前跑遍大西北的蛮荒之地，为揭开罗布泊的面纱出生入死，然而他没能去南极，南极是雅丹父亲一个未圆的梦。

“雅丹”是父亲给她取的名，原是一个地貌的名称，与她父亲在罗布泊发现的雅丹地貌有关。也许雅丹学美术也与父亲有关，她至今记得，6 岁那年，父亲冒着大雨扛着她去看敦煌壁画展。

45 岁的雅丹为父亲圆了南极梦。读雅丹的文章，处处能体察出这样的情结。

读雅丹的《南极日记》和《南极的夏天》，弄得我心里很痒。她笔下亘古不变的冰峰，茫茫的雪原，给人一种永恒的诱惑。她在《南极的夏天》中写道：“望着满山洁白的大企鹅，我情不自禁地唱起了意大利歌曲《我的太阳》。唱着唱着，我发现，怎么四周变得静悄悄的了？原来小企鹅一个个都挺直了身子，停止了鸣叫，静静地聆听我的歌声，呵！多么敏感有灵气的小生命。”

可是，我仍觉得雅丹在吊我们的胃口，我嫌雅丹关于南极的文字太短，我希望从她笔下读到更多的南极。

也许雅丹没有把她在南极的感受全部诉诸文字，而是画成了 200 多幅作品。她还把一幅 5m×4m 的大壁画留给了南极，那幅壁画题为《三个太阳》。

陈雅丹为南极画了三个太阳：一个是白的，一个是红的，一个是绿的。

55 岁的雅丹又为父亲圆了一个梦：重走罗布泊。为了能到罗布泊走走父亲走过的路，亲眼见一见“雅丹地貌”，雅丹几乎等了整整半生。雅丹跟着为她组建的探险团在长达近一个月的时间中纵穿罗布泊，尽管途中遭遇两场大风雪、十几峰骆驼迷路、全队几乎断炊、队友掉队走失等紧急情况，但最后还是胜利地纵穿罗布泊！

之后，雅丹又花费心力撰写《走向有水的罗布泊》。该书的科学史料价值受到社会与艺术界的关注。

很多年没有联系到陈雅丹了。

我记忆中的陈雅丹还是 1996 年 12 月在京西宾馆见到的正当盛年的陈雅丹。现在，她居然也有七十多岁了。最近，郑小娟老师从常州回来给我带话：陈雅丹非常有朝气。

确实如此。恢复与她联系以来，我一直在微信上关注她的动态，顺便适时催问一下她的自画像。去年以来，我看雅丹就没有停下来。她的微信朋友圈不断更新。从双胞胎孙子过周岁、在北京办三人展、去深圳参加少年藏书票评选、到海南度假避寒，到请雕塑家朋友孙贤陵为父亲陈宗器塑像，亲自挑选大理石雕刻，到雕刻现场参与作品修改意见，再到作品参加慈善义卖，这些信息都出现在她的朋友圈里。另外，她也常常在朋友圈晒晒她创作的新画。

雅丹是画家、妻子、母亲、祖母，她非常关心北京每天的空气质量，甚至具体到居住小区的空气质量，为空气污染指数爆表而焦虑。她经常为周岁的双胞胎孙子录像发到微信朋友圈，记录他们一天天的成长。她关心她父亲的家乡浙江新昌的一切，为父亲任过校长的百年名校新昌中学奉献力量。雅丹不仅是一个好女儿、好母亲、好妻子、好祖母，更是一位别具个性的艺术家，她的版画、水墨画、藏书票都给我们带来了愉悦。

经过长久的等待，我终于在2016年3月的最后一天收到雅丹寄来的自画像与作品集，此刻，她正在江苏常州西太湖美术馆参加“女史丹青——中国女美术家提名展·国画特展”开幕式。这个西太湖美术馆的专题展览囊括了谢稚柳夫人陈佩秋、刘勃舒夫人何韵兰、杨力舟夫人王迎春、刘文西夫人陈光健等优秀女画家的中国画作品，在我看来是很有意思的。

我看到雅丹在旅途中发的微信朋友圈，在同龄的画家中，她是最时尚的。雅丹有博客、微博、微信，还有公众号“雅丹的小屋”，雅丹与时俱进，是媒体也是年轻人喜欢的艺术家。她送给我的《雅丹的世界》，是一本方方正正的口袋书，我放在床头，睡觉前会去翻一翻。好养眼的小书啊，我好喜欢！

2016年4月5日于深圳

网友微评

三三（设计公司董事长，居长沙）：我在叶老师笔下认识各种特别的女艺术家，个个让人着迷，好似都是多年不见的好友一般。这一位，是对自己有深度认同的女性，是心里常怀女儿态又有男儿心性的女性。

郑云云（作家、画家、瓷艺家）：好让人钦佩的雅丹！南极也曾是我梦想去却无缘去的地方。

张玲（职员，居北京）：钦佩这样的女人，她具有超越常人的胆识和自信。

谢丽芳，湖南省戏剧学校舞台美术科毕业，中国美术家协会少儿艺术委员会副主任，湖南省女画家协会主席，中国美术家协会会员。

第74弹

谢丽芳

飞扬的蒲公英

谢丽芳这个名字很女性，但她有一个并不女性的外号。她与陈巽如从幼儿园到初中到艺术学校都是同学。陈巽如文章中多次出现的“谢狗”，乃谢丽芳也。

很多年前，谢丽芳应邀为我创作一幅她的自画像，圆团团的脸，小小的眼睛阴着，睁不开的样子，两颗暴门牙很调皮地露出来。

我拿着这幅画像回家考8岁的儿子，儿子只看一眼便说是谢老师。谢老师是儿子的老师。

谢丽芳从事儿童美术教育很有名，过去她业余画画，她的画参加过全国美展，也得过奖。她指导的儿童画作曾在中国美术馆举行过两次极为轰动的画展，1996年的那一次画展称为“当代儿童美术探索展”，由她编的儿童画册被抢购一空，北京的美术界名流纷纷光顾画展，反响极为强烈。她还把画展办到了法国，两次率领她的小朋友和画应法国地方政府之邀去法国办展览。

在中国儿童美术教育界，谢丽芳做了很多开拓性的工作。

刚满6岁的儿子投师谢老师门下，故我也曾和别的家长一样陪儿子坐在教室里听她讲课。

作为家长，我曾经参加谢丽芳组织的儿童美术班去铜官窑做陶，于是也趁机大玩一把。谢丽芳还帮我把处女作烧制好了，现在还陈列在我的书柜里。跟谢老师玩，冇错。

谢丽芳很有味，她的机灵和调皮常常使我忘记她也是一个女性。据说，她的儿子从小在外婆家长大。但凡她先生出差，谢老师只会下面条。

听陈巽如说过不少谢丽芳的童年少年轶事，我知道谢丽芳曾经是个调皮鬼，现在还看得出她“顽”的一面。她和儿童在一起，也就保有了好多重要的东西，现在，她的“顽”也偶尔露出一点。谢丽芳当妹子的时候不像妹子，当妈妈的时候不像妈妈，当娭毑的时候更加不像一个娭毑。她永远都是那么“顽”。

谢丽芳个子不高，但人很灵泛，反应快，眼睛儿眨儿眨，一个鬼点子便出来了。

谢丽芳穿着不讲究，永远是牛仔裤配上宽大的牛仔衣或T恤衫，完全是男艺术家的做派。有一天，谢丽芳穿一件很正规的女式呢外套出现在我的面前，我立即感觉这不是谢丽芳了，希望她赶快换掉。我一问，果然衣服不是自己买的，是袁文君送她的。

谢丽芳在N年前分得一套新住房，两口子攒劲搞装修。新华社的朋友告诉我，谢丽芳家装修绝对是长沙唯一的。待她邀我去参观时，新装修的展示期已过，好像到处是工程不曾扫尾的样子：饭厅的一面墙已被凿去粉刷层，露出红色的砖和褐色的水泥砂浆，客厅上方横着一根大梁，像湘西民居的堂屋，梁上吊着红纸符咒，只差一个火塘了。阳台改成榻榻米，与客厅联通，没有沙发，只有用石头搁着的一块长木，上面垫着颜色不清的布垫子。卧室一头仿佛还有日式的推拉门，我没有细看。

尽管屋子里有点乱，可门窗有不少是木的本色，博古架上摆满了古老的青花瓶、盘子、陶器、铜器和锡器，还有不少来自山南海北的石头，这些摆设使人感觉她的家和自然贴得很近。

我儿子喜欢去谢老师家，他说那里很好玩。我曾应邀去那里看她在西藏拍的照片，也看过她在法国停留的录像，看见谢丽芳领着一帮娃娃在卢浮宫和埃菲尔铁塔之间盘桓，在凯旋门下的香榭丽舍大街上荡来荡去。

谢丽芳也常写文章，她曾编过四本儿童画册，均由她撰写不短的前言，因涉及美术理论，那文章有点专业、玄奥。有一天，我对谢丽芳说："你莫搞理论了，写点散文试试看。"她真是聪明，一下子就写了一堆。每每写出一篇，她都让我先看。处女作为《牛头壁挂》，我推荐发表在《湖南文学》上，获得好评。后来她的系列散文收入我的《女画家散文》，记得此书出版之后的 1999 年初，谢老师组织蔡皋、陈巽如、何唯娜、罗丹在湖南省展览馆附近小聚庆贺，餐后还去歌厅听歌了。那是我在那些年唯一的一次去歌厅。

很多年没有和谢丽芳联系了，只是约略晓得她在搞大事，儿童公益的"蒲公英计划"大概延续很多年了吧？我想这是一件功德无量的事情。

谈到画家，我最关注的还是绘画本身。

2011 年底，谢丽芳与周玲子在"月湖时"办过一次展览，我在网络上看了，作品还是以前见过的那些 20 世纪延续下来的系列，我把谢丽芳这个系列称为"矮人"系列。可是我不太喜欢那些矮人儿，也许是我看不懂吧。记得在省博的一个展览中，我看到过谢丽芳的抽象变形的系列油画，有很多创新的构图与形象，我看得很认真，但还是看不懂。

没有想到，谢丽芳最近几年玩起了水墨，她发给我的作品中就有。我眼睛一亮，觉得谢老师这下找到了很好的表达途径了。她玩水墨时间不长，作品形象舒展自如，图式新颖，非常耐看。水墨《蓝畜》只是一幅小画，却吸引我进入画中的世界，那些自由自在的女人，变形的动物，在动物身上倒立的男孩，近处面部被遮盖的大脚女人，那飘逸的衣着与随意的手势，一切都是想象中的场景，让我忍不住坠入其中，细究一切。我被这个与现实无关的画面描绘所吸引。

《神话时代之三》让我想起毕加索，那些重叠的影像，非常大气。

线描《吴俣》之三，看得出是受儿童画的影响，是从儿童的视角出发。我从题记中读到，这幅画是2013年谢丽芳在上海当代艺术馆看草间弥生的展览有感而发画的，图中的鸟、鱼、瓶花、人的肢体的局部交织在一起，又勾起我细细地去揣摩。其中的插话“吴俣爷爷奶奶外公外婆都感冒了”很有味。

搞不清的时候就会感觉到艺术作品的魅力。

我认识谢丽芳20年，这是我第一次为她的作品所感动。

谢丽芳年长我两岁，比起齐白石的衰年变法来说，谢丽芳的探索正当盛年。她的水墨创作前途不可限量。

读到“吴俣爷爷奶奶外公外婆都感冒了”的时候，我突然冒出一句长沙话：“吴俣！你娭毑喊你打酱油咧！”此刻，我耳朵里全是长沙话了。

2016年4月7日于深圳

网友微评

陈晓丹（资深媒体人，居长沙）：灵泛人写灵泛人，何得不有味。

希子（从事艺术管理工作，居长沙）：谢老师好有味好有才，我喜欢她！

蔡猜（职业画家，居北京）：幼儿时期第一个美术老师，总带着我耍，从最早的玩泥巴玩到美术馆，到去柬埔寨带我了解吴哥艺术的趣味，受老师影响很大。叶妈妈这篇文章写出了谢老师的味，一看便知。

婵儿（文联干部，居长沙）：读来好有味，去过谢老师家做访谈，看了叶梦写的，一些好玩的场景又浮现出来了。

慧钧（教师，居常德）：韵味的叶老师写韵味的谢老师，果然好韵味！

贺旭（画家、装帧设计师，居长沙）：谢丽芳的爱心是教孩子们画画。谢丽芳的私心是向孩子们学画画。无论是她的爱心还是她的私心，都是一颗炽热的好心！

张奇（作家，居深圳）：好喜欢大姐栩栩如生的描述，“谢丽芳当妹子的时候不像妹子，当妈妈的时候不像妈妈，当娭毑的时候更加不像一个娭毑”，都表现在画中（我也是这样子的）。看来只有当画家才是天注定。画如其人，她的调皮、潇洒、出其不意都表现在画中。喜欢这样的人生，喜欢她的画风。

李路明，1985年春毕业于中国艺术研究院研究生部，导师王朝闻、朱丹。中国美术家协会会员，湖南省美术家协会副主席。历任《画家》主编、湖南美术出版社副社长。

当代艺术的灵魂人物

第75弹 李路明

在我印象中，李路明是一位永远在探索的出版家，又是一位当代艺术的实验者，还是一位艺术活动家。他的名字和近30年来中国当代一些重要的艺术活动联系在一起。路明对于引领中国当代艺术做出了自己的贡献。

我与路明接触大都是与湖南美术出版社的出版选题有关，和路明一起谈选题可以学到很多东西。他和其他艺术家的不同之处在于其清晰的理论构架，一开口就涉及作品与选题的宏观位置，对于我有醍醐灌顶的启示。我通过读他零零星星的画和文字，通过多年的接触，才一点一点地走近他。

在先锋艺术家或者是先锋理论家的背后，我印象中的路明是一个在精神上十分执着的人。在浮华的世风中，他的做派和行为时时散发着人格魅力。他喜欢穿粗毛蓝布和粗呢料手工做的老式唐装，喜欢吃红薯饭和素菜，据说他还喜欢散打，功夫大大的有。尽管我没有机缘亲眼见识，但看他身轻如燕、行走如风的样子，估计他的功夫错不了。2013 年春节前后，我们在老邹画室欢聚，他握我手的时候，感觉他真有力量，有功夫的人到底不同。

在现实生活中，路明曾经是一个兢兢业业的编辑。1998 年，我在人民路美术出版社见到他时，他如同陷入书城的囚徒，忙得一塌糊涂。

我看到他办公室的那些精美图书，看到作为一个管出版的副社长的巨大工作量，真是担心他没有自己思想的缝隙。大概是 2002 年吧，我到李路明办公室，他送我一本城墙砖似的大书《方力钧》，我费好大的力气才把书抱回家。李路明给我书时并没有给我布置任务，可是《方力钧》竟然打动了我，我马上写了一篇书评发表在《三湘都市报》上。那应该是湖南媒体首次介绍方力钧的一篇文章。

路明与我到长沙的时间差不多，我 1984 年到湖南日报，路明社 1985 年春到湖南美术出版社，可惜我们当时不认得。那个美术新潮时期，我的创作也处于一个探索期，我极力寻找新的表达，以与美术新潮同步。那个年代，如火如荼的新潮美术活动，好有凝聚力啊！路明是湖南的一面旗帜，是当代艺术的核心人物。如果没有李路明，湖南的艺术界估计没有这么热闹，也许就不会有后来谭国斌的当代艺术博物馆以及后来的“艺术长沙”等一系列活动。

路明是我们湖南当代艺术界的灵魂人物，他和老邹像一对孪生兄弟，成为湖南当代艺术的主心骨。

我发现有很多的人都喜欢和路明交朋友。他是一个能给人带来精神营养的朋友，那双在玻璃镜片后面模糊了的眼睛执拗地透露着心灵的透明和坦诚，总是那样给人以信赖感。

我在写路明的时候，脑子里总是浮现路明的家乡——隆回，我会想到那个资水上游的宁静小城，会想到充满神秘色彩的小沙江瑶乡，还会想到有名的滩头年画。在试图解读路明的时候，我常常在想，路明的作品和他所倡导的一系列的当代艺术活动，是与路明家乡的梅山文化背景密切有关的，那里有路明童年和少年时代的精神烙印。他总是在努力地解读缠结于心的那个时代的荒诞，路明和我不同的是，他会把这种解读重新设计为一种观念艺术活动，使人对历史重新审视。

2002 年我从网上读到李路明发来的电子邮件。那是李路明新鲜出炉的作品——《青花故事》中的一幅。我在画面上看到的是一片流动的立体的青花，像一片森林长在虚拟的空间里。当我看到这种抽象作品的时候，有一种欣喜。因为我过去看到的青花都是平面的，静静地依附在传统造型的器皿的表面。这时，我想到了我收藏的熟悉的系列青花小瓷罐。每天面对博古架上摆着的青花瓷罐，真是越看越有味。那沉着的蓝茵茵的颜色一点一点地渗入我的血液中，给我的是一种心灵的宁静和精神的慰藉。

我从那些瓷罐上熟读了青花。青花仿佛已经成为我生命中的一部分。而李路明的《青花故事》则是长在另一类空间中的植物。在那个空间里，没有游戏法则的制约。植物的复制和生长是没有节制的。对于我这样一个对青花爱到骨髓的人来讲，青花的疯狂生长和变异让我的想象得到了延伸，青花的自由舞蹈给我开辟了另外一个空间。我以为《青花故事》不妨可以改作《游戏青花》或者《青花之舞》或者《青花 X 大调》更为贴切。我还以为路明选择这样的一种形式，使他的想象可以获得一种自由的伸展。我想，不管路明作品的画面能否为大多数人所接受，他在创作的过程中已经获得了一种自足的表达。

因为那幅《青花故事》，我试探着走近了李路明的抽象绘画。给我留下印象的还有“中国手姿”系列油画。对于“中国手姿”，我有一种熟悉而温暖的感觉。我会联想到兰花指、云手之类的动作，我会想到庙里的观音，想到传统戏剧和传统仕女画里熟悉的姿势……手是人的第二张脸，手的姿态是人的心灵的一种表达。李路明的“中国手姿”系列，强调了这种表达，扩大了视觉效果，也许是他对东方艺术的一种耐人寻味的审视和转换吧。

当我再看到李路明的木雕作品时，感觉非常惊讶。那些名为《植物结构》和《植物表情》的作品，那些奇妙的结构，模糊了人与植物在物种上的差异，使人看到了人和植物在结构上共同的不可言喻的美。那些圆润的木的质感、结构和装饰之美，他的超现实主义手法，给我们带来的是一种视觉的愉悦和心灵的暖意。路明似乎在用符号解读生命的秘密。相对那些在电脑上制作的作品来说，木雕与作者本人似乎更为接近，因为那些木雕都是经路明的手一点一点雕出来的，那些圆润的结构也融入了路明生命的气息，也更多地表达着路明作为一个艺术家的精神特质。

2005 年 8 月我到北京，李路明带我参观了费家村所有的画室。我仔细看了路明正在创作的“云上的日子”系列。还有一年，我在北京参观了李路明与其他当代艺术家的联展。“云上的日子”系列中那些画面长久地盘踞在我的记忆里面。那些气息和画面，每一幅都能够启动我的回忆。

李路明在艺术上的探索只是在寻找一种独特的语言和符号。这种寻找使他一点一点地接近生命本质的表达。至于语言和符号，他是否已经找到了最为合适的？我不知道。

实验艺术是要承担一定风险的。有时候是用自己的全部生命为后人开辟一个更为广阔的艺术领域。

透过李路明的作品，我们看到的是一个思想者的形象。他既是一个当代艺术家，又是一个当代艺术出版家。他的眼光非常独特。他的思想和行动是同步的。他探索的勇气和永不言退的创造精神，一直让我敬佩。我和李路明虽然隔行如隔山，但我感觉我们是在殊途同归地走向一个共同的目标。

2016 年 4 月 12 日于深圳

网友微评

成佩（美术史博士，居东京）：路明，李路明，这是一个亲切的名字。他与湖南美术出版社对中国当代艺术的兴起、发展与推动功不可没。时间越往后走，就越会使人意识到这种作用的巨大。路明是20世纪80年代中期一代名师王朝闻、朱丹的高足，但他因了两个理由，甫从中国艺术研究院一毕业就弃京返湘了。一是根深蒂固的湘食习惯，让他不能忍受当时几乎只有面食的北京；二是时任湖南美术出版社社长郑小娟老师的召唤。那时正值出版界重组巨变、天下初定之际，郑老师急需人才，她答应路明回来做一份刊物（那就是后来赫赫有名的《画家》杂志）。9年后，路明想辞职当艺术家，其时在任的萧沛苍社长舍不得，挽留他当副社长，承诺他全面负责当代艺术方面的出版。就这样，路明经了青春岁月里几个出湘入京的思量轮回，也就开启和形成了他成为“当代艺术的灵魂人物”（叶梦老师语）之历程。路明做出版，心怀全局，深谋远虑，重视系统的、具有美术史脉络的出版。路明身藏深厚的美术史写作功底，我印象最深的是他为《中国现代美术全集·素描卷》写的前言。那篇高瞻远瞩、文笔精到的文字，让我自那时起就坚信：路明真的就是那种身怀绝世武功却几乎从不炫技的人。他云卷云舒，淡定自若。他的境界，就是高手的境界。

龚永忠（设计师，居长沙）：从这期开始，我开始转载叶老师的“百手联弹”。一个弹字，可文可武。叶老师对艺术的感觉异常敏锐，伸向艺术家的触须，是良导体，总能从每个艺术家那里接通一些我们常人难以捕捉到的隐匿信息。

何玲（艺术家，居长沙）：每每得幸与李老师在工作室畅饮，作为晚辈与后生的我都会有沐浴阳光与春风之感。谦和、睿智、渊博隐浸在他那同样瘦小的身骨板里，聊到文化与艺术，现在的李老师言语不多，偶尔从嘶哑的喉咙里挤出几句话，如同化骨绵掌，却能打通人的气脉，直撬慧灵的天灵盖……

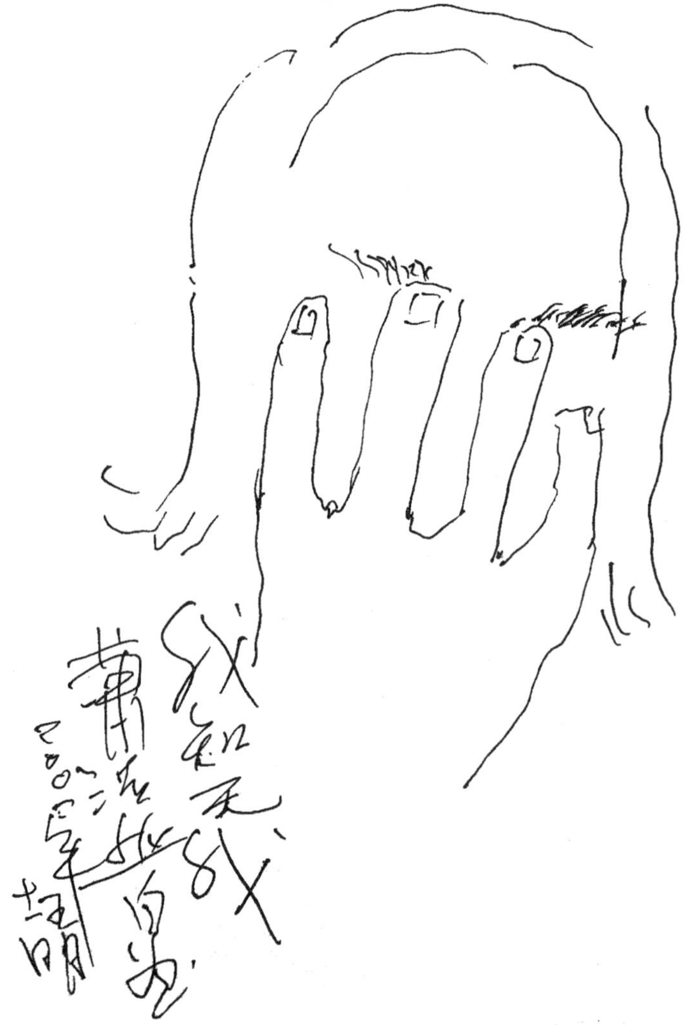

萧洁然，1982年结业于中央美术学院版画系。1972年至2005年先后任湖南省文艺工作室美术创作员、湖南省群众艺术馆副馆长、文艺生活杂志社社长等职务。现为中国美术家协会会员，中国版画家协会理事，湖南省美术家协会顾问。2000年被中国版画家协会授予八九十年代中国优秀中青年版画家『鲁迅版画奖』。

第76弹 萧洁然

我知无我

“我知无我”，这是萧洁然在自画像上的题款。

一个巴掌扪住脸，存心让我们看不到他的五官，仅以浓眉长发示人。好有味的萧洁然。

窃以为萧洁然是一个精神洁净的人。

2009年初，我约萧洁然父子到尚书房喝茶。冬天的阳光照在萧洁然的脸上，尽管距自画像的时间已经过去6年了，但他的脸上似乎看不出时光留下的痕迹。萧洁然依然留着长发，他说话的时候，偶一低头，一绺长发就掉下来，遮住了半个面孔。感觉萧洁然的那一绺长发，时刻隐藏着掉下来的危机，给旁观者一种紧张情绪，而他儿子萧卓的淡定从容与父亲形成一定反差。

说老实话，我一直是萧卓的粉丝，当我看见萧卓的第一眼，心里为之一震：那眼睛让我暗暗吃了一惊。一种无法掩盖的才华和洞察力从眼睛里流露出来，我捕捉到了那个瞬间。此前我读过萧卓的版画，黑白之间隐蔽着的旷远与深邃让我心中窃喜。

此刻，我突然想到，版画家萧洁然最好的作品也许就是萧卓。也许未来的很多年，萧洁然的名字会被人忘记，取而代之的是“萧卓的父亲”。

我这样说一点也没有否定萧洁然的意思。从20世纪80年代在长沙青少年宫举办的“立交桥”版画展到2006年在省博物馆举办的“打开天窗”版画展，我一直都在关注湖南的版画艺术活动。20多年来，湖南版画界的领军人物萧洁然对湖南版画界活动与人才培养功不可没。我在省博物馆看完“打开天窗”版画展后，就发出了如此慨叹。

萧洁然近年的版画新作“民艺调查”系列，曾经在省美协主席团作品中展出过，在圈内引起不小的震动。萧洁然用打散与重构的手法创作出颇具湖南民间语言的现代版画作品，系列表现了湖南地域的历史沧桑。对于萧洁然来说，他的这个系列是走出了一大步。他用现代的眼光看民间，根子在民间，色彩也是湖南民间语言。就是这些作品产生了新的视觉效果，让人们眼睛为之一亮。作为一个资深的版画家，他的探索给许多画家打开了一扇窗口，他融入民间戏剧人物，在形式与内容上大胆创新，给其他门类的画家以启示，他那一批版画印出来后基本被业内画家要光了。

认识萧洁然很多年，他从来没有让媒体为他个人的作品做过宣传。让我最感动的一件事，是萧洁然为已故17年的同事、女画家陈碧野举办遗作展。他不惜动用媒体朋友资源，请我和一些媒体朋友参与报道。这个展览在省会艺术界给人的震撼和影响，是很多画展所不及的。

萧洁然现如今已经退休。他好像还很忙，有一段时间痴迷于摄影，有一段时间帮单位办杂志，最近在忙于《新中国版画六十年》的编撰出版工作。版画家编版画，那是满妹子咳嗽——有谈的。

2009年6月28日于长沙

网友微评

杨凌志（设计师，居长沙）：90年代初识萧老师，很喜欢他的名字，“洁然”，有高古淡泊之气，其貌也是精神矍铄、仙风道骨，他的木刻版画也和他的名字相匹配，素洁雅致，超凡脱俗，全无匠气。

李晓东（教授、设计师，居长沙）：萧老师的民艺系列很有味！

莫道宏，中国美术家协会会员，湖南省美术家协会理事，自幼喜爱美术，近年来，在绘画理论及实践上进行了大胆的探索和追求，其作品多次参加国内外展览，并被收藏。

三问莫道宏

2006年初秋的一天，黄昏。

常德，柳叶湖，农家餐馆，荷塘边。

油画家陈和西说起莫道宏，说他尽管是地方官员，只是业余画油画，但他的作品引起了反响，还参加了全国美展。

我第一次听到这个名字，很好奇。

陈和西对我说："你会喜欢他的作品的。"

莫道宏来了，带着他的作品。

果然很大胆放肆啊！

那些斑斓的色彩，那些模糊的痕迹，那些图式，给我们一种不确定的感召。莫道宏的画没有明确指向，没有具象地模仿自然和生活，他在描绘一种心灵的图景，一种转瞬即逝的意念，仿佛进入一种轻松的又不完全轻松的游戏，让我们领略到无法言说的感动。他的画饱含密集的信息，在宏大的画面里呈现一种左右奔突的激情。这就是莫道宏的画给我的印象。

吃惊啊！莫道宏目前是常德市人大常委会主任，居然会有如此先锋的作品？

是油画吗？不完全是。

是丙烯画吗？不完全是。

是完全抽象的画吗？又在抽象与具象之间。

我看画，喜欢去看作品背后的人，他为什么会有这样的作品？

如果这些画出自北京 798 工厂，或者大都市的先锋艺术营垒，那都不奇怪，但出自小城市地方官员之手，实在令我没有想到。

莫道宏是一位官员，这个不稀奇。因为这个世界上毕竟做官的也还多，但是他同时是一个艺术家，他做的艺术还是一种前卫艺术，这给我们带来了很大的想象空间。

莫道宏很健谈，我从他的谈话中感觉这个人很有力量。他说话很有魅力，能够一下子抓住人心，让你对他以及他的作品发生兴趣。这个不是一般人做得到的。他的思维缜密严谨，是一般艺术家所少有的。我已经采访过上百位艺术家，也算见过一点世面。

莫道宏说话本身就富有艺术，他说的全过程充满激情，让你保持听的兴趣，不会疲倦。

我的疑问在听他说话的时候已经得到部分解答。其实，我并不想知道得太多，我怕知道得太多反而影响到我对于他作品的解读。我希望在没有任何人指点的情况下直接去他的作品里寻找与自己心灵相通的东西。

我得到莫道宏送的一本画册《画布上的声音》，画册编得很好。看完画册后，我才知道莫道宏的作品已经有很多专家做了评论，莫道宏在序言中也做了诠释。一本厚厚的画册里已经用图文的方式诠释了莫道宏自己。可以说，我想知道的，画册已经完全给出了解答。我也不太想看别人怎么评价他的作品，这样能保持自己直觉的纯粹，尽量不让自己在别人文字的暗示下转移第一感觉。

对于莫道宏，我更加注意的不是作品，而是艺术家本身。

在官场历练弥久的莫道宏，却没有泛官员的气息。莫道宏今天进入的艺术状态，与他当下的工作有很大反差。在这样一个反差大的环境里，怎样通过调控自己的心态让紧张的行政工作状态在双休日创造作品的过程中得到宣泄和放松？我很想知道。

我佩服莫道宏的是他的精神状态，他正处于艺术状态的上升期。我感觉莫道宏有激情，有一股无法阻挡的进取的锐气。这成为他个人的一种气场，他把这样强力的气场传达给周围的世界。

艺术家需要的是什么？是强大的个人内力，一种抵御外部世界异化的力量。特别是进入艺术圈后，受到的指点和暗示都会左右一个人表达的初衷。也许莫道宏在不经意间已经完成了这样的抵御。

尽管莫道宏探索艺术的时间不长，但是我感觉，他过去 50 多年的生活都是为艺术所做的准备。生活的阅历、眼界的开阔、知识和感觉的更新都会随着时间的流逝在积累中不断飞跃。他的艺术感觉一旦苏醒，将走入一般人难以抵达的领域。只是，他生活的经验会不会成为他超越的障碍呢？

我想，对于莫道宏来说，在创作上获得的快乐应该远远比仕途畅达获得的成就感更为重要，艺术有一种更加接近永恒的意义。

莫道宏是一个勤奋而有悟性的人，上天把一个人成功要具备的品德给了莫道宏，又在冥冥之中指引他走上艺术之路。

我知道，像莫道宏这样的人一旦做什么，就一定会做得成功。他干过很多行当，有过丰富的社会阅历：当过兵、种过田、做过基层的各级领导。他大半辈子可以说阅人无数，而这样的人生经验也炼就了他的一双火眼金睛。他的洞察能力，判断能力，让自己对未来生命形式做了一个最为艺术的选择。

把莫道宏称为画家似乎不确切，称为艺术家更为贴切，因为他做的不完全是传统意义的架上绘画，而是综合艺术，使用的是综合材料和工具。他的画在观念上已经超越我们以往常见到的画，给人们一种全新的感觉。

研究莫道宏的艺术，可以从他的城市进入。作为常德市的党政领导，莫道宏的心很大，他曾经把一个城市作为他艺术作品的大背景，在这样一个内陆城市，莫道宏把自己的理念融入创建国家园林城市、国家卫生城市。莫道宏以艺术家的眼光来统筹城市，为常德营造了满城绿色。我喜欢常德城里的树。我在这个城市里居然没有看到流行的草坪，统一的行道树。密集的杂植树木也许是这个城市的特色之一。柳树之间夹杂着樟树，浓荫匝地，好看又遮荫，这种布局被专家们誉为“城市园林艺术的创造”。我觉得这些也是莫道宏艺术作品的一部分。

艺术注重的是创作的过程，这与官场的游戏规则不一样，这个过程能给艺术家带来愉悦、带来创作的快感就够了。

我在常德看了莫道宏的大幅作品后，受到的视觉冲击比较大，感觉他在用创建园林城市的手笔作画。他用一种统筹的手法和心境调遣油画颜料、丙烯、各种稀奇古怪的东西，让它们为他的作品服务。我对于他用民间稻草纸做作品材料非常有兴趣。我不管他表现的是什么，是资讯时代的绘画也好，是先锋也罢，我以为最好不要诠释，如果一定要诠释，那么，最好还是要贴近莫道宏的内心。他的内心与这个时代息息相关。而能够表达莫道宏内心的东西，我以为就是了不起的艺术。

我感觉莫道宏在作画的时候就仿佛在经营一座城市。他对于这个世界的体验，是一般年轻的艺术家所没有的。艺术也没有多么神秘，在湘西山区，我见到的民间挑花高手，那些老婆婆，她们就是了不起的艺术家。艺术在艺术品本身，和艺术家的学历、专业无关，与地位无关。

鉴于莫道宏是一个富有挑战精神的画家，最后，我还是问了他三个问题。

第一问：你最满意的作品是什么？

莫答：绘画作品犹如一面镜子。作者画的是自己的人生，读者从画中看到的都是他自己。绘画则是一种精神的“自养”，如同植物一样，而不像动物“异养”。我就是我，而不是别人。自身的情感在作品中得到了抒发和升华，就是满意的，舒展得最好的，就是最满意的。

第二问：你真正拥有创作的自由吗？

莫答：这是我要终身实践的课题。鱼的自由在水中，鸟的自由在空中，人的自由在属于自己的精神世界里。毕加索说过，像孩子一样绘画，我要学一辈子。我想，真正拥有的创作自由恐怕是在与非自我因素的永恒抗争中。

第三问：你是怎样找到属于自己的表达方式的？

莫答：绘画是和我自己谈心，而不是与别人讨论。表达的方式应该是自己的东西，而不是东拼西凑的。我的表达方式是在自我情感和潜意识的自然流露中出现的。

2006年9月9日于岳麓山下

网友微评

黄继波（公务员，居深圳）：近年来他在艺术领域里将书画、哲学、人文、心灵感悟和科学元素诠释笔端，用他的才华和真善美的心灵为人们和社会提供精神享受和教益，受众的情智得到想象不到的启迪和升华，我是十分敬佩的。叶梦的文章写得很真实，很贴近道宏本人。

赵娜莲（公务员，居常德）：叶梦先生对莫主任画作的评价真的到位！行家呀！没有专心致志的毅力，就不会有显赫卓著的艺术成就！

陈庆庆，当过知青、学过中医，20世纪80年代出国游历，曾任知名外企高级白领，1994年辞职后当自由艺术家。作品被中国美术馆、北京今日美术馆、元典美术馆、纽约新美术馆、巴黎国家自然历史博物馆以及中国台湾、日本和东南亚地区收藏家及多处收藏机构收藏。

第78弹

陈庆庆

奇幻达人

庆庆是个看不出年龄的人。

2002年秋天在长沙，我尽地主之谊陪庆庆游岳麓书院。走到文庙的台阶处，庆庆回过头来，笑着问我："你猜我多大？"

我一下子被蒙住了。

"多大？"我很难回答她。

她是一个看不出年龄的人：高挑的个子，轻盈的步子，背着旅游双肩包，像一个喜欢旅游的在校读硕士或者读博士的学生。

庆庆确实是个很特别的人。在她的身上，有一种远离人群的怪异的东西，或者有一种因为隔膜而产生的距离。在此之前，我只知道她是个装置和行为艺术家。记忆中她好像做过"为母猪做按摩"这样的行为艺术。我觉得这个艺术门类是陌生的，神秘的。尽管我也读过这个方面的相关报道，但是我还是有隔行如隔山的感觉。

我实在猜不出她的年龄。

当她告诉我她的真实年龄以后，我确实很惊讶，她根本没有这个年龄的任何痕迹。

我眼睛里的庆庆，全是问号。

在我的印象中，做行为或者装置艺术的全是年轻的男性艺术殉道者。女性，特别是上了一点年纪的女性，为什么会选择这样一种艺术形式？我很想知道！

我们初次见面的岳麓书院为我们提供了说话的场景，那次见面也给了我观察她的机会。她对岳麓书院文庙前面的石头狮子很感兴趣。岳麓书院那一对石狮子是明代的遗物，生动、大气，是岳麓书院最古老的艺术品之一。她是一个识货的人，为眼前的古迹所迷醉，艺术感受很好，她不停地摆弄她的相机，随时记录一切。

当我拿出速写本请她画自画像的时候，以为她会拒绝，因为她是做装置的，也没有学过绘画。没有想到，庆庆很够朋友，拿起就画，她的自画像由一些简单的线条组成。

我真正认识庆庆，是在读她的集子《庆庆》之后。这本书收入了她在 1996—2000 年的装置作品和文字。

正是通过读这本书，我认识了庆庆本人，认识了装置艺术。没有想到的是，原来我一直心存疑虑的装置和行为艺术，竟然把我打动了。

我感动的是庆庆的艺术作品本身，不完全是她在装置艺术之中要诠释的思想，她的艺术作品有许多和我心灵相通。也可以这样说，她的装置艺术比起现代的某些绘画更加打动我，这是我始料不及的。

我以为艺术家最好不要为自己的作品诠释，就是让大家自己去看。这样，观众对于作品的理解涵盖的空间可能更大一点。有的作品，不需要有具体所指，让观众自己去体会和感受会更加有意思。

庆庆与我是同时代的人，她所经历的一切，对于我来说，是熟悉的。但是，我以为把思想融入作品，用观念作装置的内容，是不是赋予作品的意义比较狭隘？我以为庆庆的作品是很好看的，她的感觉很好，她是一个心灵手巧的人。她喜欢用原始的材料，如树枝、干花、丝绵来编织一个具象的梦境。那些模拟器物的装置，如《好梦枕》《衣》《碗》《玫瑰花椅》，给人一种温馨的感觉，《衣——拷贝出土文物》很耐看，庆庆把马王堆出土文物中的汉代宽袍大袖用透明的麻纤维编织裁就，点缀了立体的有质感的干花，非常好看。我看见那件衣服，想起沅陵出土的元墓中的一件大袍，我曾经 N 次地起过念头，要去仿制一件，体验古人身着大袍的舒服感觉。还有庆庆的《好梦枕》，是用自然界的天然纤维编织成的，有小树的枝丫和叶脉，看上去是那样松软，散发出一种山地植物的芬芳。对于我这样经常失眠的人儿来说，“好梦枕”是一剂视觉的安慰剂。

庆庆就像一个永远在路上的手作艺人，她做的装置作品能够给人留下深刻的印象。

庆庆所做的装置，浓缩了中国文化的精华，她用她特有的装置语言，来表达她心里的世界。我特别留意她采用医药和器械作为装置的作品。我知道庆庆过去当过中医，我在她的作品中看到了耳针、海马甚至 X 光照片。

在庆庆的行为艺术作品中，场面更加宏大的是《艺术圈》。这样宏大的模拟死亡的场面，在我看来好比舞台剧中的绚丽华彩乐章。我们来看看庆庆是怎样描述她的《艺术圈》的：“《艺术圈》是一个红砖围的花坛，有色彩丰富而优雅的紫色调布作底，上面铺满翠绿的猕猴桃的剖面，再上面是淡彩、艳紫、洁白的鲜花盛开，本人的躯体匍匐其上，行为开始时 150 多只河蟹和鲜花一起被抛入坛中，螃蟹在众人的围观下在花坛中横行逃窜，爬过我尸体般静止的身躯，这个过程大约有二十分钟。”

《艺术圈》的画面实在很美，庆庆以模拟死亡的名义，导演了象征着生命美丽的色彩盛宴。很多场景是不可以重复的。我尽管没有机会到现场观看，但是精美的图片非常真实地给了我感官的刺激。

我曾经去过“798”庆庆的工作室，亲见了传说中的那些器物，《文化手术》《玫瑰花椅》和《衣——拷贝出土文物》，我依旧对那些衣和玫瑰花椅感兴趣。我喜欢庆庆亲手做的那些麻或者棉的植物纤维的作品，点缀其中的干花让我感觉无比温暖。在“798”的庆庆工作室近距离地去亲近那些在图片中已经熟悉的作品，就像久别重逢的朋友见面。

有人这样评价庆庆：“在她在北京 798 工厂的工作室里，陈庆庆早上缝、编、织、绣她的丝麻作品，下午制作盒子装置，包括安装里面需要的电线、灯管和精确地定制需要的盒子材料、尺寸。她的麻是可以售出的，而盒子的装置大部分是做给自己的，这种自给自足的手工劳作使仍在独居的她在艺术与生活上得以自如与圆满，她成功地用艺术来释放自己当年的磨难和丰满如今自我的内心世界。”

我与庆庆失联多年，当我通过微信重新联系到她的时候，感觉她已经是焕然一新。满头青丝不见了，一颗圆溜溜的光头吓我一跳。很快，我就适应了这个新形象。原来，早几年她因为乳腺疾患做治疗开始大量掉头发，后来干脆剃了光头。她说：“当全部头发都被剃去的那一刹那，一种了无牵挂的轻松的感觉就来了。感觉还挺好，还节约能量，就一直留了光头。”现在我回过头去看庆庆绾起披肩发的照片，反而有一种陌生感。

还是光头酷啊！

我在联系她重新画自画像的时候，她正在开车，要为她正在筹建中的奇幻博物馆采购这样或那样的东西。她完全不记得曾经在我的速写本上画过自画像的事情了，我把 2002 年在长沙画的那个发过去，她乐了。没有画过画的庆庆，很爽快地答应了重新画自画像，而且很快就发过来了。让一位装置艺术家画自画像，真的不容易！

原来，庆庆 2008 年从“798”搬到宋庄，用她早年买下的地块建起奇幻博物馆，我从网上看到过奇幻博物馆的作品照片，略知一二。在宋庄，那个一千平方米的空间，陈列着庆庆所有的作品，虽然博物馆还未正式开馆，但肯定是一个很有味的空间。

“2008 年陈庆庆搬迁至宋庄艺术区，随着年龄的增长与环境的变化，她作品的气质更加趋于成熟安静，各种老家具的部件，盒子与容器以及日常收集的各种有趣的小玩意小物件，经过她好像拥有魔法般的双手富于想象力地配置组合，变成一件件神秘而奇幻的装置作品，这些装置作品每一件都像是一台戏剧，充满了神秘感和魔幻气质，又有着对于现实世界或人生的影射和隐喻。”（摘自梁克刚《制造奇异收藏幻境》）

最近有一个回忆青春的图片展览，展出了一张庆庆 16 岁时开拖拉机的照片。她在咸宁文化部的五七干校的时候，曾经是一个拖拉机手。原来，少年的庆庆是跟随父母下放到咸宁的。我这才知道“文革”前，庆庆父母都是文化部中高层领导。庆庆在“文革”中经历过什么？不用问我也该知道。这一切，庆庆都没有诉诸文字。她的父亲是一位老革命，与左联、延安、新华社、出版署、文化部……这些熟悉的名词联系在一起。

我终于明白为什么有人这么说：“她成功地用艺术来释放自己当年的磨难和丰满如今自我的内心世界。”

关于“文革”，我还是希望庆庆写出来，她说正在写。

2016 年 4 月 20 日于深圳

网友微评

李晓蓉（文学刊物执行主编，居长沙）：女人与编织总是有着千丝万缕的联系，陈庆庆学过中医、外国语言文学，从东方到西方，又从西方回到东方，艺术成为她心灵的归宿。她就像她选择的材料——麻，有着女性的坚韧和东方的意味。

谢莉红（资深媒体人）：看了叶梦这篇，好像庆庆是一个风水大师，可谓奇幻仙人。《肺》和《氧吧》入木三分，令人深思，呼唤已经几乎窒息死亡了的人类。一个有良知、有责任、有担当的艺术家闪烁在我面前。

何鹏（月湖时当代艺术中心理事长，居长沙）：作品很好，可惜无缘与陈庆庆相识。

龚永忠（设计师，居长沙）：光头，自由，艺术家。

曾正明，擅长中国画。1981年于湖南师范大学美术系毕业，留校任教。现为湖南师范大学美术系教授。作品曾入选第五、六、七届全国美展。作品《换回失去的青春》（油画，合作）获第五届全国美展三等奖，由中国美术馆收藏。代表作有《我和我的一家》（水彩），中国画《冬之彩·雪》《神女开春》《中国诸子神图》等。出版有《十八描研究》《曾正明选集》。

营造精神的桃花源

之一：寻访曾正明

2003年夏天的某日，何铁凡邀我到曾正明的新住处去看看。听何铁凡描绘，那儿好像是世外桃源：有山泉，有古树，在岳麓山山麓一个山凹里……

我想象中的曾正明的新居是美妙的，简直就是陶渊明笔下的桃花源了！

之前我到过他的山居。那是1999年某天，我们全家前往曾正明当时的住处——从岳麓山南麓的渔湾市上山，一条小路蜿蜒至半山林中，一座孤立的50年代的简陋破旧的建筑，原本是农民废弃的放农具的破房子。我崽曾经被蚊子咬得落荒而逃，不过，9岁的陈墨不顾满身的坨，还是坚持给曾正明画了一个速写，回家居然还写了一篇日记。他在日记中大发感慨，说他从来没有见过这种生活场景，像旧社会。说老实话，在他那儿能安坐一小时，已属不易。

我的先生和曾正明是画友，70年代初一起在益阳地区参加美术作者创作班。他记忆中曾正明画画技法尤其娴熟，工笔染色速度超级快。在一群创作者中，他的技法与创作能力尤其突出。恢复高考后他考上了湖南师范学院美术系。

1999 年之后，直到 2003 年，我才听说他换了住处。

我的朋友蔡皋对于田园与乡居怀有浓厚的兴趣，于是我们两口子、何铁凡、蔡皋 4 个人组成了一个寻访“现代桃花源”采风团去寻访曾正明住地。

车子从麓山南路往南过二环线桥下继续往南，走了很久才左拐，我们走路进村，不太远。村口几株古老的樟树都挂了牌牌，是受到保护的。

一个绿树环抱的山凹的尽头，一间废弃的老屋，一个茅封草长的地坪，一群不速之客，就这样闯进了曾正明平静的生活。

我们就像是进了“夹皮沟”，是“深山问苦”来了。

曾正明出来了，从那个很像狐仙出没的破宅里走出来。他留着很长的胡子，有点像古人。他对我们的突然造访，有点不知所措。他有点瘦，带有远离人群的仙气。尽管周围环境是那样不堪，他的眼神却是沉静但又带有一点点惶惑的。

我们走进他的屋子，不小心就听脚下哐啷一声，哇！我闯祸了，把门槛上的一个机关踢着了：一个钢丝网，是拦老鼠的。

屋子里是破旧的架子床，还挂着蚊帐咧。屋子里除了跛腿的书柜就是窗前的书案，案上放着他正在撰写的关于传统文化的理论巨著。著名的画家、美术系教授曾正明，被传统文化这样一个大的选题迷住了。他的书稿都是用毛笔书写，写在一种发黄的纸上。出于礼貌，我不敢朝他正在书写的伟大著作望一眼。我们的突然造访，中断了他日日进行的写作，他没有办法让我们在他阴暗潮湿的屋子里安坐，只好把几把椅子搬出来，让我们坐在地坪里。好在地坪里有一小块地方没有被疯长的茅草盖住。我坐的位置旁边有一株不知名的浆果树，果实被鸟啄得七零八落。曾正明说，他坐在窗前常常就可以欣赏到前来啄食浆果的小鸟。

“没有水了，我得临时烧水。”曾正明不好意思地说。水开了，是一个中号带把的牛奶锅烧的，但没有茶杯，也没有可以盛水的碗，他勉强找来一个粗坯碗，大家就共一个碗喝水。不过，这种原始的喝水方式我不能够适应。如果不是亲历，谁都不相信会是这样。

为了省事，他尽量简化饮食，买存放时间长的食材。他做菜，是把一锅水烧开，把菜放进去，熟了就捞起来。有时候来不及做他就吃方便面。

曾正明的生活中除了电灯，一切与20世纪40年代极度贫困的农民的生存状态相似。但是，我们聊起他正在进行的那部关于传统文化的皇皇大著，就有了说不完的话。他思考的问题和我们是多么不一样，对于传统文化的思考，很多问题我压根就没有想过，比如国歌列入了宪法的问题，从文化的角度来看，曾正明就能够谈出自己独特的见解。我觉得他所做的这样一个巨大的选题，需要数辈子的工夫才能够搞得清，靠吃方便面真的很难坚持。说老实话，我不主张他玩这个，古话说得好：术业有专攻。

我那天特别记得带了我的《百美图》速写本，请曾正明画一自画像。曾正明很为难，或许是因为没有镜子，或许他对于自己的形象已经很生疏了，在这样一个毫无准备的情况下，他非常为难，表示难以从命。在众人的力劝下，曾正明只好从命，拿起画笔，却画了一个不相干的自画像：太阳穿过一朵云。这就是他的心像。

那是他吗？太阳透过云朵，像温暖的秋阳一样照在我们身上，这是一幅没有人的自画像。

因为前一段时间课多，他的写作没有按期进行，就连饭也顾不上吃了。持续多天的方便面已经难以下咽了，衣服也没有时间洗了（没有冰箱和洗衣机，做家务就更加耽误时间了）。

目前这种种环境和条件，要坚持写作是一件多么不容易的事情。眼看到了晚饭时分，在何铁凡苦口婆心的劝说下，曾正明被迫和我们一起上了车，离开那个村子。

经过那几棵古树时，我想：曾正明是不是也应该像古树一样被保护起来？他的生存条件和健康状况是我们所忧心的。

当我们走在灯火通明的潇湘大道上，好像一下子就走过了半个世纪。我们租了一条渔船，在湘江上漂，船家点火煮自己捕来的活鳜鱼，还端上了米酒。

月亮出来了，当所有诗意的元素都出现了的时候，我们又用手机招来了陈和西等人。陈和西这家伙还带来了报纸和蜡烛，吃过鲜美的河鱼和喝过醇香的米酒之后，我们用报纸折叠了多艘纸船，每只船上都点了一支蜡烛。天上是一轮明月，渔船附近都是我们浪漫的烛光纸船。这是多么有中国文化气息的一种情调，最后，孙泉和蔡皋竟然唱起了摇滚，把一江呆滞的水都唱起了波澜。真是好有味哟！

月光下，我见曾正明很快乐的样子！今天我们的突然造访和胁迫他出游，没有想到竟然有这样一个诗意的结局，这对于他传统文化的研究，是不是可以激发出一些灵感来？

2003年11月4日于岳麓山下

之二：营造精神的桃花源

2016年3月,《晨报周刊》关于曾正明的人物特写——《教父？隐士？住在岳麓山的人》在朋友圈兴起波澜。这篇文章客观地描述了曾正明的现状，让关心曾正明的人有了话题，也勾起了我对于他的思考。

多年来对于曾正明有各种说法，这些说法均有误读。

20年来，曾正明就像岳麓山中的一棵树，他不言说，就默默地长在那里。

评价一棵树，一不小心会涉猎精神与语言的暴力。因为曾正明没有手机与互联网，他基本不会也没有机会抗辩。

人的价值观不一样时，无法隔空对话。

《晨报周刊》的文章，视角很好，我欣喜地看到曾正明的院子花繁果茂，成了人人向往的世外桃源。

也许，我们看到的依旧是表象。

曾正明是我关注三十多年的艺术家，这篇最新报道让我了解到曾正明的当下状态。较之我在1999年与2003年见到的窘迫，他总算是回到了人间。他目前住在一个长满花木的院子里，有年轻的妻子和小女儿，他一到周末就回家。他回到了人间常态，他的精神状态很好，要不然，一个自己都照顾不好的人，哪能顾及满院子的草木咧！

我也放心了！最高兴的是曾正明对晨报记者说了：他还会画画！

我好像就等着这句话。

记得我第一次见到曾正明是在1984年10月。我调到《湖南日报》后接受的第一个采访任务，是参加省文联一次很隆重的表彰会，要写一个综合报道。我记得我写的报道重点提及了贺大田与曾正明。当年的曾正明将近而立之年，清秀俊朗，他25岁上大三时，在第五届全国美展中以油画作品获得铜奖，作品被中国美术馆收藏。这一届美展，获奖的都是谁啊？我这个外行都背得不少，周思聪的中国画《人民与总理》、刘宇廉的连环画《枫》等。

我采访他的当年（1984年），他又有水彩作品入选第六届全国美展，也被中国美术馆收藏。五年后（1989年），他又有作品入选第七届全国美展。全国美展，相当于美术界的科举，一旦入选获奖，一举成名天下知。曾正明年少成名，大家都看好他。

先让我们回到20世纪80年代初期，新时期中国文艺复兴的高潮期。对于文学与艺术的关注度是全民的。一篇作品获奖，天下人都知道了。

社会各界对于文艺界的新星特别关注，当年贺大田、曾正明等湖南青年美术家意气风发，成为大家关注的明星，后来贺大田去了美国，而曾正明却上了岳麓山。

20世纪70年代末与90年代中期是曾正明创作的飞跃时期，他获奖的油画与水彩参加过全国美展，并被中国美术馆收藏。他的艺术高峰在于当代工笔画的创新。他创造了新的境界与图式，作品妙不可言。他的《冬之彩雪》《秋之高云》系列格调之高雅，技法之独特，让我惊叹！还有《闪母鉴世》《神女开春》给我们创造了一个神奇的意境。他是有思想、有才情、有功夫的优秀画家。他的作品对湖南工笔画有坐标性的启示。因为这些让人难以忘怀的作品，我们一直惦记着曾正明。他曾经是湖南新时期最优秀的工笔画家之一。他创造的图式技法为人所推崇。

曾正明在绘画上的前景，大家一致看好。可是，就在这个艺术飞跃发展时期，不知道发生了什么事情，曾正明开始逃离正常的生活轨迹，一个前途无量的青年画家，一个家庭完整的男人选择逃离，只身上山，开始一种与世界相对半隔离的状态。除了还在湖南师大美术学院授课，他与这个世界是相对隔离的，但也是相对自由的。

曾正明一直在教学，有一次我到湖南师范大学艺术学院看展览，看到曾正明领着一大帮子学生看展览，他是那么耐心地一幅幅地为那些学生讲解——他真是一个好老师啊。难怪学生们都喜欢他。

曾正明深得学生钦佩与爱戴。

我一直在翘首盼望他的那本大书。

曾正明的书直到前些年终于到了我手上。其实我一直不想也不敢细看那本香港出版的大作。在那本巨作中，他的传统乌托邦理想全方位地呈现在我的眼前，让中国回归传统回到中华民族文化本源，这个选题无疑非常有价值。现在满世界都在呼唤传统文化、倡导国学，然而，曾正明在20多年前就预知重建中国的传统文化体系，于是做出这样宏大的写作计划。

他对国徽这个国家的Logo提出异议，提出了从建筑、礼仪、服饰等回到传统的构想，主张全面与传统文化对接。这个世界越来越发达进步，越来越国际化，但随之而来的是对传统文化缺失的忧虑越来越重，传统伦理道德的破坏也愈发严重，目能所及的建筑多是背离民族本色，对传统礼仪的忽略让我们感觉传统文化在一步一步地丢失。也许，很多年之后，会有人来研究在21世纪之交的一位中国画家对于中国文化的深深忧虑，他对于中国传统文化重新构建的宏大计划总有一天会引起国人的关注。

据《晨报周刊》记者报道，他又在开始第二部有关经济的大作的撰写……我不懂，所以无法评价。经济领域同样是危机潜伏，也许他比起我们来一直具有前瞻性的忧虑。

目前曾正明在他的世外桃源一般的院子里读书写作。这个院子我还没有去过。前几天，我在他妻子的手机中听到他断断续续的话语（信号不好），无法深谈。

“为什么不画了？”我不会去问曾正明这个问题。

因为我也害怕别人问我：“为什么不写了？”

一个精神有洁癖的人，一个理想主义者，他的痛处，哪是别人隔靴搔痒够得着的？

用什么样的方式来消解精神之痛，这样隐秘的话题，不适合说出来！

曾正明他不是隐士也不是教父，他只是一个精神有洁癖的人。

2016年4月13日于深圳

网友微评

成佩（美术史博士，居东京）：如果我们身在洁净之域，就不需要费力去拂拭各种尘埃，就可以静心定力抵达纯粹的精神乌托邦。我想这是曾正明的人生智慧所在……

林春（画家，居上海）：一位曾经弃画而从文和一位曾经弃文而玩画的两个文坛名人是一个时空里的行者，是隐士还是教主？我比较认同叶梦老师的结论。

郑小娟（画家，居长沙）：20世纪70年代初我在人民出版社美编室时，他就是年画作者，谦虚而认真。我和姜坤一直关注他，他是一个认真做学问的人，十分关心社会发展等国计民生。他的家院真幽静，真纯美，比我想象的美。可惜老了爬不动了，只能送上祝福。

李晓蓉（文学刊物执行主编，居长沙）：曾老师给我们上课时正值盛年，极受学生喜爱和尊敬。他画的《鬼谷子》在当时我是看不懂的，但却令人着迷。曾老师学问好，人亦极好，夫子一样。后来他选择住在天马山上，过着极简朴的生活。关于曾老师的种种猜测和议论颇多，其实，他无意当教父、隐士。他只是听从内心的召唤，选择了他想过的生活。以曾老师的学问才华，应该出大作品的。

石寒（记者，居长沙）：叶梦老师写曾老师其人，是她与百位艺术家《百手联弹》的文字作品的选择，她必须写这个有才华的、有争议的、有距离的、无法一言以蔽之的人，也是她认识关注了30年、对他有满肚子话（欣赏、关切、惋惜，甚至可能也有“批评”）要说的人。于是，1999年、2003年、2016年……一次都倾诉出来。叶梦老师写的过程中也有她的情绪起伏、纠结、感叹，她通过微信问我当时的采访细节，同时也聊到她的写作进程，她是那么严肃地对待这篇专栏文字。现在我读这篇写曾正明的文章时，其实是读两个人，一个动情的讲述者，一个安静的被讲述者。《百手联弹》是讲故事的，叶梦动情地看所有故事中的一百位艺术家、老朋友，看那些远远超过30年的天地不仁、岁月有情。

李剑华，1991年毕业于湖北美术学院版画系，1999年毕业于东京艺术大学美术学部大学院油画专业，现任日本华宁集团国际文化艺术中心负责人、日本多摩美术大学客座教授、国际中国美术家协会亚洲分会会长，出版有《日本不是天堂不是地狱》《说艺扶桑》《日本新建筑视觉艺术》等专著。

第80弹

李剑华

执着与坚忍

认识旅日华人画家李剑华，是在他与成佩（美术史博士，现居东京）的婚礼上。

那一年春天的某天，在长沙南城湘江边的“洲际岸边”餐厅的户外小广场上，设计师杨凌志和美庐美术馆馆长谭建国精心布置筹备了主题为“湘水对韵”的婚礼现场，湖南美协主席朱训德是证婚人，雕塑家肖小裘的两组与婚礼相关的雕塑给现场增加了喜庆气氛。湖南著名的主持人红胖子担纲主持。艺术界新闻界与成佩相识的朋友左汉中、邹建平、李小山、易禹琳等悉数到场。那天的成佩很美，她穿着紫蓝色的麻纱长裙，显现出很宁静悠然的女学者的气质；剑华却非常紧张腼腆，他穿的黑色西装有点大不太合身，有些黝黑的脸上布满红晕。红胖子做主持人经验丰富，他居然把紧张得不得了的李剑华逗笑了。剑华笑的时候露出洁白整齐的牙齿，一副天真无邪的样子，脸上紧张的肌肉群全部放松了，眼里满是幸福，真是一脸的萌态啊。

我看见李剑华的第一眼，就为成佩感到高兴：眼前这个腼腆的小伙子是一个特别靠得住的人。成佩算得上我的精神闺蜜，我十分欣赏她的气度和优雅，这与她的美术史博士学位无关。

几年过去了，昨天晚上我在深圳东部华侨城茶溪谷为李剑华工作室揭幕站台，我与剑华在茵特拉根酒店大堂相谈甚欢。那一刻我感觉剑华潇洒健谈，那个在婚礼上拘谨紧张的男子已经找不到一点影子了。

21 年前剑华辞去国内的公职，留学东瀛，十多年孤独的漂泊，刻苦的努力，他终于在日本立足，进入日本的艺术家行列。1998 年 6 月李剑华举办东京个展时，时任东京艺术大学校长的日本著名画家平山郁夫先生为李剑华写过这样的评论："来自中国的年轻人——李剑华，在他的画作中有一种灵气，有富于变幻的造型、丰富的色墨。他注重从线去看面的变化，使形与色的结合生动多姿。他的画作充满着青年人的创造性和无穷的活力！"

我感叹：湖南人霸得蛮的个性一旦与日本执着的职人精神相结合，那是一件很恐怖的事情。李剑华就是这样一个诸神合体物。他对于艺术的坚守与执着，是一般人难以做到的。他主张画大量的写生，创作大量的作品，他认为要有量的积累才会有"自由"与"质"的变化。

他每天都会发数条朋友圈，发他的见闻、速写、写生作品，他总是马不停蹄地在中国与日本之间奔走。他创办《地球村·美术》杂志，热心做中日文化的比较交流。

一天发这么多条朋友圈，要是换了别人，我早把他拉黑了。可是李剑华发的朋友圈都是实实在在的干货。同时，他以东方精神的眼光来审视中国与日本的艺术，来比较生活方式、环境保护、建筑等多个领域的状态，让我受益匪浅。今年 3 月 13 日，李剑华发的微信朋友圈图文"日本土地主耕地风景"，让我看到日本人对于土地的热爱，他们的精耕细作令我很受启发，我看了忍不住就转发和点赞。他从细微处观察到日本对于环境与土地的爱护，真值得我们借鉴。

昨天我在深圳茶溪谷看到李剑华的部分作品，感觉他的水彩画作比四年前在长沙的展览作品又前进了一大步。他画得那么放松，不论是《京都雨夜》还是《威尼斯的早晨》，都是水墨淋漓的感觉，都是光影迷幻的场景，同时感到李剑华执着的力量。不得不承认，他作品的品质与自由度，皆因“量”而变，皆因“量”而提升。

他的油画“草地”系列，出现频率最高的是女儿婠婠，婠婠在李剑华的画笔下慢慢长成一位漂亮的小女孩。成佩带女儿移居日本，一家三口团聚于东京，李剑华是一位优秀的父亲，婠婠就此成为李剑华油画写生中的主角。不用介绍，在李剑华倾注了浓浓父爱的画笔下，我看见了他一颗柔软的心。

对于作品，我不敢妄评，还是引用中央美术学院教授、著名美术理论家邵大箴先生对他的评价吧：“李剑华的水彩画技法纯熟，色墨交融的微妙关系处理很精到，放得大胆，收得冷静。他吸纳了中国画的写意性、传统水印版画在单纯中寻求变化的特点以及基于多年求学生活于东瀛与观摩西方各大博物馆对中西方艺术的深层理解，使得他的水彩画尤其是水彩风景画，糅合了许多个人经历，包括技法上的、情感上的元素，耐人寻味，独具风貌。”

剑华把绘画看成一种手艺，像呼吸一样须臾不可离开，绘画给他带来很多的快乐！

很多年过去了，李剑华给我的印象完全改变了，他活得那么滋润充实。他的身体里面仿佛有核能量，天天都有小宇宙爆发。

成佩说李剑华的特点：“一是有严格规律的作息时间。写作、画画、看书、观展、会友，这几块时间安排得满满当当，每天清晨即起，按时午睡，工作讲究专注与成效，从不让一天闲过；二是生活简朴，从不抽烟，最多喝点啤酒清酒，余无他嗜，像个苦行僧。单这两项，和我熟识的许多国内做艺术的人是大相径庭的。我虽讶其呆板，但也不得不佩服，因这些年看来，他是几乎每天都能如此，这就近乎道了。李剑华像手艺人一样忠实于自己的作品，他隐忍、认真、严谨、持续不断地努力工作的方式，是与整个日本社会最可贵的品质相契合的。这大概是他从日本社会中学习和感悟所得到的最大收获。”

大雨过后，春天的群山格外干净，下午6点以后，茶溪谷游人绝迹。四周寂然静谧。在竹林与茶山环抱的庭院，我们与李剑华喝茶畅谈，谈中国与日本的艺术，谈他的艺术追求，意犹未尽。

深圳东部华侨城茶溪谷新挂牌的李剑华工作室，将来会是李剑华生命的停泊地之一，也将是给他带来灵感与创作的福地。

2016年4月25日晚于深圳

网友微评

潘有林（企业家，居深圳）：李剑华把最细腻最顽强的日本性格注入最倔强的湖南人的血性之中。

杨凌志（设计师，居长沙）：细细读了全文。这两天因在深圳，全过程都是我与叶老师交流参与的，很是真实平和。叶老师很细心。不过我和叶老师最欣赏剑华的是关于他对婠婠的关爱,他的艺术却还在其次。这也是叶老师想写剑华最重要的原因。

王晓鸣（画家，居东京）：今天读了叶梦老师的文章，觉得成佩真的是找到了一个很适合她的人,也感觉到叶梦老师对他们俩深深的祝福。叶梦老师的文字总是写得特别轻松，我很喜欢读。今早发的李老师这篇，我是逐字逐句好好拜读了,末了还和叶梦老师聊了好一会儿我的感触……说起来我可是这篇文章第一个点赞的人，祝福！

赵莉（法官，居长沙）：叶梦老师的文章写得很精准。成佩全家幸福平安生活在日本真好！嗯,李老师的勤奋努力就是在践行对成佩的爱。

易海波（教师，居长沙）：叶梦的实在评人，有韵有神；采自众家，独立发声；对人了然，方能定论；谦谦祝福，豁然洪鸣。

成佩（美术史博士，居东京）：谢谢 Eve！一晃几年过去了，叶梦老师这篇文字让我蓦地又重新回望过去，让我想起那些艰难的岁月有你们陪伴分忧，是多么难忘珍贵。其实叶梦老师也是通过李剑华在写她对我的关爱呢，我深深感觉得到。

王春犁，1978—1982年就读于中央美术学院版画系，学士；1983—1985就读于中央美术学院版画系，硕士；1985—1988年就读于瑞典皇家美术学院，硕士；1988—1989年就读于纽约普拉特学院，硕士后。目前主要居住地在瑞典斯德哥尔摩，作品不断在欧洲及世界各地展出，被各种博物馆、美术馆及重要画廊广泛收藏，是北欧最重要的华裔艺术家。

飞翔的蝴蝶云

第81弹 王春犁

她像一朵蝴蝶云，飞翔在北欧的上空。

春犁，她的艺术、她的经历本身就是一个传奇。

由于存在的地域、文化语境的不同，感觉走近她真的很不容易！解读她，需要自我超越，需要重新思考自己的世界观、价值观，才能够与她对话。

2005年9月，我和春犁如约在北京相见，初次晤面我们就没有陌生感，因为我们联系有些年了。为了《镜子中的鸟》一书的编选，我们曾经有过多年的联系与对话。

春犁个子高挑，身材匀称结实，皮肤白皙，眉眼之间有点像唐代美女。她的声音柔和清晰，谈话时有时候会冒出英语与瑞典语单词。她能耐心倾听，具有很好的沟通能力。她给我的印象是健康阳光善良、年轻充满活力。她的思想先锋前卫，她是一个永远在路上的探索者。

王春犁的价值，在于她独特的创造，在于她的经历无法模仿。我以为她的经历也是她的一种行为艺术方式。她是真正的先锋艺术家！她才华横溢却一点也不傲慢。她懂得尊重世间的一切生命。我与她交往多年，感觉颇为受益。

她先后在美国、北欧生活了三十多年，定居斯德哥尔摩，被公认为北欧最优秀的华人艺术家。她的观念行为与艺术表现与当下中国的潮流确实有很大的差别。

2005 年在北京的那些天，我们一起参观“798”，一起去费家村，去了尚杨的工作室，看了向京的雕塑展览，一起出席了世纪坛举办的国际艺术双年展，还在望京某露天咖啡店与申玲、王彦萍一起喝咖啡。

春犁一个人在异域这么多年，遇过多少难事，都能够平静地面对。在需要灵感与面对难事的时候，她会去洗桑拿浴，会独自一个人去河边待着。

她告诉我，她在东德（柏林墙还没有拆除之前）与东欧艺术家讨论艺术，是在连家具也没有的屋子里席地而坐，并常常讨论一整宿。同样，在这个时候与中国艺术家相聚，讨论赚钱、豪车豪宅的时候会多一点。也许，每一次回到中国，她就会有很多陌生的感觉。

2016 年 3 月的一个下午，我午睡后还未起床，她已经打开了视频，让我看她远在斯德哥尔摩的工作室，看到她的工作室，我感觉到她的忙碌与勤奋。有一天深夜，我给她留言，斯德哥尔摩应该是傍晚。她恰好刚刚进屋，原来她去做义工了，接待来自叙利亚和其他中东国家的难民。她急切而又滔滔不绝地说起难民的种种状态。她的善良、正义感、同情心，她作为艺术家的敏锐，她的创作情感被激发，可是，她没有留下影像资料。她说：“做义工使我最感动也是最震撼的就是，难民中有的是穷农工，有的是高等贵族，逃亡使他们都一无所有，从零开始。开始我计划以帮助难民的经历做一个艺术项目，我发现，每次我问他们任何一个人可不可以发表他们的照片，他们都同意。但我又很敏感地注意到当他们看到有艺术家、摄影师发表照片时觉得自己不被尊重的反应，他们实际上不愿意让他人看到他们逃亡的样子。但是他们需要帮助，什么都能答应。

我认识到这一问题，几夜不能入睡。我决定以后不再做任何触及任何其他个人的项目， 一个处在苦难中需要帮助的人达成的与他人的契约是不可靠的，因为这会伤害他们，他们以后也会后悔的。”春犁这一段话，我听了深有同感。我想起我自己也有过类似的经历。

现在回过头来再读春犁的作品，感觉就不一样了，走进王春犁的艺术，感觉需要时间，很多固有的观念需要突破。王春犁与精致的利己主义艺术家是多么不同！她关注暗面，她的价值观与中国人普遍认同的“成王败寇”不一样。这个给我启发很大，我发现，我写艺术家，如不用世俗的成功学价值观衡量对象，就会写得更精彩，在有苍凉感时才能实现表达的贴切,正如我与王春犁只有在价值观相近的时候才会有共鸣。

当我回过头看春犁的系列作品“一周七夜”的时候,我会慢慢进入。乍一看，那是七幅渐渐小去的黑色的圆，那些黑色的圆里边，细看是一幅幅山水画镜心，点开放大，凸现出暗黑里的丰富，感觉丰富的层次与物质。一组七幅，是比较抽象的风景，是丙烯画的，这同时又是一个墙面装置。

春犁一直在思考，她创作作品善于运用材料。她将极简和极繁、冷静和浪漫、当代和古典、现实和超现实、巨大和极小、公共和私有等许多合为一体，将截然不同的表达媒介混合，甚至在同一个展览中可以毫无顾忌地出现截然不同的东西。纵观她的艺术，显而易见，世上的一切，无论是从颜料、事件、历史甚至文化障碍，任何东西都可能是她的材料，作品面目千种，从二维、三维和基于时间的作品，从室内美术馆、博物馆和画廊空间到室外和公共空间，而且有的作品要经过长久的工艺制作，却只有短短几天甚至屈指可数的几个小时的寿命。这使很多人和艺术史家很困惑于她的艺术属性和类别。

春犁在很多地方不断地打破格局。她从 20 世纪 90 年代起就发起自己的公共艺术项目。公共艺术一直是需要他方“订单”和当局支持的，而她却发起自己的“私立”公共艺术项目，十几年来她的公共艺术工程“大道工程”一直平行于她的其他作品。她认为“艺术本身根本上从来没有过绝对的空间和自由。艺术产生于人生，它是具体的时间、具体的社会、具体的生活的产物，是关于我们所生长的时间，而艺术不应只保留和出现在美术馆博物馆和画廊四面墙壁里面，要接触到更多的人，尤其是那些不习惯去看艺术展览的人群”。

“大道工程”系列中的《仲夏夜太短》作于2011年，是在一个老电影院的一排大窗户上做的影像装置，这个装置面对一个小公园和一条小路，她将玻璃处理到不透明，打在上面的灯光是自动感光的，它根据室外光线的强度而自动关闭和变化。当室外光线弱到一定程度时室内的光线便自动打开和自动增强，那些形象的剪影便投放在窗户上展现给室外的路人。而当室外光线变强时室内灯光就会随之减弱甚至关闭。这样投在窗户上的剪影有时出现有时消失，有时强有时弱。在北欧的仲夏期间，一昼夜中只有几个小时室外光线微弱到足以使室内灯光自动打开并强到把形象显示在窗户上。一天中的展期是由自然界决定的，艺术家不可左右。只有那些幸好在合适的那一刻路过的人才能看到那个影像装置。这些形象造型来自于春犁儿时的梦中幻影，他们都是介于人与动物之间的外星人，是一种梦和现实的对话。

春犁手很巧，是个大活小活、粗活细活都能对付的多面工匠能手，从木工到铁匠到架上绘画到针织绣工，她经常独自一人干很重的活。她曾发给我几幅她最喜欢的商店的照片，打开一看是巨大的建材商店，是在我们通话时她在厂房中采购时直接发过来的。她在作品中多次启用了万花筒概念，也常常用反光镜、多棱镜来反复放大性地重复不同的世界至无穷大，像是一个草间弥生的隔代升级，但与草间弥生明显的不同之处是春犁强调空间对比。“我要将空间内外倒置，当你看见一件远得无边无际的东西的同时，你的身体却如此接近它以至于你可用你的眼帘来抚摸它。作品切入点与社会、与人和自然间的联系相关”。

春犁说：“因为人的阅历多了，思考多了，我发现我最感兴趣的地方是在黑暗中，暗面中阴影里的东西。所以这么多年来，我展览的作品，表现很多的都是灰暗的，在黑暗中看到的事物。”

春犁的的阅历越多、经历越久，她的作品就愈是离不开她的初衷。她说：“我的文字作品《美好的艺术来自朴素》第一次发表在中国的《美术》杂志1982年9期上，经过30多年的努力，我越加明确地知道我最想要的东西。”

不断前行的春犁离我们较远，按照我们的观念解析她几十年的艺术创作，不同的人会有不同的解读方式。

央美本科毕业的春犁，她的作品当时就引起社会的关注，她的版画作品以及文章发表在《美术》等杂志上，她的作品在各大展览上露面，她的成就成为很多美术学子的榜样。假期她回到济南探望父母，有崇拜者拿着《美术》杂志，在街口等待她。

然而，就在研究生学历还未完成的时候，春犁选择了出国。她在瑞典完成了研究生学历，又到美国取得硕士后。在美国期间她被罗伯特·布莱克本邀请为进驻艺术家。在纽约，她遇到了当时正在环球旅行的瑞典青年作家斯蒂芬，这位身高1.9米的北欧帅哥后来成为王春犁的丈夫。王春犁在纽约学习期间，瑞典汉学家、诺贝尔院士马锐然教授亲自写信诚邀王春犁参加他策划的“两个中国现代主义者”个展/联展（与旅法作家高行健合作）。马锐然本来是研究文学的，但是他对艺术很有兴趣，他非常看好王春犁的画。这一次王春犁与高行健作品联展，也是马锐然迄今为止唯一的策展。

春犁只身赴瑞典，后来去美国，最后定居瑞典。在国外，她的央美教育背景、名师及社会背景全部没有了，闯荡的每一步都是靠自己的努力。当她怀第二个孩子7个月时去应聘斯德哥尔摩版画学院院长，竟然以多数票通过，这在欧州极为罕见。除了是一位勤奋的艺术家，春犁同时还是两个孩子的母亲，她和丈夫轮流出去旅行，留下一人在家照看孩子。当年可爱的两个混血小洋娃娃，如今都已经长大成人。从昨天她出门散步时发给我的照片看来，春犁依旧是那么年轻、健康、有活力。

今天的春犁视野更加开阔，观念也在不断地更新。她的努力让她的艺术日趋成熟。

哦，我差点忽略了春犁的架上绘画，作为中央美院 20 世纪 80 年代初期版画系的高材生，网上还能搜索到她当年的木刻版画，仍然是那么经典耐看，看得出依然那么灵动鲜活。

春犁在我的心目中，就像北欧山谷的雪峰，是那么洁白耀眼，那么纯净透明。她就像她的作品《蝴蝶云》一样，飞翔在北半球的云空。

我与王春犁的对话还在继续，我会一直关注她，借助她的作品与观念，让我看到在文化差异中，我们该怎样前行。

2016 年 5 月 6 日于深圳

网友微评

何韵兰（画家，居北京）：春犁按说还是我学妹，国内知道她的不多。因北欧较冷，更不爱吹，这边的人都爱凑热闹。也好，这样春犁能更好地做自己的创作。叶梦写的是一个勇闯世界做自己的人。春犁的人生是飞翔的人生，飞翔有多美！可感而难遇。不仅是女性，男人也羡慕！

李晓蓉（文学刊物执行主编，居长沙）：叶老师写这篇文章时，心与春犁同样的柔软和慈悲。各种媒介不断地暴露受难者的惊恐和无助，当春犁的艺术项目介入这个问题时，夜不能寐。她是那么富有同情心。《仲夏夜太短》这个作品与自然界共同完成，它是不断变化的，不同观者的观看，时间、光线的变化，都使作品呈现出不同的面貌，也回应着她“无法察觉的中间地带才是最好的所在之地”。

李立民（版画家，居长沙）：早好多年前看过王春犁的木刻版画，极好，印象很深。木刻《山村》传统的刀法运用得那么刚柔相济，潇洒自如。

李宝英（油画家，居澳洲）：老同学王春犁，她独立不羁，善言交流，思想活跃，勤奋努力，无论她在哪里，哪里就是她的一片广阔疆场，她就是一位骑在烈性战马上的自由女神。

陈老铁（画家，居北京）：一个国际艺术家的情怀与生活理念，一种混合动力的文化与真实的性格，美院毕业后与春犁再未见过，感觉她变化好大啊！她思维更加宽广，超越了地域与种族，春犁对各种族原始艺术的认识与评价相当准确，很欣赏她的装置，她的装置艺术并不像国内的装置艺术去努力追寻欧美的脚步，而是自然地散发着她个人思想的垂直力量与完成后内心的满足。

陈晓丹（资深媒体人，居长沙）：我看到忘我的艺术探求和可贵的文化观察……不忘初心方得究竟，对话的两位女性——春犁与叶梦，都将生命活出了赤红的质地，接近精神上的珠穆朗玛峰。

成佩（美术史博士，居东京）：春犁的人生，该是一场文青们蓄谋已久的人生吧。譬如说叶梦老师就是。她和春犁有这样金声玉振的对话绝非偶然。春犁的风范做派，让我也再度想起了我的人生理想——文能提笔安天下。

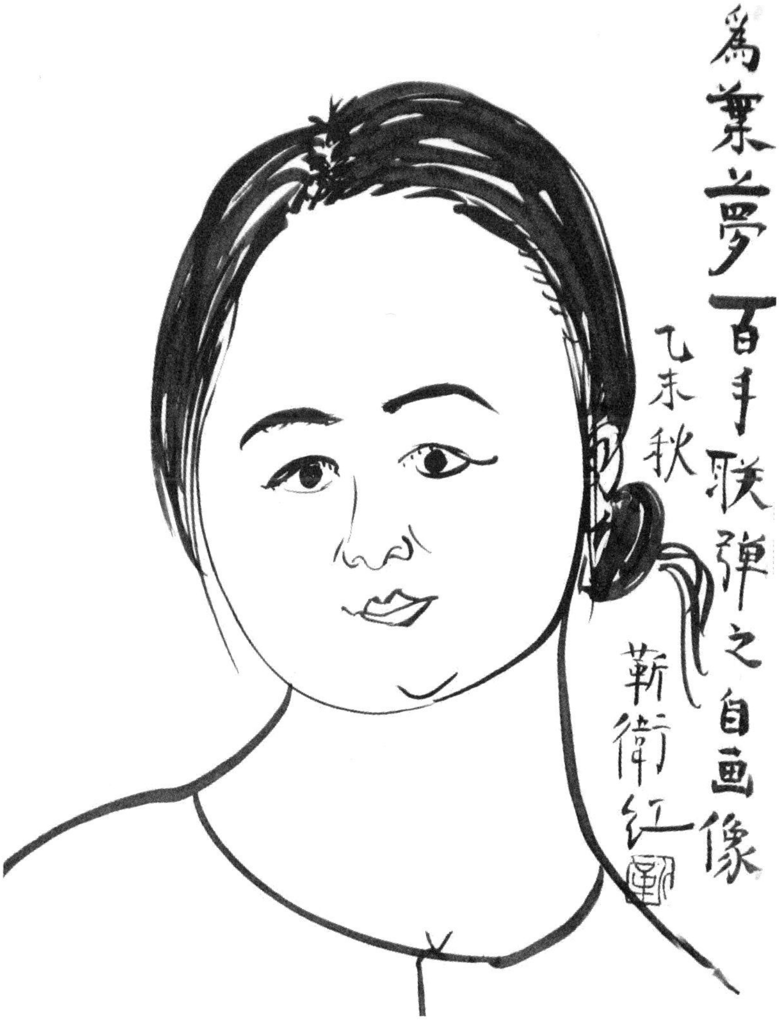

靳卫红，1989年毕业于中国南京艺术学院美术系中国画专业，2006年毕业于南京艺术学院并获美术学博士学位，1985年起参加各项艺术活动。作为具有代表性的当代水墨艺术家，先后于国内外举办过七次个人展览并数次参加国内外艺术展览，发行个人画册4种。

第82弹 靳卫红

如临深渊

2015年10月，汉学家阿克曼策展的《男·女》——李津与靳卫红的联展我认为是年度最高明的一次策展。阿克曼先生动用其丰富的人脉资源，让当今中国数位杰出的作家参与评论解读，参与评论双人展的作家有刘震云、贾平凹、王安忆、格非等。

卫红是我的老朋友，李津我虽不认识，但他的作品我见过不少，很逗乐。于是，我很想看看诸位文学大咖怎样说。说实在的，解读《男·女》其实不是随便说说就行的，对于李津的解读贴近人间食色，谁都可以来开讲，但是解读靳卫红就有点难度了。

刘震云等人对《男·女》的解读果然成为一道大餐，味道鲜美。

我真没有想到，他们居然都写得很好，特别是刘震云，那家伙真是聪明到了极点啊！

刘震云说："世界上所有的人，时时刻刻有几种关系需要处理，与自然的关系，与他人的关系，与自己的关系，有一项搞不定，就有麻烦。人与自己也有几种关系需要处理，第一是与身体的关系，接着是与思想的关系，再接着是与灵魂的关系，有一项搞不定，也有麻烦。

“……最容易跌入深渊的，是自己与身体、思想和灵魂的关系。哪有那么好搞定的？李津和靳卫红的身体画，描述的便是这深渊的一部分。”

我与靳卫红认识十多年，一直保持联系，但凡中国美术界发生重大事件的时候，我们都会交换一下看法。可是，我一直很少问及她自己的作品。

我接触靳卫红此类题材的画大概有十多年。第一次看到靳卫红当年画的水墨女性人物时，我有点惊讶，感觉不容易解读，或者说这样的语境一时难以进入。

靳卫红曾经说过：“中国画这种形式对我而言只是一件外衣而已，在不想穿的时候可以脱下它。”十多年过去，靳卫红的外衣不断更新，语境的图式日渐明确，我这才算摸着了她的外衣质地。

读靳卫红笔下的女性，我会突然想起我在三十多年前写过的一篇短文《不要碰我》，与靳卫红笔下的水墨有些契合。“她”的身体对外是对抗的、警惕的，“她”的身体在面对世界时有一种天然的排斥，有时候“她”会有如临深渊的感觉，或者大声说“不要碰我”。也许，我的解读不是所有女人能够理解的，这一种精神与身体的分裂，好比如临深渊的焦虑，难以引起一般人的共鸣。

熟读《红楼梦》的靳卫红，说到“游丝软系飘香榭”时或许我会下意识地接上“落絮轻沾扑绣帘”。年轻时记性好，《红楼梦》里的诗词歌赋我都背得，常常能脱口而出。然而，正是这部书，凝结了我的困惑，青春期的抑郁盖出于此。

对生命悲剧性结局的解读，按说与性别无关，可是又处处与性别相关。

既然已经读懂生命的底牌，焉能有不抗拒、不紧张之理？于是，如临深渊的悲凉之雾挥之不去。

《红楼梦》与靳卫红的作品表面上看不到任何关联，可是，我从这里找到了蜿蜒曲折的注脚。

靳卫红笔下的女人是一种独特的性别符号，一种抽离了丰腴性感特质的个性化符号，会让人感觉疏离和莫名的紧张，这些情绪透过宣纸，布散在周遭的空气中。

作品《疼痛》画的是一位枯眉独坐、因身体某处不适而陷入焦虑的女子，她的痛发散四方有如磁场辐射，给人以莫名的不舒服。这幅作品触碰到了我的某处神经。突然想起去年肖欣访谈我，我给她说过这样的话："我几乎是在绝望的痛的感觉中长大，痛，相伴大半生。现在，痛的感觉在淡化，我已经没有时间再来感觉痛了。一种浓郁的温润和灿烂包容着我。看上去我和过去是多么不同，其实，骨子里痛的感觉依然存在。我仰仗这样的痛感来从事艺术创作。我想以创造来对抗时空的恐惧，我所有的努力只是对于生命的悲剧性结局预支的一种安慰。"这段话，现在我搬来诠释靳卫红的《疼痛》。

可以说靳卫红的所有作品都是不讨巧的。贾平凹说："李津的画，肥，软，暖和；靳卫红的画，则瘦，冷，涩硬。原本该李津画靳卫红的画，靳卫红画李津的画，而现在李津是这样画，靳卫红是那样画，恐怕历来就是男人浑沌、女人想法多而尖刻吧。"

贾平凹看出来了，"女人想法多而尖刻"。也许，这就是作品的成功之处。

靳卫红的作品没能给人一种感官的愉悦，她固执地创作一种个人独特的语境，她执意要表达的是什么？其作品让人触动而无法言说，精神的暗面幽灵般地出现，通过线条再现在人体中。

我记起了"不要碰我"。

2016 年 5 月 14 日于深圳

网友微评

肖欣（记者、作家，居长沙）：对于他者，叶梦总是独具发现的慧眼。这一次，痛是共鸣的电流，击中彼此。与男人相比，女人更多的痛感与生俱来，但深到骨髓里的痛，唯有被艺术女神点中额头的女人才能感知与表达。

南太猫记（工程师，居新西兰）：脱俗的画面，浓浓的书卷墨香。

彭玲，高级工艺美术师，中国陶瓷艺术大师。1963 年生于湖南醴陵，1981 年入湖南省陶瓷研究所艺术工作室，现为红瓷典瓷业有限公司艺术总监。从事陶瓷美术创作 35 年，作品继承和发扬了醴陵传统釉下五彩工艺，充分展现出清雅、秀丽、隽永的艺术风格。多次参加各种展览并获全国陶瓷评比金、银、铜奖，其作品深受国内外艺术家及收藏爱好者的青睐。

第83弹

彭玲

釉下五彩的精灵

我首次陪画家们到醴陵画瓷，从手痒试水，到欲罢不能。从此我心里只惦记着醴陵，长久地享受着自己在瓷坯上涂鸦烧结后的惊喜过程。

于是，我有了再次去醴陵继续试水画瓷的机会。对于一个绘画菜鸟来说，盲目进入画瓷领域真是不晓得天高地厚，跃跃欲试的我莽撞地走入了陶瓷世界，直到与陶瓷大师彭玲亲密接触之后，我开始懂得了醴陵釉下五彩陶瓷艺术的精妙。

画家要把自己的创作想法融入陶瓷不是那么容易，其间要穿越很多阻隔，有色彩窑变的阻隔，温度不确定的阻隔，还有瓷坯在烧制过程中损坏的风险。当我有过画陶瓷的体验后再来读彭玲的作品，就有了完全不同的解读立场。

彭玲是那种沉静的女子，像上过釉的青花瓷，温润可人。开始我只知她是陶瓷画家，红瓷典艺术总监。她说话轻言细语，让我们感觉她的温暖与无微不至的关照。我们在红瓷典画瓷两天，她常常给我鼓励。直到我们即将离开醴陵的时候才看到《彭玲陶瓷艺术作品》的清样，感觉大吃一惊。她的作品征服了我，这时候我才知道，彭玲有众多的陶瓷作品在市场上流通，已成为行业与收藏界认同的优秀陶瓷艺术家。

醴陵釉下彩陶瓷艺术，多用传统的图式，我们见到的艺术陶瓷器皿往往与中国的山水以及工笔画的花鸟有关，但是过于传统的图式会给我们带来审美疲劳。

在新时期醴陵瓷城较早进入湖南陶瓷工艺美术大师行列的那一批人中，彭玲恐怕是年纪最轻的一位。她生长在醴陵，少年学艺，有幸师出名门，得以承接醴陵陶瓷釉下五彩的正传血脉。彭玲的陶瓷作品，出自中国工笔花鸟的笔墨，但是，她在工笔画的表现上，有自己的多种创新，她把工笔画的构图、渲染、重彩极大限度地运用发挥到陶瓷上，简直把瓷坯当作宣纸，把瓷器、花鸟玩到了某种极致。

陶瓷工艺美术与纸上作品有不同之处。彭玲在构图上发挥了女性特有的对色彩构图的领悟，继承传统又摒弃了某些传统手法的呆板雷同之处，我看到的彭玲作品是既有传统又有创新，清新耐看。彭玲的创新表现在器型、图式、色彩、材料与绘画意境各方面。

《细语》以多层次的金色银杏叶作为基调，丰富的色彩与层次，给我们的心灵以温暖和抚慰。画面上正在说悄悄话的一对鸟，给我们无限的想象，一切典雅、高贵、和谐都通过画面来诠释。

《天姿》是牡丹花卉挂盘，我惊讶于晶莹剔透的满盘牡丹是用什么材料和技法表现出来的。这恐怕是彭玲的绝活啊！这时，我想起了中国画画家杜炜先生的昙花，画昙花是杜炜的绝活，他把宣纸上的昙花玩到了一种极致，那种超越宣纸的晶莹剔透、饱满和力透纸背的立体感觉，和彭玲的瓷上牡丹，尽管是创作于不同的材料上，但都达到了同样的高度。

彭玲的陶瓷花鸟意在创新，所以悦目，每每得奖。她的图式不是临摹传统作品，而是为作品注入清新灵动的意境。她一直尝试用新的色彩表现，她的《郁金香》和《紫藤》在传统的釉下五彩上富于创新，色彩厚重，意绪浓烈，画面热烈流动，极具现代意味。《郁金香》的浓烈，还有湖湘底色的厚重，构图写意大气。而《紫藤》完全是中国画写意味道，笔墨放松灵动。特别是《荷韵》，那种大胆的构图完全打破了具象的制约，飞扬飘逸的感觉，打破了传统工笔画的板滞。《绿了芭蕉》同样是一种意想不到的非常大胆的构图。

《彭玲陶瓷艺术作品》给人带来的是一种审美愉悦，感觉彭玲把自己的生命融入了陶瓷，把女性的敏锐细腻、审美的直觉都一点一滴地融入作品中。她是有创造力的陶瓷艺术家，她的作品雅俗共赏，既符合了大众的审美情趣，又为陶瓷釉下五彩的表现开拓了新的空间与图式。

2011 年于长沙

网友微评

彭毅（陶瓷材料工程师，居醴陵）：看叶老师笔下的我的好搭档才女大师彭玲及其作品，正是很多人想表达而又没能表达的感觉！真正领教了叶老师功夫是如何了得！细腻、专业、平实，娓娓道来，行云流水！后见《百手联弹》多篇，更觉她的宽广、浩博、坚持不易！千人唱和，万众助威，势所必然！

肖让平（文化馆干部，居株洲）：读《彭玲：釉下五彩的精灵》一文，很欣喜！叶梦老师对彭玲的认识和评价，是随着对其认知的升华而得出的精妙评价。叶老师赞彭玲：像上过釉的青花瓷，温润可人。精辟透彻！叶老师赞彭玲：把自己的生命融入陶瓷，女性的敏锐细腻、审美的直觉都一点一滴地融入作品。叶老师同时从审美的高度对彭玲的作品进行逐一解读和评价，字字珠玑！读叶梦的专栏，耳目一新！叶梦是了解陶瓷、了解陶瓷艺术家的！是读懂了陶瓷艺术家心灵和作品的专栏高手！

王奎永，1996年毕业于山东艺术学院，2010年结业于湖北美术学院版画高研班，2013—2014年中央美术学院访问学者。现任教于湖南科技大学艺术学院，副教授，硕士研究生导师，湖南美协版画艺术委员会主任委员，湖南省版画学会副会长。

第84弹

王奎永

游戏的路径

在我的眼里，所有艺术家的创作都是隐秘于内心的游戏。我从不看艺术家对自己作品的诠释，我认为诠释大多是失真的。因为创作即游戏，原本源于一时兴起，也许没有任何由头，全仗笔驰心使。

看青年版画家王奎永的作品木版画《城市交响》，我恍若跌入迷宫，画中由点线交织成的音符徐徐演化为一场合奏。面对庞大的黑白线条的兵阵，局外人无法细究线条的来路与去路，或许你在某一刻会领略其中的黑白兵阵，间接体味一下布阵排兵的某种快意，但是终将难得与作者下刀时的初衷契合。

木版画《飞天观道》让人想起马王堆出土的帛画，蛮有意思，那些伪装成纹饰的黑白音符俨然又在排演一出大戏，飞天里的宇宙在中国人的意识里永远都有九重天廓，有什么比在九重天里飞翔更惬意的呢？之前，飞天女神们飘飞的裙裾早已占据我记忆的苍穹，似乎无可替代。然而，王奎永构造这样的天廓，把飞天女神们重植于此，他刻下我们从来没有见过的几何状的九重天廓。那些点、线有如音符一个个被嵌入其中，嵌得那样如法，俨然天成。画面结构的别致让人意想不到，有点像泥木工建造的迷宫，路径仅仅自己知道，给观者一种新奇的视觉享受。

木刻版画《行走八荒》在我看来像一个发生在暗夜的梦境。无比复杂的图饰组成一个巨大的充满密码的复杂背景，与我想象中的八荒完全不一样。作者把各种符号填入灰调的背景中。画面突出的几组黑色人物行走的剪影，恍若蝌蚪般游曳在多层屏障之中。留给我们的问题是：他们是谁？从何处来？往何处去？

王奎永像一名将军，面对木案，手中有利器，胸中有雄兵，他变出点线奇兵叱咤风云于木案之上，该是何等快意！

版画是一个小画种，其中疆域实则很广，自从电脑技术这个魔鬼进入艺术，手刻木版画反倒成了另类，加之版画手法多，让版画家目迷五色，难于选择。在这个浮躁的世界，快速成名与成功学催生出许多浅薄的人与画。王奎永沉醉于木刻版画与丝网版画，他的追求弥足珍贵。

王奎永的丝网版画大多有中国水墨的意味，也最能看出他的审美倾向。他的微信名为看山，看得出他对于山水的挚爱。他说："我的丝网版画多以山水元素抒个人情境，仁者乐山，智者乐水，在仁与智之间寻找心灵的归宿！"王奎永的丝网版画作品有意与传统的中国画拉开距离，避免了绘画语言的无意识沿袭，尽量获得一种新的表达，这一切，他都在探索途中。他的精彩作品还在后头。

王奎永是山东人，自从20世纪80年代初游山东，我与不少山东人打过交道，亲眼见得山东人的实诚，从此信赖山东人。我对山东人的看法还影响到了儿子。王奎永老师是儿子的大学老师，儿子的几次外出写生，从安徽、浙江一直到云南，都是王老师带队，他回家叙说旅途中的种种收获，处处都与王老师有关。毕业时儿子发来一张照片，是王老师与文老师在他毕业创作画前驻足细看的侧影。王老师好像在病中，围着围脖，从中可以看出老师对学生的关切之情。这样的老师，值得信赖与尊重。

王奎永从孔孟之乡到湖湘之地，他的秉性与初衷不会变。首先他是一个实诚的人，他创作版画的形式主要是木刻与丝网。创作很难讨巧，全凭创作实力与手上功夫。

我喜欢王奎永的木刻版画，试图从画里寻觅隐匿于刀锋的思绪与情怀；我喜欢王奎永的丝网版画，企图在水墨痕迹里让心灵在转念之间获得片刻欣喜。作为湖南版画中青年实力派的王奎永，我相信他的坚守会有大成就。

2015 年 8 月 30 日于深圳

网友微评

袁子捷（美术史论博士，居上海）：王奎永用国画的线条语言与版画的痕迹语言相结合的表现方式，缩小了绘画艺术种类之间的塑造视觉的差距，探索出一条当代艺术多元化的途径。

王青（艺术产业经纪人，居佛山）：王老师巧妙利用版画的性能和山水笔墨技法，将二者融合成极具特色的当代图式语言，画面虚虚实实，含蓄朦胧，充满了灵动、清雅之气，处处传达了一种东方精神与传统情韵。

欧飞飞（教师，居湘潭）：王老师的画作，无论是丝网版画还是水墨画，都带给人一种来自内心的纯粹与安静。

张桂林（央美教授，居北京）：王奎永是一个很善于思考的艺术家，他不但在版画的创作中很有灵气，在国画上也有很深的造诣。他能用心去创作，把自己所思所想用作品来和观众交流。

陈晓丹（资深媒体人，居长沙）：特别认同叶老师所说："艺术家的创作都是隐秘于内心的游戏。我从不看艺术家对自己作品的诠释，我认为诠释大多是失真的。因为创作即游戏，原本源于一时兴起，也许没有任何由头，全仗笔驰心使。"于艺者，灵感事先无法设计，事后解构会掺杂矫饰。于观者，欣赏艺术是私人事件，你的角度反映你的内心，为什么要问别人呢？

靳卫红（艺术家，居南京）：佩服叶梦的感受力，面对这么多不同类型的艺术家，要迅速进入对话，得有多强大的容量！

熊汉泉，中国摄影家协会会员、湖南省摄影家协会副主席。迄今已在国内外发表摄影作品和论文 2000 余件，其中获奖作品 500 余件。代表作《雪山写意》荣获中华人民共和国群众文化政府最高奖『群星奖』;《炉台上的人》(组照)荣获全国第 21 届摄影艺术展银奖;《小球迷》荣获第十一届国际摄影艺术展银奖;《工业记忆》荣获全国第 24 届摄影艺术展多媒体类银奖。

窑湾记忆

第85弹

熊汉泉

我被熊汉泉吓了一跳。

他的黑白摄影系列——窑湾，结结实实把我震撼了。

沉浸在他作品的语境里，我们得到的是一种历史与人文的抚慰，感受到的是摄影艺术视觉冲击的力量。

窑湾是湘潭的一条古老的河街，坐落在湘江西岸，与杨梅洲隔江而望。它和湖湘所有的河街一样，保留了古老的生活方式。这样的场景对于在河街长大的我来说，是那么熟悉那么温馨，于是记忆复活，一种难以言说的复杂情感开始弥漫。

窑湾系列的黑白照片，像一支悠远的曲子，一首长诗，一部叙事长篇小说，它所产生的效果远远超越了一般纪实摄影。

我从《抬灵屋子》《写包的女人》想象窑湾人阴历七月半的生活。那个写包封皮的女人是一个杂货店的老板，她在一个玻璃柜台上用毛笔写包封皮，墨迹未干的封皮上写有她的列祖列宗的名字。她的右边是一个装着法饼的玻璃罐，左边是装着口香糖的玻璃罐。

石板的小街，两边的木板门面里是一边吃饭一边晒太阳的老人。

那些正在奔跑嬉戏的孩子被定格在某个瞬间。

还有迎亲、卖菜、剃头、遛狗等场面。

用四条凳子搭起来当街酣睡的孩子。

飞车与街边女人搭手调情的酷哥。

在街边洗头的女人和洗澡的男人。

一年四季的各种活动：春天龙舟下河的盛况，夏天脱衣下河游泳的少年，秋天烧包祭祀，冬天落满积雪的静静的屋宇。

大水淹没窑湾，街道两旁的屋宇浸没在水中，街道俨然成为河道，船在街中间行走。

也许我们看到的“他们”与当代生活节奏是不协调的。

现在有谁还会看见老爹爹和老娭毑在家门口合力绞干洗好的被单？爹爹握一头，娭毑握另一头，合力把被套拧干。现在谁还会用手洗被子呀？老人为什么还没有用洗衣机？他们有儿女吗？抑或儿女们已经下岗无力支持他们？在冬天，这么老的老人要自己洗被子毕竟是一件很吃力的事情了。熊汉泉捕捉到了这样的一刻，让我备受感动。

还有大量老人群像系列，他们的脸就是一部历史。他们真实的生存现状让我感受到摄影家那颗温情的心。他的人文关怀意识，他对于生命关注的高度，才使古老的建筑物与老人合为一个整体。

熊汉泉过去的作品大多是唯美的，他拍摄的钢铁工人的作品已经成为一种经典，获得了国内很多奖项。但是，他目前的窑湾黑白系列，在思想深度和人文学术价值上已经达到了另一个高度。

熊汉泉对于人的关注，对于人的心灵与精神的表达已经透出了相纸，渗透到了人心。

我想，熊汉泉的窑湾系列对作家、画家都会有启发。特别是对于当代绘画，熊汉泉的视角实在值得我们借鉴！

熊汉泉为窑湾留下了一本完整的图像志书，为湘潭的城市与人文历史留下了重要的记录。窑湾是20世纪留下的一个标本，相对日益发展的城市版图来说，窑湾也许是落后了半个世纪。窑湾系列记录的是窑湾清明上河图似的全景与人生百相。但是，熊汉泉记录的不仅仅是窑湾的客观影像，不仅仅是人生百相，不仅仅是怀旧。他是用心在守候着窑湾，花大量时间盯着窑湾，才能拥有窑湾的真实影像，更重要的是，他是站在一个特别的角度，即艺术家的立场和视角，用温情的镜像让我们进入窑湾的世界。

他的视角给我一种意料之外的惊喜。

网友微评

徐天舒（某设计机构董事长，居长沙）：照相术发明的时候，我们怀疑绘画的意义；全民手摄的年代，我们怀疑摄影的意义。实际上，如同电脑之于手写，内容的深浅始终不是工具所能决定的。

徐红晖（摄影家，居益阳）：他拍的作品震撼，叶梦写的文字精彩。

李立民，毕业于湖南师范大学美术系，中国美术家协会会员、中国版画家协会会员，曾为军旅版画家。

丛林的记忆

第86弹

李立民

2015 年 7 月，李立民主持的《国民艺术》画廊暨三人画展开幕。我应邀去捧场。

没有想到的是，进展厅一眼瞥去，我就看到李立民整整一面墙壁的版画作品，全是对越自卫反击战的题材。我心里一惊，实在不敢贸然开启这个尘封在我心里 30 年的记忆。

捏着一把汗，我鼓起勇气直接就走到了那些作品前，于是，记忆的闸门开启。

1985 年 11 月，我作为《湖南日报》记者前往云南老山前线采访。我们通过某军师部老乡关系，到了地方记者不允许去的前沿阵地。我们在前线驻军大本营待了十来天，穿越炮火走遍了每一个团。战场经历改变了我。当年经历的一切我都没有用文字记录，多年后我仅仅在报纸上发表过一篇《寻找王春林》（王春林是全国战斗英雄）的短文。关于战争的记忆，一切都只是秘密地保存在心灵的云盘里。

今天见到李立民的版画，所有记忆一一复活。于是泪水默默地流下来。

版画《战友》是李立民入选全国第八届版画展的作品。月光下的野战医院、帐篷、手电筒和担架上躺着的身负重伤的战友，女兵护士在给战友喂水。《战友》重现了我记忆中的场景：30 年前麻栗坡八里河东山的师部战地医院，我看见了几个全身是泥的战士抬着一个受伤的战友来医院抢救，那几个小战士在战地医院空地上木然的眼神我永远不会忘记。木刻版画《战友》的背后有很多故事：重伤的尖刀排长和护士相爱，身体几十处受伤的连长已经由连队开了追悼会，几个月之后，战友在广州军区总医院和“牺牲”的战友惊喜重逢。

《出奇兵》是记录自卫反击战我军发起反攻的那天凌晨所发生之事。静悄悄的边境一片漆黑，火光冲天的炮击开始之后，李立民所在的坦克团配合步兵截断敌方退路，坦克在丛林中隐蔽的山谷里行进。那个夜晚，坦克与丛林成为李立民难于忘怀的场景记忆，于是就有了《出奇兵》这幅版画作品。

《征途》是表现出征前的老百姓欢送解放军的画面，这幅作品画面内容很丰富，远处有山峰、竹楼、水塘，错落有致的人群，目光集中在出发的坦克部队上。李立民指着画面上的两个姑娘说，这个作品的缘起，就是因为他所在的坦克部队出征时群众欢送的大场面。他发现路旁有一个漂亮姑娘，背着步枪向他们招手后马上羞得低下头，这个细微的表情一直刻印在李立民的记忆之中。这幅画入选 1980 年全军版画展。

其中最具视觉冲击力的一幅是《祭》，该作品用一个仰视的角度特写手持冲锋枪的战士对天鸣枪的肃穆表情。当年，坦克团牺牲了 62 位战士，团里要求李立民带领新兵做 62 个花圈，李立民设计的花圈每一个都有 62 朵白花。我可以想象李立民当年为战友做花圈时的心情。他把积累了多年的一肚子悲情转化成为一件作品，这是李立民在湖南师范学院的重量级毕业创作。

李立民创作了自卫反击战系列版画以及几十幅速写作品，每一幅画的背后都有故事。这些是李立民珍贵的人生经历，也是这个时代重要的艺术记忆。

李立民的军事题材创作，来自他独有的素材宝库。这场战争，亲历者也都在渐渐地老去，有些快要离开这个世界。文字记叙也许还有人在默默地做，作为亲历战争的艺术家，没有比用艺术来回忆战争更有意义！

李立民的作品让我的记忆在七月的阳光下复活，面对这一代人老去，唯有文字与图画，能让我们的记忆再现。

我对李立民肃然起敬！

2015 年 11 月 23 日于长沙

网友微评

胡西亭（商人、前坦克营长，居广州）：刻骨铭心的拳拳报国心，伤痕累累的区区老年身。世人谁还记得咱们这些铁血军人？

杨定国（某大学人事处处长、原坦克连指导员，居长沙）：立民弟的这些作品，我曾经多次怀着敬畏的心情拜读过，自以为耳熟能详，已经很熟悉了。读了叶老师笔下这些闪光而又真实的文字，我才感觉到以前并没有真正地读懂。每幅作品，其深刻的思想内涵和画家所要表现的心灵深处的情感，只从艺术的价值去欣赏，局外人是难以体会的。加之有在对越自卫反击战中的亲历亲为，画家本身就有许许多多可歌可泣的故事，本身就是一本书，本身就是一幅画不完的长卷……

邓南樵（金融机构退休，居怀化）：李立民因为是一位经受过战火考验的战士，名副其实的军旅画家，所以才会创作出这样深刻的艺术作品！

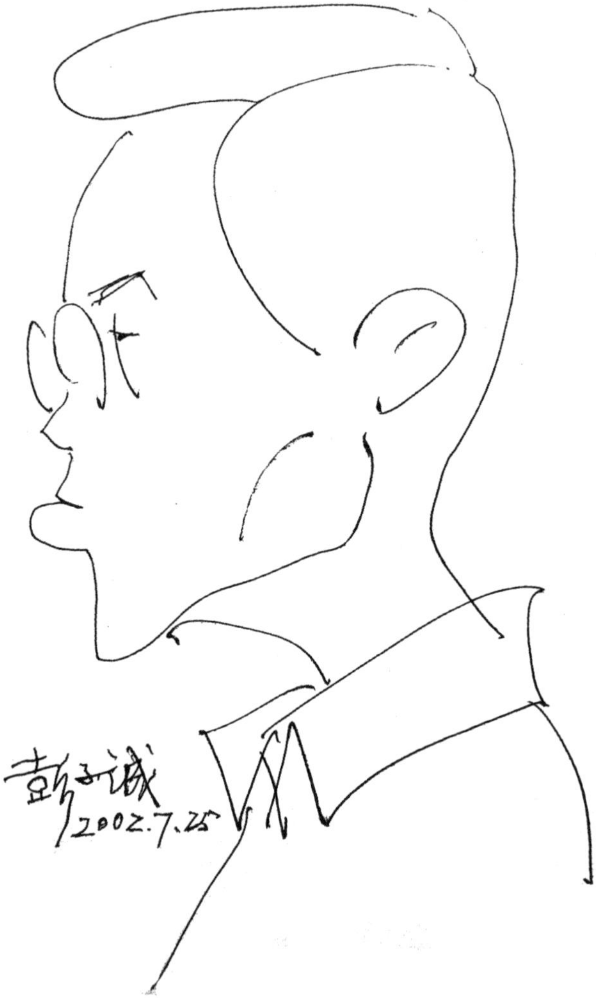

彭子诚，当过知青、工人、教师、美工、编辑、记者。曾任《体坛周报》常务副总编，退休后于2006年应邀出任《中国湘菜大典》主编。另写过一些书，编发过一些文字。主编的《中国湘菜大典》获2008年全国原创图书奖及世界美食图书评委会特别奖。

双枪将

第87弹

彭子诚

2002年7月25日，老彭以儿子山桑上初中为由，请一帮朋友小聚，我记得是在长沙文艺路的一家特色餐馆，那里可以看足球，可以做陶。席间，我拿出速写本请大家画自画像。老彭很爽快，第一个画。老彭对于自己的形象可谓烂熟于心，几下子就勾勒好了。

这个老彭，舍得发狠把自己彻底漫画化啊。看了老彭的漫画，我的文字显得多余。他的性格脾气都在自画像里暴露无遗。难得难得！

你看他的嘴角！看他的下嘴唇！表现出的全是不屑啊。

如果把这个画像展示于长沙市井，请嗲嗲或者娭毑们辨认，他们或许会说："这个满哥好傲的。"

老彭傲，皆因为老彭有本事。说老实话，老彭那确实算得一个全才，只是他时运不济，成年于"文革"年代，后来下乡，被发配到山区农村。所以，老彭的很多本事还不为世人所晓得。

先晒晒老彭的本事。

老彭摄影真是很厉害，早在20世纪80年代就有很棒的体育摄影作品，后来看他在网络上晒的唯美作品，那真叫绝。他在川西坝子有一组摄影给我留下很深印象。我从老彭的图片中了解到四川有色达，还有一座五明佛学院，尤其是那个身着红色袈裟的僧人在绿色山谷中的背影让人过目难忘。

有段时间老彭专注于微距摄影，甚至拍到豆娘交尾。这个是不是惊扰到动物的快乐了？老彭经常干这种窘事。不过，从老彭的摄影中我认识了豆娘，之前我一直误以为是蜻蜓。

长沙河西溁湾镇有一个叫窑坡山的地方，在所有旧建筑物拆除之前，老彭去拍了不少照片。老彭有眼光也有心。窑坡山，现在你想看也没有了。

老彭自 1982 年调到《体坛周报》之后的 30 多年里，主要是做文字采写编辑工作，远离了绘画。因工作需要，他拿起了另一支画笔——相机，故他自称“双枪将”。2006 年老彭主编《中国湘菜大典》时，很难收集到饮食民俗照片，不得不花更多时间，利用一切机会拍摄这方面的照片，这大体属于纪实摄影吧。

前几年老彭计划编撰出版自己的一本摄影作品集，取名《捕风捉影》，大致分为三个板块：一是“国风”，尽可能表现中国画的特点。老彭的摄影,你不仔细看,还以为是一幅精美的中国工笔画咧!《国风·江雪》《国风·孤鸟》两幅突出中国画线条，以及“计白当黑”的绘画理念。《国风·瀑布》有虚实感及动感，将具象抽象化，亦颇有画意。二是“世风”，纪实摄影（主要是饮食民俗摄影）。我看到的《世风·侗家芦笙》（2005 年摄），采用体育摄影里常用的慢速摄影，突出中心人物和动感。《世风·祈祷》（2012 年摄），突出朝拜者的眼神和手，做油画处理。三是“绚风”系列，体现更多的对于生命的哲理思考，将具象拍摄为抽象，达到某种境界。《绚风·绽放》（2012 年摄），展现滚地烟花燃放的全过程，即其生命绽放的全过程，有点像自焚，用摇摄技术，表达出物质瞬间的辉煌。老彭说："这些方面我做了一些探索，虽不成熟，但一直不喜随大流，要玩就玩点新花样，即使没那么容易讨好大众，也只好如此了。"

老彭摄影作品太多，系列太多，一时间难于整合表达，只能略表一二。

老彭早年学过画画，油画、水彩、书法都不错，鉴赏水平也不俗。看他自画像的几笔就知道他是有功夫的人，毛笔字我也领教过，那确实好。承蒙老彭看得起，给我作一嵌名联，还用毛笔书写送我，从中看得出他的书法功底。

老彭做出版很厉害，曾经在全国最牛的《体坛周报》工作多年，他是该报早期的副老总，提早退休下海做书做杂志，做得风生水起。前些年老彭主编的《中国湘菜大典》获得了国家原创图书奖，很精美，图文俱佳。

老彭具有艺术家的很多禀赋，也有艺术家不一定有的本事。老彭的嗅觉很敏感，估计读书的时候理科成绩不错，对于投资颇有心得。他很少玩股，一玩则能在熊市进牛市出，大有斩获。有一次，我在交电话费时碰到老彭开一新车，他说是一年时间赚的，还与炒股无关。

老彭当过知青，回城后分配到平江工作，有一些刻骨铭心的故事。一个会写的人，若故事沤在自己肚子里，也枉为一世人了。老彭在朋友的蛊惑下终于写成了一个长篇小说。我看过电子版，小说非常带劲，结构老到，故事跌宕起伏，人物让人难忘。主人公的情感经历折射了整个时代。

小说首先发端于老彭的个人经历，开始有自传体倾向，但是写到后来，老彭跳出个人故事，开始塑造人物与组织故事，用大量的细节来丰满人物。这样的人生经历是老彭的精神财富。我对这个小说的印象很深，好多年了，小说的大致情节我还记得，对小说中的主要人物也仍印象深刻，这实在是一部很有价值的长篇小说。可不知道什么原因，老彭一直把这个作品封存于电脑中。也许是老彭的傲，不愿意主动投稿，可惜一部优秀长篇小说，至今未能见天日。

印象中的老彭一直是自画像中的神情——“傲”。2010 年，我办了一个规模不小的个人专题摄影展。老彭来展览场地捧场，流连于展厅，与我们两口子交流切磋，我终于见到老彭平和的神情。原来他也有不傲的时候。

老彭很聪明。聪明的人总善于发现与抓住机会。

机会太多也不一定是好事。有时候，人会因为机会放弃初衷。天上那么多的麻雀你不可能捉尽啊。双枪将如果真的只把劲使在两处，那会下不得地。

因为价值观的差异，也许老彭认为的机会对于我来说根本不是机会。

人老了，心态会变得平和、不易怒，同时感觉“笨”不是一件坏事。

我其实很多年没有见到老彭本人了，但见他时常在网络浮现，貌似知道他的一些踪迹。当年看他散落在“海内”微型博客圈中的文字碎片，知道老彭的图书获奖了，儿子出国了，家装修了，间或以“考察美食”之名游走于国内外。他说他这辈子可以用四个字概括：吃喝玩乐。吃的喝的自然是美食，而玩乐来自体育。能这样就很满足了。

后来在 MSN 上，我看到了老彭写小说的潜力。现在看老彭的微信，知道他儿子在美国学业修成了，他家别墅装修了。他现在是某湘菜行业组织的牛人，经常奔走四方吃各地美食，也拍关于“吃”的照片。

老彭是个聪明人，凭老彭一身的本事，称他为全能艺术家亦不为过。当然，我还是认为他最出彩的是他的小说与摄影，即所谓的“双枪”。

聪明人若能放弃一些令人浮躁的机会，潜心修炼笨功夫，当能成大器。期待他精彩的长篇小说早日出版。

2015 年 6 月修订于长沙

网友微评

成佩（美术史博士，现居东京）：叶梦老师笔下的老友，仿佛被魔法棒一点，就即刻从文字中跳将出来，顿时生动活泼、熠熠生辉了。“一个会写的人，若故事沤在自己肚子里，也枉为一世人了”，这莫非也是叶梦老师的宣言？这位彭子诚先生，聪明，能干，有趣，乐天知命，叶梦老师写得好有味！

陈晓丹（资深媒体人，居长沙）：子诚老师其实是冷幽默专家，尤其他和他的敬妹妹互相调侃时那是高手对决；他多才多艺又乐于传授，是我们嘴边的宣传部“彭部”……傲只是他丰富性格的一个侧面。

苏秀英（作家，居新西兰）：彭子诚有一身本事，叶梦独具一双慧眼，看看彭子诚让人忍俊不禁的自画像，想想叶梦与众不同的大眼睛，明白人真的认真做好一件事，实属不易。

易海波（教师，居长沙）：叶梦老师这篇文章给彭先生打了一个广告，那就是彭先生的那个尚未出版的长篇。我们盯着盯着，“双枪将”的广告词幻成了一个字——“傲”！

熊骐骥（黑茶经销商，居长沙）：自画像，虽然寥寥几笔，但神态都出来了。

陈曦，著名女性艺术家，中央美术学院建筑学院教授、硕士生导师。陈曦1991年毕业于中央美术学院油画系第四工作室。20世纪90年代后期以强烈个人化表现主义风格崭露头角，被著名美术理论家易英先生撰文喻为『后新生代』的重要代表。

第88弹 陈曦

自由出入

“明明可以靠颜值却非要靠搞当代艺术吃饭的美女教授昨夜闪耀港岛”。2016年3月，陈曦的个人作品展“所以记忆”在香港开幕，反响热烈。陈曦的美，把香港人民给迷着了。当然，吸引香港民众的主要是作品的震撼力。

2003年我与陈曦联系，第一次见到陈曦的照片时有惊艳的感觉，她实在是太美了。她的颜值把当今中国娱乐界最耀眼的明星甩出几条街了。

今天就不说颜值吧，说的是陈曦的内心与她的手艺，说说作为油画家、中央美院教授的陈曦是怎样炼成的。

陈曦在川美附中的学生生涯，是她最生动叛逆的青葱岁月。她曾经有三个外号：“一线天”“梅超风”“疯子”。她在央美上学时也曾经差点被开除。有质量的、有个性的美女在中国不多见，陈曦是突出的一个。

陈曦首先打动我的不是她的画，是她的人。对于这位少年时代另类与叛逆的美女，我始终保有着进一步了解的极大兴趣。

我有十多年与陈曦没有联系，去年恢复联系以来，看到陈曦今年 3 月在香港的个人展览“所以记忆”，非常成功。又看到她在北京的个人展览“它时代”。此外，她还有一个与闫红、罗敏的 3 人联展。

2016 年的 3 月，是陈曦月。当我看到陈曦这十多年来的多个系列的大量作品在这个月集中展出时，真为她的成就而高兴。当我回过头去检视她的创作生涯时，发现她丰富的作品都是一个阶段一个阶段积累出来的，脉络清晰。从 2003 年之后，她的四个阶段多个系列的大量作品让我惊叹。

我以为，好的艺术家都是超越性别的。我想，陈曦的创作与女性主义是没有任何瓜葛的，她的创作超越了性别的局限。

如果陈曦是作家，我会说她是一个现实主义作家，或者说是一个批判现实主义作家。因为她一直在关注人、关注现实、关注当下、关注她经历过的时代，她把 20 年来世间的一切过往，通过自己的创作再现出来。陈曦的系列作品，可以说每一幅都拨动了当代人的心弦，呈现的画面让人们的记忆呼之欲出，那都是有温度的记忆啊！非典、超女、春晚、阅兵……

从她的“中国记忆”“裸女”到“玩偶”系列，这些年陈曦在不断地变化作品的内容与表现方式。其中的“玩偶”系列更加自由，更具有精神性。与我在 2003 年品评过的陈曦的作品相比，十多年来，她的作品更加丰实，更加有厚度。她是勤奋的有追求的艺术家。本世纪是陈曦创作的黄金时代。

陈曦说：“画的过程是极其缓慢的，现在想想感觉很像是登山，开头总是兴奋的，随后很长的一段时间里却是无尽的台阶，两旁渐渐失去新鲜感的风景，干渴的喉咙和越发酸软的双腿，终于，在极度疲惫之下到达了顶峰。然后一切又不同了，清风掠过，安抚每一个张开的毛孔，那惬意汇合胜利的喜悦让全身再次充满了能量，又可以去期待下一个山峰。这过程也很像练内功，每天都需要运足气，稳住心，定住神儿，才能保证画的每一条长长的直线不会像蚯蚓似的。这过程使得多年来享受画笔挥洒畅漾之快感的我，也曾瞬间怀疑过这无趣的悠长，好在结果还算让人欣慰，并且每一张的完成都会带给我更多持续下去的动力。现在，并不确定这些画对周围的人们意味着什么，但却是我自己一段不同寻常的思变过程。因此就算眼睛为此倍感疲劳，心却被收获渐渐盛满了。”

评价陈曦的作品，我想借用著名美术理论家易英先生的一段评论：“‘后新生代’的重要代表。后期更是风格多变，从表现性绘画到观念具象绘画形成巨大跨越。2006—2011 年完成的‘被记忆’展览，成为其目前最广为人知的系列作品，也因具有社会、历史及个人美学观念的多重意义而被邀请到国内外不断展出至今，包括参加了 2013 年第 55 届威尼斯双年展的特邀展。近期新作又不拘媒介风格的局限，通过对现成品装置、静态影像等多元化形式的探索，积多年的绘画实践经验和对当代艺术生态的敏锐判断，再次对今天绘画的诸多新的可能性进行了个人化独特的呈现。她是很特别的个案艺术家，属于能够跨学院与非学院之间的，在精神上达到了极度自由出入的少数人。”

我与陈曦失去联系 12 年，这个时段的陈曦完成了创作的多次飞跃，不同系列的大量作品给我们带来了目不暇接的惊喜。一个总是在思考、在创作的艺术家，值得我们敬重！

2016 年 7 月 11 日于深圳

网友微评

杨卫（艺术批评家，居北京）：我的同乡前辈作家叶梦老师所写的美女画家陈曦，呈现出了她另一种极致的美，照片上的陈曦，有一种淡淡的忧郁和丝丝的颓废感，仿佛将我带到了20世纪三四十年代上海的繁花深处。

易海波（教师，居长沙）：“自由出入”是因为拥有非凡记忆，非凡的表现力。

陈曦：湖南自古是人杰地灵、出不甘平庸者之地，叶老师多年笔耕不辍，对艺术家这个群体有认识、有感情。

谢宗玉，湖南省作协副主席，多篇文章入选小学、初中、高中语文课本。已出版13部作品，其中《与子书——作家父亲写给儿子的性爱经验》《涂满阳光的村事》《时光的盛宴——经典电影新发现》正在市面热销。其影评视觉独特、语言犀利、思想深邃，善于借电影的烛火，来洞察社会和人性的幽冥，深受广大电影爱好者的喜爱。

赤心如初

第89弹

谢宗玉

或许我已经患了选择性失忆症。我常常只是记得某些瞬间的画面，那是省略了很多琐碎的画面，因为如此，我的记忆世界变得简单而且纯粹。我倚仗这些瞬间感觉来解读世界上的人。

久未出门的我，在六月的阳光下开车颇为惬意。把车泊在单位的大门边，见到谢宗玉从大楼的暗影里走出来的一刹那，感觉就像电影里某个蒙太奇镜头切换：一个少年从暗影中走来，走到阳光下竟然变成了一个略有沧桑感的中年男人。

“啊！谢宗玉！”我第一次看到他脸上的棱角，也看到了隐匿的忧伤。过去印象中那个沉静敏感的青年，常年带有一点婴儿肥的脸，眼睛里看不出锋芒却有一种异于常人的坚定。

接过他送我的新书——《时光盛宴》，我满心欢喜。此书是他几年来写的电影随笔的集子。

收到这书后，我才发现自己看的经典电影实在太少，接下来，要先恶补一下电影，于是我便利用一切可以利用的时间看，有时甚至通宵达旦地看，几乎看疯了。把电影与谢宗玉的影评交替着看，竟是我 2016

年这个酷暑里的最佳享受。

我把《楢山节考》的两种版本分别看了三次，遗憾的是都无法看完，我真的害怕……我承认我太没出息了。

《狗镇》如果没有读谢宗玉的评论，我肯定没有耐心看下去，因为我对于舞台话剧的形式感极度厌恶，但看完之后有大快人心之感，对于谢宗玉动情的大吐块垒也有类似的感受，会发出“世界无处不狗镇”的喟叹。最让我开心的是《放牛班的春天》，我看了几遍。感谢谢宗玉，让我看到这么好的电影。

谢宗玉倚仗他天才的敏锐洞察力、常人鲜有的定力，奋力往一个个理想的高地攀援。同行者寥若晨星，孤独与失望肯定会伴随其左右。

谢宗玉的这部书，不仅在谈电影本身，实际上是他从电影上找到了一个话题，借用了电影的场景和故事，他要演绎的是他对世界、对人性的诠释，这样，我们便有机会窥视他隐秘的精神空间，感受他思考的理性光辉。

很多年前，长沙晚报副刊的奉荣梅让我为刚刚出道的青年作家谢宗玉写一篇短评。那时我才第一次接触谢宗玉的作品，那是一篇散文，内容我不记得了，只记得自己当时有一种莫名的兴奋。我从文字里看到，这个不曾谋面的青年伢子，艺术感觉好，天分很高，他后来的作品果然有一种超凡脱俗的特质。谢宗玉日后请我给他的一本散文专著《遍地药香》写序，我觉得：这部作品不完全是写药，也不完全是写植物，其实也是在写人，写人与植物的关系，并由此放大到一种宇宙精神，这种精神常常被我们忽略。

谢宗玉的散文一开始起点就很高，他把握了散文的要义，紧紧地贴着人的心灵来着笔。作者提供的是一个现实世界与精神世界奇妙结合的场景，作者写的个人感觉也是他的心灵史。这些感觉通过气息、味觉、嗅觉而行诸笔墨，对于一个人来说弥足珍贵。

谢宗玉看上去憨厚朴实，心灵的感觉却细腻胜过女子，他拙于言辞，说话方言口音较重，也许正因为这样，谢宗玉在感觉与文字表现力上均有过人之处，他的才气通过文章得以展现，那些生命的元气都守候在心灵的最深处，一喷发就有了锦心绣口的文字。他对于文本的适应性极强，能够驾驭不同类型的文学体裁，散文、小说、评论都有涉猎，每一种文体他都拿捏得住。

我给他的长篇小说《末日解剖》写过评论。当年，以散文家出名的谢宗玉，写的长篇结结实实吓我一跳，让我大吃一惊，感觉十分意外。他设计了一个介于现实与荒诞之间的游戏，我无法想象他在构造这个小说时的状态，觉得非常诡异，感觉他用语言构筑了一个空间，这个空间是博大的，心灵的场景在这里得到无限延伸。这个空间借用现实的场景，融入非现实主义的元素。他既像是在探究人类心灵的隐秘，揭示那些沉没在冰山底下常人难以觉察的人性；又像是在编织一个荒诞剧，纯粹让自己在想象的空间中大胆驰骋，以获得精神的快感。在我知道的作家里面，拥有如此全能禀赋的确实罕见。好像当时复旦大学博士生导师陈思和、中山大学博士生导师谢有顺、暨南大学博士生导师洪治纲还专门组织过他们手下的博士生们评论这部小说。

天分高有时候也并不全是好事，因为感觉的锐利，很容易把世间的事情一眼看透，对自己的德行要求更加高，与世俗拉开的距离更加远，看透一切容易陷入悲观。

当我准备把谢宗玉列入《百手联弹》的时候，便请他画一幅自画像，他很快完成并拿给了我，画得很像，中规中矩的速写，没有漫画化。这幅画像出自作家之手，能画成那样已经很不容易了。也许是我对谢宗玉的要求特别高的原因，我让他再画一次，没有想到他把画像周边衬的阴影擦掉了，变成了一个边缘齐整的剪贴，我急了。谢宗玉马上又重新画了一幅，这一幅竟然是一个少年谢宗玉。也好，正合我意。在我的心中，谢宗玉永远是一个少年，在瑶山长大、童真未泯的少年。谢宗玉在画上题写了这样的话：“尽管现在老了，但我依然可以把我想象成我乡土散文中那个阳光、羞涩、敏感的少年模样，我祝愿自己赤心如初。”

谢宗玉自画的少年谢宗玉线描像与我在阳光下看到的他的中年影像重叠，为我那天见到他的瞬间做了注脚。

2016 年 7 月 27 日于深圳

网友微评

丁纯蓝（银行职员，居浏阳）：没有见过叶梦老师，但很多年前就买过她的书《遍地巫风》和《风里的女人》，叶老师的文字质朴无华，接地气，又闪着灵光。喜欢她的为人低调但又对生活充满热情。不认识谢宗玉老师，但之前就买过他的《遍地药香》。他们两人的文字有共同的特性，接地气，有灵性，能直抵人心。

肖欣（记者、作家，居长沙）：君子相惜，如兰如玉。

高求忠（教师，居长沙）：叶老师的解读非常好，我很喜欢谢老师的作品，散文、小说、影评都看了，与谢老师也认识，我觉得叶老师把谢老师写活了，细致入微，是懂得谢老师的人。非常喜欢此文。

易海波（教师，居长沙）：几个瞬间，几次细致的品读，把心灵对世界的建构刻画得巧妙而深入，电影的解读，散文的解读，小说的解读，人的解读，构成了叶梦女士诠释谢宗玉的根本。

薛军（公司职员，居桃江）：写到一个阶段时，唯思想深度才能衡量出文章的高度。

喻俊仪（作家，居安化）：上次看到谢老师时，就有叶老师在文章开头描述的看到他走来时的那种感觉。

龚永忠（设计师，居长沙）：我认得的读书人中，没有不喜欢谢宗玉的，尤其是年轻的女作家们。

黄佳，1985年毕业于湖南师范大学油画系，现在生活和工作于深圳。

在镜子的另一面

第90弹 黄佳

我认识黄佳十多年了，却没有见过面。

她曾经多次邀我相聚，但因为种种原因未能赴约，错过见面机会。

尽管不曾晤面，但是多年前的电话长谈，让我牢牢记住了黄佳的气息，这样的气息和声音，让我在黑暗的时空中还原构建了一个具象的血肉丰满的黄佳。

黄佳说一口地道的长沙话（应该说是20年前没有任何改良的长沙话，纯正的调调），说这样长沙调的老长沙，几乎都是精明里手的角，几乎都有长沙市井之气，然而黄佳却是一个例外。黄佳生长在家境优裕的艺术之家，从小受到良好的艺术教育。青少年时代的黄佳，在她长沙话的外壳里包裹着一颗内心封闭的艺术宅女的心。因为长沙话而误读黄佳的人不只是我一个。

可是听黄佳说长沙话仍然会使我联想到长沙街上随处可闻的臭豆腐香味，还会联想到各种有名的长沙小吃和湘菜。是不是那些浓烈的口味、鲜而辣的佳肴以及俗艳的市井文化孕育了黄佳这样的艺术先锋？湖湘文化中最可贵的一点“敢为人先”，也就随着那些菜肴一起走进了黄佳的精神世界。“敢为人先”也就是一种创造和冒险。然而，冒险的事情好像男人更加喜欢一些。在黄佳过去的作品里，我品味出了辣妹子的辣，不是麻辣，更多的是辛辣，或者说是一种酷辣！如果你实在想不起酷辣是什么味道，那你就去看看黄佳在2000年画的那些女光头“等待发型”系列，那么辣哦，可湘女黄佳并不吃辣。

20世纪90年代初黄佳的油画作品“女人与皮鞋”系列，显示出她的功力与格调。黄佳画笔下的人物，属于艳俗那一路的有“等待发型”系列，刚接触那些女光头画像我还不太习惯。对于画面人物的那种过于暴露的肢体或者是姿势，我的视觉是抵抗的。在我的潜意识里，对于肉体观念是紧紧地包裹着的。我对肉体的敬畏几乎到了一种神经质的地步。我怕看黄佳的油画，是因为那些冷酷的现代人物，那些惶惑、焦虑、恐怖的冷冰冰的表情。尽管那些画面不是很悦目，但却是我熟悉的。那个穿着透明吊带衣的女子，几乎可以令人嗅到肉体的气味。还有一个女子，张开巨大的双腿，姿势不雅得让我不敢多看一眼。你看她腿上透明的红色丝袜、几乎全裸的上身，头上套着的透明塑料袋，那个变形的人体使我感到了一种窒息和压抑。它打破了我的精神平衡，让我不得不正视这个现实的或者是超现实的世界。

然而，传统艺术是不习惯将现代人真实的一面表现在作品里的。大众不习惯走到唯美的反面，黄佳的画让我们看到了镜子的另一面，让我们看到人们忽略的角落。或者说是她的画硬拽着我走向了她的观念艺术，让我经受视觉的刺激。

我在电话里对黄佳说：“你的画连我都有点受不了。”

十多年前的黄佳是大胆的。她的作品没有年轻女画家常有的温柔、恬淡和绚丽。她那种大胆、前卫的尝试给我以强烈的视觉冲击。感觉她的画有对于现实的批判和审视，我从画面里嗅出画家赖以栖息的那些城市——深圳、长沙的故事和人物。

其实，这样说未免太狭隘。我读到的应该更多的是黄佳的心灵状态。“等待发型”系列之后的“对等游戏”系列，便是以儿童为主体的画作，该系列作品展现了那些孩子惊恐脆弱的脸，意在传达他们精神上的缺钙。画家把关注的目标选定为儿童，把孩子心灵世界的秘密涂抹在画布上。“对等游戏”里出现的那个男孩，我一直以为那是黄佳的儿子。

黄佳作品的当代性很鲜明，在 20 世纪 80 年代中期，她在湖南就已经是实力派青年画家了。她一直有强烈的女性个体意识，具有鲜明的当代性，给人耳目一新的感觉。这十多年来黄佳没有停止探索的脚步。从她 20 世纪 90 年代初的“女性与皮鞋”系列到“等待发型”系列到进入 21 世纪以后的“对等游戏”系列，这些作品我都非常熟悉。最近几年，黄佳的画风大变，变得极素极简。她最近送我一本小画册，素雅至极，好像没有画任何具象之物，看上去什么都没有的一块白布只有突出的印痕与缝纫的一排针线，但你忍不住要去摸一摸。这些作品被认为是抽象画，我看也可以说是具象画，极简的具象。相对当年的俗艳系列来说，黄佳走到了另外的极致。这些作品展示了她心灵的丰厚与宁静。目前，黄佳的作品正在北京参加“就像没有发生一样·其门艺术第三回”展出。“就像没有发生一样”这个展览在艺术圈的反响蛮大的。

参展艺术家黄佳是这样被介绍的：黄佳的作品关注于艺术与精神的沟通，是中国观念绘画的代表人物。她的作品运用极简的点、线、面，在画布中建立一种整体的关系，并由此产生更大的想象空间。在她的作品中“点”和“线”可以理解为“幻觉的存在”，作品中看似空白的地方，却正是画面里不可或缺的一部分。

多年前，我读黄佳的随笔《三楼半》，对于黄佳有了更多的了解。20 年前当黄佳抱着很小的儿子迈出深圳那户富庶人家的大门，就意味着一个离了婚的女人要开始漫长的艰辛历程。黄佳选择了自由，也选择了受苦。为了谋生，她到学校当代课老师，住在一个叫三楼半的楼梯间。

黄佳把在三楼半的艰辛付诸文字，读后令人唏嘘不已。生活的磨难对于黄佳的艺术来说，是创作财富的积累。

对于一个带着孩子的独身女人，黄佳在生活上是不容易的。黄佳所遭受的生存压力与工作压力，我是能够想象出来的。她的作品不可能充满风花雪月。

1993 年，黄佳只身南下深圳。按理说，一位如此年轻的女性兼油画家，应该一切都很顺利才是。但是，这些都没有给她带来方便。她凭借的全是自己的实力。最令人叹服的是，在婚姻、感情方面，黄佳是一个不愿意委屈自己的人，结果当然是屡屡吃亏。如果换一个女人，也许会因感情变故而走向消沉，但爽朗豁达的黄佳靠自己当老师赚钱独自带大了两个孩子。

最让我佩服的是黄佳的坚韧。黄佳作为艺术家、作为单身母亲、作为职业女性，独自一人承担了多个角色。她要带孩子、要上班、要教书、要画画、要做饭、要管孩子的教育。我佩服黄佳的能干、能吃苦。面对生活的各种变故，她都能够从容应对。她从来不抱怨，看重自己的独立与尊严。每次看到黄佳的新作品，我都真心为她高兴。

十多年以后，我与黄佳在微信上再度相逢，最高兴的是看到了黄佳最棒的新作品——11 岁的女儿和成年的大儿子元隆。小女儿很像黄佳；当年的小男孩元隆变成了一个俊秀的 90 后艺术青年，成为美术学院的高材生，模样像女孩子，与黄佳一点也不挂相。每次看黄佳晒最近儿子与女儿的作品，我都打心眼里为黄佳感到高兴。

如今的黄佳，儿女双全，儿子已经长大成人走上艺术之路，女儿也是极有艺术天赋的小女孩，这两个孩子是艺术家黄佳最得意的作品。前些天，黄佳与儿子元隆的联合展览在长沙月湖时举办，盛况空前，遗憾我又不在长沙，无法躬逢其盛。

作为艺术家的黄佳需要的是率性与自由，她赢得的是创造力的不断开掘。她的创作一直在延续。黄佳现在是中国当代知名的观念艺术家，她的作品观念性和技巧性都相当出色，她的画多次参加美国、北京、广州、深圳、上海和香港等地的各类当代艺术大展。

我一直盼望去黄佳的“DU”工作室，我们之间延续了十多年的见面邀约，最近应该可以实现了。

2016 年 8 月 11 日于深圳

网友微评

卢尘逸（编辑，居长沙）：写得很棒，一个立体的、质感的、穿梭于破碎与完整之间的艺术家。

张奇（作家，居深圳）：叶大姐的文章真好，更好的是她笔下的人物，我也喜欢。生活中，总是那些不屈服命运的人尤其是女人最打动我。

刘光（作家，居北京）：感谢叶大姐的精彩文章，鲜活生动的描述让我们看到一位刚强的艺术家。

何鹏（艺术机构主持人，居长沙）：叶梦老师笔下的黄佳是我不曾知道的黄佳的另外一面。

苏秀英（工程师，居新西兰）：最喜欢自强自立的女人，黄佳当为楷模。

赵宁（教师，居深圳）：叶作家笔下的黄佳空灵剔透，而又不失人间烟火之气，令人叫绝！

张娜，毕业于中央美术学院。多年从事油画、铜版画、国画创作。现任中国艺术研究院版画院外联部主任。1995年，水彩画《秋忆》获首届全国水彩画展金奖。

第91弹

张娜

从花的路径进入

年轻时，我对自己的某些能量充满自信，自我感觉与人对视的一瞬间基本可以走入对方内心。此功力不敢妄自启用，谁能说感觉会没有误差咧？况且，随着年纪渐老，功力消减，物质的身体不足以支持这一项功能的启用。权且采取遥感的方式吧？

我是不是要去研究物理学了？哈哈！

先来遥感一下张娜。

现在我面对远在北京的张娜，需要从什么路径进入，我思考了很久。网络中结识张娜，乃是缘分。我很快收到张娜邮寄给我的自画像与作品集。在仔细阅读张娜的作品后，我甚是喜欢，这些作品完全融入了画家的心灵，可以传递心灵的信息。

我喜欢张娜的题为《阳光·生命》的那幅油画。枯荷是张娜画得最多的题材。画面的暖调子让我开心，洁白的瓷罐插着干荷叶与莲蓬，枯萎的荷叶全然没有萎靡之态，像一大朵燃烧的火焰，每一柄荷叶都是一个舞者，在风中摇曳舞蹈，婀娜灵动，猎猎作响。哑光白的瓷罐在此可谓雅到极处，桌布的色彩也在一一呼应背景的整体色调。画面的和谐是赢得感官舒服的法宝。这应该就是张娜心灵的图景之一吧！

我还喜欢张娜的一幅灰调子的《窗前的静物》，不过这画的题目太中性了，若让我来取名不妨叫《暗夜的幽灵》。黑夜的窗前，白色的粗瓷罐一半沉没在暗影里，黑色的花柄几乎被深灰色的背景融化，微光中，袅袅的白兰花像夜的精灵，在暗夜里寂静地起舞，十分妖娆诡异，四颗梨的剪影仿佛是精灵之舞的四位看客。

水墨《郁金香和梨》也是我非常喜欢的灰调子，它突破了中国画的习惯图式语言，有点像版画，又有点油画的味道，融合了多种表现技法，达到了一种让人感觉新奇的效果。

最后所看到的张娜的许多铜版画，让我爱不释手。好的版画，原来是我骨子里最喜欢的。铜版画《飘动》，描绘的是奇幻世界的图景，黑白灰的音符，缠绕的线团，昭示着一种无序的线条之美，在线团中长出的仙人球好似梦幻般的花朵，不知名植物的修长叶片，像蛇的信子摇曳着。张娜对于线条的组织能力，宛若哈一口气那么轻松自如。面对作品我们用不着追究画面中的抽象与具象之分。她用线条编制的魔幻剧场景十分耐看。我第一眼看到时就想：这图作为我的书的插图该多好啊！

《葵·生命》这幅画作我也非常喜欢，黑白灰关系处理得特别好，每一朵葵都有不同的仪态，皆是灵动飞扬的感觉。

张娜在创作上涉猎多种门类：铜版画、油画、水彩、水墨……四面出击。她的题材主要是花，以静物花卉为主。她笔下的花卉都被注入了灵气，成了有精神品格的艺术品。

张娜谈到她的创作时说：“我的创作方向也趋个性化，喜欢用植物的生命过程来表达人的生命过程与情感，带有对生命展现的强烈感，各种植物的状态有痛苦、悲伤、对生命的渴望与追求，好多创作都是我的生命日记。”

中央美院教授、博士生导师罗世平评价张娜：“在当今的女画家中，能以一管之笔直抵生命家园者并不多见，张娜是其中的一位。”

作品就是张娜的内心观照，就是她的生命日记。

我第一次看到张娜的照片与自画像时，大吃一惊，想起一串外国著名影星。年轻时候的张娜是超级美女，深目修眉，现在的张娜仍风韵不减。少年的张娜曾经被星探邀请去演电影。可张娜只喜欢画画。她在幼儿园时就喜欢画画。

张娜不仅长得美，还有一颗善良柔软的心，她懂得尊重关心别人，微信短聊让我遥感到她的温暖。与张娜认识是一种偶然的缘分，我感慨：形象美、心灵美、作品美集于一身的女艺术家居然让我屡屡遇到，张娜便是其中一位。

谁能够想到张娜曾经饱经磨难？“文革”时，张娜的父亲被打成走资派，家在一夜之间被抄空，哥哥姐姐去支边，父母去河南驻马店劳改。张娜只能住集体宿舍，每月 8 元钱的伙食费，张娜每天都只吃 1 分钱的咸菜 2 分钱的馒头，每月省钱买奶粉托人带给父母，父母睡牛棚，长年吃白薯面，没有菜和别的粮食。张娜要救济父母，只有苦自己。少年的张娜瘦得像豆芽菜。生活的磨难给张娜带来的创伤是很深的。

少年饱经磨难的张娜，进入中国最高艺术学府，几十年从事自己喜欢的艺术，创造了很多优秀作品。最可贵的是她的探索精神，她在抽象铜版画上的大量实验是其探索精神的最佳注解。她的创作一直忠实于自己的内心，借不同季节花卉的不同状态来表现个人的生命过程与感受。作品展示的她的内心世界是那么丰润而宁静。她用画笔刻刀创造了永恒的艺术之美。

2016 年 8 月 14 日于深圳

网友微评

陈晓丹（资深媒体人，居长沙）：弹过秋冬春夏，不辍劳作，不惧病痛，弹至91依然内容新鲜。此刻更应当赞美的不是画家，而是作者本身，百场艺术狂想曲都是叶梦交响曲的局部，那位精灵指挥家，就叫叶梦。

成佩（美术史博士，居东京）：叶梦老师是一个真正的女性主义者。

赵志雄（教授，居北京）：在大学一起教课的时候，张娜不仅画得好，课也教得好，她语言表达能力强，人也和蔼可亲，所以深受学生们爱戴。她的画有她自己独到的艺术语言，以花为载体充分地表达了生命的主题，以绘画为语言诠释了生命的本质。

胡俊军（上海市委宣传部副部长，居上海）：张娜擅长静物画，插在花瓶中的平凡花草，给人以精灵般的梦幻感觉，孕育着异样的生命。张娜的画充满着装饰主义的意味，善于用变形的窗户和桌布的格子纹样来突出画面的主体，于满含诗意的意境中透出古典油画景物的风采。

张利（首都师大教授，居北京）：从她的画中，能看到生命的舞动。她的铜版画作品也很独特，作品尺幅不大，在方寸之间，却显奔放、自然，更显大气。

秦安（画家，居杭州）：看到叶梦老师给好友写的文章，我真是欣喜若狂。叶老师主编的《女画家散文》《美丽欲望》等书，多年来一直是我枕边常阅读的书，我是她的忠实读者。如今两位才女文画（文化）合一，呈现了一道精神大餐。

格日乐（蒙古族摄影艺术家）：张娜的画有一种魔力，蕴藏着女性的力量和生生不息的希望。那些梦幻般的色彩和形状，如同暗夜中的玫瑰，芬芳夺目。

王俊丹（编剧，居北京）：作家叶梦写画家张娜，精准地验证了“艺术在本质上是相通的”这一论述，这既是两种艺术形式的相遇，两个艺术家的相遇，也是两个女人的相遇和两个女性主义者的相遇。

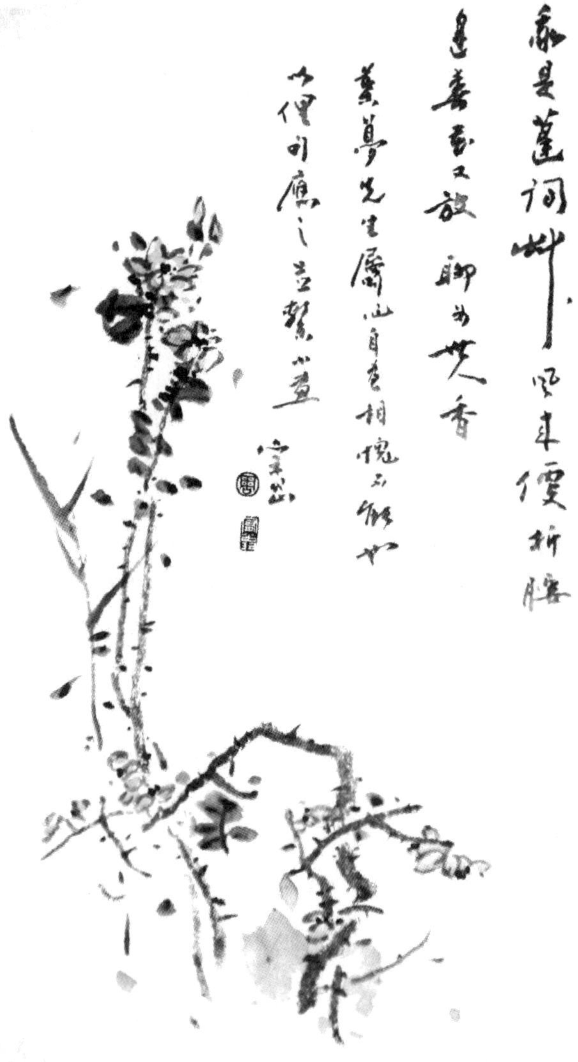

周宗岱，毕业于湖南第一师范，曾任湘潭市文化局副局长、湘潭市文联副主席，现为中国书协会员、中国美协会员。1979年后，展出、发表书画作品及论文、散文甚多，出版了理论专著《美辨》。

第92弹

周宗岱

浑厚华滋孕生机

一个有创造力的艺术家，多半有童心。

一个真正有学养的人，不喜掉书袋。

一个气质品格高的人，胸襟是宽厚的。

我喜欢宗岱先生画的花鸟，画面的强烈色彩，有区别于传统中国画的构图，植物浓墨重彩，动物鲜活灵动。

《春意正浓》是一幅小斗方，一枝盛开的桃花枝探向池塘，几只毛茸茸的小鸭子姿态各异在水中嬉戏。“春江水暖鸭先知”，无边的春意在方寸之地蔓延。看到这幅画，我想起宗岱先生笔下的小鸭子哩哩。童心未泯的宗岱先生写有一组关于小动物的随笔，倾注了浓厚感情的描写，生动极了。看过宗岱先生与各种小动物亲密接触的照片，再来看宗岱先生的花鸟画，就不难理解他笔下的小动物为何都是水灵灵的呼之欲出。

《鸢尾》是难得的佳作。相对宗岱先生的许多大幅精品山水画来说，《鸢尾》只是一个斗方小品，但是看一眼就忘不了。画面没有背景铺垫点缀，紫蓝色的花就那么两三枝，温润地在宣纸上绽放，就像遗世独立于万丈红尘之外的梦境碎片。花端的色彩很奇特，浓淡晕染得力于天成，蓝色、紫色、红色浑然一体。此花只应天上有，人间难见一两枝。

《鸡》画的是一只雄鸡，不拘雄鸡的形状，而是意写。也许宗岱先生落笔的时候并没有想到要画一只鸡的，他也许是准备试纸或是准备画一丛树的，末了，也许先生玩性大发，在不拘形的墨团上画上鸡冠，添上脚，一只鸡成了！别具一格的雄鸡就要开唱了！几笔树冠般写意的墨迹大致代表羽翼，一双爪子刚劲有力，特别神气的是鸡冠，雄鸡侧过头来的那一瞥，真是神情傲慢霸气十足啊！

《奔》我也特别喜欢，画中机警的松鼠，仿佛在飞快的逃窜途中。宗岱先生没有题款，只按了名章。

《寒雀》画的是栖息于雪中梅枝的一只麻雀，背对赏画者的它，在漫天大雪中那凄惶的回首一瞥，与我的目光对接，令我感觉到旷古的寒意。人类的孤独感往往从别的动物眼睛里才会看到。

梅花是宗岱先生最喜欢画的题材，彩梅墨梅均有佳作。我曾经请周宗岱先生画自画像，先生画出一幅梅花来，梅花是宗岱先生精神的象征，他与梅花融为一体。我最喜欢宗岱先生笔下的墨梅。

宗岱先生的花鸟画均系写意，笔墨润泽鲜活，构图别具一格，毫无似曾相识的感觉，完全出自偶尔的灵感发作所为。有的构图非常现代，笔墨无法重复。作为一个艺术家能够收获这样的作品，瞬间的灵感与深厚的功底缺一不可。

记得第一次见到周宗岱先生是在几年前的一次美术活动中。宗岱先生穿过邻座来与我打招呼，学养丰厚的长者如此谦和，令我没有想到。宗岱先生说起专栏《百漫图》写的某个人物，忍不住笑出声来，直夸我写得好。当年，宗岱先生也在《三湘都市报》开专栏，原来他都仔细看了我的文章。我顿时感到宗岱先生的大家风范和那份平易近人。有本事、有学问而不摆谱的人，让我佩服敬重。

我想起了宗岱先生笔下各式各样的小动物，他写的关于小动物的随笔，有的篇目我还读了两遍，越读越有味。宗岱先生费了不少笔墨写与小动物之间的那种感情，如小鸭子哩哩、小狗懵懵等，篇篇感人。

宗岱先生写小鸭子：“小鸭哩哩的伴儿没了！它害怕孤独，一不见我，就叫得揪心。只要偎依在我脚边，便心满意足。我喜欢它，逗逗它，时常乐得心绽开了花。”我在宗岱先生的博客里还看到先生与各种动物相处的亲密合影。宗岱先生亲自打理他们家的小小花圃。画家笔下的花鸟，原来都是有蓝本的。宗岱先生与小动物之间的感情深厚，对小动物的观察也很细腻，付之笔端常常有幽默挥发。

宗岱先生作为理论家与艺术家，将笔墨用到文字上，才情倾泻到小动物身上，其功夫便立马显现。其实，这就是艺术家仁慈的力量。

精神的强大与内心的仁厚温软加上学养扎实，宗岱在行文或者讲学的时候，喜欢用地道的湘潭话，他的文章不拿架势，说话也不喜欢端着。和那些端着架势做文章、动不动掉书袋的学者一比，宗岱先生就可爱多了。

宗岱先生的山水作品在各个时期都有佳作，到后期形成了自己的笔墨语言，别开生面。最喜欢宗岱先生的雪景山水小品系列。这些画很简练，笔墨不多，长于营造意境，耐人寻味，格调高雅，看上去全是寂然的静谧。笔墨之脱俗，与他画雪梅之用笔相呼应。我还喜欢他的山水写生小稿，尺幅不大，特别耐看，每一幅写生稿其实都是好作品。这些功夫的修炼不是一日之功，也不全靠写生练习，没有高的格调和全面的艺术修养，花三辈子写生也达不到宗岱先生那样的境界。功夫在画外，应该是长年的全面艺术修炼所得。

宗岱先生的作品不论是花鸟还是山水，都焕发出一种生机，笔墨与内心世界接轨，显现的是精神底色。

2015 年 8 月在谭国斌当代艺术馆举办了周宗岱先生的个人展览，

作品丰富，令人耳目一新。山水画已经逐步转型，从加法到减法，从具象的描绘到概括的写意。花鸟画色彩纷呈，格局已经打开，宗岱先生一步一步走向自由之境！

宗岱先生画风渐变，让我想到黄宾虹晚年的突变与齐白石的“衰年变法”。按照前两位艺术先贤的编年史，周宗岱先生的历程与他们颇为相似。

近年宗岱先生仿若小宇宙爆发，能量的准备与积累时间长达60年。展览作品都被收入厚如砖块的《宗岱》画册，我一个人拎起来都有点吃力。这是宗岱先生作品规模最大的一次展示，谭国斌馆长的眼力与行动力又一次让我佩服。

老梅应季发新枝，浑厚华滋孕生机。年近八旬的宗岱先生像是一株生机盎然的老梅。

他艺术生命的全盛年代才刚刚启幕。

2016年8月27日于深圳

网友微评

谢莉红（电视媒体人，居益阳）：好喜欢那只鸡，同自然之妙，又非力运能成，仿佛驾驭了整个山头。那只小松鼠更是可爱，尤其是那个尾巴，简单几笔，充分体现出画家的潜质，强化了奔的立意，点赞。

张平安（公务员，居湖南安化）：修炼所得。宗岱先生的作品不论是花鸟还是山水，都焕发出一种生机，笔墨与内心世界接轨，展现的是精神底色。

鑫一（教师，居长沙）：叶梦女士细品周宗岱先生的画，于涵泳之间发出异乎寻常的声响，那是知音的共奏，那是互赏的鸣唱。

成佩（美术史博士，居东京）：简得如此浑厚华滋，尤为难得。

莫鸿勋（油画家，居湘潭）：为艺术穷尽心血者！

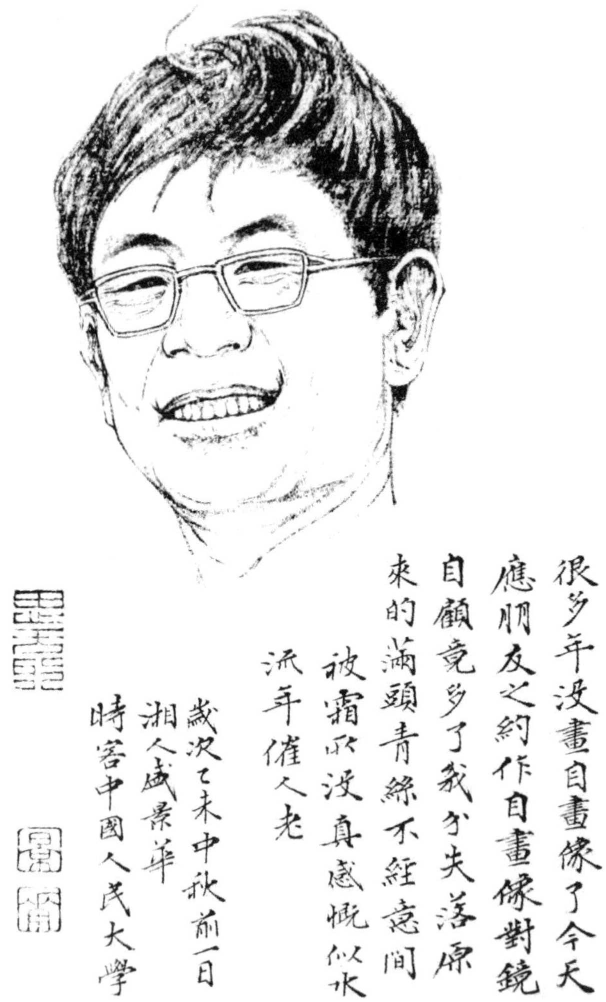

盛景华，中国书法家协会会员，中国工笔画学会会员，湖南省书法家协会副主席，九三学社中央画院副院长，中国人民大学特聘教授，中国人民大学继续教育学院盛景华书法工作室导师，湖南工艺美术职业学院客座教授。书法、美术作品数十次入选国家级大展，并被中南海及海内外几十家博物馆收藏。

形诸笔墨的生命真气

第93弹

盛景华

每次去益阳，我总是要去盛景华家看他的新作。每次去他家，我都会眼睛一亮。岁月逝去，唯有宣纸上作品的厚度可以证明。每次看他的字看他的画，我都感觉有新收获。也许，这个世界上像他一样有才气的人还有不少，但是，很少有人能够像他这样几十年如一日地潜心艺术永不放弃，且一步一步稳定地走向新的高度，并保持创作势头永不衰减。

他的勤奋是很多人无法做到的。

1982年，我在益阳市文化馆当文学辅导干部的时候，忙着办笔会、编刊物。我的周围集聚了一批优秀的文学青年。盛景华是其中一个。

20世纪80年代初，盛景华还是一所名牌学校的美术老师，年轻且充满激情，加之正处热恋之中，盛景华的艺术才华如决堤的江河，首先从诗歌打开缺口，他为初恋写了一本情诗。有一个热爱文学的青年把他手写的诗集借去欣赏，过了很久才还回来。再后来，就是集子里的某首诗被某刊物发表了。当然，作者名字变成那个文学青年的了，盛景华圣洁的情感就这样被一个无聊的人亵渎了。

盛景华心肠好，为人极厚道。那年头，友人或者非友人索要字画，他几乎是有求必应。

至今我保存于记忆里的一个画面是：益阳市桃花仑学校，盛景华住在原教会学校小洋楼的单位宿舍里，宿舍的四壁挂满了用毛边纸写的字。我感觉那些毛笔字写得很好哦！我当时就想：景华将来一定会成为优秀的书法家的。几十年后，这个当年的文学青年果然成为湖南中青年实力派书法家，文学的修养和写作也与时俱进。2006 年，他几乎同时出版了诗歌集、散文集、随笔集和书法作品集数本专著，还有一个大型的展览在湖南书画研究院举办。这一年是盛景华艺术的大年。

还记得 1994 年初夏，由江堤策划，盛景华在岳麓书院第一次举办个人作品展览，盛况空前，作品全部售出。省会长沙所有媒体出动，电视、报纸等纷纷给予报道。

盛景华结婚后不久，我曾对他的妻子跃资说："盛景华将来在艺术上是会有大出息的。"我想告诉她，如果跃资把择夫看成是买股票，那么，她等于是买到了一个潜力原始股。

果然，跃资具备了作为一位有成就的艺术家的妻子所具备的所有优点：贤惠、能干，所做的一切都是为了盛景华的事业。盛景华画画，她除了处理家务，还学会了装裱字画；盛景华不懂电脑，她学会了收发邮件，发手机微信、短信；她甚至自学摄影，为盛景华拍摄作品图片和收集绘画素材。

盛景华首先钟情于书法和诗歌，书法与诗歌是他青春的伙伴，后来他同时深耕于散文、随笔、小说。公平地说，盛景华在每一个文学样式上都达到了相当的高度。尽管后来他不以文学名世，但艺术是相通的，也许正是他深厚的文学积淀成就了他书法的高度。我感觉，盛景华的成功，功夫在书法之外，而这样的"笨"功夫正是一般书法家所忽略的。

在结识盛景华后的30多年时间里，我们一直保持联系，其中有几年还做了邻居。那些日子，他和我先生共用一个大办公室，他几乎每天都在办公室写字、画画，尝试他在书法和绘画领域的新探索，他还常常给我看他的散文、随笔、诗歌新作。那阵子，我几乎是盛景华每一个门类作品的第一个读者。

20世纪90年代初，就在益阳市文化馆办公室北面的大窗下，盛景华的水墨艺术试验正进行得如火如荼。他后来能得心应手地在宣纸上制造各种肌理，创作出一大批水墨淋漓的作品，其中许多的成果都来自于那个时候的艺术实验。

盛景华是一个善于向传统学习的人，无论是他的书法还是绘画，都看得到传统和经典的影子，看得清艺术传承的脉络。因为他过往在临摹上下足了功夫，从传统中汲取了足够的营养，因此他的书法根基显得格外厚实。

更可贵的是，盛景华的书法不但字正腔圆，在艺术形式上也刻意创新。每次我去他的工作室探访，总能看到他一些别出心裁的新作，每每看到他那些透着灵气的、精心设计的既经典又“个人”的书法样式，我总有被“吓”一跳的感觉。

书法是生命的真气，有一种精神力量。我以为，盛景华当下已经进入了一种凸现生命力量的境界，他的艺术使我感受到了传统的灿烂和创造的美妙，其精神与形式已呈现出一种相对自由的状态。很显然，他功力的增长与境界的提升都彰显在墨与纸之间。他的作品确实找到了别样的途径：从经典出发，坚守创新的思维，融入自己的学养。这样一来，他现在和未来艺术发展的路子将更加宽广。

他厚实的文化艺术积淀为开创自己的书法风格提供了源源不断的精神营养，如此一来，他的后劲很足。

一个艺术家，当他的功夫抵达某一个阶段，当他的艺术风格将形成的时候，超越或许会成为天堑。盛景华是聪明的，他博采众家之长，努力把自己的才华和毅力融于一处，不断积累，不断沉淀，我相信他在一段蛰伏之后将集聚超越自我的力量。

2011 年 9 月，盛景华负笈京城，拜欧阳中石先生为师学习书法，成为欧阳先生的访问学者和入室弟子。后来他又分别到林凡与唐秀玲工作室系统学习工笔画。

2015 年 8 月，我一回益阳就直奔盛景华家。我们全家与盛景华夫妇一起先去了周立波故居作荷花写生，这是我第一次室外写生，居然也画了好几张速写。接着我们下午到盛景华家里观摩他的新作，几年不见，诸多的作品简直亮瞎我的眼睛。几十幅关于洞庭湖的工笔青绿山水我是第一次看到，无论是形式感还是绘画语言的提炼都让我感觉震撼！这一批作品，是盛景华转型青绿山水创作短短两年之内完成的。我当时就感慨，在这么短的时间里作品能达到如此的高度，实在是一般人难以做到的。

洞庭湖，特别是南洞庭湖是我常去的地方，洞庭湖的河渠、湖湾、港汊，无边的芦苇，连成一片的渔船，岸边如同森林一样矗立的网具，甚至是那些具有时代特征的彩条布，盛景华巧妙地把诸多元素和谐且艺术地呈现在他的工笔山水画中。

其实多年前我一直是不喜欢青绿山水的，这也许是因为青绿山水画的某些程式化的东西让人生腻，也许是因为我读过的作品不够多。

盛景华以洞庭湖为素材创作的这一批作品，着实让我改变了对于青绿山水画的看法。

依仗对于洞庭湖常年的写生，盛景华早已经“胸有洞庭”。他画洞庭，在构图上有独到的优势。因为经年创作，盛景华对于“形式感”特别有心得，他的扇面、尺牍、手卷、册页等书法作品，总在形式上有奇思妙想，每每他的新款一出，仿效者众。如今他画工笔山水就延续了在构图上的别出心裁。由于他之前受过严格的西画造型训练，兼之儿童时代就打下了扎实的书法根基，并且因常年写生已经积累了大量素材，这使得他在绘画的立意与构图上游刃有余，真正做到了在每一幅作品布局和设计上的匠心独运，宏大壮阔与精细入微真正达到了和谐统一。最重要的是，盛景华的所有作品都不入流俗，因为工笔画是很容易落入俗套与板滞的。盛景华自身的儒雅，他骨子里的文人品格，似乎都化成了浓厚的书卷气，并恰到好处地融入他的作品中。

盛景华在北京学习几年，最大的变化是眼界变了，胸襟与气度变了，这是我最为他感到高兴的。过去他常年寓居湘北小城，直到去北京才找到了自己的坐标。他从洞庭湖青绿山水样式发力，真正找准了自己艺术发展的支点。

盛景华正在声名鹊起。不用宣传，不用炒作，但凡那些让人动情的作品，我相信是能够留下来的艺术。

刚刚年逾花甲的盛景华，他的工笔青绿山水探索之路，才刚刚开始！

早在35年前，我就看好盛景华。

2016年9月于深圳

网友微评

龚永忠（设计师，居长沙）：盛老师的勤奋、认真、严谨，简直无以复加！

茶者无疆（金融从业者、茶人，居益阳）：叶梦老师的《百手联弹》只要得闲我是必读的，先生的那种文风笔调清风扑鼻，娓娓道来，亲切自然。尤其这篇写景华兄的《形诸笔墨的生命真气》既铺陈递进，情感丰沛，又真实鲜活，张力有形，与其说这是种挚友情结，不如说写的是种彼此正念相持的情怀。

陈晓丹（资深媒体人，居长沙）：迄今较长的一篇联弹，沉心读罢，唯有感动可以形容。读人读心，无识人的智慧、英雄相惜的交情、长时间的沉淀，就会误读。人生难得几个知交三十年的朋友，而叶老师有很多，她内心的容量有多大啊！在她这样的高度，还由衷赞美与欣赏、成全与鼓励他人，又是怎样赤诚的心灵。回头看景华老师的画、文与人，的确无愧叶梦先生的激赞。

刘桦（机关干部，居益阳）：景华兄的人格性情都是借着书画和文字散发出来的，叶梦姐姐的生动刻画使其更具专属的经典。崇敬！喜欢！

曾建良（机关干部，居益阳）：叶老师笔下的盛景华与我所认识的盛景华近乎完全重叠。

杨福音，国家一级美术师，曾任广州书画研究院副院长。作品收入《中国美术全集》《中国当代美术 1979—1999》《今日中国美术》和《辉煌成就·世纪曙光》等重要美术文献，出版有《中国近现代名家画集·杨福音》《中国近现代名家作品选粹·杨福音》《杨福音画集》《杨福音中国画精品》《福音书话》《长岭上》《金枝玉叶》《由红菜薹想起》《日子》《吾喜吾爱》等画集、散文集。

第94弹

杨福音

蝶变

一般说来，看什么东西都是从头看起。然而，我看杨福音的人物画是从脚看起。

我记得大概是在两年前吧，我在湖南师大艺术学院看过一次杨福音画展。其中有一些是古代仕女的人物画。看那些人物画时，我就先从脚看起，就要看看是不是“小脚”。在这之前，我零星看了一些杨福音的作品，也许是因为我不太喜欢闲适的笔墨吧，因而对他半古典半现代的仕女图中的“小脚”心怀不满（这就影响到我对那次画展的感觉，我也许因此而忽略了不少好作品）。我由此看出杨福音作为一个男性画家的审美心理和潜意识中的男性中心主义思想，尽管他对于女性、女人体、女性形象是一种欣赏性的理想主义的表达。

男性中心的表达不能说是现代的，这也代表了中国文人的一种集体无意识。在宣纸上画女人，脚都是小小的，也许这是所有男性艺术家无法掩饰的一种不经意的心灵表达。他们常常打着讴歌和赞美的旗号来塑造他们心中的女性形象，实际上在绘画的时候，他们多少带有一种性别的优越感，对女性形象的把握也带有一种把玩的意识，我已经从不少男性画家的画里看出这样的玄机。当然，即使我说破了这道玄机，人家也不会承认这一点的。潜意识中的东西很难说得明白。

所有以男性为中心的艺术，我以为都是传统的，也是陈腐的，不管你贴了多少现代的标签。

2002 年 2 月 28 日“艺术还乡——杨福音新世纪画展”在长沙巧工司马画廊展出，我一进展厅，清新的画风扑面而来。

我留了一个心眼儿，还是先看“脚”吧。

曾经耿耿于怀的“小脚”没有了，我好歹松了一口气。

看过全部作品，我情不自禁地叫了一声：“好！” 杨福音终于不跟我们玩扮古人的游戏了。

中年变法的杨福音居然蜕去了那层阴柔的、在传统和现代之间犹豫的文人画的皮，穿上了一件宽袖大袍，开始宽松和大气起来。

杨福音超越了自己，正是这种现代意识给我的视觉造成了冲击。我感到一个新的、开始张扬个性的杨福音向我们走来。

同样是画女人，杨福音的这一组女人使人感到格外亲切。那些简洁和流畅的线条使我想起了马蒂斯。我以为那些高度概括的线条表现了杨福音心中的理想境界。

那些女人是温润的，饱满的，母性的。那些女人是一种理想，一种境界。

那些女人从那些淡蓝色的宣纸上慢慢地沁入观者的心灵，观者就像投入一个温暖的怀抱，暖得人心里热乎乎的。

这一组女人体的画面模糊了时空，省略了许多具象的语言，但切切实实地给我们一种精神慰藉。一个画家能给我们的精神一点点这样的东西，这就足够了。

杨福音告诉我，他从来没有画过人体写生。我想，这也许没有什么要紧的，从具象到抽象，他一步就跨了过来。具象的人体对于他已经不是什么障碍了。我是这么认为的。

我想，关键不在于画过什么，关键是观念。

我喜欢一组单色的《蛙声图》。写意的荷和蛙，只有一种青花般的蓝色，那么简单，那么纯粹，然而又那么大气。那种青蓝的调子是那么长久地感动着我。

荷塘与蛙是古往今来中国的画家不肯放弃的题材，杨福音当然也不例外，他无法消解这个心结。然而，在这样的题材上要绕过无数的前人的作品，创造出一种让人看过一眼就永远不愿忘记的画面，是何等的不容易。杨福音的两幅分别以荷塘与蛙为题材的作品就这样让我无法忘记。我在这两幅画前流连了一阵子，久久不愿离去。

对于成熟的中年画家来说，熟练的技法、固有的观念都成为他们在艺术上无法创新的屏障，加上市场的诱惑，他们像一只只跳入正在慢慢加温的水里的青蛙，在安逸舒适的环境里一点点失去锐气，失去突破创新的勇气。

杨福音在加温的那一刻跳了出来。他在跳向一个更为开阔的空间。一个“要何哩，就何哩”的自由的空间在向他招手。

我以为杨福音是在渐渐和传统分手，慢慢地向自己的心灵靠拢。关于女性的符号，他已经不需要借鉴古人的旧皮囊了，他开始了创造，创造他心中理想的女性形象。他越来越精到的笔墨没有使自己走入熟练的自我重复的绝途，而是为他实施自己的精神超越做了技术性的铺垫。

那天在省军区旁的某酒店，我仍然还要和杨福音谈论“小脚”的问题。奇怪的是，杨福音坚持说他没有画过小脚。那天他嗓子嘶哑了，不方便回答我，用笔在一片纸上写着“在35~38码之间”（碰到我这样偏执的外行，是不是有点过分啊？也许这都是女性主义在作祟吧？）。

哦！在那一瞬间，我开始犯疑：我们在视觉上的差异有这么远吗？

到底是谁的感觉出了问题?

作为杨福音本人，显然，他从来不是有意识地画小脚。看来，上了35码的脚至少也不能称之为“小脚”吧，称之为秀气的脚比较合适。

也许，在感觉和记忆上的差异，就是性别不同、观念不尽相同的艺术家的差异吧!

2002年3月于岳麓山下

补　记

我在1997年因为主编《画家散文》，向杨福音先生约稿，拜托他帮我联系广州画家林墉、王孟奇、陈永锵等。杨福音先生热心帮我组稿，此时他也开始写散文随笔。之后他悟性顿开，有随笔专栏见诸报端，并有多本集子问世。

上文是我在2002年3月写就的文字，只是见证杨福音艺术蜕变的一个过程。现在看来，一位成熟的画家，敢于与过去的自己、与艺术作品诀别，另开生路，创造全新的语言，并坚持自己的探索，值得敬重。及至最近，看到杨福音发来的几幅作品，极雅极简、浸入骨髓的传统中国画的审美喜悦在我心中被重新唤醒。他将民间瓷与陶上的绘画用笔导入水墨画，又融入了西方的构成与极少主义，建立了自己的语言体系，非常难得。

2005年春天，我在广州停留，顺便造访杨福音先生。在复式楼顶层杨福音狭小的画室，我看到了他作画的现场，看到案子上正在做底色的画稿。在南国的潮湿中，体会杨福音在蝶变过程中偶有的苦闷与焦虑。

在杨福音母亲的起居室，我看到杨母正在作画，八十多岁的娭毑画在32开的小纸上的山水画特别棒，这一幕让我深深感动。杨母画画，全不为功利，笔墨线条居然那么有味！恬淡安静的老人家的晚年生活真是幸福！

我主编的《画家散文》，年纪最大的作者是齐白石，最小的是杨福音的女儿杨燕来。他们父女同时入选《画家散文》，值得关注的是杨燕来毕业于央美民间美术系。早在1997年我接触杨燕来，她就一直以民间青花瓷绘的率性水墨为元素进行中国画创作，这在当时的中国是很罕见的。这么多年来，燕来一直坚守自己的追求，在沉寂中探索，走自己的路子，非常不容易！

杨福音从2000年之初的蝶变，到现在形成有自己特色的至简至雅的水墨画风格，是不是也受了杨燕来的启发？至少说，从杨燕来的作品来看，她借鉴民间青花、涉足青花水墨比父亲杨福音要早很多年。

杨福音先生有一位从事儿童文学创作的贤惠的妻子，我与她曾经同时在一个刊物上做专栏，虽然不曾谋面，但感觉她是一个温厚善良的女人。杨福音先生真是有福！

2016年9月10日

网友微评

贺旭（画家、装帧设计师，居长沙）：杨福音老师，画好、字好、文章好。我的书案上长期摆着杨老师的书，没事就翻翻，有事了也翻翻。书都被我翻旧了，但书里的内容却常常冒出新意来。原先不知是何解，读了叶梦《蝶变》文，哦！噫！原来是这样！

李晓蓉（文学刊物执行主编，居长沙）：“初求与古人合，继求与古人异，最后不求与古人合而不得不合，不求与古人异而不能不异。”杨福音老师的每一次变法，都让他的作品从传统中大踏步地走出来。

谢午恒（诗人，居长沙）：杨走简而极简还是简而丰富，决定他艺术的高下，我以为简而极简是死胡同。与艺术家促膝交谈是评论家必须的，一味夸奖或夸赞不是评论。

唐风（画家，居长沙）：午恒兄为人实在，叶老师行文质朴……双绝！

崔建平（铁路管理机关，居长沙）：叶梦老师独到的审美，不同凡俗的评品，给人质感的品读！谢谢叶梦老师。

刘云，1983年毕业于湖南师范大学艺术学院，后任职于岳阳市群众艺术馆，现为中国美术家协会理事，湖南书画研究院院长，湖南省美术家协会副主席，国家一级美术师。作品曾多次参加国内外重要艺术作品展并有获奖，大多数作品被国内外机构及个人收藏。出版有《刘云油画作品精选》《刘云油画作品选集》《刘云中国画作品集》，主编《湖南美术五十年》《跨世纪中国美术家协会会员精品画库·湖南卷》。

梦境·行走·舞蹈

第95弹

刘云

刘云曾经送我一本题为《静穆之美》的画册，我打开一看，特别喜欢，就像走进了一个温暖的旧梦，有一种宁静袭上心头。

我第一次看到刘云的作品时，并不认识刘云。应该是在20世纪80年代末90年代初吧，我好像是从哪种美术刊物上看到零星几幅刘云的油画作品。我当时印象极深，就记住了刘云这个名字。

后来，我丈夫的同事田志斌出差到岳阳，得到了一本刘云送的画册，给我看了一下，我翻开那本不厚的画册，心里特别喜欢，尽管和刘云不熟，但我感觉刘云离我很近。

我喜欢刘云的画。我觉得刘云在画里表现的主观感觉和我散文抵达的意境不谋而合。我喜欢月亮，喜欢梦境。我曾经自以为是写月的高手，甚至口出狂言："天下无人可以匹敌。"我写的有关月的散文就有十多篇，看了刘云的画以后，我才感觉到文字的局限，还真不如画面来得直接。我暂且把刘云的这个系列的作品称为"梦境"系列。

刘云的作品像一个个梦，是月光下的凝固的梦境。那些梦境是纯粹的，是过滤了人世间的诸多琐碎的纯净。那些梦境是主观的，虚构了一个静美的空间。那个梦境的调子永远是蓝色的，那里的月亮永远是银色的，那些人体永远是高贵、典雅的。

我最喜欢的是那幅《月魂》，那是刘云的经典之作。如果我的散文集再版，我会用《月魂》做封面的。还有《半个月亮》《冬天的雪》《红菱船》都可以作为我作品的插页。在《那只小舟》里，我们可以看到那些永远泊在梦湖里的木船，那些在河之洲的女人，只可惜作品用了这么一个写实的题目，破坏了画面的意境。

“梦境”是一种过程。“梦境”过后是“行走”。

刘云的《行走者之三》画的是一个乡村朴实的女子，在中午的阳光下赤足行走的姿态。刘云从空灵的梦境到现实庸常图式的转换，好比从咖啡到茶的过渡，就像我的散文创作经历了从《我不能没有月亮》的幻境到《卖刷把的婆婆》的现实一样。从典雅到朴实，是一种创作风格的跨越。尽管我与刘云从事的艺术门类不同，但我们要表达的东西在某个阶段是大致相同的，我们在艺术上走过的过程也颇为相似。

其实，描写的对象并不重要。从月光下圣洁的裸体女人到阳光下行走的村妇，我感觉到的宁静之美的意境都是一样的。

我还特别喜欢《在船舱里寻找东西的孩子》，那孩子身上的花棉袄，弯腰时露出的背，一个生活中如此不经意的平常的画面，被聪明的艺术家表现在作品中，就成了颇耐人寻味的画面，并长久地温暖着我的心。

认识刘云后，我感觉他的作品和他本人，有一定的区别。

刘云的画是寂寞、空灵、静美的，而人却是一个活跃、能干、精明、善于运筹、有管理能力的实干家。刘云到湖南书画研究院走马上任，他的几板斧，令我十分佩服。在商业社会中，刘云没有一般艺术家的迂，他的经营意识和办事能力令我惊讶。

现在的刘云离开了梦境，他关于洞庭湖的梦境永远地过去了，前些年开始的“行走”系列也结束了。我最近看了一点刘云的近作，感觉刘云的画又开始了一个新的系列。

刘云最先是学舞蹈的，练的是童子功，他曾经用身体作为艺术语言来表达，他懂得一招一式要表达的意境。作为画家的刘云现在是用色彩来表现，并继续借用人的躯壳作为符号，他的作品融入了他对这个世界的表达习惯，有了一点舞蹈的意味，我权且把它叫作“舞蹈”系列吧。

我觉得刘云在“舞蹈”系列中又开始使用“梦境”系列用过的人体符号。不过，画面的调子开始变化，场景也开始变化，人体由静止的开始了比行走的动作更为大的舞蹈的姿势。这一切，都暗示着画家的心灵在变化，他的心境、感知世界的方式在变化。也许，他在颜色中泄露了无法掩盖的心灵秘密。

进入“舞蹈”系列的刘云，其作品的面目我感觉还不太适应，那些在灰色建筑物之间舞蹈着的女人，对于我来说是陌生的，还没有激起我心底的涟漪。刘云的作品系列是从梦境到行走再到舞蹈变化着。

从银色的月亮到中午的阳光到再造灰色的梦境，刘云心灵的变化很是微妙，只能从他作品色彩的起落之间去寻找这种变化的因果关系。

刘云的探索我目前还没有完全理解，不敢妄加评论。对于一个曾经诗意的画家来说，他要在这个浮躁的世界中抵制各种诱惑，保持一颗平常而宁静的心，是有一点难度的。

让我们等待着刘云，等着看他的“舞蹈”系列给我们带来的惊喜。

发表于 2003 年 4 月 27 日《三湘都市报》

补　记

我写上文后不久，刘云放弃了他的本行油画，开始中国画的创作与实验。中年贸然转换画种的刘云，现在也已经历十余年的辛勤探索，积累了大量的作品，专家与社会评价颇高，作品在市场上也很受欢迎，能做到这样真不容易。

我崇尚一切有创造性的作品，对开辟新的视觉形象的艺术家怀有深深的敬意。之前的吴冠中、杜大凯等诸位先生已经做出了卓越的表率，刘云紧随其后，十年的努力不算长，中国画家的功夫需要历久弥坚，比如黄宾虹的艺术高峰是在快 90 岁的时候才出现。刘云现在还年轻，他的作品在不断地变化，估计再过一个十年，又会有全新的面貌。

2016 年 9 月 20 日

网友微评

崔建平（美术鉴赏评论者，居长沙）：刘云现象着实让人关注让人着迷，探索刘云成为我眼前的功课。

刘晨（画廊老板，居长沙）：梦姐的文字我一直都很喜欢，她的《百手联弹》每篇我都必读，尤其此篇让我期待了很久，同时也期待能被梦姐“弹”一下。

郑云云（画家、散文家、瓷艺家，居南昌与景德镇）：叶梦写得真好，关于月亮和梦境的文字，像月光一样流泻着。

姜杰，1991年毕业于中央美术学院雕塑系，现为中央美院雕塑系教授。

第96弹

姜杰

在暗夜里想象生命的模样

我读姜杰的雕塑和随笔，感觉她和我一样，骨子里是一个悲观的人。

姜杰所体验的花朵下的阴影和关于死亡的感受，很容易唤起我的共鸣。通过雕塑、装置和文字，姜杰要表达的都渗透了她对生命的感觉。

姜杰身材修长，大眉大眼，嘴唇大而有棱角，富有雕塑感，有西方刚健美女的味道。但是，我感觉在她力量型的外表下面，隐藏着一颗女性细腻敏感的心。我读了姜杰的随笔后才知道，原来她也是胆怯的，她也害怕暗夜的黑。

我很看重一个艺术家对于死亡的感觉，发现她有关死亡的体验和我的感觉很相似。

作为雕塑家的姜杰，她感知世界的方式和男性艺术家是很不一样的。我读过姜杰的一些雕塑作品，如《生命的模样》《接近》《卫生事故》《下凡》《平行男女》等。说老实话，她的作品我看了心里有点害怕。因为姜杰要表现的那些生命的状态，多半是属于一种想象。这种想象，对于我们来说，应该是很陌生的、不可知的，是只有在医学 B 超和教科书中才有的静态描述。我曾在自己的作品《紫色暖巢》中悄悄地揣摩过一个与世隔绝的生命的情状，我这样做时总是心怀恐惧。

我在恐惧中想象。我以为，在那个不为我熟悉的世界里，生命的脆弱、生命的竞争、生长的痛苦是人类无法用语言描绘出来的。我战战兢兢地想象着的生命在姜杰的手中变成了一个个可以触摸的具象小人儿。那些可爱的还没有出生的小东西，他们被凝固在蜡和石膏里，在一个未知的世界里浮沉。他们在混沌世界里无助的表情暗中揪着我的心。

这个时候，我感觉我在渐渐地走近姜杰。

姜杰的雕塑作品，走出了雕塑的局限，加入了装置的概念。她把几个不同形态的婴儿复制成为 50 个，把他们堆放在一个无序的状态里挤压碰撞。这样的画面使我震撼。作为雕塑家的姜杰凭借自己的感觉为我们构建了这样一幅生命的模样。我读到这些作品的时候，心灵深处被深深地打动了。我曾经经历过的想象和探索对于我来说是一个秘密。然而，这个秘密竟然被姜杰“做”了出来，我长长地出了一口气。

时隔十多年，当我再次联系到姜杰，她的新作品又给我带来惊喜：巨型现代雕塑《大于一吨半》让我更为惊讶。巨大的体量让我们无法用图片完整地表达作品的全貌以及现场感。这个无法用具象来准确命名的作品，让我有一种刺痛感，那些尖锐的铁钩钩起动物皮革的感觉，那宛如长龙的软体，让人想起了男性身体的某些部位。在这些尖锐与柔软之间，还有局部雕花的细节，可惜图片无法呈现。《大于一吨半》在上海展出的时候，引起巨大的视觉冲击波。批评家对于作品的解读各自不同，每一个人都有自己的诠释。这也许就是艺术作品的影响力。艺术家在创作的时候要不断沿着自己的新感觉走，我佩服姜杰的创造精神，同时也佩服她的体力。

《向前进，向前进》是用现成品——废旧的芭蕾舞鞋为元素做成的一个雕塑，一千多双废弃的芭蕾舞鞋，每一双都有人的体温，从一双新鞋跳到破旧，它们经历了太多汗水的浸泡，丝丝缕缕都凝结着个人气息，这些气味聚集成为一个高达 6 米的锥形大舞鞋。作品给人一种温暖的感觉。姜杰的这个创意很好，只是从照片很难感觉到现场的那种视觉冲击力。

《长征 • 肖淑娴》这个作品我特别喜欢。作品是雕塑与行为艺术的结合，是姜杰在长达十多年的过程中完成的。作品的原意是纪念长征。当年众多女红军为了革命，把自己刚刚生下的孩子，送给长征路上的老乡。姜杰超越了政治层面上的表达，让强大的母爱力量成为永恒的心祭，展示了生命永恒的象征。过了多年之后再回看，才会感觉这个作品的力量。

姜杰循着当年红军长征之路找到了愿意“收养”其雕塑作品“婴儿”的肖洪刚家，这个“婴儿”就成为这个家庭的一份子。肖洪刚为“婴儿”取名为肖淑娴，每年全家人在“收养日”怀抱“婴儿”照一张全家福，然后将照片寄给姜杰。实际上真正赋予婴儿生命的，不仅是艺术，更是现实生活。

姜杰说：“我现在等于用当代艺术的手法把一段历史融进一个家庭，使艺术和当下的老百姓发生关系，让一段沉寂的历史变得鲜活。没有人提及长征途中不少女红军为了革命事业而将自己刚生下的孩子寄养在老乡家中的事情，我要提及这个事情，而雕塑作品‘婴儿’就不仅仅只是刻画某一生命个体，而是象征着这一段鲜为人知的历史。”

《长征 • 肖淑娴》的创作从 2002 年开始，以后的十多年，收养“婴儿”的肖洪刚家每年都在一个特定的日子拍一张全家福。这样的行为艺术持续了十多年，最有意思的是，照片中肖洪刚家的女儿在慢慢长大，从一个忸怩腼腆的女童变成了美丽的少女，而那个“婴儿”却在飞逝的时光里依然保持原样。时间一长，作品就突显出其纪念价值。

姜杰最近几年的作品，大大超越了雕塑的界限，她想的更多，视野更加开阔，作品更具当代性。

《长征·肖淑娴》《向前进，向前进》都是具有冲击力的作品，同时具有耐人回味的内涵。我最为欣赏的是，姜杰的创作一直延续了女性主义视角，她的作品总是让人始料不及。

遗憾的是，我与姜杰前后联系跨度有十多年，却还没有机会见面，如果我们有机会聊聊，我对于姜杰和她的创作会有更深的理解。

当年我看到姜杰抱着她半岁儿子的照片，那个胖乎乎的小家伙，多可爱呀！那个时候的姜杰洋溢着世界上所有母亲都有的最灿烂的笑。

2003 年初稿于岳麓山下

2016 年修订于深圳

网友微评

郑小娟（画家，居长沙）：叶梦的作品已经超越文字本身，有人文、史料、社科价值。姜杰的作品有力度，我喜欢。

火烧云（大学教授，居长沙）：能被叶老师阅读是一种幸福！期待完满收官。

赵溅球，毕业于湖南师范大学艺术学院，现为浙江师范大学教授，北京师范大学兼职教授，硕士研究生导师，中国美术家协会会员，湖南省中国画学会副主席。

第97弹

赵溅球

南洞庭湖的丹青福将

刚刚收到赵溅球快递来的自画像，我这边《百手联弹》阅人将近过百，回望过往，犹如峰峦叠翠，姹紫嫣红。艺术界潮起潮落，洗去的是岁月沉沙，最后突显的是真金。真金就是人格的力量与光辉。在学术、成就、作品的背后，我还是最看重人，崇尚纯粹的人，人的品格与精神高于一切。写到赵溅球，我突然就有了这样的感慨。

赵溅球是值得我花大力气写的人。他的艺术成长过程可圈可点，亦可成为底层逆袭的典范。他连续以大画蝉联第七、八、九、十、十一届全国美展。行内人知道，20年来连续入选四年一届的全国美展不是那么容易的一件事。赵溅球以他厚实的写生功底、丰富的写生素材以及对于生活的感悟在美术界脱颖而出，凭借的全是实力。

从2012年至今，在短短的四年时间里，他相继在中国美术馆、清华大学美术馆、法国卢浮宫、法国萨托维尔市、尼泊尔国家美术馆、中国国家博物馆等国内外著名美术馆举办了6场个人作品大展。4年期间他共创作三百余幅作品，且大多为巨幅作品。这些年，除了吃饭睡觉，赵溅球就在绘画。几支画笔，几个盘子，从国内各地到亚洲再到欧洲，他用画笔创作了多彩的中国画图式。六个大展览啊，作品的包装托运就够累人的了，他创造了中国画家创作速度与举办个人大画展频率之最。也只有他这样霸得蛮的人才可以做到。

2012 年 3 月赵溅球的“洞庭寻梦”个人展览在中国美术馆开幕，盛况空前，时任中国美术馆馆长的范迪安先生多次流连画展，精心挑选，将赵溅球的重要作品《云游故乡》《酣秋》收入中国美术馆收藏。范迪安馆长的眼睛有多毒你晓得不？能够入他法眼的作品，都是流传得下去的精品。展览进行的几天里，每天都是人流如织，这就是对于艺术家最好的检验。观众中也有很多普通工薪阶层的个人收藏者，因为太爱赵溅球的画，倾其所有积蓄，求购一幅。中国美术馆的展览每天都有很多场次，但像赵溅球个人专场影响这么大的不是很多。

2013年7月赵溅球在清华大学美术馆举办的中国画展，我应邀参加。开幕式那天，我有机会单独陪同邵大箴先生一路细细看完赵溅球的全部作品，聆听先生对于每一幅作品的点评，受益良多。邵大箴先生说：“看了赵溅球先生的画，确实很感动。画感动人，不仅是第一眼感动人，而且耐看，耐琢磨，这是很不容易的。他的作品吸收了西方的东西为我所用，吸收了以后就拉开距离了。如果单从吸收文人画传统一派，它不会创造更新的艺术，也不会是这样，这个路子是非常宽阔的。赵溅球的画在中国的山水画里面应该是独特的、个性的面貌，而且这种独特的、个性的面貌不是刻意做出来的，我觉得赵溅球已经达到很高的境界。”批评家里面我最佩服邵大箴先生。

2014 年 7 月 8 日至 12 日，为庆祝中法建交 50 周年，“赵溅球中国画欧洲巡回展”首展在法国巴黎卢浮宫卡鲁塞尔厅隆重举行。法国人看了赵溅球这样的中国画赞不绝口，竖起了大拇指。西方一直认为巴黎是艺术中心，巴黎人很少看到这样表现的中国画，他们为东方的艺术惊叹诧异。

展览结束后，赵溅球接着开始欧洲旅行采风，用中国画画欧洲的风景。他是写生的快手。

2014 年 11 月法国萨托维尔市举办赵溅球欧洲采风写生作品展。紧接着，赵溅球又开始了尼泊尔的写生创作计划。

2015 年 4 月 25 日，尼泊尔地震。我想起球哥还在尼泊尔咧，何得了！电话打过去，才知道他已经在地震前两天平安回国。地震之前，球哥球嫂就住在尼泊尔加德满都的皇宫附近，地震把皇宫及其周围的建筑物全部夷为平地，他们要是迟回两天，人肯定没有了。真是菩萨坐得高啊。我本不信命，但球哥这些年的奇遇，让我相信：球哥是一个福将，上有神灵护佑，下有贵人相助。他总是在关键的时刻遇到贵人，这不是第一次了。

最近才知道，中国国家博物馆 2015 年收藏的赵溅球作品《故园遗韵》，收藏证书编号是 740 号，可见收藏之少。作品被国家博物馆收藏，是很多艺术家梦想的荣誉。国博之前收藏的大多是国内已故名家的作品，当代画家的画作入选国家博物馆，真的是不容易！ 2016 年赵溅球还有作品《雪月吟秋》被收入人民大会堂。

球哥不仅是一个福将，还胸襟宽广，为人忠厚，最记得别人的好处，所以他人缘好，所到之处，处处结缘。但凡遇到危难的事情都能化险为夷。

想起第一次见到赵溅球是在我家，那是 22 年前，他一进门，见到我五岁的儿子用毛笔在毛边纸上画群山，就说道：“墨墨的山画得极好哦，赵叔叔要跟你学哒画山咧！”懵懂的小孩子居然记住了这句话，还骄傲地告诉外婆：“赵叔叔要跟我学哒画山。”墨墨大学期间，跟着他赵叔叔随名家采访团去益阳写生。他一路得到赵溅球夫妇的关照，尤其球嫂视墨墨如己出，每次吃饭，必让他坐在身边，不停地给他夹菜。墨墨回家后，感慨地对我说：“妈妈，你从来就没有这样对我好过。”球哥球嫂数天的爱心之力，效果超越我 20 年带崽的辛苦。

益阳人都称赵溅球为球哥。球哥虽然个子不高，但长得敦实，给人一种有点难以撼动的、特别厚实的感觉。

人不可貌相。个子不高的赵溅球，画的画却很大。一幅画从画室三米多高的的天花板一直垂至地板，差不多有十来个平方米吧！他的作品都是大家伙。

这样的大画，实在有点吓人。我想，这也是当年球哥的《红窑》为什么能顺利入选第七届全国美展的原因之一。我晓得，大画不是一般人画得了的。

多年前，我们一行人到球哥名为“躲风亭”的画室，随便展开一幅，就把整个画室的地铺满了。大画一张又一张地展开，好家伙！我看到的都是满眼熟悉的场景：迎面扑来的湖风、洞庭湖的芦山、晒场收割的油菜子束、搁在岸边的船、烧砖的窑……这一切，是我熟悉的，又是我感觉新鲜的。

这些带着湖风、带着乡土味的平平常常的景物，到了球哥笔下，一些生命的特质就被聚焦、放大，平常的东西就有了人的味道，具体地说，就是球哥的味道。宣纸上的一切都灌入了球哥的真气。球哥生命的张力已经力透纸背了。我首先从球哥的画里真正认识了球哥的能耐。

1989 年，赵溅球以巨幅中国画《红窑》入选第七届全国美展，画面的视觉冲击给人们留下了极其深刻的印象。他创造的图式以及新材料的尝试都给传统的中国画带来了生机与视觉的刺激，在当时的湖南乃至中国画界产生了影响。

他的主要作品几乎都与洞庭湖有关，如《湖风》《洞庭芦山》《故乡小河》《洞庭皓月》《天凉好个秋》，因为他是洞庭湖出来的画家。

赵溅球出生于益阳兰溪镇三岭村。兰溪是位于南洞庭湖的湖港河汉地带的水乡小镇。兰溪古老的枫林桥建于清嘉庆二年（1797年）。兰溪还是一个山歌之乡，每年的端午节在枫林桥上的山歌对唱是益阳民间艺术的一大风景。长在农家的赵溅球，幼年无师自通喜欢画画，买不起纸笔，就用煤炭在牛屎抹的墙上画画，家里的红漆木柜子也是最适合赵溅球画画的好地方。少年赵溅球因画画闻名乡间，不少人家砌屋都请他画中梁，画门神。1974年，刚刚成年的赵溅球被派到烂泥湖水利工地当民工。大队办战报，赵溅球画了队上挑堤担土场面的宣传画陈列于工地，区里一个领导看见后，大加赞赏，于是调他到区里搞宣传。1975年，不到20岁的赵溅球创作了水利工地题材的大画《洞庭湖绘新图》，该画作为湖南省的12幅中国画作品之一被选送参加北京展览。此作成为赵溅球青年时期的重要作品。

20世纪80年代初，赵溅球又以气势磅礴的大场面力作《千舟竞发》参加全国农民画展览。这幅作品，在今天看来都非常有意思。上百只船航行在洞庭湖上，运泥巴，开挖新河道，壮观的场面非常有视觉冲击力。

80年代，赵溅球的创作经历了写实主义与抽象主义之间的徘徊。最后他选择自己熟悉的写实风格，在传统中国画的基础上融入了许多自己特别的视角和技法。他在写实绘画的实践中，曾经彷徨、徘徊、痛苦过，当他发现自己的语言能够恰到好处地表达自己的内心，心灵与绘画能够达到一种极致时，他才真正感受到创作的欢乐。

看赵溅球的作品便能感觉到他个人的气质、品位已经完全融入其中。作品就像他本人的形象，憨厚朴实、大方豁达。赵溅球爱生活、爱朋友。我常去南洞庭湖采风，球哥球嫂多次为我做向导。南洞庭湖适合画画的港汊湖湾，赵溅球的心里都有一本账。

有一次，球哥带我们去洞庭湖水上渔村，在返回岸上的时候，球嫂从趸船迈向小船的一刹那，小船悄然移动，迈出的脚已经够不着船了，好险啊，跌下去就冇得人哒。在那一刹那，球哥敏捷地挽回了危局。

我们惊出一身冷汗。即使在风和日丽的阳春三月，洞庭湖也潜伏着骤然而起的风暴，湖上行船也会有风险。这些都是球哥告诉我们的。

2009 年，我和赵溅球有一次长谈，他大谈老庄哲学。他对于老庄的学说很着迷，颇有心得。赵溅球爱读书。我曾经到湖南美术社仓库为赵溅球配齐整套中国书画论丛书，有 18 本之多，邮寄到浙江。赵溅球读书多了，思考也多了，加上勤画速写，喜欢行走，这给他的创作源源不断地补充了营养。

赵溅球自从调入浙江师范大学美术学院任中国画教授后，部分时间在浙江，部分时间在湖南。他离不开洞庭湖。

球哥画画有很多绝招。他发明的“推理透视法”解决了表现建筑群的难题。连片屋宇的透视表现，他有鸟瞰的特殊视角，依次递进，各处关联契合合理，小处皆有细节，经得看。他用水墨表现古巷青砖的质感，与西画有得一拼。他画浩大的芦苇场，细到一根芦苇的每一个节疤，一点不含糊。真不晓得这是如何画出来的？！

球哥作品里我最喜欢的是他画的洞庭湖水墨山水，画洞庭湖水墨山水，我估计天下没人敢与赵溅球比，他独创了水墨写生工具，画架工具一概是自己设计的，并经常无私地传授给同行。他知道洞庭湖的哪个季节色彩最漂亮，他知道哪个季节洞庭湖的水墨写生才会出现最润泽的效果。他甚至能够感知季节晨昏哪个时间节点与水墨最为契合，从而达到水墨写生的最佳效果，真是神奇极了。

洞庭湖生活的点滴拓展了赵溅球的眼界，他不断寻找从技法到思想的高度，以能更加准确地表达自己的感情，并通过不断发现新的语言，恰到好处地表现生活。

球哥的成就摆在这里，是人都晓得，可是他一如既往地低调谦和，从来不摆谱。最近四年的六个大型画展，把他的时间排得满满的。他四年下的功夫可以抵得别个一生的创作。

球哥与我一样，皆是从底层走出来的，对于艺术新人的提携不遗余力。他多少年来热心帮人，结交了很多朋友。作为朋友的我没有帮过球哥多少，但是球哥一直待我如同自家大姐，不论在天南海北，不论有什么重要事项，他总会有电话一一告我。球哥的每一次电话，都让我分享他的创造与发现的兴奋。

今年正月，球哥电话我，洞庭湖的色彩好漂亮啊，他正在画写生咧。回到益阳，人缘好的球哥永远有无数的饭局在等待他，他居然一早就去了洞庭湖，画完画再回来赶饭局。

今年7月，我又接到球哥在青海打来的电话："青海现在色彩好漂亮啊！"发现新素材的喜悦溢于言表。

勤奋画画的球哥，朴实大气的球哥，永远在路上，永远不知疲倦地创作。

2016年9月27日于深圳

网友微评

何启明（银行行长，居长沙）：赵老师是一位比较特别的艺术家，特别得让人常常想念。几年前我在中国美术馆看他的作品展，一眼就看中了《故园遗韵》和《一垅秋月》两幅大画，毫不犹豫就将60平尺的画收入囊中。那种用线条、气韵和细节勾勒出来的超越沧桑、雄健的美好，让我凝神屏息、惊叹不已。

彭子诚（媒体人，居长沙）：看了赵老师的画，我相信世上确有天分这东西。技巧自然要天分，更难得的是对大自然的独到理解并将这种理解付之于笔墨。高人高人，高人一等！

茉莉花儿开（自媒体人，居长沙）：球哥说自己是老老实实画画的人，比不上别人的才气，但他也相信坚持老老实实到极致，总会有得道成仙的一天。多年过去了，我一直深深地记得赵溅球老师当年说话的情形。

海波（教师，居长沙）：叶梦女士在文中酣畅痛快的叙评，还插以感人之细节、脱险之神奇的故事，温情而夺心。

苏秀英（作家，居新西兰）：《百手联弹》到了97，将近尾声，突然有了怅然若失的感觉，作家、艺术家倘若都像叶梦和她笔下的画家那样可爱，世界就多元多彩充满感动和惊喜了。

麓郎（诗人，居长沙）：叶梦老师是我敬重的作家之一，不仅是八百洞庭出大家，更有硝烟烽火镌匠心。每每读其文字，总有一种生命张力力透纸背，无尽拉伸，往复雀跃。庄重不乏诙谐，峥嵘不乏柔润，独特的地域语言和叙事视角，让《百手联弹》成为湖湘俊才的“大观园”，给人一种新异的美学向度与体悟。

杨凌志，1993年毕业于长沙理工大学设计艺术学院，自由设计师，艺术家，策展人与旅行者，长沙师范学院客座教授。2006年他在香港创办杨凌志（香港）设计公司，任创意总监。2010年他发起成立MODE状态（长沙）设计机构与MODE美术馆，任艺术总监。

第98弹 杨凌志

跨界设计师杨凌志

杨凌志是一位70后设计师，在长沙时尚界很有名气。他与我结缘是因为一本书。我1997年主编《画家散文》，该书出版后，正巧在大学学习艺术的年轻人杨凌志非常喜欢，此书便成为他的枕边书。长沙的青年艺术家何玲也和我说起过这本书对于他的影响。难怪《画家散文》初版很快售罄，湖南文艺出版社接着再版了。

因为这本书当年对他影响很大，杨凌志于是很想认识这本书的编者。在他设计策划的长沙时尚地标之一的“洲际岸边咖啡馆”落成开业后不久，他便委托《潇湘晨报》的记者邀请我前去喝咖啡。

咖啡馆“洲际岸边”确实很洋气，江边的露天咖啡厅、大堂的大书柜、墙上的名人字画等组合在一起，别有一番风味。之后，我常常去那里喝咖啡、请人吃饭，还帮陈和西组织过一次艺术家沙龙趴。恰逢我的安化专题个人摄影展之后，我接受杨凌志之请，同意在“洲际岸边”咖啡厅的每一个小包房都挂上我的安化风情摄影作品。紧邻咖啡馆的“爱晚美车会”之前是一个地下停车场，经过杨凌志打造，成为一个高档豪华车主的会所，所有的细节都是那么艺术、那么现代。我的“印度”系列摄影作品，还在那里做过一次小型展览。

长沙时尚之风的始作俑者，杨凌志应该算头一个。他挚爱艺术，见识广，常年浸淫设计，把艺术与生活、与商业紧密结合，他不只是一个会搞设计的设计师，还是一个商业奇才。

早些年，喧闹的长沙更多的是市井气与粗俗，情调玩味的空间比较少见，杨凌志最先搞起时尚所在的“城外驿”“洲际岸边”“爱晚美车会”。这些洋气的小环境，是白领们下班后休闲娱乐的地方。他设计的每一款咖啡厅或会所只要开业都是火爆异常，成为长沙时尚地图的炫目标志。于是，时尚餐馆的老板纷纷找杨凌志做设计，因为业内人都知道，杨凌志设计的餐馆风水好，他的设计业务接不赢，常常换豪车，就有了经济实力。

2015 年 5 月，我应杨凌志多次之邀，拜访了他在月湖边的艺术大本营——状态美术馆，这是一个汇集了设计机构、咖啡馆、美术馆的建筑群落。无论是展览空间，还是办公室的设计空间，抑或是外部环境，杨凌志的设计都值得称赞。

杨凌志说：“我做设计 20 多年，倒是坚持了两个原则：不轻易妥协于客户和注重设计外的积累与吸收，以绘画为乐，不为设计所累，所以纵然琐事繁多倒也轻松。”

今年以来，月湖状态美术馆开始运行之后，展览活动连续不断。从“湘江状态”展览开始陆续有展览进行，甚至范迪安、潘公凯等名流也在此雅聚过，俨然一个高大上的艺术沙龙啊。

机构来月湖安顿之后，杨凌志开始在画画上全身心投入。作为一个设计机构的董事长，他不仅自己坚持画画，还要求他的员工每月都要画速写多少张，没有交速写作业的员工不发工资。你看有味吧？

杨凌志每次画完，即刻就晒在微信的朋友圈，我每次都会认真看，果然是出手不凡。他在日本考察时，竟然画完了一整本速写。杨凌志也常常在微信上晒他的书法，也有个人的味道，不错！他应邀为我的《百手联弹》画自画像，一下子就画了多张，一张比一张好，甚至有梵高的味道！他尝试的水墨实验也是出手惊人。我预计他今后在绘画上会有成就的，因为他的眼界高，出手就感觉格调不俗。再说他的功夫不是凭空来的。大学期间，杨凌志画了大量速写，速写稿可以用麻袋装。那个时候的杨凌志，为没有考入美院而有些沮丧，于是便认准一个死理，相信量变方可质变。著名书法家王友智老先生是杨凌志大学期间的班主任与书法老师。杨凌志的书法功底就是大学时候打下的。

我一直疑虑，杨凌志在偏远贫困乡村出生并度过童年，乡里伢子，竟然修养气质都不错。他父亲还是一个纯粹的农民咧！

最近新湖南开展民间寻找乡贤的活动，对此我深有体会。我认得的家乡益阳地区的几位 70 后青年书法家，均是中国书协会员。他们出生在安化大山深处或者贫瘠的洞庭湖乡村，他们的成名与学校教育无关，倒是与乡村残存的老乡贤的传授有关。

杨凌志是不是这种情况？

杨凌志告诉我："前些天，我给我的小学母校上沙小学捐助了一间图书室。"

杨凌志 1970 年出生在湘中（双峰与湘乡交界）一个叫扶塘的偏僻小山村，这里也是他母亲随外公下放的地方。这个地方当年很闭塞，算是穷乡僻壤，至今听说还是所谓的中央精准扶贫对象村。杨凌志在这个小山村出生、启蒙并度过了童年。

杨凌志的外公本是安徽人，是中国远征军国民革命军 200 师师长、抗日名将戴安澜将军的部下。外公与戴将军是亲表兄弟，同赴缅甸战场。戴将军战死沙场后，外公亲自护送其灵柩回国，后来在昆明国葬。由于蒋介石兵败赴台，杨凌志的外公不舍家眷，留在国内，算是投诚起义。后来他的外公在"文革"期间受到迫害，被下放到湖南湘乡务农。

杨凌志受外公影响，儿时上学做作业都是磨墨用毛笔。他外公在国民党军队任文职军官，读过老书，后来的年月里，外公给杨凌志的书信，都是用毛笔竖行写成的。传统文化的影响在遗传，也在家庭。杨凌志出生的那个小山村方圆几十里地倒也走出了不少名人，曾国藩、黄公略、陈赓、成思危……曾国藩的外婆家也就在这个地方，近一百多年来，这里的人们总是会传诵着有关曾氏读书的许多故事，教诲后人。杨凌志记得小时候经常听大人讲他们的故事。小山村民风纯朴，每一个家庭都以小孩读书出去为荣。童年乡土文化的熏陶，奠定了审美价值的取向。

有一次，杨凌志来我们家，他翻开《百手联弹》肖像本，看到最近收到的艺术家肖像画铺满一桌子，有点激动，对着肖像画一一评点，语出惊人。他能从作品中感受画像者的才气禀赋并能预感今后之潜力，我非常惊讶：啊呀！叶某遇到对手了。亲近的朋友经常谬赞我的直觉与识人的过人之处，看来，杨凌志有异禀！他比我厉害！高手来哒！我得歇菜。

杨凌志要为我策划张罗“艺术家百人自画像”专题展，说明他是一个懂得并且珍惜艺术的人。

其实，杨凌志骨子里是一个诗人，他也常有诗作在博客上发表，杨凌志所有的设计都包含着诗性，这也许是他区别于其他设计师之处。

杨凌志的 MODE 状态（长沙）设计机构经营得很好。但是他不只是做设计，他一直在跨界，设计师、策展人、美术馆总监、画家等都是他的身份，其中最能给他带来快乐的是画画。

2016 年 9 月 28 日修订于深圳

网友微评

成佩（美术史博士，现居东京）：如果说有超越性别的闺密存在，那么杨凌志就是我青梅竹马真正意义上的闺密。我们是非常非常相像的两片叶子：一起相逢度过难忘的童年，一起见证过彼此青涩的少年，一起激励扶持着走过命运乖蹇跌宕不屈的青春岁月……我曾对他说："你不要随意变老变丑噢，因为你就是我人生徐徐度过的一面镜子。"而实际上也是，这么些年来我从来不曾停止过对他的欣赏与尊重，包括他的事业与信念。感谢叶梦老师写下这篇文字，勾起了我从小到现在与杨凌志相关联的无数记忆，那里关联着许多我们共同的家人、同学、朋友、师长，不尽依依，温暖美好。

刘光（作家，居北京）：农家子弟成长为艺术家和文化企业家，高人！大姐好文章，励志。

黄莉（自媒体广告人，居长沙）：凌志是我好朋友，有次他同大家介绍是我"闺密"时，我愣了一下，他绝对是位外表粗犷、内心温柔的好"闺密"。

李剑华（画家，居东京）：从湘乡走出来的设计师！与凌志几年中的相识与相知，对他的了解莫过于他对艺术、对设计的嗅觉与感知。

潘昭晖（记者，居长沙）：叶老师的文字好，见识境界更不俗，遇上杨凌志，那叫一个惺惺惜惺惺。你们都是用笔改变长沙的人。长沙有了你们，才有了点文化的味道。继续加油哈，让星火燎原。

朱训德，现任中国美术家协会理事，中国画艺术委员会委员，湖南省文联副主席，湖南省政府参事，湖南美术家协会主席，湖南师范大学美术学院院长、教授、博士生导师。

第99弹 朱训德

问道潇湘

2012年前，我常去湖南师大美术学院朱训德的办公室聊天。出门就是麓山路的公交站，我抬脚上车，四站路就到了美术学院。也因有缘参加朱训德在岳麓山云麓宫、山顶餐厅、湖大印象等处喝茶聊天的雅聚，他的作品和状态我都比较熟悉。这些年，我与朱训德很少见面，因此对他的创作情况也不了解。我想，朱训德蝉联了三届湖南美协主席，又是师大美术学院院长，关注他的人肯定不少。太多的活动与社交，很容易让一位身在主席位上的画家变成一位社会活动家、频繁出现在各种展览开幕式上的剪彩专业户，很容易让他的作画功力减退。急功近利的社会与畸形的市场所影响的是身在艺术江湖的所有人。

没有想到朱训德自有屏蔽喧闹的独门秘籍。

直到今年，我回长沙小住，应邀到后湖朱训德工作室小聚。朱训德给我看了他近几年的新作。我真是没想到，在岳麓山下的后湖艺术区，朱训德守着一湖静水，安心创作。这一批创作让我大吃一惊！

首先是工笔长卷《拜访敦煌》，敦煌是朱训德心中的艺术圣地，他认为敦煌是“艺术时空的高峰，民族智慧的结晶，敦煌代表了中国人心态最好的时期的艺术”。表达敦煌一直是朱训德的心愿。

《拜访敦煌》是朱训德用画面结构的一个故事长卷，空间缥缈了无涯际，黑暗洞窟里的飞天在朗朗乾坤下复活，或隐或现于山水之间，成为山水大舞台的背景，并与故事中建构的人物融为一体，传统工笔的语言已经到了一种高度。然而，画面是全新的，尽管是大家都熟悉的敦煌，熟悉的古人，朱训德却把故事新编成为大舞台场景剧，敦煌元素信手拈来，色彩构图颇具匠心，调子几多的雅啊！不爱都不行，一卷徐徐展开，画面节奏若行云流水，差点让我误以为是宋代遗落的典籍，真是美轮美奂！

朱训德的系列意象彩墨“人文时空”，是他从具象的工笔画转换到意象水墨的一个转折。把人化成山的脉络，重新构建审美样式，对于工笔画家朱训德来说是一次颇具意义的探索。

最让我吃惊的是水墨长卷《问道潇湘》。50米的超级长卷大大出乎我的意料。这是朱训德大幅度超越传统视觉习惯，大幅度超越时空的力作。山水与人融合在一起，与个人的人格修养融为一体。我猜测朱训德在创作此画时内心一定是波涛汹涌，唯有宣泄胸中的澎湃意象，才能平息内心的波澜。

我曾经不止一次地听朱训德谈起潇湘美学、潇湘哲学，谈起周敦颐、王船山对于他的影响，他说就是要把“潇湘美学的灵性精神”与浪漫传承给湖湘弟子，以使之更加发扬光大。

他的长卷从潇湘烟云画起，一直画到湘江北去的岳麓书院。长卷有一种气息极具感染力，立即把我深深地吸引了。长卷很像一首古琴曲，若在寂静月夜之山顶演奏，空旷辽远、水流云动，气韵贯穿始终。场景之流转、笔墨之变化都在黑白灰的水墨韵律之中悄然洇润开来。徐徐展开的画面，很像在飞行器上鸟瞰一条漫长的江流，山影层层叠叠，人物鸟兽若隐若现，亭台楼阁缥缈可见，渡口、船只、沙洲、稻田、劳作的农人……

长卷的画面温暖浸入人心，有冬夜看皮影戏的感觉。纷繁的具象被抽离，意象化为淡淡的水墨。时空被压缩在水墨的层次里。仿佛这一切都发生在朦胧的月夜，抑或是水雾迷蒙的早春清晨。

难怪国外的艺术家看了直呼：中国艺术家真的是现代啊！不管名家与老外怎么说，作品能够打动我，这个就是硬道理。看到水墨长卷，我才真正体会到中国水墨画的厉害：不拘于物象，而是取其气韵，不外于物又不滞于物，物象、笔墨与人“纯化”为一体。这才是真正的艺术！

长卷里，我看不到一笔是“工”，全是放松的“意写”，看不到一笔是在玩笔墨技术，也看不到朱训德过去作品的痕迹。传统的山水画表现技法在这里看不到，全部隐秘在气韵化境里。意在心中，意在笔先，气韵一以贯之，这才是自然天成之物，一气呵出来的 50 米山水长卷。

水墨长卷《问道潇湘》我看到的是作品背后的力量，非人力所及之处，仿佛有天助，有神助。必得有一种宗教的力量使然。

这时，我想起朱训德有一个笔名：释然。原来他 16 岁在家乡县文化馆工作时，陪同家乡博物馆一位老馆长进京拜会赵朴初先生，赵朴初先生发现少年朱训德的心性与状态非常愉快。在兴致之中，赵老说：“这孩子很有灵性，有文气，好好看重他吧。”并为之取名“释然”。九十年代，朱训德的画集就用过这个名字，他与佛理禅机的意会由来已久。

如此重要的作品，不是喊来就来的，系绘者多年的历练修为缓慢地蕴蓄于内心，在长久的盼望与等待中寻找一个契机落笔而成的。

朱训德目前正在进行“书院”系列的创作，是《问道潇湘》的续篇。这里借用朱训德的一段文字来了解他目前创作的心迹：“心中一直在期待漫天飞舞的瑞雪。在期待中，我着手了书院长卷的创作。我用中国的墨，中国的宣纸和永远的毛笔来思考。融融瑞雪飘拂在山野、院宇、讲堂、书楼之间，恍若再世，似有余温，更是新梦。文化人的精神道义，文化人的抱负担当，我们要细心护持住人文的火种，成就我们中国人明净、温丽、宽广、坚韧、优美的心灵。千年文脉，温静如玉，如沐天恩。”

朱训德的后湖是一块福地，在这里，他“细心护持住人文的火种”；在这里，他也开始大踏步地超越自己。他众多还没有露面的新作越来越具有个人独特的品格，显示出他不同凡响的创造力，同时也显示出作品的人文品格与艺术高度。他无愧于湖湘文化之子，亦当得起湖南美术的领军人物。

2016 年 9 月 6 日于深圳

网友微评

殷昆仑（建筑师，居长沙）：我与训德先生相识相知十余年，深受先生感染和影响，一直感佩于先生博大的艺术精神和文化高度。先生几十年不懈探索以展示本民族自身最上乘的东西，以本民族高洁的灵魂为傲，有伟大的胸怀，自觉地承担起把本国文化精神奉献给世界的历史责任。朱训德先生不仅是继齐白石先生以来湖南最重要的中国画画家和美术界的领军人物，并且育天下英才，桃李满天下。谨向训德先生学习致敬！

方笑（美术学硕士，居长沙）：我一直认为古往今来一切的艺术大家必须是学问大家，学养修为的高度决定着艺术的高度。从《问道潇湘》《拜访敦煌》《丰泽园雅聚图》这三件巨制画作和先生的其他作品来看，朱训德先生就是这种人文巅峰上的人物。

徐天舒（设计机构董事长，居长沙）：叶梦老师以第九十九篇作为《百手联弹》的落幕，不满不盈，这是叶老师的智慧，而我们，一路追随叶老师随写随转，也是为希望能以些些笑意让叶老师辛苦前行时回首始终得微弱光亮。

李晓蓉（文学刊物执行主编，居长沙）：每次拜访朱老师，他都会拿出新作品来。叶老师提及的这两幅长卷我都看过，作品中透着他的思考和追求，灵性而浪漫。朱老师是外表宁静，内心起波澜的人，做大事的人。叶老师《百手联弹》最后一弹写朱老师，一是压得住，二是有深意。祝贺叶老师功德圆满！

瓦鹅（美术编辑，居长沙）：深深感动，更多更长的留言无法转发。感谢叶梦老师以其灵性敏锐之笔驾起读者与艺术间的彩桥，并以执着的精神构筑了一幅99位艺术家、千万观众互动的生动鲜活的行为艺术长卷。为她完成这件浩大的文化工程祝福。

可钧（大学教师，居长沙）：训德先生是中国画学术领域有着突出成就的艺术家，先生以国际视野建构着自己的艺术高度，以特有的言行与品格书写着他美妙的艺术篇章。

叶晓兰（教师，居长沙）：先生是一位艺术家，其艺术体现了时代精神。《问道潇湘》《拜访敦煌》透露出其对水墨的思考和对色彩的体悟。他的绘画，不是探索出来的，而是扎根于内心深处的种子在艺术中的绽放。

申斐（文化学者，居美国）：我感觉朱老师能做到宠辱不惊，笑看花开花落，那力量是源于他内心的执着。遵循自己内心那个最真的梦想，成就着他的今天和未来。

胡婷玲（记者，居长沙）：多年前做杂志有一期要采访朱训德，我自知修为能力太差不足以与大师对话，便死缠烂打约了叶老师执笔，至今难忘收到稿子的那一刻感动到泪流满面的场景。叶老师的学识与见地横跨文学、书画二界，她笔下的艺术家，写来都似与老朋友聊天一般自如，实际却是她高超的审美水准与艺术修为的体现。这篇文字里的朱训德也实在是让人大吃一惊，他的作品与多年前我看到的那些真是截然不同，这创作力真是太高超了！

后记一

一场大众的审美狂欢

肖欣（《湖南日报》记者）：一位艺术家与99位艺术家，联弹百阙，功德圆满！其音或清越，或旷远，皆由心发，引发无数共鸣。艺术人物之音画艺文百人脸谱，亦如朱训德先生之长卷，真是胸中丘壑化作百卷诗书！其意也远，其义亦深！

火烧云（教师）：功德圆满，最后几步叶老师走得神速而优美！许多不识的艺术家在这99弹中让我们神交向往，更有一些相识的艺术家让人感叹共鸣！

靳卫红（《江苏画刊》主编）：了不起的工程啊！《百手联弹》，文坛艺坛一段佳话！

龚永忠（设计家）：一项巨大的工程，终于竣工，不易得！

杨卫（艺术批评家）：大功告成呀，祝贺！九九归一，而这个一，正是叶梦老师。希望早日看到这个99+1的辑本。

陈晓丹（资深媒体人）：《百手联弹》缓缓落幕……余音绕梁，意犹未尽。这是有开拓性的一出大戏，不能简单视为一个专栏。好戏众人唱，生旦净末丑，作家、艺术家、评论员、粉丝、新媒体分饰不同角色。

叶老师是佘太君挂帅，气定神闲，定海神针；一众艺术家是阵前骁将，一一上阵抖露真功夫；评论员、粉丝是阵前呐喊的啦啦队，围观就是力量；新媒体是兵工厂，生产源源不断的浏览内容（据悉这出戏吸引了千万围观者）。互联网让传播插上翅膀，互动让文字影响力加速。或者说《百手联弹》就是互联网时代关于文字的一场行为艺术。开风气之先，湖南人再次敢为人先。祝贺叶老师功德圆满，陪伴您走过99弹，一路学习，十分开心！

何鹏（艺术机构主持人）：99期了，叶梦老师一双手，完成了99曲的主调，加上99位艺术家的自画合奏，名曰“百手联弹”，同时也有读者万众，留言、转发便形成万人合唱，如此动听。

易禹琳（《湖南日报》记者）：就到99了吗？我只想一直读下去啊！我还正疑惑，终于写到朱主席了！每一个艺术家都凭心而写，99幅人物画加至情至性的叶梦老师，100个功德无量！

苏秀英（作家）：谢谢叶梦一直表扬我，其实我是不懂画，才会评得和别人不一样，是外行看热闹，但是通过仔细阅读你的关于画家的描述，除了佩服你的慧眼慧根，也觉得自己在绘画艺术中有点启蒙的感觉，至少每次看到他们的自画像时会会心一笑，也会意到你为什么会要求自画像的玄妙。总之，这件大工程是个奇迹，特别是在物欲横流、灯红酒绿、人心不静的当下，还能吸引相当多的有心人细细品味，说句大道理的话，让我看到了中国文坛的不功利、不运作以及纯粹的文学享受。

张娜（画家）：叶梦这个巨作《百手联弹》对99名艺术家的解读与评论太了不起了。因每位艺术家的创作走向都不一样，叶梦能对每位艺术家都解读得那么准确和精彩，是因为她的每一篇文章都建立在对艺术作品认真思考的基础上，并且解剖每一幅作品中更深层的意义，这充分说明叶梦的写作功底和艺术功底是多年积累下来的，也说明她是下了很大的功夫潜心研究才有今天如此辉煌的成果。我很欣赏叶梦这位女作家、女艺术家，在创作的路上坚忍不拔，在实现自己梦想的路上勇往直前。

丁双平（中南传媒总经理）：张娜的评价很中肯。新湖南出彩之处是《百手联弹》。

杨凌志（设计师）：细细想来，叶梦老师凭一己之力，用近二十年的时间与心　力，收集99位中国老中青艺术家的自画像并为他们一一撰文，洋洋洒洒，字字珠玑，其难度可想而知。目前累计阅读量达千万！真是壮举。

徐天舒（设计机构董事长）：叶老师以一己之力，积近二十年之功，完成这部宏篇大作，可叹可感，向叶老师致敬！

后记二

余音绕梁不断

《百手联弹》虽已收官，但余音绕梁不断，读者粉丝依依不舍，且听他们的“唱和”之音。

唐秀玲（著名工笔重彩画家）

用自画像来说事儿我觉得很有意思。一张脸就是一面镜子。作家叶梦，以艺术家自画像为切入点，用女性独特的视角、艺术家的敏锐，顺着柔和或刚毅的画像线条，通过真诚朴素的语言，将每一位艺术家娓娓道来，行文简洁、朴实。我能感受到这个创意的匠心和最初的惊喜。专栏《百手联弹》每期都有一篇精美的散文出炉，作家行文的过程，似乎也是画家完成自画像的过程，作家和画家是两个职业，叶梦女士游刃有余地穿行在这两者之间，如果没有对绘画的深入了解甚至实践，是很难做到的。看了叶梦的文章，你甚至会认为她是个专业画家。

20世纪叶梦女士曾经主编《画家散文》《女画家散文》，2003年到2005年，她推出了一套两本的《女画家随笔》合集。由此，我们成为朋友。叶梦女士的《百手联弹》专栏，关注艺术家群体，尤其对女画家的关注，从另一个角度展现画家的生活、创作，生动、有趣，值得一读，值得关注。

成佩（美术史博士）

几乎每天一早，我在朋友圈里都能如期读到叶梦老师新发布的最新或重发的一弹。每读到动心处，我就忍不住也写上几句感想。这份阅读与互动的联系，日复一日，就如涓涓潜流般渗入我在异国他乡的日常生活与工作中。隔着大洋，想象着长沙话，我忽然间就觉得自己也有了乡愁。这种思维牵连的温暖感真是难以言喻。

我认为，《百手联弹》的每一篇，是叶梦老师以一种成熟透彻、温和沉静的心所做的自身寻找之旅，同时她的文字也引领着每个阅读个体以一种体验、尊敬、包容之心去重历我必经的心灵与人生之路。她笔下的艺术家，不完全是名士高人，更多的是普通的不寂寞于思考的我们中的每一个人。这是叶梦老师文字中隐藏的贯穿始终的一种人本主义、象征主义、女性主义相交融的思想。所以，越往后读，我读到的就不是世说与掌故的意义了，而是读出了很多很多引发我思索、唤起我回忆而有希望的东西。

《百手联弹》与新湖南客户端的联合，让我拥有了一种崭新的无距离感的阅读体验。尤其是阅读者参与交流的即时“反弹”方式，其影响力之深、之广更是前所未有。总而言之，新媒体如何依靠有实力的老牌作家来打开影响力，建构和扩大新读者的阅读取向和受众面，新湖南和《百手联弹》的联合提供了一种合作共进的构想案例。

王春犁（国际艺术家）

叶梦的文字细腻、温暖，带有她那个时代的女性特有的柔软动人，非常恳切，让我想起张爱玲、冰心等优秀的女作家。

我感觉作家和艺术家本质上是很像的，他们之间时常能产生化学反应，叶梦很有这方面的艺术天赋，她能和艺术家交朋友，突破文学与艺术的“藩篱”，她用诗意的文学表达来做自己的艺术评论，不跟风，不做作，从不把简单的东西复杂化，清新自然，这是真诚而可贵的！

左汉中（出版家、画家、出版社编审）

叶梦老师是我们不可多得的女性散文家，20年前，她主编的《画家散文》就曾将省内外艺术家在美术与文学方面展现之才情结系起来，开拓了当代散文的题材领域，深得多方读者好评。21世纪之交，叶梦老师便开始了她的新著《百手联弹》的编撰，十多年来，她径情直遂，苦心孤诣，为每一篇艺术家的文字悉心打磨，对每一帧漫画像亦百倍关注。在当今这个精神匮乏、物质盈满的时代，这种人文情愫，有如“久违亲友雪夜相逢，满怀是友情与温暖”。